北京高等教育精品教材

普通高等教育会计学专业规划教材

基础会计

第3版

主　编　栾甫贵　尚洪涛

副主编　张安伶　张秀梅

参　编　张建军　李放之

机械工业出版社

本书以《会计法》、《企业财务会计报告条例》以及新会计准则为法律、法规依据，以公司制企业为主要对象，阐述企业会计核算的基础理论、基本方法和基本操作技术，着重介绍会计概念、会计循环、复式记账方法及其应用、会计凭证与会计账簿、会计报表编制、账务处理程序以及会计工作一般组织等内容，强调对会计信息的理性认识和逻辑理解，突出对会计概念的整体认识和系统把握，兼顾会计基础理论与方法操作的有机结合。

本书除作为高等院校会计学本科专业的教材或教学参考书外，还可以作为会计实务工作者的工作参考用书。

图书在版编目（CIP）数据

基础会计/栾甫贵，尚洪涛主编．—3 版．—北京：机械工业出版社，2011.8（2014.6 重印）

北京高等教育精品教材　普通高等教育会计学专业规划教材

ISBN 978-7-111-35323-2

Ⅰ．①基…　Ⅱ．①栾…　②尚…　Ⅲ．①会计学－高等学校－教材　Ⅳ．①F230

中国版本图书馆 CIP 数据核字（2011）第 137632 号

机械工业出版社（北京市百万庄大街 22 号　邮政编码 100037）

策划编辑：商红云　责任编辑：商红云　魏　悦

责任校对：张　媛　封面设计：张　静

责任印制：乔　宇

北京机工印刷厂印刷（三河市南杨庄国丰装订厂装订）

2014 年 6 月第 3 版第 4 次印刷

169mm×239mm · 21.5 印张 · 415 千字

标准书号：ISBN 978-7-111-35323-2

定价：36.80 元

凡购本书，如有缺页、倒页、脱页，由本社发行部调换

电话服务
社服务中心：(010)88361066
销售一部：(010)68326294
销售二部：(010)88379649
读者购书热线：(010)88379203

网络服务
门户网：http://www.cmpbook.com
教材网：http://www.cmpedu.com

第3版前言

随着我国经济总量超过日本、位居世界第二位，标志着我国社会主义市场经济的发展实现了新的飞跃；而我国会计准则与国际会计准则的趋同，对保护和促进我国经济的健康发展发挥了积极的作用。会计在微观经济乃至宏观经济中的作用日益显现，人们对会计的认识也日益深刻。

本书自第2版以来，我国会计规则又发生了相应的变化，人们对会计规则的理解和应用又有了新的进步。有鉴于此，我们进行了本次修订。

1. 修订的基本原则

（1）围绕会计核算的基本理论、基本方法、基本技能，注重基本理论的讲解、基本方法的运用和基本技能的训练。

（2）侧重会计学基础理论和相关原理的讲解，增强可理解性。

（3）注重与《财务会计》教材的协调，在避免不必要重复的基础上，强化本书的基础性和实用性。

（4）注重会计核算方法操作的演示，强化关于“为什么”的讲解。

（5）注重统一性与灵活性的运用，围绕财务会计报告进行相关会计信息生产与披露的讲解。

2. 修订的主要内容

（1）针对会计等式的不同排列方式，丰富了会计等式的讲解。

（2）针对实际工作的需要，恢复“待摊费用”和“预提费用”账户的使用，相应调整账户设置、会计分录以及账户分类等内容。

（3）针对账项调整内容的复杂性和新内容变化，在期末账项调整中，增加了“计提减值”类别，丰富了“摊销费用”的内容。

（4）针对新企业会计准则的变化，修订了固定资产盘盈的会计处理，将其由“营业外收入”改为“以前年度损益调整”核算。

（5）针对企业所得税法的新变化，将所得税税率由33%调整为25%，并调整相关核算内容。

（6）根据会计信息公共化的特性，强化了“财务会计报告”概念，修改了会计报表编制举例。

（7）根据相关政策变化，修订了高级会计师、注册会计师的考试内容。

（8）针对本书文字方面的缺陷，完善了相关语言表述，以增强可读性、可理解性。

本书的编写分工如下：栾甫贵（首都经济贸易大学）编写第一章；尚洪涛（北京工业大学）编写第二章、第六章；张安伶（北京化工大学）编写第三章、第四章；张秀梅（北京理工大学）编写第五章、第七章、第八章；张建军（北京工业大学）编写第九章；张秀梅、李放之（北京工业大学）编写第十章。

本次修订涉及全书各章，修订内容繁杂，如有遗漏甚至错误之处，敬请批评指正。

本书配有电子课件，凡使用本书作为教材的教师可登录机械工业出版社教育服务网 www.cmpedu.com 注册后下载。

编　者

2011 年 8 月

第2版前言

2006年2月15日，财政部发布了于2007年1月1日首先在上市公司实施的企业会计准则体系，在会计规则上实现了与国际财务报告准则的趋同。这是我国会计制度建设历史上的一件大事，对我国会计理论和会计实务产生了巨大影响。

由1项基本准则和38项具体准则构成的新的企业会计准则体系，在理论上明确了受托责任与决策有用的会计目标，拓展了会计核算的一般前提，界定了会计信息质量的八项标准；在实务上引入了货币的时间价值观念和方法，扩大了公允价值计量方法的应用范围，规范了通用行业和特殊行业的会计核算规则，完善了财务会计报告体系等。作为会计学专业基础知识的《基础会计》教材，及时地反映、引入我国会计理论、会计理念、会计实务等方面的新变化，显得尤为重要。而且，自2004年本书被评为“北京高等教育精品教材”以来，我们对本书的逻辑结构和内容有了更深层次的认识，早有重新修订、再版之意，以求进一步完善。由此在机械工业出版社的大力支持和帮助下，本书的第2版终于付梓。本版教材除了保持第1版教材中十章篇幅与合理的主要特色外，本版教材的主要变化如下：

第一，修订和完善了会计基础理论。根据新企业会计准则的基本思想和内容，在会计假设中增加了“权责发生制”，将原来的“会计核算一般原则”改为“会计信息质量”，充实了会计信息供求分析。

第二，调整了部分章节体系。如原第一章第二节“会计的职能与环境”、第三节“会计信息”合并为第二节“会计环境与会计信息”，突出会计环境对会计信息的影响，而将其中的会计职能置于第四节“会计假设与会计职能”，体现公司制制度下会计核算基本前提对会计职能的影响和限定关系。又如，第十章的内容按照实际工作中编制会计报表的顺序编排等。

第三，丰富和调整了部分章节内容。如在第八章“会计报表”中，增加了“所有者权益（股东权益）变动表”以及编制会计报表的工作底稿，并以附录形式举例说明了工作底稿的编制方法及其在编制会计报表中的具体应用；第二章“会计方法与会计循环”、第四章“借贷记账法应用”、第五章“账户分类”、第十章“会计工作组织”等章节，都有较大程度的修改和补充。

本次修订仍采用分工负责制，最后由主编对本书进行了修改、总纂。具体章节分工如下：栾甫贵（首都经济贸易大学）编写第一章，尚洪涛（北京工业大学）编写第二章、第六章，张安伶（北京化工大学）编写第三章、第四章，张秀梅（北京理工大学）编写第五章、第七章、第八章；张建军（北京工业大学）编写第九章，张秀梅、李放之（北京工业大学）编写第十章。

当然，受知识领域、理解能力、创新能力等方面的局限性，尽管我们作了许多努力和尝试，书中难免有遗漏甚至错误之处，热情等待着读者的批评、指正。

编　者

2007 年 2 月

前　言

会计的产生是基于人们管理社会生产生活的需要，会计的变迁是适应会计环境变化的需要。不同时期会计内容的变化，折射了会计环境的差异，体现了客观环境对会计的共性与个性要求。本书以 2000 年实施的《中华人民共和国会计法》、2001 年实施的《企业会计制度》等法律、法规为依据，以社会主义市场经济为背景，阐述了会计核算的基本理论、基本方法和基本操作技术，其主要特点包括以下几个方面：

第一，强调会计的静态性和动态性。任何事物都是一定时空环境下的事物，环境的变化必然对事物的存在和发展产生影响，会计也不例外。因此，本书在第一章中阐述了会计环境及其对会计的影响，使学生把握会计对环境的依存性以及环境对会计的约束性，把握静态是相对的、动态是绝对的理念，从而理解会计产生与发展的基本脉络。

第二，强调会计数据的信息性质。会计之所以存在和发展，是因为会计所产生的数据是经济信息的重要组成部分，有诸多需求者。有需求才有供给。因此应该了解会计信息的供求内容、会计信息的质量要求。为此在第二章中单独介绍了会计信息的基础知识。

第三，突出了对会计的整体认识。我国传统基础会计教材的一般结构是，会计概述——会计科目——复式记账——会计凭证——会计账簿——会计报表。其优点是按照会计核算应用方法的顺序讲解各种主要的会计核算方法，系统性较强，但不利于初学者对会计的整体理解。为此在第一章有关会计基础理论的基础上，第二章除介绍会计核算方法外，还单独阐述了会计核算的四个基本环节，并着重介绍了财务会计报告的基本构成，以实例说明利润表和资产负债表的来源及其简要编制方法，介绍了财务会计报告对外报送程序、时限、对象等内容，使本书形成了“会计基础理论——财务会计报告——会计核算方法——财务会计报告”的基本结构，使学生具有“整体——个体——整体”的逻辑思路，从而形成对会计全面、整体的认识。

第四，鉴于电算化会计的普及和发展的现实，在第九章中除了介绍手工会计账务处理程序外，还单独介绍了电算化会计账务处理程序，使学生对账务处理程序有更全面的了解。

本书由栾甫贵（第一章）、尚洪涛（第二、六章）、张安伶（第三、四章）、张秀梅（第五、七、八、十章）、张建军和王燕霞（第九章）共同编写，由栾甫贵、尚洪涛提出编写大纲并进行了全书的总纂、定稿。

在本书编写过程中，我们参考了诸多有关基础会计方面的教材、专著和论文，北京机械工业学院的王佩琦、孙义敏、张志凤，北京理工大学的魏素艳，北京化工大学的王淑慧等专家、教授，对本书的编写提出了许多宝贵的意见和建议，为本书的出版给予了极大的支持和帮助，在此一并表示衷心的感谢！

由于编者水平有限，也由于本书在某些内容、体系上的新尝试，书中难免存在不足甚至错误之处，恳请读者不吝批评、指正。

编　者

2003 年 10 月

目　　录

第一章　绪　论

本章内容要点

随着社会经济的不断发展，会计信息的重要功用日益受到人们的关注，对人们日常生活的影响越来越深刻。作为本书的第一章，主要介绍会计的含义与体系、会计的环境与会计信息质量、会计要素与会计等式、会计核算的基本前提和基本职能等内容，以便为读者提供基本的会计概念轮廓。

第一节　会计概念与会计体系

从来源上看，会计信息是会计人员生产和报告的信息；就内容而言，会计信息又是揭示资金运动状况、结果与特征的经济信息。掌握会计的含义与体系，自然是理解会计信息的前提。

在我们日常生活中，“会计”是一个非常熟悉的字眼，任何单位都有“会计”。而除了会计专业人士外，人们对会计的了解和理解一般是不够全面和准确的，诸如“会计就是记账、算账、报账”，“会计就是账房先生”，“会计是每天伏案打算盘或敲键盘，以便按期编送报表的人”，等等。实际上这些说法都是人们眼中所见到的“会计”，或者说是“现象中的会计”，是指会计人员或会计工作。要了解和理解今天会计工作的本质，则要从历史上认识会计的产生与发展，从而把握今天会计的含义与体系。

一、会计的产生与发展

作为现代人，我们每个人既是社会人又是经济人[⊖]，每天都离不开消费；作为现代人中有收入的成年人，则是收入与支出并存的人，自然会更加关注其收入、支出、财产等情况，有记账习惯者对其个人或家庭收支状况和财产状况会较不记账者有更清晰的了解。他（她）之所以记账，一定是出于个人或家庭经济管理的需要，由于仅靠大脑记忆已经无法满足管理要求。从会计的产生、发

⊖ 这里有别于经济学意义上的经济人。经济学意义上的经济人是一种假说，一般是指人是自利的，为了追求个人利益最大化，具有理性行为，而其自由行动会无意识地增进社会的公共利益。——见杨春学，《经济人与社会秩序分析》，上海三联书店 1998 年版，第 11 ~ 12 页。

展历史来看，也充分印证了这一点。

在人类社会的早期，由于生产力水平低下，生产活动较为简单且规模较小，人们只凭借头脑记忆经济活动的所得与所费即可以满足管理的要求。到了新石器时代，产生了生产性的农牧业，改进了渔猎技术，增加了渔猎产品的数量，皮革加工技术得到了提高，出现了原始纺织手工业、制陶手工业并获得了发展，与此同时产生了原始交换关系的萌芽，人们出于管理生产、管理生活、管理物品及交换等需要，发明了“绘图记事”、“刻记记事”等计量、记录方法，以反映事物的内容或数量，从而具有了原始的会计行为。之后又在伏羲时代创造了“结绳记事”，在黄帝时代创造了“刻契记数”，产生了原始的“会计变革”。这是剩余物品的出现、私有财产制度的产生、数学的萌芽以及社会生产的发展进步结果。但这时的会计还仅仅属于会计的萌芽阶段[㊀]。

到了我国的西周时代，随着农业、手工业及商业的发展，社会经济活动日益复杂，人们对计量记录有了更高的要求，“会计”一词应运而生。从繁体字中可见，“會”字由“合”与“曾”两个字组成，都有总和之意；“計”则由“言”与“十”二字组成，暗含四面八方报告的意思。因此，清代学者焦循在《孟子正义》一书中，对西周的会计描述为“零星算之为计，总合算之为会”，表明“会计”既有综合核算，也有明细核算，即提供总括、综合会计信息与详细会计信息，直到现在我们仍然遵循这一基本原理进行会计制度的构建和会计信息的提供。实际上，西周时代对一日、一旬、一月、一年的会计，三年一次的大计，已有较明确的要求。据《周礼 · 天官》记载：“司会掌管邦之六典、八法、八则……而听其会计。”又据《孟子 · 万章》记载，春秋时代的孔子亦有“会计当而已矣”的论断，说明当时人们对会计已有相当深刻的认识。到了宋代，产生了“四柱清册”记账法，将旧管（期初结存数）、新收（本期收入数）、开除（本期支出数）、实在（期末结存数）有机地结合起来，形成“旧管 + 新收 - 开除 = 实在”的平衡关系，奠定了中式复式记账法的理论基础。明、清时代，在民间商业企业发明和采用了“龙门账”，将所有经济业务科学地划分为“进（收入）、缴（费用）、存（资产及债权）、该（负债及业主投资）”四大类，并以“进 - 缴 = 存 - 该”作为其试算平衡公式，采用双轨制的盈亏计算方式，双方相等时称为“合龙门”。在此基础上，与清代末期又发展出“天地合账”，对任何经济业务均在账簿中记录两笔，既登记来账，又登记去账，以反映其来龙去脉，成为名副其实的复式记账法，一直延续到20世纪上半叶。

从西方来看，到了12世纪，意大利的海上贸易已有了很大的发展，为了反映复杂的经济业务和不同货币之间的结算，产生了借贷记账法，并由意大利数学

㊀ 郭道扬，《会计发展史纲》，中央广播电视大学出版社，1991年版，第14～43页。

家卢卡·帕乔利于1494年出版的名著《算术、几何、比及比例概要》一书中作了详细、系统的介绍，同时介绍了以日记账、分录账和总账为基础的会计制度，标志着世界近代会计的开始。借贷记账法的产生与发展，对于推动世界会计的发展具有极其重要的作用，历经若干个世纪长盛不衰，尤其在会计逐步由手工操作向电算化过渡的今天，借贷记账法的理论和方法仍是不可或缺的重要组成部分。

20世纪初，借贷记账法由日本传入我国，30年代掀起了改良中式簿记的运动，推动了中小企业的会计改革，出现了中式簿记与西式簿记并存的局面。新中国成立后，我国各行各业曾运用了借贷记账法、收付记账法、增减记账法，制定了一系列适合我国当时国情的会计制度，尤其是改革开放以后，我国会计改革进入了一个新的历史时期，会计制度建设不断进步，取得了非常大的成就。

1980年以后，随着改革开放的深入，从西方引进、改造和实践了管理会计理论与方法，1993年进行了新的会计制度改革，实施了《企业会计准则》、《企业财务通则》以及13个行业的企业财务制度和会计制度（简称两则两制），规定企业统一采用借贷记账法。1985年5月1日施行，1993年12月29日、1999年10月31日两次修订施行的《中华人民共和国会计法》，使我国会计工作的法制建设进入了一个新的发展阶段。

在会计制度方面，2000年6月21日国务院发布了《企业财务会计报告条例》，同年12月29日财政部颁布了《企业会计制度》，并于2001年1月1日起暂在股份有限公司和其他经过批准的企业施行。这一新制度的重大改革主要表现在：规定了会计要素确认、计量、记录、报告的全过程，增加了实质重于形式会计原则，重新定义了会计要素，计提坏账准备、短期投资跌价准备、存货跌价准备、长期投资减值准备、委托贷款减值准备、固定资产减值准备、无形资产减值准备、在建工程减值准备等八项资产减值准备，将非货币性交易、或有事项、会计调整、关联方关系及其交易等实践证明较为成熟的会计准则内容纳入会计制度，调整了部分会计科目的名称和内容，调整规范了会计报表体系，下放了固定资产折旧政策和坏账准备提取政策。一年后，财政部又于2001年12月17日发布了《金融企业会计制度》，于2002年1月1日起在所有上市的金融企业施行，这一制度对金融企业涉及的主要经济业务所规定的会计政策，均与相关的国际会计规范一致。另外，2004年4月27日财政部发布了《小企业会计制度》，于2005年1月1日起在小企业范围内施行；2004年8月18日，发布了《民间非营利组织会计制度》，自2005年1月1日起在全国民间非营利组织范围内全面实施；2006年2月15日发布了于2007年1月1日首先在上市公司实施的包括1项基本准则、38项具体准则的会计准则体系，基本实现了与国际会计准则的趋同。从总体上看，通过本次会计制度改革，维护了广大投资者的合法权益，进一步提升了我国会计标准的国际化水平，一方面拉近了与国际会计规则的距离，体现了企业的市场主体性质，积极贯彻谨慎性原则，另一方面，也体现了中国会计的特殊性，坚持会计标准由国家统一规定，与我国法律环境、制度体系相适应，实现了我国会计制度史上的一次飞跃式革命，使我国会计理论研究与实务工作获得了前所未有的发展，更加突出了与国际会计惯例的趋同。

由上述会计发展历程的简要回顾中不难看出，会计的产生是基于管理社会生产生活的需要；会计的不断发展和完善，是社会生产力水平日益提高、社会经济生活日益复杂的结果，是人们追求少费多得、提高经济效益的结果；会计的国际协调与趋同，则源于经济全球化。经济越发展，会计越重要。正是基于此，会计由生产职能的附带部分，从生产职能中分离出来，成为特殊、专门的独立职能。"过程越是按社会的规模进行，越是失去纯粹个人的性质，作为对过程的控制和观念总结的簿记就越是必要，因此，簿记对资本主义生产比对手工业和农民的分散生产更为必要，对公有生产比对资本主义生产更为必要。"[⊖]

二、会计的概念

1. 会计

人类要生存，就必须进行生产活动，就必然发生资源的耗费，而在资源有限、稀缺的条件下，必然追求经济效益。就我们个人来说，一定时期的消费支出受制于其个人收入及其积累的财富，尽管可以采取借贷方式获得一定的货币收入并用于支出（如住房贷款），但借贷规模不是无限的，而是依赖于个人财产状况及其偿债能力。因此，每个人心里都有一本"账"，都将对一定时期的收入、支出进行计划、总结。如果这个人独自出资开了一家饮食店，自然要对该店的财产、收支进行记录，明确其经营结果是盈利还是亏损，了解财产的安全、完整状况；如果这家饮食店是由几个人合伙开办的，还要记录有关收益的分配情况；如果随着企业规模的扩大，该家饮食店注册为公司，并开办了若干家分店，则各个分店的经理要向该店的开办者（所有人）定期报告经营状况和经营结果，反映委托代理关系以及受托责任的履行情况。这就是会计人员要做的主要工作，是我们通常所讲的会计信息的披露，并要求披露的信息客观、公正，由此要求披露者披露的信息有据可查（有真凭实据），不能漏报、重报、错报，以便根据客观、可靠的会计信息作出科学、合理的经营管理决策。概括而言，会计人员披露的会计信息，要有凭证作为原始依据，有账簿作为记录载体，以财务会计报告作为信息披露的媒介，以报告单位的资金作为报告对象和内容，以加强管理、提高经济效益为报告目的。因此，会计的概念可以表述如下：

会计是以货币为主要计量单位，以凭证为依据，借助于专门的技术方法，对特定单位的资金运动进行全面、综合、连续、系统的核算与监督，向有关方面提

⊖ 《马克思恩格斯全集》第24卷，第152页。

供财务信息、参与经营管理、旨在提高经济效益的一种经济管理活动。㊀

上述会计的概念，表明会计具有以下特点。

（1）以货币为主要计量单位。货币量度具有综合性强的特性，可以将千差万别的财产物资和劳动消耗统一折合为价值量。在现实经济生活中，主要有实物量度、劳动量度、货币量度三种量度。在商品货币经济不发达的环境下，人们主要采用实物量度（如台、件、吨、米、公里等）、劳动量度（如工时），这两种量度具有具体、直观的优点，但缺乏综合性、可比性，货币量度则弥补了这一缺陷。以货币量度为主，是商品货币经济发展到一定阶段的产物，是当代市场经济对会计的客观要求。当然，会计并不排除其他两种量度，而是将其他量度作为货币量度的补充。如库存商品有数量、单价、金额等记录，成本计算中用到小时工资率，根据工时比例分配制造费用等。

（2）以凭证为依据。每项交易、事项（俗称经济业务，具体含义请参见本章第三节）的发生或完成都要有凭证的记录、反映，在会计上称为原始凭证，会计人员还要根据原始凭证，编制包含记录到哪些账户、记录账户的方向和金额等内容的用于登记账簿的记账凭证，原始凭证与记账凭证统称为会计凭证。会计核算与监督的主要依据在于会计凭证，根据真实、正确、完整的凭证进行账簿登记，是会计的基本要求之一。没有凭证，会计将成为无源之水，考核会计信息的真实性也就失去了客观依据。

（3）以资金运动为对象。一定单位所从事的经营活动，一方面是物资运动，如材料验收入库、材料投入生产、产品对外出售等；另一方面是资金运动，如支付购买材料的货款、支付工人工资、购买机器设备、销售产品收回相关现金等。会计主要是与“钱”打交道，会计所记录、反映和监督的内容就是有关资金的运动，如由货币购买原材料（货币资金转化为储备资金）、将材料投入生产（储备资金转化为生产资金）、产品生产完工验收入库（生产资金转化为成品资金）、产品对外出售收回货币（成品资金转化为货币资金），再进入下一轮生产经营过程，从而实现资金的循环和周转，使企业不断获利并发展壮大，使得会计对资金运动的反映和监督更具有全面性。

（4）会计所提供的信息具有综合性、连续性、系统性与可验证性。正是由于会计以货币为主要计量单位，使得会计所提供的信息具有高度的综合性；以设置账户、复式记账等特定的专门方法，通过账簿的序时分类登记，使得各种会计资料具有连续性、系统性；而账簿记录又源于会计凭证，有凭证为据，从而使得

㊀ 这是“管理活动论”的观点。在我国具有重要影响的另一观点是“信息系统论”，认为会计是一个以提供财务信息为主的经济信息系统，由信息输入、信息交换、信息输出等构成（请参见吴水彭主编《会计学原理》，辽宁人民出版社1994年版，第6页）。此外，国内还有“工具论”、“方法论”、“手段论”、国外有“艺术论”等观点。

对外披露的信息有据可查，具有很强的可验证性。

（5）会计工作是一种经济管理活动。会计的产生和发展不仅是满足经济管理的需要，会计所揭示的资产状况、企业所有者的投资、企业的各项负债、利润的计量及其分配等，也是直接的管理活动。此外，会计不仅对已经发生和已经完成的投资、筹资、收入、费用和利润等进行确认、计量、记录和报告，还要对未来的经济活动通过预算加以事前监督，参与企业的经济预测，为企业的重大经济决策提供相关信息和咨询，并通过日常会计活动控制、分析与考核有关预算的执行情况。

2. 会计学

上述所讲的会计，是指会计工作。此外，还有会计学意义上的会计。会计学作为一个基本会计概念，是指正确反映会计客体本质和规律性的系统化的知识体系。由此构成了会计理论体系，一般包括会计工作理论体系、会计研究理论体系和会计教育理论体系三个部分。会计工作理论体系包括会计人员理论体系、会计手段理论体系、会计方法理论体系以及会计内容理论体系；会计研究理论体系包括会计理论研究和会计应用研究；会计教育理论体系则包括会计教育基本理论体系（如会计教育环境理论、会计教育目标理论、会计教育原则理论、会计教育内容理论、会计教育方法理论等）、会计教学理论体系（如会计理论教学理论、会计实践教学理论和会计应用教学理论等）、会计教育管理理论体系（如教学设施管理理论、周边环境管理理论、师资队伍管理理论、学生素质管理理论和服务人员管理理论等）。

具有系统性不一定是一门科学，关键是看系统认识的程度。企业、事业及行政单位再生产过程中的资金运动作为会计的客体，其产权方面的本质属性，具有诸多层面的规律，如界定产权性质的规律、计量产权价值的规律、反映产权变动的规律以及披露产权信息的规律等。对这些规律的系统化的知识体系，构筑了会计学的高楼大厦；知识体系的丰厚程度，决定了这一大厦的高度、宽度及其结构。本书主要运用会计学基本理论，侧重于会计核算的基本技能和基本方法的分析和阐述。

三、会计的体系

会计作为相对独立的一种经济管理工作，其涉及的范围是十分广泛的。严格来说，凡是有经济活动的地方，就有会计工作，从企业、事业、行政单位，社会团体、寺庙乃至家庭、个人，莫不如此，它们的区别在于会计工作的专职化与非专职化以及规模的大小和复杂程度的高低。而人们对会计的了解，通常是针对特定单位或组织而言的，因此遵循人们的一般习惯，也将会计视为一定组织的会计，分为营利组织会计和政府与非营利组织会计两类（至于会计学的体系，因为不属于本书范围，故存而不论）。

（一）营利组织会计

营利组织会计是指有关营利组织的会计，通常指各类企业会计。企业作为营利性的经济组织和从事生产、交换、分配、消费活动的基本单位，除了有工业、商品流通业、交通运输业、农业等行业分类，以及国有企业、集体企业、私营企业、合资企业等所有制形式的分类外，还有独资企业、合伙企业、公司等企业组织形式的分类。企业的组织形式不同，其会计的复杂程度也不尽相同。

独资企业是指所有者权益归业主一人所有的企业，该业主对企业负债负有无限清偿的责任，一般不缴纳企业所得税，而缴纳个人所得税。但会计上是将独资企业作为会计主体单独核算的，其目的在于客观地反映独资企业的财务状况和经营成果。

合伙企业是指由两人或两人以上订立合伙协议，共同出资、共同经营、共负盈亏、共担风险的企业。该类企业的所有者权益由合伙人共有，出资额由合伙协议确定，合伙人对企业债务通常负无限连带责任而不受其出资额的限制。与独资企业一样，合伙企业一般也不缴纳企业所得税。

公司是指由投资人依法出资联合组成的，有独立的法人财产和独立的注册资本，享有法人财产权，自主经营、自负盈亏的法人组织。其主要特征包括：直接从事以盈利为目的、独立核算、自负盈亏的经营活动，具有民事权利能力和民事行为能力，并依法独立享有民事权利、承担民事义务，独立承担民事责任，缴纳企业所得税，股东也须缴纳个人所得税等。公司按照偿债责任的性质不同，分为无限责任公司和有限责任公司。无限责任公司中，所有股东对公司债务负有连带责任，公司对债权人负无限清偿责任；有限责任公司中，股东对公司承担的责任只以其出资额为限，公司对债权人承担的责任以公司的全部资产为限。以发行股票形式筹集资金的，称为股份公司；股票公开发行并在证券交易所交易的，称为上市公司；股东以其所持有的股份的面值作为承担企业责任的最高限额、公司以其全部资产作为偿还债务最高限额的，称为股份有限公司；没有这些责任限制的，称为股份无限公司；既有有限责任股东、又有无限责任股东的，称为股份两合公司。《中华人民共和国公司法》规定，公司组织形式包括有限责任公司和股份有限公司两类，有限责任公司的股东以其认缴的出资额为限对公司承担责任，股份有限公司的股东以其认购的股份为限对公司承担责任。

以上企业组织形式中，公司是最具有代表性、最复杂并广泛应用的企业组织形式，尤其是股份有限公司，已成为世界各国经济发展的主导。因此，本书也以公司为对象，介绍有关会计的基本理论和方法，营利组织会计的分类也以此为基础，分为财务会计、管理会计和税务会计。

1. 财务会计

财务会计也称对外报告会计，是指主要向企业所有者、债权人、政府及其有关部门和社会公众等外部关系人提供有关企业财务状况、财务成果以及现金流动状况的一种会计工作。

财务会计的直接工作依据是《企业会计准则》、《企业会计制度》等会计规章，并受其严格的约束，其对象是企业再生产过程中的资金运动。资金运动是指资金由一种形态向另一种形态的转化。如上所述，用银行存款购买材料是货币资金向储备资金的转化，将材料投入生产是储备资金向生产资金的转化，将材料加工成产品并验收入库是生产资金向成品资金的转化，将产品出售并收到现金是成品资金向货币资金的转化，从而完成了一次封闭式的资金循环。作为资金运动，无论是社会总资金运动还是个别资金运动，都是社会再生产过程中的价值运动，只不过前者是宏观价值运动，后者是微观价值运动。作为以货币为主要计量单位的会计，凡是再生产过程中能够以货币表现的经济活动，都是其反映和监督的内容。因此会计的一般对象是社会再生产过程中的资金运动。

就宏观方面来看，社会总资金运动反映了全社会的生产、交换、分配和消费的全过程，是社会会计的对象。就微观方面分析，个别资金运动反映了各个企业、事业及行政单位的资金投入、资金运用、资金退出等过程，而具体到企业、事业、行政单位又有较大差异，即便同样是企业，工业、农业、商业、交通运输业、建筑业及金融业等均有其各自独特的资金运动过程和运动方式，其中尤以工业中的制造业最具代表性。下面以制造业企业为例，说明营利组织会计的具体对象和内容。

制造业企业是从事工业产品生产和销售的盈利性的经济组织。为了从事产品的生产与销售活动，企业必须拥有一定数量和结构的资金，用于建造厂房、购买机器设备、购买原材料、支付职工工资、支付经营管理中必要的开支等，生产出的产品经过销售后，收回的货款还要补偿生产中的垫付资金、偿还有关债务、上缴有关税金等。由此可见，企业的资金运动包括资金的投入、资金的循环与周转（包括供应过程、生产过程、销售过程三个阶段）和资金的退出三个部分，既有一定时期内的显著运动状态（表现为收入、费用、利润等），又有一定日期的相对静止状态（表现为资产同负债及所有者权益的恒等关系）。

资金的投入，包括企业所有者投入的资金和债权人投入的资金两部分，前者形成企业所有者权益，后者形成企业的负债。投入企业的资金一部分构成现金、银行存款、原材料等流动资产，另一部分构成房屋及建筑物、机器设备等非流动资产。

资金的循环和周转，既是企业资金运动的结果，又是资金运动的主体，表现为循环往复的“$G——W\cdots P\cdots W'——G'$”运动过程，分为供应、生产、销售三个阶段。在供应过程中，企业要购买原材料等劳动对象，发生材料买价、运输费、装卸费等材料采购成本，与供应单位发生货款的结算关系。在生产过程中，劳动者借助于劳动手段将劳动对象加工成特定的产品，发生原材料消耗的材料费、固定资产磨损的折旧费、生产工人劳动耗费的人工费等，构成产品使用价值与价值的统一体，发生企业与工人之间的工资结算关系，与有关单位之间的劳务结算关系和动力结算关系等。在销售过程中，将生产的产品销售出去，发生有关销售费用，同购货单位发生货款结算关系，同税务机关发生税务结算关系等。企业获得的销售收入，扣除各项费用成本后的利润，还要提取盈余公积以满足扩大再生产的需要，向所有者分配利润以体现所有者的合法权益。

资金的退出，包括偿还各项债务、上缴各项税费、支付向所有者分配的利润等，使得这部分资金离开本企业，退出本企业的资金循环与周转。

上述资金运动的三个部分，构成了开放式的运动形式，是相互支撑、相互制约的统一体。没有资金的投入，就不会有资金的循环与周转；没有资金的循环与周转，就不会有债务的偿还、税费的上缴和利润的分配等；而没有这类资金的退出，就不会有新一轮的资金投入，就不会有企业进一步的发展。企业的资金运动就是企业生产经营活动的价值运动。如图 1-1 所示。

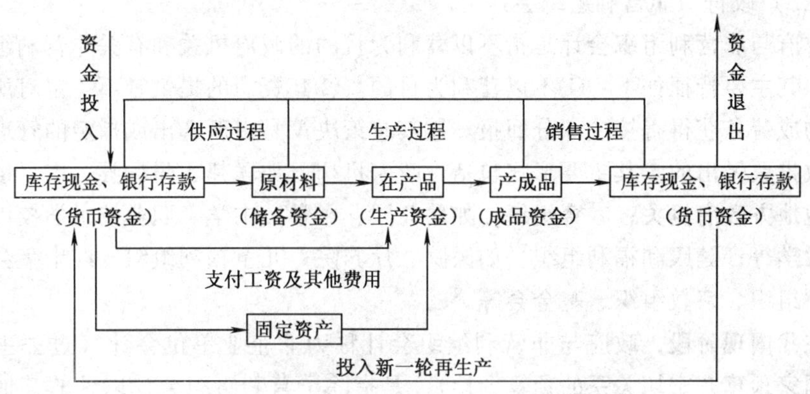

图 1-1　企业的资金运动、循环与周转过程

2. 管理会计

管理会计也称对内报告会计，是指通过对财务会计资料和其他有关资料进行整理、计算和分析，对企业的资金、成本、利润等进行预测、决策、规划、控制、考核，向企业经营者和内部管理者提供相关决策信息的会计工作。可见，财务会计信息是管理会计的重要信息来源，管理会计是财务会计信息的进一步开发和利用，两者之间有着非常密切的联系。但与财务会计不同，管理会计侧重于为企业内部经营管理服务，不受《企业会计准则》、《企业会计制度》的约束，广泛应用数学方法，侧重于企业未来的生产经营活动。管理会计的前身是成本会计。20 世纪初，为了适应泰勒制管理方法的需要，在美国出现了标准成本会计，并逐渐形成以此为基础的执行性管理会计。直至 20 世纪 50 年代以后，形成了决策性管理会计，即形成以决策研究为核心内容，为企业正确地进行经营决策，改

进经营管理，全面提高经济效益提供信息与智力支持的管理会计。㊀

总之，财务会计侧重于过去信息，也为管理会计提供数据；管理会计侧重于未来信息，为内部管理部门提供数据。

3. 税务会计

税务会计是指根据财务会计的有关资料，依据税法的有关要求，计算有关应纳税款、上缴税款、退补税款等会计处理的会计工作。税务会计是财务会计与税法的结合。在现代经济生活中，企业是重要的纳税义务人，企业的各项重大经营决策都要考虑到纳税因素，而财务会计处理的依据是会计理论，税法规定的依据是法理，从而使得某些经济业务的会计处理和税法要求的处理不尽一致，并逐渐呈现出差距越来越大的趋势。会计中出现了越来越多的纳税调整，会计中的纳税问题也越来越复杂，从而促使税务会计从财务会计中分离出来，形成一个相对独立的会计工作，构成营利组织会计中的一个重要组成部分。

（二）政府与非营利组织会计

政府与非营利组织会计是指不以营利为目的的政府机关和有关非营利组织的会计。其主要特征如下：①不以营利为目的。②其资源的提供者不一定对所提供的货物或劳务获得直接或部分回报。③其政策决策是由所选出或指定的管理委员会一致投票做出的。其主要形式包括：政府机构，如联邦、州、县、市、镇、村和其他地方政府机关；教育组织，如幼儿园、小学、中学、职业技术学校以及学院和大学等；健康和福利组织，如医院、疗养院、儿童福利组织、红十字会、联合服务组织、宗教组织、基金会等。㊁

在我国现阶段，政府与非营利组织会计称为非企业单位会计（过去主要是指与国家预算有密切关系的预算会计），是指除了营利组织会计以外的其他各种会计。自财政部于1996年10月22日发布《事业单位财务规则》，于1997年11月18日发布《事业单位会计准则》，于1998年1月19日发布《行政单位财务规则》，标志着我国预算会计制度进入了新的改革时期，主要分为总预算会计、行政单位会计和事业单位会计三个部分。㊂

总预算会计是财政部和地方财政机关，核算和监督国家和地方各级财政总预算执行情况的一种非企业单位会计。它包括预算收入的核算、预算拨款的核算、预算支出的核算、预算周转金的核算、预算往来款项的核算、预算外资金的核算等内容。

㊀ 余绪缨，《管理会计学》，中国人民大学出版社，1999年版。

㊁ 罗伯特·J. 弗里曼等著，王建英等译，《政府及非营利组织会计理论与实务》，清华大学出版社1999年版。

㊂ 侯文铿等著，《会计大典——非企业单位会计》，中国财政经济出版社，1998年版。

行政单位会计是指以行政单位发生的各项经济业务为对象，核算和监督国家预算资金的取得、使用及结果，为提高其社会效益服务的一种非企业单位会计。这里的行政单位包括各级权力机关、行政机关、审判机关、检察机关和各党派、政协机关等，其核算内容主要是从其上级机关取得经费、支出经费，以及相应财产物资的增减变动情况等。

事业单位会计是指核算和监督事业单位各项经济业务，为提高其宏观经济效益和社会效益服务的一种非企业单位会计。它主要包括文化事业会计、教育事业会计、卫生事业会计、环境保护会计、社会团体会计等。

本书主要以营利组织会计中的财务会计为例，研究和阐述会计的基本理论和方法。

第二节 会计环境与会计信息

一、会计环境

社会存在决定社会意识。这里的社会存在就是环境，“时势造英雄”就是对环境巨大力量的真实写照。会计也是特定环境的产物，并随着环境的变化而不断调整和完善。各国的会计差异以及同一国家不同时期会计规范和内容的差异，均源于会计环境的不同。影响会计的环境主要有社会、经济、科技、文化、法律、教育六个方面。

（一）社会环境

社会环境是指以政府为主体的宏观政策和整体社会状况。它包括政府职能、政府政策和社会稳定性等方面。

1. 政府职能

在计划经济时期，政府的机构设置及其职能的构造和运行方式必须服务于计划经济的要求，政府既是国家的行政管理者也是国家的经济管理者，使得经济决策权高度集中，直接使用行政手段管理经济，政企合一、两权合一，企业不具备独立商品生产者的地位，只是政府的附属物，国家不承认企业的独立经济利益，会计只是反映和监督国家指令性计划完成情况的手段和工具。进入社会主义市场经济建设时期后，则要求转变政府职能，将过去的直接管理转变为间接宏观调控，实施政企分开，一方面将政府的职能转变到统筹规划、制定政策、提供服务、信息引导、组织协调和监督检查上来，另一方面，要求实现国有企业的所有权与经营权的分离，建立现代企业制度，使企业成为独立的经济主体、市场主体，由此要求严格区别资本与负债，保护所有者及债权人的合法权益，打破计划经济会计模式，改革一系列会计确认、计量、记录与报告内容和体系，这就是1993年“两则两制”会计制度改革的大背景之一。

2. 政府政策

政策是国家或政党为完成一定历史时期的总任务而制定的行动准则。与政府职能相联系，我国政府政策也可以分为计划经济政策和市场经济政策两大类，而不同时期的具体政策又有所不同，并直接影响到会计的工作方式和内容。总体来说，计划经济时期的会计工作比较死板、单一，市场经济时期的会计工作相对比较灵活，具有更大的自主性。

3. 社会稳定性

可以说，当社会处于比较稳定的时期，会计就发展得快一些；当社会处于相对不稳定甚至动荡的时期，会计就发展得慢一些甚至受到摧残。归根到底是社会稳定性影响社会经济的发展水平，后者又造就了一定的经济环境，影响人们的经济观念，进而影响到会计的命运。“大跃进”与“文革”期间对会计工作的损害，以及国民经济恢复时期、20 世纪 60 年代初期、改革开放时期会计制度的发展，均与社会稳定性具有密不可分的关系，与人们对发展经济的认识有关。

（二）经济状况

1. 出资人结构

企业出资人的具体情况，决定了企业产权的复杂程度，同时也决定了对会计信息需求的复杂程度，进而决定了会计的复杂程度。在以独资、合伙为主体的环境下，由于出资人较少、企业与外界的联系较少，其会计信息主要是对内服务为主，一般不需要社会公证，因而没有统一会计标准的必要，这就是 20 世纪初西方诞生会计准则以前的自由会计制度时期。相反，在以公司制为主体、上市公司为主导的环境下，由于投资主体的多元化、企业与外部联系的广泛化和复杂化，对会计信息的需求也趋于多样化和复杂化，从而带动会计工作的复杂化。

2. 行业结构

行业结构既标志着经济发展水平，也反映了行业的经济贡献，同时也决定了会计制度的样板或基础。如以农业为支柱产业的非洲国家，其经济发展水平较低，但关于农业方面的会计规范较为细腻和发达；以石油业为支柱产业的中东地区，其制造业发展水平较低，但石油勘探业会计规范比较先进；西方发达国家的经济发展主要来自于制造业和国际贸易，其制造业和商业会计规范就比较发达。我国虽然处于农业社会向工业社会转型时期，但工业、进出口贸易对国民经济的贡献率较大，因而我国的会计规范也是以工业最为发达和详尽的，并以制造业会计规范为基础设计其他行业会计规范。

3. 经济水平

综观会计的发展史以及同一时期不同国家（地区）会计的差异，其根本原因在于经济发展水平不同，我国会计的演进也说明了这一点。当然，经济发展水平对会计制度的影响有一个渐进或滞后的过程，一般来说，有了新的经济活动，才提出对该项经济活动的会计处理的要求，进而产生有关会计规范。经济发展水平越高，经济活动越复杂，对会计的要求也越高，促使会计越复杂，尤其是需要会计判断的内容越来越多，促使会计规范也越来越丰富和完善。

（三）科技水平

科技的发展，带来了人们科技理念的更新，带来了技术手段的变革甚至革命，"会计是一门具有技术性的经济管理分支学科，技术不断进步和发展为会计提供了日益先进的手段和工具，对会计方法、手段革新，拓宽、深化会计工作领域起到了重要的促进作用，如现代数学方法、电子计算机技术等不仅提高了会计工作效率和工作质量，而且改变了传统的会计观念和操作方法，从而促使会计理论和会计方法的变化和发展。"[㊀]科技的发展，已经引起会计制度运行手段、会计记录和报告方式的变化，如由手工会计转变为电算化会计，进而可能产生网络会计。

（四）文化取向

我国的会计制度由财政部制定、发布并监督其执行，我国会计人员也习惯于按部就班地执行法规制度，对法规制度的完整性和具体性要求较高，但不善于进行职业判断和政策选择，容易教条化。而在美国，会计人员则善于独立思考和进行职业判断，能够比较灵活地理解和执行会计法规制度，对法规制度的灵活性要求较高。虽然从 1993 年起我国出现了基本会计准则规范，1997 年起又陆续发布并实施了 16 项具体会计准则，2007 年起实施 39 项新会计准则，但这些准则仍由财政部制定、发布和组织实施，同样体现了我国的文化特征。随着我国对外开放进程的不断深化，外国文化对我国传统文化产生了一定的冲击，会计制度中需要会计职业判断的内容在增加，中西方文化的融合，也使得中国会计规则的国际趋同成为可能。

（五）法律环境

法律对会计的影响是显而易见的。除了会计法之外，对会计影响较大的是税法。税法是国家制定的用来调整国家与纳税人之间在征纳税方面的权利与义务关系的法律规范的总称，是国家依法征税、纳税人依法纳税的行为规范。税法中各个要素的规范直接构成了会计制度中相关确认、计量、记录和报告的基础，尤其是税种设置，各个税法中有关纳税义务人、征税对象、税目、税率、应纳税额的计算、减免税等方面的规定，是制定会计制度时必须考虑的重要因素之一，是会计工作的重要依据之一。

（六）教育水平

任何制度的制定、颁布都在于该项制度的实施，以发挥该项制度的应有作

㊀ 吴水澎，《中国会计理论研究》，北京：中国财政经济出版社，2000 年，第 6 页。

用；而任何制度的有效实施都有赖于相关人员的协助与支持，当然与这些人员的受教育水平密切相关。会计制度实施的有效性，同样受到执行者素质的制约，这里主要涉及会计人员和单位管理人员两类人员的教育水平和职业道德水平。会计人员的受教育水平决定了其会计职业判断水平和对会计制度的理解能力、处理新的交易事项的创造能力，单位管理人员的教育水平决定了其对会计制度的认识水平和支持程度。《中华人民共和国会计法》中所作出的“单位负责人对本单位的会计工作和会计资料的真实性、完整性负责”的规定，突出表现了单位管理人员在会计制度实施过程中的重要作用，也反映了其受教育水平对会计制度有效实施的影响。

二、会计信息

会计信息是指以货币计量的数据资料为主，表明特定单位资金运动状况及其结果的经济信息。环境不同，会计信息的需求、供给以及质量要求也不尽相同，现代会计依存于现代环境。

（一）会计信息的需求

一定的会计信息需求者、需求内容、需求方式，决定了会计信息的供给内容和供给方式。会计信息的需求者，就是会计信息的使用者，他们纷繁众多，分布于诸多方面，这是由企业是相关各方一系列契约的结合体所决定的，如图 1-2 所示。

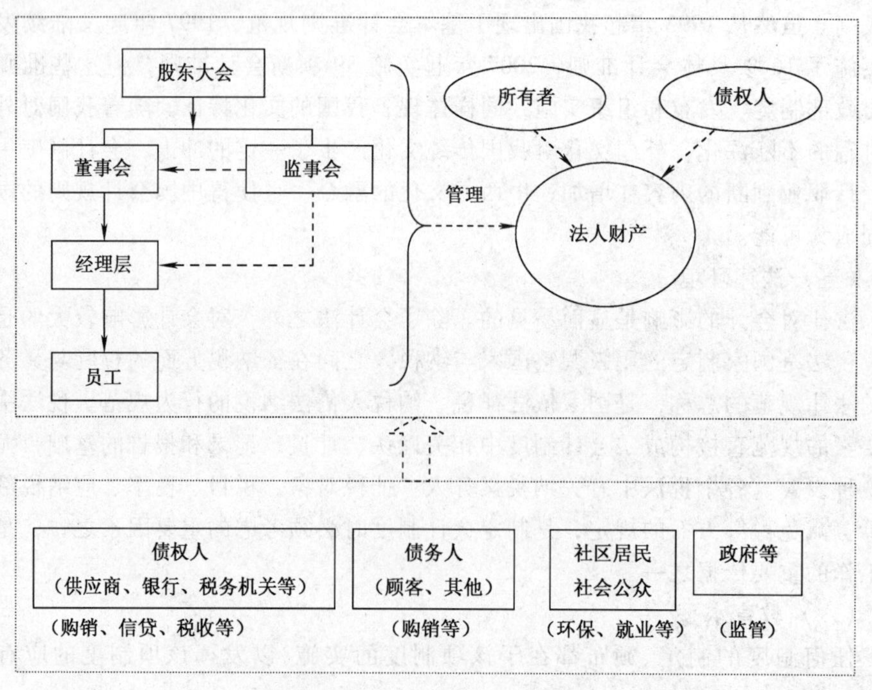

图 1-2 企业的主要利益相关者

图 1-2 中企业的利益相关者都是会计信息的使用者，大致可以分为外部会计信息使用者和内部会计信息使用者两大类。

1. 外部会计信息使用者

（1）所有者。所有者也是狭义上的投资者。现代企业制度的重要特征之一是所有权与经营权的分离，所有者一般不直接参与企业的生产经营活动，但在进行收益分配和投资等重要决策时离不开企业经营成果、财务状况、偿债能力、获利能力等会计信息的支持。

（2）债权人。除了所有者之外，债权人需要利用会计信息决定是否继续放贷、采用什么方式放贷、放贷时间为多长等。

（3）政府部门。有关政府部门，如税务部门会以会计信息为基础，确定企业应纳哪些税种、缴纳多少税费、是否依法纳税、纳税的前景如何等。

（4）供货方。供货方主要利用会计信息，分析企业对其所提供原材料的依赖程度如何、是否能按期支付货款、是否继续向企业提供货物等。

（5）购货方（顾客）。购货方（顾客）主要利用会计信息，分析企业的生存状况如何、今后的产品发展如何、是否继续购买其产品。赊购的购货方还要了解与核实所欠的货款、可以得到的回扣额、债务到期日等相关信息。

（6）社会公众。社会公众虽然不直接接触企业会计信息，但一方面有可能成为企业潜在的投资人，需要了解企业的会计信息，另一方面从会计信息中解读到有关就业、环保等方面的信息，特别是有关其经济效益与环保效益的对比信息，从其自身生存环境质量等方面监督企业的生产经营活动的合法性、公益性。

2. 内部会计信息使用者

作为企业内部的会计信息使用者，如企业董事会成员、企业经理、人事部门、供应部门、营销部门以及生产单位管理人员等，需要利用会计信息进行筹资方式、筹资种类、筹资时机、筹资组合等筹资决策，进行企业资源的合理配置、各项资金的有效利用、资金的投向、投资时机的选择等投资决策，进行生产什么产品、生产多少、怎样生产、亏损产品是否停产、零部件是外购还是自制等生产决策，进行产品市场定位、产品定价、销售渠道、销售方式、营销策略等营销决策，进行如何确定工资标准、如何实施激励政策、实施什么样的激励政策、管理人员与生产人员的调配以及人力资源的合理调度等人事决策，进行如何有效调整机构设置、确定岗位职责、建立健全内部牵制制度等内部控制决策，等等。此外，企业的员工对于企业的薪酬支付水平和支付能力、企业持续发展能力、保障就业能力、提高福利待遇能力等方面的判断与评价，也离不开会计信息的指导。

（二）会计信息的供给

会计人员是会计信息的生产者和提供者。会计信息的供给可以分为供给目标、供给内容、供给方式等方面。

1. 会计信息的供给目标

有需求就会有供给，有什么样的需求就会有什么样的供给，会计信息自然也是如此。因此，会计信息的供给目标就是满足有关会计信息使用者的需要，满足投资人考核企业管理层受托责任履行情况的需要，提供的会计信息有助于会计信息使用者的经济决策。但从上述会计信息的需求看，需求者是复杂的，需求者所需要的会计信息是复杂的，如何满足他们千差万别的需要？这就要求在会计信息供给内容上进行判断和设计。

2. 会计信息的供给内容

综合来看，尽管会计信息使用者所需要的信息不尽相同，但仍可以从中找出其侧重点。如所有者主要关心投入资金的保值、增值情况，由此需要了解资产状况、负债的数额及结构，一定时期所获得的收入、支付的费用以及赚得的利润，一定时期后所有者权益的增减变动情况；债权人关注其债权能否按期、足额收回；政府部门关心企业依法纳税情况以及其他社会责任的履行情况；供货方关心企业财务状况，以便确定是否以及在多大程度上与企业保持业务往来；顾客关心企业销售规模、销售策略、产品质量以及服务质量，以便确定是否继续购买或购买该企业产品的数额；企业的经营管理者关心企业的财务运行状况和运行结果，以便为今后的财务预测、决策、控制提供重要依据；企业员工则关心企业的盈利状况和盈利趋势，以便评估和推测薪酬收入水平，作出是否继续在该企业供职的决策等。应该说明的是，企业的获利水平高、利润数额多，不等于企业的偿债能力强。如赊销出去的商品虽然没有得到货币收入，但按照规定也计入收入，从而增加利润。因此，一定时期内货币流入量、流出量和流入量净额的信息，也是所有者、债权人、经营者等所关注的重要会计信息。这样，我们可以将会计信息的供给内容概括为四个主要部分：①企业一定日期（通常是月末、季末、年末等）的资产、负债的金额及其结构，以及资产减去负债后归所有者所有的净资产的金额及其结构。②企业一定时期（一个月、一个季度、一年等）所获得的收入、发生的费用和赚得的利润。③企业一定时期（同上）内发生的现金流入量、流出量和现金流入量的净额。④企业一定时期（通常是一年内）所有者权益（股份有限公司为股东权益）的增减变动内容与结果。由此构成了会计报表中资产负债表、利润表、现金流量表和所有者权益（股东权益）变动表的基本内容。

3. 会计信息的供给方式

会计信息的供给方式与科技的发展有关，与会计信息的供给手段密切相关。在手工会计环境下，会计核算流程是建立在劳动分工基础上的。如设立工资会计、材料会计、固定资产会计、往来结算会计、成本会计等会计岗位，各个岗位又相对独立，并遵循“凭证——账簿——报表”的操作程序，会计信息一般是通过纸质的会计报表、会计报表的附注等方式定期、定向提供的，会计信息的及时性和有用性受到了很大的限制。在电算化会计环境下，一般将会计系统分解为原材料核算子系统、工资核算子系统、销售核算子系统、固定资产核算子系统、成本核算子系统、财务处理子系统、报表编制子系统等，大大加快了计算速度，在会计信息提供方式上虽然出现了纸质和磁质（磁盘）双重介质，但它仍然是手工会计程序的模拟，仍然定期、定向地提供会计信息。在未来网络会计环境下，会计信息的供给方式可能发生本质变化。如：①经济事项报告模式。这一模式强调披露企业经济事项的细节，而不是综合数据，数据综合的任务应该交给信息用户去完成，财务会计报告应包括足够的明细数据，编制详细一些的报表，而将计价和对信息选择及会计方法的选择权留给用户。②数据库报告模式。这一模式主要是提供一个数据库，由会计信息用户自行从中提取不同详细程度的数据，其重点在于存储和维护原始数据，是在数据库环境中对事项报告模式的一种拓展。③按需报告模式。这一模式按不同用户的不同需求提供信息，要求公司的网络报告系统具有充分的灵活性，是一种充满个性化的报告模式，充分考虑了信息用户的需求差异，方便了报告单位和用户之间相互沟通。④实时报告模式。这一模式将企业所发生的各种生产经营活动和事项实时地反映在财务会计报告上，并将财务会计报告存储在可供使用者查询的数据库中供用户随时查询。由于交易和事项在发生时随时记录、处理和报告，用户可随时获得实时报告信息，提高了信息的新鲜度。

（三）会计信息的质量

无论提供什么内容的会计信息和以什么方式提供会计信息，都必须保证会计信息的质量。同数量与质量的关系一样，质量低劣甚至虚假的会计信息，即使数量再多，也将大大削弱其使用价值，甚至给会计信息的使用者带来危害。可以说，会计信息质量是会计信息的灵魂，是会计人员必须首要关注的问题。衡量会计信息质量高低的标准，主要包括会计信息的可靠性与相关性两个方面。可靠性是指披露的会计信息应该具有客观性、可验证性，即会计人员披露的会计信息是实际发生的交易、事项或者是合理估计（如固定资产折旧）的结果，而不是杜撰出来的，对此可以通过有关会计凭证、账簿记录进行核实或验证。相关性是指所提供的会计信息具有决策的有用性，即会计信息的使用者所获得的会计信息，具有一定的预测价值，有助于其作出正确的决策，而不是误导其决策。在会计中，采用历史成本计价披露的会计信息具有最高的可靠性，因为有历史记录可查，但市场是千变万化的，具有可靠性的会计信息实际上是“过去完成时”，对未来的指导意义大打折扣，不利于会计信息使用者的相关决策；而采用现行市价计价披露的会计信息比较符合相关性，但可靠性较差。因此，从一定意义上说，会计信息质量中的可靠性与相关性存在一定的矛盾，但通常认为，可靠性高于相关性，应优先满足可靠性要求，然后再考虑相关性。我国存在的会计信息失真问题，实际上是会计信息的可靠性受到损害的问题。具体而言，衡量会计信息的质量特征包括以下八个方面：

1. 客观性

客观性是指企业应当以实际发生的交易或者事项为依据进行会计确认、计量和报告，如实地反映符合确认和计量要求的各项会计要素及其他相关信息，保证会计信息真实可靠、内容完整。这就要求会计核算必须建立在实事求是的基础上，根据实际发生的交易或事项进行会计处理，即必须根据审核无误的原始凭证编制记账凭证，采用特定的专门方法进行记账、算账、报账，保证所提供的会计信息真实可靠、内容完整、数字准确。

2. 相关性

相关性是指企业提供的会计信息应当与财务会计报告使用者的经济决策需要相关，有助于财务会计报告使用者对企业过去、现在或者未来的情况作出评价或者预测。信息的价值在于对决策的有用性，而不同会计信息使用者对会计信息的需求有所不同，其目的也不同。因此会计人员应采用适当的会计信息收集、加工、处理方法，生产和传递会计信息，充分考虑会计信息使用者的信息需求，对此在上文已经作了比较详尽的阐述。

3. 明晰性

明晰性是指企业提供的会计信息应当清晰明了，便于财务会计报告使用者理解和使用。我们日常说话、写文章，就是要让对方听懂、看懂，理解我们要表达的思想，以便进行思想交流。企业提供的会计信息同样要清晰、简洁，便于其使用者的理解。因此在日常会计核算中，要做到会计记录的准确、清晰，包括记账凭证和账簿记录中的账户对应关系清楚、文字摘要简洁达意、相关项目填写完整等；编制的会计报表勾稽关系正确、数字准确、项目完整；会计报表附注表达清楚、完整以增强会计信息的有用性。

4. 可比性

可比性是指企业提供的会计信息应当具有一致的比较基础。从纵向看，同一企业在不同时期发生的相同或者相似的交易或者事项，应当采用一致的会计政策，不得随意变更，确需变更的，应当在附注中说明；从横向看，不同企业发生的相同或者相似的交易或事项，应当采用规定的会计政策，确保会计信息口径一致、相互可比，便于不同企业，尤其是同一行业中不同企业会计信息的相互比较和分析，判断企业的社会地位，便于会计报表的汇总，为有关决策提供有用的信息。

5. 实质重于形式

实质重于形式是指企业应当按照交易或者事项的经济实质进行会计确认、计量和报告，不应仅以交易或者事项的法律形式为依据。如融资租入的固定资产，从法律形式上看，企业并不拥有其所有权，但由于其租期长（接近于该项资产的使用寿命），租赁期满承租企业具有优先购买权，租赁期内承租企业有权支配该项资产并从中受益并计提折旧、负担其修理，从经济实质上可以控制其带来的未来经济利益（经济利益的含义请参见本章第三节），因此应将其视为自有资产入账，作为固定资产管理、核算。反之，如果对融资租入固定资产不确认为企业的资产，一方面将减少企业资产总额，不能反映企业真实的生产能力，另一方面也不能客观地反映企业的财务状况和未来经济利益，从而损害会计信息质量，不利于会计信息使用者的相关决策。

6. 重要性

重要性是指企业提供的会计信息应当反映与企业财务状况、经营成果和现金流量等有关的所有重要交易或者事项。企业在会计核算过程中，应区别会计事项的重要程度而采用不同的核算方法。对资产、负债、损益等有较大影响，并影响财务会计报告使用者据以作出合理判断的重要会计事项，必须按照规定的会计方法和程序进行处理，并在财务会计报告中予以充分、准确地披露；对于次要的会计事项，在不影响会计信息真实性和不至于误导财务会计报告使用者作出正确判断的前提下，可适当简化处理。如固定资产与低值易耗品都属于劳动手段，但一般来说，固定资产的金额较大、使用期限较长，代表着企业的生产能力和生产规模，因此在会计核算中采用单项核算的方式，逐项设置卡片，进行明细核算，以反映其详细的有关信息；而低值易耗品相对金额较小、使用期限较短，在会计核算中一般采用合并核算的方式，而且对于金额较小的低值易耗品视同原材料，将其价值一次、全部计入当期损益。重要性的合理、有效地判断，依赖于会计人员的职业判断水平，其判断的依据是某一会计事项是否影响决策，或是否在数量上达到一定的规模。加强专业理论学习、丰富专业实践锻炼、熟悉生产工艺流程以及了解基本工程技术，是提高会计人员职业判断能力的重要途径。坚持重要性标准不仅是梳理会计信息、提高会计信息使用效率的需要，也是在生产和提供会计信息时讲求成本效益的需要。合理运用重要性标准，既可以保证会计信息质量，又可以节约会计信息的生产时间和生产成本，提高工作效率，收到事半功倍之效。

7. 谨慎性

谨慎性也称保守性、稳健性，是指企业对交易或者事项进行会计确认、计量和报告时应当保持应有的谨慎，不应高估资产或者收益，不应低估负债或者费用。如在企业的应收账款中，由于债务人的偿债能力各不相同，可能有一些债务人无力偿还债务，从而造成一些应收账款无法收回而变成坏账。而由于确认应收账款时已经确认相应的收入，从而计入利润，实际上，应收账款的损失使得原来确认的利润高估。但应收账款是否能够收回，在应收账款发生时并不能确定，而为了保证所确认利润的可靠性，在期末则需要按照一定的方法推算出应收账款的可能损失数额，作为费用计入当期损益，减少当期利润，这就是计提坏账准备。同样，计提的固定资产减值准备、无形资产减值准备、长期股权投资减值准备、存货跌价准备等，也是出于谨慎性的要求。可以说，市场经济越发达，市场风险越复杂，越需要遵循损益确认的谨慎性，谨慎性正是基于提高市场风险防范能力的需要。当然，谨慎性要求并非意味着企业可以随意、无根据地提高有关各项减值准备。超过合理水平的减值准备就是秘密准备，将人为过高地估计资产或收益，过低地估计负债或费用，同样造成会计信息的虚假，给会计信息使用者的有关决策带来不利的影响。

8. 及时性

及时性是指企业对于已经发生的交易或者事项，应当及时地进行会计确认、计量和报告，不得提前或者延后。会计信息除了必须保证其真实性、可靠性外，还应保证信息的时效性。过时的信息将使其有用性大打折扣，甚至毫无价值。因此会计核算中必须做到及时收集、处理和传递会计信息。会计信息的及时性与其真实性、可靠性同等重要。

第三节　会计要素与会计等式

会计环境的变化，决定了会计信息质量标准与会计核算内容（交易、事项）的变化，而纷繁复杂的交易、事项又可以提炼为若干会计要素，并构建出严密的内在逻辑关系，成为披露会计信息的会计报表的理论基础和实践依据。

一、会计要素

（一）会计要素的概念

根据《辞海》的解释，要素是“构成事物的必要因素。如词汇是语言的基本要素”。会计作为相对独立的经济管理工作，也是由一定的要素构成的，具体表现为对会计对象的进一步科学、合理的分解。

前面谈到，会计的对象是企业再生产过程中的资金运动，资金运动又具有显著运动状态和相对静止状态，由资金投入、资金循环与周转、资金退出三部分构成。资金投入无非是企业所有者投入和债权人投入两类，从而形成企业的总资产。债权人要求企业能够按时、足额地偿还其债务，即借贷给企业的资产能够及时地收回，债权人对投入企业资产的求偿权（包括本金和利息等）称为债权人权益，对企业来说就表现为负债；企业所有者要求投入企业的资产能够获得增值，得到相应的投资回报，但他们对企业的投资，由于企业再生产过程的进行，逐步转化为各类资产，所拥有的所有权无法单独确认，只能通过净资产（资产减去负债的差额）确认，这项净资产在会计上称为所有者权益。债权人权益与所有者权益统称为权益。从一定日期来看，企业的资产总额与权益总额必然相等，由此分离出资金运动静止状态下资产、负债及所有者权益三个最基本的部分。而且，企业的各项资产经过一定时期的营运，将发生一定的耗费，生产出特定种类和数量的产品，产品销售后获得货币收入，收支相抵后确认出当期利润，由此分离出资金运动显著变动状态下收入、费用及利润三个最基本的部分。这样分离出的六个部分，就是资金运动两个方面最概括的分类单位，这种对会计对象所划分的基本构成要件，称为会计对象要素，简称会计要素。[㊀]其中，资产、负债及所有者权益构成资产负债表的基本框架，收入、费用及利润构成利润表的基本框架，因而这六项会计要素又称为会计报表要素。总之，会计要素是会计对象组成部分的具体化，是会计信息体系的基本分类，是会计报表内容的基本框架。这是狭义会计要素的概念（也是本书讨论的概念），广义会计要素包括会计对象要素、会计工作要素、会计模式要素、会计系统要素、会计理论要素和其他会计要素。

（二）反映财务状况的会计要素

财务状况是指企业一定日期的资产及权益的结构状况，是资金运动相对静止状态时的表现。反映财务状况的会计要素包括资产、负债、所有者权益三项。

1. 资产

资产是指企业过去的交易或者事项形成的、由企业拥有或者控制的、预期会给企业带来经济利益的资源。其中，交易主要是指企业与外部单位或个人发生的经济业务，如购买原材料、销售商品；事项是指企业内部发生的经济业务，如生产领用原材料、提取固定资产折旧等；过去的交易或者事项包括购买、生产、建造行为或其他交易或者事项，预期在未来发生的交易或者事项不形成资产；拥有或者控制是指企业享有某项资源的所有权，或者虽然不享有某项资源的所有权，但该项资源能被企业所控制（如融资租入的固定资产）；预期会给企业带来经济利益的经济利益，是指现金和现金等价物。符合资产定义的资源，并同时满足以下条件时，才能确认为资产：①与该项资源有关的经济利益很可能流入企业。②该项资源的成本或者价值能够可靠地计量。

资产分为流动资产和非流动资产两大类。流动资产是指可以在一年或者超过

㊀ 此外，还有其他会计要素的观点，包括会计工作要素（会计预测、会计决策、财务计划、会计控制、会计核算、会计检查、会计考核、会计分析）、会计模式要素（会计法规、会计工作方式、会计组织）、会计系统要素（会计人员、会计方法、计算工具、信息、资金运动）、会计理论要素（会计基础理论、会计核算理论、会计管理理论、专门性会计理论）、其他会计要素等。——于玉林，《论会计要素》，《天津财经学院学报》，1991 年第 5 期。

一年的一个营业周期内变现或者耗用的资产，包括库存现金、银行存款、短期投资、应收及预付款项、存货等。非流动资产是指流动资产以外的资产，包括长期应收款、长期股权投资、固定资产、无形资产等。长期应收款是指企业以融资租赁方式出租资产产生的应收款项和采用递延方式分期收款、实质上具有融资性质的销售商品和提供劳务等经营活动产生的应收款项。长期股权投资是指持有期间准备超过一年（不含一年）的各种权益性投资。固定资产是指为生产商品、提供劳务、出租或经营管理而持有的，使用寿命超过一年的主要劳动手段，如房屋、建筑物、机器、机械、运输工具以及其他与生产经营有关的设备、器具、工具等。固定资产的主要特点是，在较长使用周期内保持原来实物形态不变，但价值却随着使用时间的延长而逐步减少。无形资产是指企业拥有或者控制的没有实物形态的可辨认非货币性资产，包括专利权、非专利技术、商标权、著作权、土地使用权等。

资产的主要特征包括：①资产是由企业过去的交易或事项所形成的，是现实的资产。企业未来交易或事项以及未发生的交易或事项可能形成的资源，不属于资产，如企业签订但尚未履行的交易合同，企业制订的收入计划、费用计划等。②资产是企业拥有或控制（可支配）的资源。拥有是指企业拥有该项资源的所有权，企业可以自由地使用和处置该项资源，未经企业同意，任何单位或个人不得使用或处分该项资源；控制是指企业虽然不拥有该项资源的所有权，但实际上可以在较长时间内控制该项资源的使用，如融资租入的固定资产，在法律上企业不拥有其所有权，但该项资产的租赁期限较长（有时接近该项资产的使用寿命），租赁期满一般由承租企业优先购买，所以可以视同企业自有资产入账。③预期会给企业带来经济利益，即具有直接或间接地增加现金或现金等价物流入企业的潜力。这里的现金，是指企业库存现金以及可以随时用于支付的存款，不能随时用于支取的存款不属于现金；现金等价物是指企业持有的期限短、流动性强、易于转换为已知金额现金、价值变动风险很小的投资，其中期限短一般是指从购买日起三个月内到期，通常包括三个月内到期的债券投资。由于股票等权益性投资变现的金额通常不确定，因而不属于现金等价物。企业应当根据具体情况，确定现金等价物的范围，一经确定不得随意变更。

2. 负债

负债是指企业过去的交易或者事项形成的、预期会导致经济利益流出企业的现时义务。现时义务是指企业在现行条件下已承担的义务。未来发生的交易或者事项形成的义务，不属于现时义务，不应当确认为负债。符合负债定义的义务，在同时满足以下条件时才能确认为负债：①与该项义务有关的经济利益很可能流出企业。②未来流出的经济利益的金额能够可靠地计量。

负债分为流动负债和长期负债。流动负债是指将在一年（含一年）或者超过一年的一个营业周期内偿还的债务，包括短期借款、应付票据、应付账款、预收账款、应付职工薪酬、应付股利、应交税费、其他应付款等。长期负债是指偿还期在一年或者超过一年的一个营业周期以上的债务，包括长期借款、应付债券、长期应付款等。

负债的主要特征包括：①负债基于过去的交易或事项而产生，未来的计划不会产生负债。②负债是企业承担的现实义务。③现实义务的履行通常使企业在未来某一日期放弃含有经济利益的资产，如支付现金、转让其他资产、提供劳务、以新债还旧债（负债的展期）、将负债转为所有者权益等。

3. 所有者权益

所有者权益是指企业资产扣除负债后由所有者享有的剩余权益（公司的所有者权益也称股东权益），其来源包括所有者投入的资本（实收资本）、直接计入所有者权益的利得和损失（资本公积）、留存收益（盈余公积、未分配利润）等。直接计入所有者权益的利得和损失，是指不应计入当期损益、会导致所有者权益发生增减变动的、与所有者投入资本或者向所有者分配利润无关的利得或者损失；利得是指由企业非日常活动所形成的、会导致所有者权益增加的、与所有者投入资本无关的经济利益的流入，如期末可供出售金融资产的公允价值高于其账面价值的差额；损失是指由企业非日常活动所发生的、会导致所有者权益减少的、与向所有者分配利润无关的经济利益的流出，如期末可供出售金融资产的公允价值低于其账面价值的差额等。

所有者权益的主要特征如下：所有者权益由资产减去负债的余额确定，其增减变动受所有者增资或减资以及留存盈余多少等影响。实收资本是指投资者实际投入企业相当于注册资本及其以下的资本，也称法定资本。资本公积是指投资者或他人投入企业、所有权属于投资者并在金额上超过法定资本部分的资本或资产，包括资本（股本）溢价、其他资本公积等。盈余公积是指按照国家有关规定从净利润中提取的公积金，包括法定盈余公积、任意盈余公积等。未分配利润是指企业实现的净利润在提取盈余公积、向投资者分配利润后留存于企业的、历年结存的利润。盈余公积和未分配利润统称为留存收益，前者是已确定用途的留存收益，后者是未确定用途的留存收益。

（三）反映经营成果的会计要素

经营成果是指企业在一定时期内从事生产经营活动所取得的最终成果，是资金运动显著变动状态的主要体现。反映经营成果的会计要素包括收入、费用和利润三项。

1. 收入

收入是指企业在日常活动中形成的、会导致所有者权益增加的、与所有者投入资本无关的经济利益的总流入，包括销售商品收入、劳务收入、利息收入、使用费收入、租金收入、股利收入等。收入只有在经济利益很可能流入从而导致企业资产增加或者负债减少，且经济利益的流入额能够可靠计量时才能予以确认。这里的日常活动是指企业销售商品、提供劳务及让渡资产使用权等活动。

收入的主要特征包括：①收入从企业销售商品、提供劳务和让渡资产使用权等日常活动中产生，不包括偶然发生的收入，如处置固定资产的收入等。②收入可能表现为资产的增加，如增加银行存款、应收账款；也可能表现为负债的减少，如用商品抵偿债务；还可能是两者并存，如销售的商品价款中，一部分收到货币，另一部分用于抵债。③因为收入引起资产的增加或负债的减少，根据“资产 - 负债 = 所有者权益”公式，则收入的取得有利于增加所有者权益。④收入不包括为第三方或客户代收的款项，因为代收的款项虽然增加了企业的资产，但同时也增加了等额的企业负债，不会增加企业的所有者权益，不属于企业经济利益的流入，如旅行社代客户收取的飞机票、门票等款项。

2. 费用

费用是指企业在日常活动中发生的、会导致所有者权益减少的、与向所有者分配利润无关的经济利益的总流出。费用只有在经济利益很可能流出从而导致企业资产减少或者负债增加，且经济利益的流出额能够可靠计量时才能予以确认。企业为生产产品、提供劳务等发生的可归属于产品成本、劳务成本等的费用，应当在确认产品销售收入、劳务收入等时，将已销售产品、已提供劳务的成本等计入当期损益；如果企业发生的支出不产生经济利益（如绿化费用），或者即使能够产生经济利益但不符合或者不再符合资产确认条件的（如广告费用），应当在发生时确认为费用，计入当期损益；企业发生的交易或者事项导致其承担了一项负债而又不确认为一项资产的（如应交所得税），应当在发生时确认为费用，计入当期损益。

费用的主要特征包括：①费用产生于过去的经济业务，可表现为资产的减少或负债的增加。②费用最终将减少企业的资源。③费用最终将减少企业的所有者权益。费用作为日常活动发生的资产耗费，与一定期间相联系；成本是企业为生产产品、提供劳务而发生的各种耗费，与一定种类和数量的产品相联系。只有生产的产品对外出售后，该产品的生产成本才作为销售成本计入费用，以便与收入对比，计算出利润。

3. 利润

利润是指企业在一定会计期间的经营成果，包括收入减去费用后的净额、直接计入当期利润的利得和损失等。其中，直接计入当期利润的利得和损失，是指应当计入当期损益、会导致所有者权益发生增减变动的、与所有者投入资本或者向所有者分配利润无关的利得或者损失，如营业外收入、营业外支出。利润分为营业利润、利润总额、净利润三个层次（请参见本书第四章第五节、第八章第三节)。

利润的主要特征如下：利润金额取决于收入和费用、直接计入当期利润的利得和损失金额的计量。

二、会计等式

以上六项会计要素反映了资金运动的静态和动态两个方面，具有紧密的内部相关性，表现为以下三个会计等式。

1. 资产 = 负债 + 所有者权益

这是最基本的会计等式，通常称为静态会计等式。如上所述，资产是企业所拥有或控制的经济资源，表明各种经济资源的分布状况，来源于所有者投资和债权人投资（统称为权益)。所有者投资属于所有者权益，债权人投资属于债权人权益（表现为企业的负债)。也就是说，权益形成资产，资产归属于权益，两者必然相等。而从等式右方来看，负债与所有者权益的性质截然不同，负债是债权人要求企业定期偿付本息的权益，所有者权益则是所有者除企业清算外的永久性投资，体现为资产与负债的余额，上式又可变为：资产 - 负债 = 所有者权益 = 净资产，或：资产 - 所有者权益 = 负债。但前者只在确认所有者权益时采用，后者没有实际的经济意义，所以这两个等式不作为正式会计等式。而“资产 = 所有者权益 + 负债”不符合市场经济规律要求，也不被采用。

资产与权益的恒等关系，是资金运动的静态表现，是一定日期的静态数字，更是复式记账法的理论基础和编制资产负债表的依据。

2. 收入 - 费用 = 利润

这一等式可称为动态会计等式，是资金运动的动态表现，也是编制利润表的依据。但这只是一个抽象意义上的等式，因为其中的“利润”既不是营业利润，也不是利润总额，更不是净利润。

3. 资产 = 负债 + 所有者权益 + 利润（收入 - 费用)

这是将静态会计等式和动态会计等式相结合的第三会计等式，因而可称为混合会计等式，实际上是利润分配前的会计等式。利润分配后，一部分利润将向所有者分配，退出企业；另一部分将作为留存收益计入盈余公积和未分配利润，从而计入所有者权益，使这一等式消失，恢复到静态会计等式。这一会计等式体现了六项会计要素之间的内在联系，体现了利润分配前任一时刻的财务状况及其经营成果，对于分析企业总体资金运动状况及其结果具有重要意义。

第四节 会计假设与会计职能

一、会计假设

资金运动作为一般会计对象仍然是比较空泛的，具体落实到会计核算上，其反映和监督的范围多大？各项资产、负债、所有者权益及收入、费用、利润等会计要素，应采用什么计价基础？何时结算利润、算账、报账？等等。这就需要会计假设，即明确会计核算的前提条件（也称会计核算的基本前提）。会计核算基本前提是会计确认、计量、记录、报告的前提条件或约束条件，离开这些前提，各项会计信息将无从产生，无从解释，更无法运用。在我国，会计核算的基本前提包括会计主体、持续经营、会计分期、货币计量、权责发生制五项。㊀

1. 会计主体

会计主体也称会计实体、会计个体，是指会计人员为之服务的特定单位。这一特定单位必须具有独立的资金、独立从事生产经营活动、独立核算，要求会计人员只能核算和监督所在主体的经济业务。《企业会计准则——基本准则》（以下简称准则）第五条规定："企业应当对其本身发生的交易或者事项进行会计确认、计量和报告。"这一基本前提的主要意义在于：①将特定主体的经济活动与该主体所有者及职工个人的经济活动区别开来，如职工个人购买的用于个人消费的住房、家用电器，举借的个人借款等，不能反映在企业会计的记录中。②将该主体的经济活动与其他单位和上级主管机关的经济活动区别开来，从而界定了从事会计工作和提供会计信息的空间范围，同时说明某会计主体的会计信息仅与该会计主体的整体活动和成果相关。③明确了会计人员的独立的立场，即会计人员只能站在企业角度进行会计处理。如记录购买材料业务时，登记存货增加、货币减少（支付货款）或负债增加（尚未支付货款）；记录销售商品业务时，登记收入增加、资产增加（收到货币或形成应收款）或负债减少（以商品抵偿债务）；记录所有者以货币投资时，登记货币增加、所有者权益增加，如此等等，以保持会计信息的客观性、公正性。总之，这一前提界定了企业与其各个相关利益者之间的利益关系，表明企业既要服务于相关利益者，又要接受各相关利益者的监督及业已建立的制度（合约）约束。

应当注意的是，会计主体与法律主体（法人）并非是对等的概念，法人一定是会计主体，但会计主体不一定是法人。如独资与合伙企业一般不具有法人资格，企业的财产和债务在法律上被视为业主或合伙人的财产和债务，但在会计核算上必须将其作为会计主体，以便将企业的经济活动与其所有者个人的财务活动区别开来。企业集团由若干具有法人资格的企业组成，各个企业是独立的会计主体，但为了反映整个集团的财务状况及其经营成果，应编制该集团的合并会计报表，而这里的企业集团是会计主体，但一般不是法人。此外，一个企业内部的车间、部门，虽然可以单独核算、建立经济责任制，但它们不具备独立资金、不能独立核算、不能独立地从事生产经营活动，因而不能构成会

㊀ 有的教材中，将"权责发生制"单列为"入账基础"，但本书认为应列入会计核算的基本前提。

计主体。

2. 持续经营

持续经营是指在可预见的未来，会计人员为之服务的会计主体，将根据正常的经营方针和既定的经营目标持续经营下去。也就是说，在可预见的未来，该会计主体不会破产清算，所持有的资产将正常营运，所负有的债务将正常偿还。准则第六条规定："企业会计确认、计量和报告应当以持续经营为前提。"是否坚持持续经营，对于会计处理具有非常大的影响。如果坚持这一前提，意味着企业将按照当前的状态继续经营下去，固定资产将长期发挥作用，服务于若干个生产周期，不仅要保持其账面成本记录，而且还应按照一定的方法计提折旧，从而将一部分固定资产成本分摊到相关期间的有关费用或产品成本中；如果判断企业不久将会倒闭或清算，那么就不具备持续经营状态，所有资产将用于还债和在所有者之间分配，固定资产的历史成本已经没有意义，而应改为现行可出售价值等方法计价，也就没有固定资产的折旧等问题。因此，是否具备和坚持持续经营这一前提，对于会计核算原则和方法的选择具有非常大的影响。总之，这一基本前提的主要意义在于：资产和负债仍按历史成本计价，固定资产按预计使用期限提取折旧等，同时也意味着股东、董事会、监事会、经理层、员工、债权人、债务人等各方面权益的实现，有赖于企业的财务状况和经营成果，有赖于企业的正常经营。当然，任何企业不可能长生不老，一旦进入关闭、清算状态，这一前提便失去意义，将以清算价格取代历史成本，但这不会影响这一前提在大多数正常企业中的重要作用与合理性。

3. 会计分期

由持续经营前提所决定，企业的生产经营活动是持续不断的一个向量。为了及时获得会计信息，充分发挥会计的反映和监督职能，应当合理地划分会计期间，即进行会计分期。所谓会计分期，是指将企业的经营活动人为地划分成若干个相等的时间间隔，以便确认某个会计期间的收入、费用、利润，确认某个会计期末的资产、负债、所有者权益，编制财务会计报告。准则第七条规定："企业应当划分会计期间，分期结算账目和编制财务会计报告。会计期间分为年度和中期。中期是指短于一个完整的会计年度的报告期间。"因此，会计期间分为年度、半年度、季度和月度，年度、半年度、季度和月度均按公历起讫日期确定，[㊀]半年度、季度和月度均称为会计中期。有了会计分期，才有了本期与非本期的概念，有了不同期间收入、费用、利润的计量基础，才有折旧、预提费用、待摊费用等会计处理方法。这一前提的主要意义在于：界定了会计信息的时间段落，为权责发生制假设以及可比

㊀ 有的国家不采用日历年度作为会计年度，如美国以每年的7月1日～下一年度的6月30日为会计年度，日本以每年的4月1日～下一年度的3月31日为会计年度等。——编者注

性、相关性、及时性、谨慎性等会计质量标准奠定了理论与实务基础。

4. 货币计量

企业的经济活动千差万别，财产物资种类繁多，选择合理、实用又简化的计量单位，对于提高会计信息质量具有至关重要的作用。货币计量是指在会计核算中，以货币作为统一计量单位，其必要性和优越性在上文已经谈到。准则第八条规定："企业会计应当以货币计量。"但货币的种类繁多，以哪一种货币作为统一的记账货币（即记账本位币），也是会计核算中必须明确的问题。在我国，企业的会计核算一般以人民币为记账本位币；业务收支以人民币以外的货币为主的企业，可以选定其中一种货币作为记账本位币，但是编报的财务会计报告应当折算为人民币；在境外设立的中国企业向国内报送的财务会计报告，应当折算为人民币。这一基本前提的背后隐含着币值稳定的假设，其主要意义在于：确认了以货币为主要的、统一的计量单位，同其他基本前提一起，奠定了会计计量的基础。

5. 权责发生制

准则第九条规定："企业应当以权责发生制为基础进行会计确认、计量和报告。"其主要内容是，凡是当期已经实现的收入和已经发生或应当负担的费用，不论款项是否收付，都应当作为当期的收入和费用；凡是不属于当期的收入和费用，即使款项已在当期收付，也不应当作为当期的收入和费用。如购买一台设备，价值为10 000元，预计使用寿命为5年，那么支付的10 000元不能全部作为本年的费用，而应该在5年内每年计算2 000元的费用，这是因为该设备可以使用5年，即受益期为5年，其价值也应分5年摊销。再如，当采用预收款销售时，收到购货方支付的50 000元货款，但尚未向对方开具提货单，产品没有发出，则意味着该项销售还没有实现，收到的50 000元也不能作为收入入账。又如，企业于11月支付下年度报刊订阅费6 000元，而真正的受益期是下年，因此这6 000元应作为下年的费用处理，而不能计入本年的费用中。可见，这一基本前提是以"权"（作为收入和应该作为收入）、"责"（作为费用和应该作为费用）为基础的，因此又称为应收应付制或应计制，是确认损益的一项重要制度，是与收付实现制相对应的损益确认制度，适用于需要核算经营成果的企业单位。收付实现制也称现金制，是指以实际收到或付出款项的日期确认收入或费用的制度，主要适用于不核算经营成果的行政事业单位，事业单位中的经营业务同企业一样，采用权责发生制，其他业务则采用收付实现制。权责发生制和收付实现制是两种适用于不同性质单位的记账基础，在会计核算中具有非常重要的影响和作用，也是相关性、可比性、谨慎性等会计信息质量标准和一致性、配比性、划分收益性支出与资本性支出等会计确认要求的基础。

在现行国际财务报告准则中，将持续经营、权责发生制作为会计假设。我国在2006年新会计准则体系中，在会计主体、持续经营、会计分期、货币计量基础上，在会计假设中增加了权责发生制。

上述会计核算的五项基本前提，具有相互依存、相互补充的关系。会计主体确立了会计核算的空间范围，持续经营与会计分期确立了会计核算的时间长度，货币计量为会计核算的时空计量提供了可比、可操作的手段，而权责发生制为会计利润的确定奠定了基础。没有会计主体，就不会有持续经营；没有持续经营，就不会有会计分期；没有会计分期，就没有权责发生制；而没有货币计量，就没有现代会计。

二、会计职能

会计职能是指会计在经济管理过程中所具有的功能。上述会计核算的基本前提是以公司制企业为基础确立的，会计职能不仅受企业组织形式的影响，更受到生产力发展水平和经营管理水平的制约。如在生产力水平较低下的时代，会计的主要功能在于简单的计量、记录，以反映为主；而在生产力水平较发达、管理水平较高的今天，记账、算账、报账已远远不能满足经济管理的需要，如何发挥会计的经济监督作用便成为会计的一项重要功能。马克思将会计作为“过程的控制和观念总结”看待，是对会计职能的科学概括，其中又将“控制”放在首位，足见马克思对会计认识的深刻、论述的精辟。这里的“观念总结”即指反映（核算），这里的“控制”即指监督，刻画了会计的两项基本职能。

1. 会计的反映（核算）职能

会计的反映职能也称核算职能，是指会计以货币为主要计量单位，通过确认、计量、记录、计算、报告等环节，对企业、事业、行政等单位的经济活动进行记账、算账、报账，为相关关系人提供财务信息的功能。记账是指对特定单位的经济业务采用一定的记账方法，在账簿中进行登记；算账是指在记账基础上，对企业单位一定时期的收入、费用（成本）、利润和一定日期的资产、负债、所有者权益的计算，以及对行政、事业单位一定时期的收入、支出、结存和一定日期的资产、负债、基金的计算；报账是指在算账基础上，对企业单位的财务状况、经营成果及行政、事业单位的经费收入、经费支出、经费结存及其财务状况，以会计报表的形式对有关关系人的报告。

2. 会计的监督（控制）职能

会计的监督职能也称控制职能，是指会计人员通过特定的方法对本单位经济业务的合法性、合理性的审查。合法性审查是指保证各项经济业务符合国家的有关法律、法规，遵守财经纪律，执行国家的各项方针政策，杜绝违法乱纪行为；合理性审查是指检查各项财务收支是否符合单位的财务收支计划，是否有利于预算目标的实现，是否有奢侈浪费行为，是否有违背内部控制制度要求的现象等，为增收节支、提高经济效益严格把关。

上述两项基本会计职能是相辅相成、辩证统一的关系。会计反映是会计监督的基础，没有反映所提供的各种信息，监督就失去了依据；而会计监督又是会计反映的目的和保障，只有反映，没有监督，反映便失去意义，并因缺乏约束机制，难以保证所反映信息的真实性、可靠性。

当然，随着生产力水平的日益提高、社会经济关系的日益复杂和管理理论的不断深化，会计所发挥的作用日益重要，其职能也在不断地丰富和发展。除上述基本职能外，会计还具有预测经济前景、参与经济决策、控制经济过程、评价经营业绩等功能。

本章小结

会计作为一种价值管理活动，产生于人们管理社会生产生活的需要，发展于社会生产力水平的不断提高，经济越发展，会计越重要。在市场经济环境下，会计是主要采用货币计量尺度，运用其独特的技术方法，向有关关系人提供社会经济生活所需要的财务信息，参与经济管理的一项重要的价值管理工作。会计分为营利组织会计和非营利组织会计两大系统，前者主要由财务会计、管理会计、税务会计组成；后者主要由总预算会计、行政单位会计和事业单位会计构成。而会计作为企业价值管理的组成部分，其发展演进中受到了社会、经济、科技、文化、法律、教育等环境的影响，在会计信息需求、供给以及质量衡量等方面显现出来。会计所提供的信息，应当遵循客观性、相关性、明晰性、可比性、实质重于形式、重要性、谨慎性、及时性等质量标准，反映企业管理层的受托责任履行情况，为企业所有者、债权人、国家税务机关、供货方、购货方、社会公众、企业董事会成员、企业经理、人事部门、供应部门、营销部门、生产单位管理人员和企业员工等相关者的经济决策服务。为了及时、有效地提供可靠、有用的会计信息，我们将资金运动中复杂的交易、事项提炼为资产、负债、所有者权益、收入、费用、利润等六项会计要素，建立了“资产 = 负债 + 所有者权益”、“收入 - 费用 = 利润”、“资产 = 负债 + 所有者权益 + 收入 - 费用”等会计等式，企业应在会计主体、持续经营、会计分期、货币计量、权责发生制等前提下进行会计核算，履行会计的核算、监督两项基本职能，努力实现会计的预测经济前景、参与经济决策、控制经济过程、评价经营业绩等功能。

思考题

1. 什么是会计、会计学？怎样理解两者的关系？
2. 怎样理解会计的特点？
3. 会计的对象是什么？你是怎样理解的？

4. 会计产生和发展的动力是什么?
5. 你对“经济越发展，会计越重要”是怎样理解的?
6. 现代会计体系是怎样形成的?
7. 怎样理解营利组织会计与非营利组织会计的区别? 产生这些区别的根源何在?
8. 你是怎样理解财务会计、管理会计与税务会计的关系的?
9. 你怎样理解会计与环境的关系?
10. 举例说明社会环境对会计的影响。
11. 举例说明经济环境对会计的影响。
12. 举例说明科技环境对会计的影响。
13. 举例说明法律环境对会计的影响。
14. 举例说明文化环境对会计的影响。
15. 举例说明教育环境对会计的影响。
16. 你认为会计信息的使用者都有哪些? 各自需要什么样的会计信息?
17. 会计信息的供给依据是什么?
18. 现行会计信息的供给内容是怎样形成的?
19. 如何理解会计信息供给方式的变化?
20. 如何评价会计信息质量?
21. 客观性标准的含义及其作用有哪些?
22. 相关性标准的含义及其作用有哪些?
23. 明晰性标准的含义及其作用有哪些?
24. 可比性标准的含义及其作用有哪些?
25. 实质重于形式标准的含义及其作用有哪些?
26. 重要性标准的含义及其作用有哪些?
27. 谨慎性标准的含义及其作用有哪些?
28. 及时性标准的含义及其作用有哪些?
29. 怎样理解会计信息的可靠性?
30. 怎样理解会计信息的相关性?
31. 如何认识会计信息可靠性与相关性的关系?
32. 什么是会计要素? 其主要构成是什么?
33. 什么是会计等式? 有哪些会计等式?
34. 为什么需要会计等式?
35. 会计等式与会计要素有什么关系?
36. 为什么要设置会计核算的基本前提?
37. 会计主体的含义及其作用是什么?
38. 持续经营的含义及其作用是什么?
39. 会计分期的含义及其作用是什么?
40. 货币计量的含义及其作用是什么?
41. 权责发生制的含义及其作用是什么?

42. 怎样理解会计核算基本前提之间的关系？

43. 会计信息质量标准与会计核算基本前提之间的关系是什么？

44. 会计的基本职能及其内在关系如何？

45. 怎样理解会计的预测经济前景职能？

46. 怎样理解会计的参与经济决策职能？

47. 怎样理解会计的控制经济过程职能？

48. 怎样理解会计的评价经营业绩职能？

练　习　题

一、单项选择题

1. 下列项目中，属于会计基本职能的是（　　）。

A. 预测与决策　　B. 控制与分析　　C. 核算与监督　　D. 计算与考核

2. 下列项目中，属于会计核算中的主要计量单位是（　　）。

A. 实物量度　　B. 货币量度　　C. 劳动量度　　D. 时间量度

3. 会计的一般对象是社会再生产过程中的（　　）。

A. 物资运动　　B. 资金运动　　C. 基金运动　　D. 货币运动

4. 相关性通常也称为（　　）。

A. 重要性　　B. 清晰性　　C. 客观性　　D. 有用性

5. 以下各项中，属于企业留存收益的是（　　）。

A. 实收资本　　B. 资本公积　　C. 资本溢价　　D. 盈余公积

6. 下列会计等式中，正确的是（　　）。

A. 资产 = 负债 + 所有者权益　　B. 资产 = 负债 - 所有者权益

C. 资产 + 负债 = 所有者权益　　D. 资产 + 所有者权益 = 负债

7. 下列会计要素与会计对象的表述中，正确的是（　　）。

A. 同一概念的不同表述

B. 会计要素是会计对象的具体表现形式

C. 会计要素是会计对象的抽象描述

D. 会计对象是会计要素的具体表现形式

8. 经过评估，企业有 10 000 元应收账款可能收不回来，但没有确认记账。这项行为违背的会计信息质量标准是（　　）。

A. 可比性　　B. 一致性　　C. 谨慎性　　D. 重要性

9. 会计主体对会计工作范围界定的是（　　）。

A. 时间　　B. 内容　　C. 空间　　D. 空间和时间

10. 下列经济业务的发生不会使会计等式两边总额发生变化的是（　　）。

A. 收到应收账款存入银行　　B. 从银行取得借款存入银行

C. 收到投资者以固定资产所进行的投资　　D. 以银行存款偿还应付账款

二、多项选择题

1. 下列各项中，属于会计主体的有（　　）。

A. 企业单位　　B. 事业单位　　C. 行政单位　　D. 社区

E. 自然人

2. 下列各项中，属于会计核算基本前提的有（　　）。

A. 会计主体　　B. 持续经营　　C. 货币计量　　D. 会计分期

E. 会计确认

3. 下列各项中，属于对会计信息质量要求的有（　　）。

A. 真实性　　B. 重要性　　C. 可比性　　D. 相关性

E. 配比性

4. 企业下列各项支出中，属于长期资产支出的有（　　）。

A. 购买设备支出　　B. 行政管理支出　　C. 购买材料支出　　D. 购买专利权支出

E. 购买土地使用权支出

5. 下列项目中，属于企业的留存收益的有（　　）。

A. 实收资本　　B. 资本公积　　C. 未分配利润　　D. 盈余公积

E. 净利润

6. 下列相关关系人中，属于会计信息常规使用者的有（　　）。

A. 企业所有者　　B. 人民法院　　C. 企业经营者　　D. 税务局

E. 顾客

7. 下列收入中，记入“收入”要素的有（　　）。

A. 销售商品的收入　　B. 销售材料的收入

C. 罚款收入　　D. 出租资产收入

E. 出售无形资产收入

8. 下列项目中属于营利组织会计的有（　　）。

A. 工业会计　　B. 商业会计　　C. 农业会计　　D. 银行会计

E. 个体户会计

9. 下列期间中，属于会计期间的包括（　　）。

A. 旬　　B. 月度　　C. 季度　　D. 半年度

E. 年度

10. 收入的取得会引起（　　）。

A. 所有者权益的增加　　B. 资产的增加

C. 负债的减少　　D. 费用成本的减少

E. 费用成本的增加

三、判断题

1. 会计所提供的信息是以货币为主要计量尺度的并假设币值稳定。（　　）

2. 会计核算的基本前提只适用于企业会计。（　　）

3. 持续经营前提规定了会计工作的空间范围。（　　）

4. 按照重要性原则，所有的交易或事项都应当分别核算，并在财务会计报告中作重点说明。（　　）

5. 支出的效益涉及多个会计年度的，该项支出应计入流动资产。（　　）

6. 实质重于形式是指对于重要的项目详细核算的要求。(　　)

7. 超过一年或一个营业周期内变现或者耗用的资产属于非流动资产。(　　)

8. 费用的发生将导致资产增加或负债减少。(　　)

9. 亏损企业的资产总额必然小于其权益总额。(　　)

10. 无论资产、负债、所有者权益等会计要素发生怎样的变动，都不会影响会计等式的衡等关系。(　　)

第二章　会计方法与会计循环

本章内容要点

会计是一门技术性较强的应用型学科，其技术性主要体现在各种会计方法及其应用上。本章主要介绍会计方法的含义、种类，重点介绍会计核算方法中设置会计科目、复式记账、填制和审核凭证、登记账簿、成本计算、财产清查和编制财务会计报告等方法，阐述会计确认、会计计量、会计记录和财务会计报告等会计循环的基本含义和内容，简要说明财务会计报告的基本内容、编制方法及其对外报送要求，从而对财务会计的基本内容有一个基本、概括、全面的了解。

第一节　会 计 方 法

一、会计方法概述

简单而言，方法是人们为了完成一定的工作（任务）而采用的手段，会计方法就是为了完成一定的会计工作而采用的手段。具体来说，会计方法可分为会计工作方法、会计研究方法和会计教育方法。会计工作方法是会计人员按照有关要求，完成一定会计工作任务的手段；会计研究方法是会计人员研究会计工作规律、会计发展规律的手段；会计教育方法是会计教育工作者传授会计知识、培养受教育者会计创新能力的手段。这里所讲的会计方法是指会计工作方法。会计工作方法又可以分为会计核算方法、会计分析方法、会计预测方法、会计决策方法和会计控制方法等。

会计核算方法是对会计对象进行全面、连续、系统、综合的确认、计量、计算、记录、报告和日常监督所采用的方法，通常包括设置会计科目、复式记账、审核和填制凭证、登记账簿、成本计算、财产清查和编制财务会计报告等七种具体方法。会计核算方法是会计人员从事会计核算工作不可缺少的重要工具，是加工、生产和报告会计信息的必要手段，也是提高会计工作效率、保证会计信息质量的手段。

会计分析方法是利用财务会计报告等提供的会计信息，结合企业具体情况，研究和评价企业经营活动状况，鉴定经济效益，找出经营活动中的问题和不足，提出改进措施等所采用的方法，包括比较法、比率法、因素分析法等。这些方法是以会计信息为主线，结合其他相关信息，评价企业的经营效率、经营效益，挖掘企业内部潜力，考察企业市场竞争力和进行自我完善的重要手段。

会计预测方法是利用会计信息和其他有关经济与非经济信息，对企业的筹资、投资、收入、成本、利润等进行科学预测所运用的方法，包括趋势预测法（含指数平滑法、直线预测法、非直线预测法等）、因果预测法等。凡事预则立，不预则废。会计预测方法是企业结合过去、分析现在、评估未来的重要手段，是确定未来财务目标的重要手段。

会计决策方法是根据一定的财务目标，经过必要的计算、分析和判断，选择最优方案所运用的方法，一般分为长期决策和短期决策两种，包括量本利分析法、差量分析法等。企业的重心在经营，经营的重心在决策，而决策的重心在财务。企业作为营利性的经济组织，合法地赚取利润是其重要目标之一。会计决策方法，正是为确立和实现企业的理财目标提供了重要的谋略手段。

会计控制方法是以既定的财务目标为依据，按照所确定的决策方案控制企业经济运行所采用的方法，包括预算控制方法、责任会计方法、存货控制方法等。

上述会计方法中，会计核算方法是最基本的方法，离开会计核算方法所提供的基本会计信息，其他会计方法将成为无源之水、无本之木，而其他会计方法又是会计核算方法的进一步扩展、延伸和运用。

二、会计核算方法

（一）会计核算方法的基本内容

1. 设置会计科目

设置会计科目是指对会计要素的具体内容进行分类核算的一种方法。会计要素的具体内容复杂多样，对会计要素作再分类，并依此分类项目设置会计科目，是系统、连续反映和监督各项交易、事项的需要，是提供特定的会计信息、满足编制会计报表和有关会计信息使用者的需要。如同样是货币，由于存放地点不同，则需要单独设置不同的科目，以反映不同的交易、事项，满足有关使用者对货币资金不同的信息需求：存放于单位内部出纳员金库中的货币，应设置“库存现金”科目反映其增减变动和结存金额；存放于银行中的货币，应设置“银行存款”科目反映其增减变动和结存金额等。设置会计科目方法，有的教材中也称为设置账户方法，实际工作中对科目和账户往往不加区分地混用。实际上，会计科目与账户并非一个概念，详见第三章。

2. 复式记账

复式记账是相对于单式记账而言的。单式记账是指对每一项交易、事项一般只在一个账户中记录的方法；复式记账是指对每一项交易、事项都要以相等的金额，同时在两个或两个以上有关账户中进行记录的方法。如用现金购买原材料，在单式记账中，只登记现金的减少就可以了；而在复式记账中，一方面登记现金的减少，另一方面还要登记原材料的增加，表示现金的减少（即支付的现金）是用于购买原材料的，或原材料的增加是现金减少的结果。可见，复式记账有助于更全面地了解交易、事项的来龙去脉，更完整地反映会计要素的增减变化，并通过账户的平衡关系，检查账户记录的正确性。

3. 审核和填制凭证

会计凭证是指记录交易、事项，明确经济责任并作为记账依据的书面证明。会计凭证又分为原始凭证和记账凭证。原始凭证是在交易、事项发生或完成时取得或填制的，用以记录和证明交易、事项的发生或完成的情况，明确经济责任的原始证据，如购物发票、出差的车票等。记账凭证是会计人员根据审核无误的原始凭证进行归类、整理，并确定应记会计科目、记账方向和金额的凭证，是直接据以登账的依据。一般来说，原始凭证是编制记账凭证的依据，是会计信息的源泉，其中所记录的交易、事项，只有经过有关部门和会计人员的审核，确认无误后才能据以填制记账凭证，并登记账簿，从而保证交易、事项的合法性和会计信息的正确性与真实性。当然，记账凭证填制完成后，还应由有关稽核人员等审核无误后，才能记账。因此审核和填制会计凭证，既包括原始凭证，也包括记账凭证，是会计确认、计量中最重要的环节，是实施会计监督的重要内容之一。

4. 登记账簿

账簿是指记录各项交易、事项的簿籍。登记账簿是以会计凭证为依据，运用复式记账的方法，对发生的交易、事项按照先后顺序，分门别类地记入有关账簿的方法。在一定的会计期末（月末、季末、半年末或年末），应核对账目，为编制财务会计报告提供基本资料。

5. 成本计算

成本计算是指对企业在一定期间内所发生的各项生产费用，按照一定的成本计算对象进行归集和分配，计算各成本计算对象的总成本和单位成本的方法。账簿记录是成本计算的基础，成本计算是确定材料采购成本、产品生产成本、产品主营业务成本以及当期利润不可缺少的重要方法和重要前提之一。

6. 财产清查

财产清查是指通过对各种实物、现金的实地盘点，以及对银行存款和应收款项的核对，查明各项财产的实有数，确保财产账实相符的方法。实施财产清查，对于及时发现账实是否相符、查明账实不符的原因、落实相关经济责任、完善内部控制制度、保证会计信息的正确性和真实性、保护财产的安全和完整，具有十分重要的作用。

7. 编制财务会计报告

财务会计报告是指以日常会计核算资料为主要依据，定期、总括地反映企业单位在一定会计期间内的现金流量、所取得的财务成果和特定日期的财务状况的书面文件。财务会计报告是会计核算的“最终产品”，其完整性、真实性、正确性和及时性，是衡量会计信息质量的重要标志，是会计信息使用者进行有关决策的重要参考依据。

（二）会计核算方法的内在关系

上述会计核算方法构成了一个完整的方法体系，即各种会计核算方法的有机结合，使得这些方法之间形成了密切相关的关系，具体表现如下：①对发生的每一项交易、事项，根据审核无误的原始凭证，采用复式记账法编制记账凭证，列示应记入的会计科目及金额，将一般经济信息转换为初始会计信息。②根据记账凭证的记录，过入有关总分类账和明细分类账，根据账簿记录计算有关产品的总成本和单位成本，定期或不定期地进行财产清查，保证账实相符，并进行结账。③以账簿记录为基础，定期编制财务会计报告，向有关方面提供会计信息。

可见，会计核算方法体系是围绕“凭证——账簿——报告”的程序，呈现出随着会计期间的推进而不断反复的确认、计量、记录和报告的会计循环，其内在关系如图 2-1 所示。

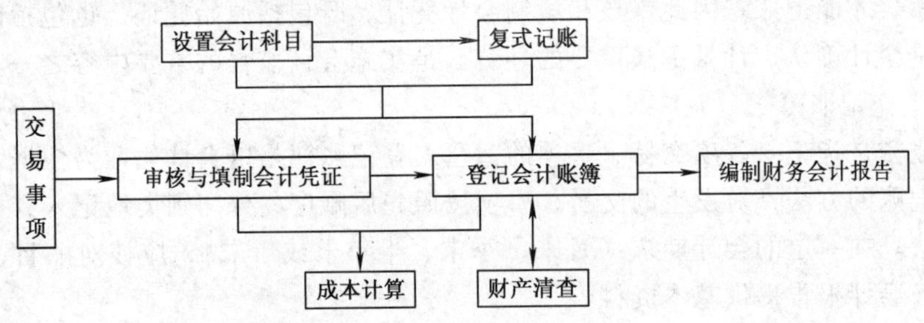

图 2-1　会计核算方法内在关系图

第二节　会计循环

任何交易、事项从其发生或完成，到作为会计信息的一部分对外披露，都需要经过一系列的工作程序。首先要确定该交易、事项是否应计入会计程序，如果肯定的话，计入的金额是多少，应记入哪些会计科目，在对外披露时在哪一张会计报表中的哪一个项目中披露等，这就构成了会计核算中的会计确认、会计计量、会计记录和会计报告等基本环节。而随着一个会计期间的结束，又会开始下一个会计期间的上述循环，由此周而复始，往复无穷。因此上述会计核算中的四个基本环节也称为会计循环。可以说，这是一个只就某一交易、事项定义的狭义的会计循环概念。此外还有广义的会计循环概念，即从交易、事项的分析开始，然后编制记账凭证（编制会计分录）、登记账簿、编制财务会计报告，如此完成一个会计循环，即完成一个会计期间的会计处理工作，实际上相当于上述会计核算方法的内在运作程序，这一程序是通过本书第三章～第八章的讲解完成的，并通过第九章整理为不同的账务处理程序。本节着重介绍狭义的会计循环内容。

一、会计确认

会计确认作为会计核算的第一个环节，直接关系到纳入会计系统的交易、事项范围，是生产会计信息的第一道也是关键性的工序。一般来说，会计确认是指将某项目作为资产、负债、所有者权益、收入或费用正式入账并计入财务会计报告的过程。从广义上说，会计确认涉及一项交易、事项是否应该、何时以及如何入账和在财务会计报告上披露，即涉及会计核算的全过程；狭义的会计确认是应否与何时记录、报告某项交易或事项，同时应明确确认的标准。是否确认，主要取决于四个标准：可定义性、可计量性、可靠性和相关性；何时确认，主要是遵循权责发生制或收付实现制标准。显然，此处的会计确认是指狭义的概念，其直接标准是看交易或事项是否符合会计要素的相关定义。

1. 资产的确认

资产的确认，首先是如何定义资产，其次是如何界定资产的范围，这一方面取决于对资产的认识，另一方面受到资产概念的技术性描述的影响。按照现行资产的定义，资产是指企业过去的交易或者事项形成的、由企业拥有或者控制的、预期会给企业带来经济利益的资源。可见，资产形成于“过去的交易、事项”，“预期会带来经济利益”是资产的本质。因此，企业未来交易或事项以及未发生的交易或事项可能形成的资源，不属于资产，如企业所有者认缴但尚未实际投入的资本；虽然预期会带来经济利益，但不是由交易、事项形成的，也不属于资产，如国家颁布的有利于企业的减免税等相关政策等。

2. 负债的确认

负债是指企业过去的交易或者事项形成的、预期会导致经济利益流出企业的现时义务。这一负债的定义涵盖了过去（过去的交易、事项）、现在（现实义务）和未来（履行义务将导致经济利益的流出），从而明确了负债的确认条件，即负债是过去的交易或事项产生的，未来的计划或预算不会产生负债；负债是企业承担的现实义务，现实义务的履行通常使企业放弃含有经济利益的资产，如支付现金、转让其他资产、提供劳务、以新债还旧债（负债的展期）、将负债转为所有者权益等。应付账款、应付职工薪酬、应交税费等负债，正是由负债的定义所确认的。

3. 所有者权益的确认

第一章曾经提到，所有者权益是采用余额方式确认的，这只是一种表面现象，其本质仍然是一种权益，是所有者在企业资产中享有的经济利益，其金额为资产减去负债后的余额，包括实收资本（或者股本）、资本公积、盈余公积和未分配利润等。实收资本是指投资者按照企业章程或合同、协议的约定，实际投入企业的资本，在所有者投足资本后，其金额应该与注册资本相一致。资本公积是指企业所有者投入到企业、所有权属于所有者并在金额上超过法定资本部分的资本，包括企业收到投资者出资超出其在注册资本或股本中所占的份额以及直接计入所有者权益的利得和损失等。盈余公积是指从净利润中提取的具有一定用途的公积金，包括法定盈余公积、任意盈余公积。其中法定盈余公积是指企业按照规定的比例（一般为10%）从净利润中提取的盈余公积，任意盈余公积是指企业经股东大会或类似机构批准按照规定的比例（由企业自行确定）从净利润中提取的盈余公积。未分配利润是指企业的净利润在弥补亏损、提取盈余公积、向所有者分配利润后，留存于企业的未确定具体用途的累计“剩余”净利润。盈余公积和未分配利润统称为留存收益。上述内容中，资本公积本质上属于资本投入范畴，与利润无关；而盈余公积来源于利润，是从实现的净利润中划拨出来具有特定用途的利润分配，没有净利润或净利润为负数时则不能产生盈余公积。

4. 收入的确认

从收入的定义上看，收入是指企业在日常活动中形成的、会导致所有者权益增加的、与所有者投入资本无关的经济利益的总流入，包括销售商品收入、提供劳务收入、让渡资产使用权收入、公允价值变动收益、投资收益等。企业代第三方收取的款项，应当作为负债处理，不应当确认为收入。显然，这里的“收入”仅指营业内收入，不包括营业外收入。收入的性质不同，其确认标准也有所不同。

销售商品收入的确认标准是同时满足以下五个条件：①企业已将商品所有权上的主要风险和报酬转移给购货方。②企业既没有保留通常与所有权相联系的继续管理权，也没有对已售出的商品实施有效控制。③收入的金额能够可靠地计量。④相关的经济利益很可能流入企业。⑤相关的已发生或将发生的成本能够可靠地计量。企业应当按照从购货方已收或应收的合同或者协议价款确定销售商品收入金额，已收或应收的合同或者协议价款显失公允的除外。如企业收到购货方交来的货款，同时将货物交付购货方，此后如果该商品发生损毁则与本企业无关，购货方利用该商品赚得的利润也与本企业无关，这就表明“该商品所有权上的主要风险和报酬转移给购货方”，本企业自然也没有该商品的继续管理权，同时无法、无权控制该商品，收到货款也意味着该项交易的经济利益已经流入企业，有关的收入和成本能够可靠地计量。

在提供劳务（如培训、咨询、装修等）收入的确认上，在同一会计年度内开始并完成的劳务，应当在完成劳务时确认收入；如果劳务的开始和完成分属不同的会计年度，在提供劳务的结果能够可靠估计的情况下，应当在资产负债表日按完工百分比法确认相关的劳务收入。完工百分比法是指按照提供劳务交易的完工进度确认收入与费用的方法。劳务交易的结果能够可靠地计量，是指应同时满足下列四个条件：①收入的金额能够可靠地计量。②相关的经济利益很可能流入企业。③交易的完工进度能够可靠地确定。④交易中已发生和将发生的成本能够可靠地计量。提供劳务交易的完工进度，可以选用下列方法确定：已完工作的计量，已经提供的劳务占应提供劳务总量的比例，已经发生的成本占估计总成本的比例。

让渡资产使用权而发生的收入包括利息收入、使用费收入和现金股利收入。这一收入同时满足下列条件的，才能予以确认：相关的经济利益很可能流入企业，收入的金额能够可靠地计量。利息收入金额，按照他人使用本企业货币资金的时间和实际利率计算确定；使用费收入金额，按照有关合同或协议约定的收费时间和方法计算确定；现金股利收入金额，按照被投资单位宣告的现金股利分配方案和持股比例计算确定。

公允价值变动收益是指交易性金融资产等以公允价值计量且其变动计入当期损益的资产和负债由于公允价值变动形式的收益。

投资收益是指企业各种对外投资活动获得的收益，包括交易性金融资产、持有至到期投资、可供出售金融资产、长期股权投资等持有期间及其处置获得的收益。

5. 费用的确认

费用是一个比较宽泛、不易把握的概念，费用的确认是利润确认的重要前提和难点之一。费用来源于支出，但并非所有支出都是费用；费用与收入相对应，但并非与所有收入相对应。这就给认识、确认费用带来了困难。

根据现行制度规定，费用是指企业在日常活动中发生的、会导致所有者权益减少的、与向所有者分配利润无关的经济利益的总流出。可见，费用是基于日常活动引起的经济利益流出企业而定义的，换句话说，这里的“费用”属于营业内的经济利益流出，非日常活动引起的营业外的经济利益流出不在此列。直观而言，费用就是与收入相对应的经济利益流出，是为了确认当期营业利润而界定的。因此其内容主要包括已经销售商品的生产成本、提供劳务的成本（营业成本）以及应缴纳的税金和有关附加费（营业税费）、其他业务成本、期间费用（销售费用、管理费用、财务费用）、资产减值损失等。

销售费用是指企业销售商品和材料、提供劳务的过程中发生的各种费用，包括保险费、包装费、展览费和广告费、商品维修费、预计产品质量保证损失、运输费、装卸费，以及为销售本企业商品而专设的销售机构（含销售网点、售后服务网点等）的职工薪酬、业务费、折旧费等经营费用。

管理费用是指企业为组织和管理企业生产经营所发生的管理费用，包括企业在筹建期间内发生的开办费、董事会和行政管理部门在企业的经营管理活动中发生的或者应由企业统一负担的公司经费（包括行政管理部门职工薪酬、物料消耗、低值易耗品摊销、办公费和差旅费等）、工会经费、董事会费（包括董事会成员津贴、会议费和差旅费等）、聘请中介机构费、咨询费（含顾问费）、诉讼费、业务招待费、房产税、车船税、土地使用税、印花税、技术转让费、矿产资源补偿费、研究费用、排污费等。

财务费用是指企业为筹集生产经营所需资金等而发生的筹资费用，包括利息支出（减利息收入）、汇兑差额以及相关的手续费、企业发生的现金折扣或收到的现金折扣等。

资产减值损失来源于该项资产的可收回金额低于账面价值的差额，是指企业根据资产减值等准则计提各项资产减值准备所形成的损失，包括提取“坏账准备”、“存货跌价准备”、“长期股权投资减值准备”、“持有至到期投资减值准备”、“固定资产减值准备”、“在建工程减值准备”、“工程物资减值准备”、“无形资产减值准备”等损失。

上述费用中，包含着因果关系确认和当期费用确认两种确认方式。因果关系确认是指将与本期收入有直接关系的耗费确认为本期的费用，即一定收入的取得是以一定的费用支出为代价的，亦即有所得必有所费。如商品销售收入的获得，是该商品对外出售的结果，而商品的获得又是一定耗费的结果（制造业为生产该商品的各项耗费，商业为购入该商品的支出等），销售实现后还需要依法纳税，由此应确认营业成本、营业税金（如营业税、消费税、资源税等）及附加（如教育费附加）等费用。这是从收入来源角度考察的因果关系，费用为“因”，收入为“果”；而从费用确认角度看，只有该商品的销售已经实现，才能确认该商品的主营业务成本以及与之相联系的营业税金（如营业税、消费税、资源税等）及附加（如教育费附加）等费用，此时收入为“因”，费用为“果”。不管怎样，其因果关系是客观存在、非常明确的。又如，其他业务收入与其他业务支出中，只有先确认其他业务收入，才能确认与之相联系的其他业务支出。固定资产折旧费用的提取、无形资产的摊销，也是因果关系的体现。当期费用确认是指将与本期收入没有直接关系的耗费确认为本期的费用，如期间费用和资产减值损失。从期间费用的内容看，销售费用主要是指商品营销的费用，管理费用主要是指组织和管理生产经营活动的费用，财务费用主要是指融资费用。试想，没有组织管理的生产经营活动，企业将是一盘散沙，不仅缺乏效率，还有可能出现部门间、业务间、人员间的矛盾甚至冲突，时间、财富的浪费在所难免，产品的数量、收入的规模必然大打折扣，因此管理费用的发生对于收入的获得也具有不可替代的作用；营销活动对于增加收入的贡献是人所共知的，有关销售费用对收入的支撑作用也就不言而喻；而没有一定数额的融资，就不会有一定规模的资产，就不会生产出一定数量的商品，自然也不会有一定规模的营业收入，而融资必然会发生一定的融资费用（利息）；承担资产减值的风险、对外投资的风险也是获得收益的基本前提，收益与风险并存是市场经济环境的基本规律之一。总之，一定期间的营业收入与该期间的期间费用、资产减值损失等虽然没有明确的因果关系，但具有非常密切的内在联系，将这些费用全部作为当期费用也是顺理成章之事，也是将销售费用、管理费用、财务费用命名为“期间费用”的根源所在，是将其确认为“费用”之一的根源所在。

当然，费用与成本有着天然的联系，但两者并非一回事，搞清楚它们的关系是正确认识“费用”的前提之一。从顺序上看，先有资产的耗费，然后分为营业内耗费和营业外耗费，营业内耗费分为产品成本耗费与期间费用耗费，将产品成本耗费落实到具体产品上就构成了该产品的生产成本，该产品对外销售后，这一生产成本就转化为主营业务成本，由此产生了应交营业税金及附加，构成了费用的一部分。它们的关系基本可以描述如下：资产→资产耗费→产品成本→主营业务成本→费用。所以成本是指企业为生产产品、提供劳务而发生的各种耗费，费用是指企业为销售商品、提供劳务等日常活动中发生的经济利益的流出。成本与特定的产品相联系，费用与一定的时期相联系，没有资产的耗费就不会有产品成本的形成，没有产品成本的形成就不会有主营业务成本，就没有与收入相匹配的费用。其具体关系如图 2-2 所示。

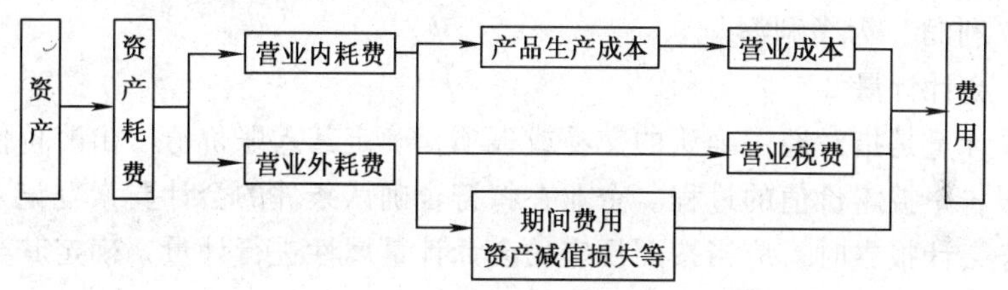

图 2-2 成本与费用基本关系图

6. 利润的确认

利润是比较熟悉的一个概念，一般是指一定期间内所获得的收入减去该期间发生费用的差额，由此在第一章曾总结出“收入 - 费用 = 利润”会计等式。但实际上，这一等式只是一般抽象意义上的利润，并不够准确。因为会计中的利润有营业利润、利润总额、净利润等区别，上述等式中的“利润”指的是哪一种利润，并未说清楚。利润的确认实际上是不同层次利润内容的界定。

准确地说，利润是“企业一定会计期间的经营成果”，包括营业利润、利润总额和净利润三个层次。其中：

营业利润 = 营业收入 - 营业成本 - 营业税金及附加 - 销售费用 - 管理费用 - 财务费用 - 资产减值损失 + 公允价值变动净收益 + 投资净收益

利润总额 = 营业利润 + 营业外收入 - 营业外支出

净利润＝利润总额－所得税费用

上式中：投资净收益是指对外投资的收益减对外投资损失的净额；“营业外收入”是指企业发生的与其经营活动无直接关系的各项净收入，主要包括处置非流动资产利得、非货币性资产交换利得、债务重组利得、罚没利得、政府补助利得、确实无法支付而按规定程序经批准后转做营业外收入的应付款项、捐赠利得、盘盈利得等；“营业外支出”是指企业发生的与其经营活动无直接关系的各项净支出，包括处置非流动资产损失、非货币性资产交换损失、债务重组损失、公益性捐赠支出、非常损失等；所得税费用是指按照以利润为基础计算的纳税所得额的一定比例计算、缴纳的税金。

一般来说，企业一定时期内所获得的收入扣除所发生的各项费用后，即表现为利润。不过，根据利润表结构（请参见本书第八章），这里的“利润”可以有以下不同理解：如果将“收入”和不含所得税的“费用”作为会计要素理解，那么这里的“收入－费用＝利润”实际是“收入－费用＝营业利润”，这里的“收入”只是会计要素中的“收入”，不包括营业外收入，“费用”也只是会计要素中的“费用”，不包括营业外支出，即“利润”为营业利润，可称为狭义的利润；从广义上看，如果在此基础上将营业外收入（利得）、营业外支出（损失）也分别作为收入、费用理解，则“利润”为利润总额；如果考虑所得税费用，则“利润”为净利润。

二、会计计量

会计计量是指对经过确认的交易或事项，确定其入账价值、出账价值和在财务会计报告中披露价值的过程。企业在将符合确认条件的会计要素登记入账并列报于财务会计报告时，应当按照规定的会计计量属性进行计量，确定其金额。

（一）会计计量属性

会计计量属性是指被计量客体的特性或外在表现形式。在我国现行会计规则中，列举了以下五种会计计量属性。

1. 历史成本

在历史成本计量下，资产按照购置时支付的现金或现金等价物的金额，或者按照购置资产时所付出的对价的公允价值计量。负债按照因承担现时义务而实际收到的款项或资产的金额，或者承担现时义务的合同金额，或按照日常活动中为偿还负债预期需要支付的现金或者现金等价物的金额计量。

2. 重置成本

在重置成本计量下，资产按照现在购买相同或相似资产所需支付的现金或者现金等价物的金额计量。负债按照现在偿付该项债务所需支付的现金或者现金等价物的金额计量。

3. 可变现净值

在可变现净值计量下，资产按照其正常对外销售所能收到现金或者现金等价物的金额扣减该项资产至完工时估计将要发生的成本、估计的销售费用以及相关税费后的金额计量。

4. 现值

在现值计量下，资产按照预计从其持续使用和最终处置中所产生的未来净现金流入量的折现金额计量，负债按照预计期限内需要偿还的未来净现金流出量的折现金额计量。

5. 公允价值

在公允价值计量下，资产和负债按照在公平交易中，熟悉情况的交易双方自愿进行资产交换或者债务清偿的金额计量。

企业在对会计要素进行计量时，一般应当采用历史成本；采用重置成本、可变现净值、现值、公允价值计量的，应当保证所确定的会计要素金额能够取得并可靠地计量。本书主要介绍有关历史成本计量属性的应用内容和方法，其他计量属性将在“财务会计”课程中详细讲解。

（二）会计计量内容

会计计量涉及资产、负债、所有者权益、收入、费用、利润等各个会计要素，其中较为复杂也是最基本的是资产计量。会计计量首先是确认交易、事项的金额，在有多种方法可供选择的情况下，采用不同的计量属性、方法将会得出不同的结果，进而产生不同的会计信息，对会计信息使用者的决策具有不同的影响，因此会计计量属性、方法的选择既是一种经济行为，也是一门涉及经济学、管理学、逻辑学、心理学、社会学、行为科学等诸方面的“艺术”。

1. 资产的计量

在历史成本原则下，资产的计量自然也以历史成本为基础。但不同类别资产的计量方法亦不尽相同，这也是由资产的不同性质所决定的。资产的入账价值主要与资产的来源有关，出账价值主要与会计政策的选择有关，披露价值主要与资产预期带来的经济利益能力有关，按照资产的账面价值计量。所谓账面价值是指资产的账面余额减去提取的减值准备后的差额。

如购入的存货，按买价加运输费、装卸费、保险费、包装费、仓储费等费用，运输途中的合理损耗，入库前的挑选整理费用和按规定应计入成本的税金以及其他费用，作为实际成本；自制的存货，按制造过程中的各项实际支出，作为实际成本；委托外单位加工完成的存货，以实际耗用的原材料或者半成品以及加工费、运输费、装卸费和保险费等费用以及按规定应计入成本的税金，作为实际成本；投资者投入的存货，按照投资各方确认的价值，作为实际成本等。存货的出账价值就是存货发出价值，应当选择先进先出法、加权平均法、移动平均法、个别计价法等方法确定其发出的实际成本。在期末时，存货应当按成本与可变现净值孰低计量，对可变现净值低于存货成本的差额，计提存货跌价准备，在资产负债表中，存货项目按照减去存货跌价准备后的净额反映。

就固定资产而言，外购的不需要经过建造过程即可使用的固定资产，按实际支付的买价、包装费、运输费、安装成本、缴纳的有关税金等，作为入账价值；自行建造的固定资产，按建造该项资产达到预定可使用状态前所发生的全部支出，作为入账价值；投资者投入的固定资产，按投资各方确认的价值，作为入账价值；在原有固定资产的基础上进行改建、扩建的，按原固定资产的账面价值，加上由于改建、扩建而使该项资产达到预定可使用状态前发生的支出，减去改建、扩建过程中发生的变价收入，作为入账价值；盘盈的固定资产，按同类或类似固定资产的市场价格，减去按该项资产的新旧程度估计的价值损耗后的余额，作为入账价值等。固定资产的出账价值，分为固定资产折旧和固定资产减少两个方面。固定资产折旧方法可以采用年限平均法、工作量法、年数总和法、双倍余额递减法等；固定资产减少主要是由固定资产盘亏、毁损、报废、出售等引起的，盘亏或毁损的固定资产，在减去过失人或者保险公司等赔款和残料价值之后，计入当期营业外支出，出售、报废等原因而发生的固定资产清理净损益，计入当期营业外收支。在期末时，企业的固定资产应当按照账面价值与可收回金额孰低计量，对可收回金额低于账面价值的差额，应当计提固定资产减值准备。资产已经减值的部分，已经不能带来未来经济利益，所以要提取坏账准备、存货跌价准备、长期投资减值准备、固定资产减值准备、无形资产减值准备、在建工程减值准备等减值准备，以反映资产的真实价值；对于账面上有记录、实际上已经不存在（盘亏）但尚未核销的资产，属于待处理财产损失，也已经不具备未来收益能力，所以要求在年末前必须注销，不能计入资产负债表。

2. 权益的计量

权益的计量包括负债和所有者权益两个方面。各项负债应按实际发生额入账；清偿债务时支付的现金小于应付债务账面价值的差额，计入营业外收入；期末时，负债在资产负债表中以账面余额反映。所有者权益也按照实际发生额入账，投资者以现金投入的资本，应当以实际收到或者存入企业开户银行的金额作为实收资本入账，实际收到或者存入企业开户银行的金额超过其在该企业注册资本中所占份额的部分，计入资本公积；投资者以非现金资产投入的资本，应按投资各方确认的价值作为实收资本入账。符合增资条件，并经有关部门批准增资的，在实际取得投资者的出资时，登记入账；企业按法定程序报经批准减少注册资本的，在实际发还投资时登记入账。资产负债表中的权益，按照账面余额计量和披露。

3. 收入的计量

销售商品的收入，应按企业与购货方签订的合同或协议金额或者双方接受的金额确定。现金折扣在实际发生时作为当期的财务费用，销售折让在实际发生时冲减当期收入。现金折扣是指债权人为鼓励债务人在规定的期限内付款，而向债务人提供的债务减让，销售折让是指企业因售出商品的质量不合格等原因而在售价上给予的减让。企业已经确认收入的售出商品发生销售退回的，应当冲减退回当期的收入。提供劳务的总收入，应按企业与接受劳务方签订的合同或协议的金额确定。使用费收入，应按有关合同或协议规定的收费时间和方法计算确定。利息收入，应按让渡现金使用权的时间和适用利率计算确定，并作为利息支出的抵减，在“财务费用”项目中反映。公允价值变动收益与投资收益按实际发生数额计量，在利润表的“公允价值变动收益”、“投资收益”项目中反映。收入信息通过利润表披露，在其有关项目中按照本期实际发生数额计量和披露。

4. 费用的计量

前已述及，作为会计要素的费用主要包括营业成本、营业税金及附加、其他业务支出、期间费用、资产减值损失、投资损失等。

营业成本来自于产品生产成本，产品生产成本由直接材料、直接人工、其他直接费用和制造费用构成。产品生产过程中所耗用的各项材料，应按实际耗用数量和账面单价计算；应支付生产工人的工资，应当根据规定的工资标准、工时、产量记录等资料计算；发生的其他各项费用，应当以实际发生数计算；生产单位为了组织和管理生产所发生的制造费用也按照实际发生数计算；相关固定资产的折旧费用、应由本期摊销的费用以及虽然没有发生但应该计入本期的费用，根据权责发生制确认和计算。总之，产品生产成本应按照实际成本计算，不能以计划成本或估计成本代替实际成本。

营业税金及附加是企业在经营活动中发生的营业税、消费税、城市维护建设税、资源税和教育费附加等相关税费。

其他业务支出是与其他业务收入相对应的费用。如销售材料，一方面获得材料销售收入，另一方面应该注销该材料的账面价值，计入其他业务支出。

期间费用按照本期的实际发生额计算；资产减值损失按照提取的减值准备计量。

费用信息通过利润表披露，在其相关项目中按照本期实际发生数额计量和披露。

5. 利润的计量

上述收入、费用的计量完成后，也意味着营业利润计量的完成，剩下的主要是利润总额和净利润的计量。在“利润总额 = 营业利润 + 营业外收入 - 营业外支出”、“净利润 = 利润总额 - 所得税费用”中，营业外收入和营业外支出按照实际发生额计量；所得税费用按照本期应纳税所得额（以实现的利润为基础进行有关调整后确定）乘以所得税税率计量。利润信息通过利润表反映，在“营业利润”、“利润总额”、“净利润”项目中按照本期实际发生数额计量和披露。

三、会计记录

各项交易、事项经过确认、计量后，应该及时地进行会计记录，以便为编制财务会计报告提供基础性资料。会计记录是将会计信息在有关载体上的记录，既有原始记录（如记账凭证），又有账簿记录；既有明细记录（明细分类账的记录），又有综合记录（总分类账的记录）；涉及记账方法、会计科目的设置、会计凭证的设置与登记、账簿的设置与登记等诸多方面。其具体内容将在以后有关章节中阐述。

四、会计报告

会计报告是“财务会计报告”的简称，是指企业对外提供的反映企业某一特定日期财务状况和某一会计期间经营成果、现金流量的文件。会计报告由会计报表和会计报表附注构成。会计报告中的会计信息来源于会计记录，是各项会计记录信息的重新分类与整合，通常是综合性信息，是了解一个企业单位的财务状况和经营状况的“钥匙”，也是全面认识会计、理解会计的起点。会计确认、计量、记录的直接目的是编制会计报告，是为了向有关关系人提供有用的会计信息，为其有关决策提供有益的帮助。所以说，会计报告是会计人员经过一系列加工工作后的“产品”，也具有一定的质量要求和成本效益要求，最主要的是要求披露的会计信息真实、完整、准确、及时，不得披露虚假会计信息。

作为基础会计，本书后面的章节主要介绍记账方法、会计凭证、会计账簿、财务会计报告的理论和方法，详细的会计确认、计量、报告内容请参考《财务会计》教材。

第三节　财务会计报告

一、会计报表

企业向外进行财务会计报告，就是让报告的阅读者了解企业的过去、评价企业的现在、预测企业的未来。企业是一个营利性的经济组织，获得合理、合法的利润是企业的基本目标。因此需要企业报告过去一段时间内有关利润的赚得情况及其分配情况，编报利润表，为企业现在的投资者和潜在的投资者提供获利方面的有关信息，帮助其进行投资决策；需要企业报告现在的资产、负债、所有者权益的构成状况，编报资产负债表，为债权人了解企业的偿债能力提供信息，帮助其进行是否继续保持、在多大程度上保持与企业的债权债务关系的决策；需要企业报告过去的一年内现金流入与现金流出的结构及其结果，编报现金流量表，为企业所有者、债权人、企业管理者更清晰地了解企业的财务状况和未来获利能力提供信息，帮助他们进行相关决策；此外，为反映企业一年内所有者权益保值增值和变动情况，还应为投资人编报所有者权益变动表。

企业要发展，必须要有持续的获利能力，但生存是发展的前提，没有生存能力就谈不上发展能力，反映企业生存能力的主要标志是偿债能力，因为如果企业偿债能力严重不足，达到不能清偿到期债务的地步，则有可能被债权人申请破产，此时已经没有“发展”的资格了。因此，财务会计报告既要反映获利能力，也要反映偿债能力，前者主要由利润表反映，后者主要由资产负债表担当，现金流量表则两者兼而有之。可以说，其他会计核算方法应用的直接目的就是编制财务会计报告，其中核心部分就是会计报表，了解会计报表的基本构成及其信息来源，可以从整体上认识和把握会计的基本思想。下面举例说明利润表与资产负债表的基本结构和数据来源。

1. 利润表

利润表是反映企业在一定会计期间（一个月、一个季度、半年或一年）经营成果的报表。通常，企业一定时期内所获得的收入大于各项费用的部分称为利润，反之则称为亏损。问题是收入和费用如何计入利润表，利润又如何确定。按照权责发生制的基本前提，凡属于本期的收入和费用，无论款项是否收付，均应计入本期损益；凡不属于本期的收入和费用，即使款项已经收付，也不应计入本期损益。这就存在一个哪些收入应计入本期、哪些收入不应计入本期的问题。

【例 2-1】 李明出资 60 000 元、向银行借入为期三年的借款 20 000 元，开了一家电视机零售商店，5 月 1 日花 36 000 元购买一间店铺，该店铺预计可使用 10 年，5 月 10 日以 4 000 元/台的价格购进 10 台电视机，其中 8 台电视机的货款以现金支付，2 台电视机的货款约定两个月后偿还。5 月末李明算账时发现，当月以 5 000 元/台的价格销售 6 台电视机，获得货币收入 30 000 元，营业税税率为 5%，另支付水电费 340 元、办公用品费 160 元，则：

总货币收入		30 000 元
总货币支出		70 000 元
其中：		
购买店铺	36 000 元	
购买电视机	32 000 元	
缴纳税金	1 500 元	
支付水电费	340 元	
支付办公费	160 元	
货币收支赤字		40 000 元

上述货币收支赤字是否就是李明在 5 月份经营期内发生的亏损呢？不是。因为上述货币收支是以收付实现制为基础的，即以实际收入和付出的现金数额为计量标准，而非权责发生制。按照权责发生制计量，本例中总货币收入与应计收入相符，即 30 000 元。而费用则不同：①店铺按照 10 年使用寿命计算，一个月损

耗的价值应为300元（36 000/10/12），这300元应作为折旧费计入5月份的损益中，与5月份的收入配比。②本月仅销售6台电视机，计入当月成本的应是6台电视机的购入成本，即24 000元。③本月缴纳的税金、支付的水电费和办公费，属于与本月损益直接相关的费用，应全额、一次计入本月损益。这样才体现了权责发生制原则、配比性原则、历史成本原则、划分收益性支出与资本性支出原则等，从而合理计算当期损益。另外，假设所得税税率为20%，则李明的商店应缴纳的所得税为740元，5月份的经营结果如下：

主营业务收入	30 000元
减：商品购入成本	24 000元
营业税费	1 500元
折旧费	300元
水电费	340元
办公费	160元
利润总额	3 700元
减：所得税费用	740元
净利润	2 960元

当然，【例2-1】中，只考虑了应计费用，未考虑应计收入。

【例2-2】 设例【例2-1】中除销售6台电视机并收到货款外，又向顾客预收2台电视机货款，但电视机在当月尚未交付给买方，其余条件不变，则李明商店当月的获利额仍如【例2-1】所示。因为预收货款表明收取顾客货款后，应向顾客交付商品，因而预收货款属于企业的一项负债，不应列为收入。

【例2-3】 设李明的商店6月份仍购入电视机10台，单位成本不变，仍以现销方式销售6台电视机，售价不变，另向顾客交付5月份已收款的2台电视机，有关费用的发生与5月份相同（销售税金将变为2 000元）。此时，向顾客交付的2台电视机，属于偿付5月份的负债，一方面属于负债的减少，另一方面应确认为当月收入，即货币收入30 000元，应计收入10 000元，共计40 000元；商品销售成本应是8台电视机的购入成本，即32 000元。则李明的商店6月份的利润总额计算如下：

主营业务收入	40 000元
减：商品购入成本	32 000元
营业税金	2 000元
折旧费	300元
水电费	340元
办公费	160元
利润总额	5 200元

上述利润属于正常经营活动中所获得的利润。此外，还可能发生无法支付的应付款等营业外收入，以及自然灾害造成的非常损失、对外公益捐赠支出等营业外支出。这些收入和支出自然会影响当期利润。

【例 2-4】 在【例 2-3】的基础上，设李明的商店 6 月份发生无法支付的应付款 400 元，向地震灾区捐赠支出 2 000 元，则该商店 6 月份的利润总额如下：

主营业务收入	40 000 元
减：商品购入成本	32 000 元
主营业务税金	2 000 元
折旧费	300 元
水电费	340 元
办公费	160 元
营业利润	5 200 元
加：营业外收入	400 元
减：营业外支出	2 000 元
利润总额	3 600 元

【例 2-5】 假如所得税的税率是 20%，应缴的所得税为 720 元（3 600 × 20%），利润的计算便形成了营业利润、利润总额、净利润三段，则李明的商店 6 月份的利润表如表 2-1 所示。

表 2-1 利润表

编制单位：李明的商店 ××××年 6 月 单位：元

项　目	本月数	本年累计数（略）
一、营业收入	40 000	
减：商品购入成本	32 000	
营业税金及附加	2 000	
折旧费	300	
水电费	340	
办公费	160	
二、营业利润	5 200	
加：营业外收入	400	
减：营业外支出	2 000	
三、利润总额	3 600	
减：所得税费用	720	
四、净利润	2 880	

2. 资产负债表

资产负债表是反映企业在一定日期资产、负债及所有者权益状况的报表。本表一般采用账户式结构，采用左右式，左方列示资产，右方列示负债及所有者权益。由上述会计等式已知，本表左方合计与右方合计必然相等。资产一般按照变现速度的快慢排列，变现速度快的排在前，变现速度慢的排在后；负债按照距编表日起偿还期限的长短排列，偿还期限短的排在前，偿还期限长的排在后；所有者权益按照其稳定性的强弱排列。以【例 2-1】和【例 2-2】资料为例，李明的商店 5 月末现金为 50 000 元（出资 60 000 + 借款 20 000 - 货币支出 70 000 + 销售收入 30 000 + 预收款 10 000），库存商品 16 000 元（4 × 4 000），其 5 月 31 日的资产负债表如表 2-2 所示。

表 2-2　资产负债表

编制单位：李明的商店　　××××年 5 月 31 日　　单位：元

资　产	金　额	负债及所有者权益	金　额
流动资产：		负债	
库存现金	50 000	应付账款	8 000
存货	16 000	预收账款	10 000
固定资产：		应交税费	740
房屋	36 000	长期借款	20 000
减：折旧	300	所有者权益：	
固定资产净值	35 700	业主权益	60 000
		净利润	2 960
合　计	101 700	合计	101 700

经过 6 月份的经营，李明商店月末的现金为 34 760 元（月初 50 000 + 收入 30 000 - 购买商品 40 000 - 水电费 340 - 办公费 160 - 捐赠支出 2 000 - 缴纳 5 月份所得税 740 - 缴纳 6 月份营业税 2 000），存货 24 000 元［（月初 4 + 购入 10 - 销售 6 - 上月收款本月发出 2） × 4 000］，上月预收货款因本月发出商品而注销，另有应付账款 7 600 元（8 000 - 400），应交所得税 720 元，长期借款未变（利息略），累计折旧 600 元（每个月 300 元），累计利润为 5 840 元（5 月份 2960 + 6 月份 2 880），则李明的商店 6 月末的资产负债表如表 2-3 所示。

表 2-3　资产负债表

编制单位：李明的商店　　××××年 6 月 30 日　　单位：元

资产	金 额	负债及所有者权益	金 额
流动资产：		负债：	
库存现金	34 760	应付账款	7 600
存货	24 000	应交税费	720
固定资产：		长期借款	20 000
房屋	36 000	所有者权益：	
减：折旧	600	业主权益	60 000
固定资产净值	35 400	净利润	5 840
合　计	94 160	合　计	94 160

利润表中的净利润应计入资产负债表中的所有者权益项目，只有这样，资产负债表的左方与右方才能相等。因为，一方面，商品销售收入等各项收入体现为货币和应收债权，在期末计入资产负债表的左方；另一方面，收入与费用的差额体现为利润（或亏损），属于所有者的投资收益，故应计入资产负债表的右方。

二、会计报表附注

会计报表的附注是对会计报表未能揭示的有关项目和内容所进行的补充说明与解释。这些说明和解释，弥补了会计报表在货币计量方面的局限性，可以使报表的使用者更清楚地了解企业的财务状况和经营成果，对重大的财务事项有更全面的理解，使得不同时期的会计数字具有更强的可比性和可理解性。会计报表主要提供以货币计量的会计信息，不能提供与这些会计信息相关的信息生成依据、生成环境。如不符合会计核算前提的说明；重要会计政策和会计估计的说明；重要会计政策和会计估计变更内容、变更原因及其影响的说明；重大会计差错及其更正的说明；重要资产转让和出售的说明；坏账准备计提方法、存货发出计量方法、固定资产折旧方法、无形资产摊销方法等重要报表项目的说明；本期确认的销售商品收入、提供劳务收入、利息收入、使用费收入、分期收款收入等说明。通过这些说明、解释，可以反映出编制会计报表所遵循的基本方法，使报表使用者知道会计报表数字的形成基础，从而使会计报表更具有有用性；通过会计方法变更的揭示，反映出不同时期有关会计报表数字发生差异的原因，为进行会计报表分析提供更可靠的依据；通过会计报表编表日后事项的揭示，反映出编表日至报表报出日期间所发生的重要财务事项，使会计报表数字更具有全面性和真实性。

三、财务会计报告的对外报送

1. 财务会计报告对外报送的程序

财务会计报告应当依次编定页数，加具封面，装订成册，加盖公章。封面上应当注明：企业名称、企业统一代码、组织形式、地址、报表所属年度或者月份、报出日期，并由企业负责人和主管会计工作的负责人、会计机构负责人（会计主管人员）签名并盖章；设置总会计师的企业，还应当由总会计师签名并盖章。财务会计报告须经注册会计师审计的，企业应当将注册会计师及其会计师事务所出具的审计报告随同财务会计报告一并对外提供。

2. 财务会计报告对外报送的时限

财务会计报告编制完成以后，应当依照法律、行政法规和国家统一的会计制度有关财务会计报告提供期限的规定，及时对外提供，以保证所提供会计信息的实效性。按照现行会计制度规定，月度财务会计报告应当于月度终了后 6 天内（节假日顺延，下同）对外提供，季度财务会计报告应当于季度终了后 15 天内对外提供，半年度财务会计报告应当于年度中期结束后 60 天内（相当于两个连续的月份）对外提供，年度财务会计报告应当于年度终了后 4 个月内对外提供。

3. 财务会计报告对外报送的对象

（1）投资者。企业应当依照企业章程的规定，向投资者提供财务会计报告。国务院派出监事会的国有重点大型企业、国有重点金融机构和省、自治区、直辖市人民政府派出监事会的国有企业，应当依法定期向监事会提供财务会计报告。

（2）国家有关部门或机构。有关部门或者机构依照法律、行政法规或者国务院的规定，要求企业提供部分或者全部财务会计报告及其有关数据的，应当向企业出示依据，并不得要求企业改变财务会计报告有关数据的会计口径。非依照法律、行政法规或者国务院的规定，任何组织或者个人不得要求企业提供部分或者全部财务会计报告及其有关数据。违反规定，要求企业提供部分或者全部财务会计报告及其有关数据的，企业有权拒绝。

（3）职工代表大会。国有企业、国有控股的或者占主导地位的企业，应当至少每年向本企业的职工代表大会公布一次财务会计报告，并重点说明下列事项：①反映与职工利益密切相关的信息，包括管理费用的构成情况，企业管理人员工资、福利和职工工资、福利费用的发放、使用和结余情况，利润分配的情况以及其他与职工利益相关的信息。②内部审计发现的问题及纠正情况。③注册会计师审计的情况。④国家审计机关发现的问题及纠正情况。⑤重大的投资、融资和资产处置决策及其原因的说明。⑥需要说明的其他重要事项。

企业向有关各方提供的财务会计报告，其编制基础、编制依据、编制原则和方法应当一致，不得提供编制基础、编制依据、编制原则和方法不同的财务会计报告。任何接受企业财务会计报告的组织或者个人，在企业财务会计报告未正式对外披露前，应当对其内容保密，不得对外泄露。

本章小结

会计工作离不开特定的工作方法，会计核算方法是一系列用于反映和监督资金运动的专门方法，是会计方法的核心，包括设置会计科目、复式记账、填制和审核凭证、登记账簿、成本计算、财产清查和编制会计报表等，掌握这些方法及其内在关系是理解和从事会计工作的“钥匙”。会计核算作为一个整体，由会计确认、会计计量、会计记录和会计报告四个基本环节构成，并按照这个顺序处理每一个交易、事项，由此可称之为狭义的会计循环。其中会计确认既是会计循环的起点，也是保证会计信息质量的关键所在。最终产品是财务会计报告，是会计信息的重要载体，是外界了解企业会计信息的媒介，由会计报表、会计报表附注构成。而会计核算方法实际是广义的会计循环，涵盖了各个会计程序，由发生的交易、事项开始到编报会计报告为止，每个会计期间完成一次。会计报告要在规定期限内向有关关系人报告，做到所披露的会计信息真实、完整，满足考核管理层受托责任履行情况和报告有关使用者进行经济决策的需要。

思考题

1. 什么是会计方法？会计方法有哪些类别？
2. 试述会计方法之间的关系。
3. 什么是会计核算方法？会计核算方法之间的内在关系是什么（可用图示表示）？
4. 为什么要采用复式记账法？
5. 什么是会计确认？如何理解广义会计确认和狭义会计确认？
6. 如何理解会计确认在保证会计信息质量中的作用？
7. 是否能给企业带来未来经济利益的资源都是资产？为什么？
8. 为什么资产、负债“是过去的交易、事项形成的”？
9. 如何理解所有者权益的本质？
10. 试述实收资本、资本公积、盈余公积、未分配利润之间的关系。
11. 如何理解“收入是日常活动中所形成的经济利益的总流入”？
12. 举例说明收入确认的条件。
13. 销售商品收入与让渡资产使用权收入有何联系和区别？
14. 什么是费用？其主要内容包括哪些方面？
15. 什么是期间费用？其主要内容包括哪些方面？
16. 什么是资产减值损失？其主要内容包括哪些方面？
17. 什么是成本？其主要内容包括哪些方面？
18. 试述费用与成本的基本关系。
19. 什么是利润？营业利润、利润总额、净利润的关系是怎样的？

20. 如何理解“收入－费用＝利润”公式？
21. 什么是会计计量？它包括哪些计量属性？
22. 为什么以历史成本为基础进行会计计量？
23. 举例说明资产出账价值的计量与会计政策选择的关系。
24. 为什么对有些资产要计提减值准备？哪些资产项目不计提减值准备？为什么？
25. 按照现行规定，商品销售收入是否按照扣除现金折扣后的差额计量？为什么？
26. 为什么对固定资产要计提折旧？其理论依据是什么？
27. 试述资产负债表和利润表的基本构成内容及其内在关系。
28. 试述会计报表与会计报表附注的内在关系。
29. 试述会计报表的基本构成及其内在关系。
30. 在财务会计报告的对外报送上有哪些要求？

练 习 题

一、单项选择题

1. 在诸多会计方法中，最基本的是（　　）。
A. 会计核算方法　B. 会计分析方法　C. 会计预测方法　D. 会计决策方法
2. 在会计核算方法中，其他方法的应用都离不开的方法是（　　）。
A. 设置会计科目　B. 复式记账　C. 审核和填制凭证　D. 登记账簿
3. 确认资产的核心标准是该项资源（　　）。
A. 过去的交易、事项形成　B. 由企业拥有
C. 由企业控制　D. 预期会给企业带来经济利益
4. 负债是企业承担的（　　）。
A. 过去的义务　B. 现实的义务　C. 未来的义务　D. 现实和未来的义务
5. 收入的确认中不包括（　　）。
A. 商品销售收入　B. 提供劳务收入
C. 让渡资产使用权获得的收入　D. 营业外收入
6. 资产的账面价值是资产的（　　）。
A. 账面余额　B. 减值准备
C. 账面余额加提取的减值准备　D. 账面余额减提取的减值准备
7. 企业收到投资者实际投入的金额超过其在该企业注册资本中所占份额的部分，应计入（　　）。
A. 实收资本　B. 资本公积　C. 法定盈余公积　D. 任意盈余公积
8. 企业因销售商品实际发生的现金折扣，应（　　）。
A. 增加当期的销售收入　B. 减少当期当期的销售收入
C. 增加当期的财务费用　D. 减少当期的财务费用
9. 企业销售材料的收入属于（　　）。
A. 商品销售收入　B. 提供劳务收入　C. 其他业务收入　D. 营业外收入
10. 企业收到购货方交来的预付款项时，应属于（　　）。

A. 收入的增加　　B. 收入的减少　　C. 负债的增加　　D. 负债的减少

二、多项选择题

1. 会计核算的方法中包括（　　）。

A. 登记账簿　　B. 量本利分析　　C. 成本计算　　D. 差量分析

E. 财产清查

2. 成本计算前需要应用的会计核算方法包括（　　）。

A. 设置会计科目　　B. 复式记账　　C. 编制会计报表　　D. 登记账簿

E. 财产清查

3. 在会计确认中，某交易、事项是否确认的标准包括（　　）。

A. 可定义性　　B. 可计量性　　C. 可靠性　　D. 相关性

E. 及时性

4. 所有者权益中包括（　　）。

A. 实收资本　　B. 资本公积　　C. 法定盈余公积　　D. 任意盈余公积

E. 未分配利润

5. 主营业务收入中包括（　　）。

A. 销售商品收入　　B. 提供劳务收入　　C. 销售材料收入　　D. 股利收入

E. 罚款净收入

6. 与收入要素对应的费用中包括（　　）。

A. 产品生产成本　　B. 主营业务成本　　C. 管理费用　　D. 财务费用

E. 销售费用

7. 下列项目中，属于会计计量内容的有（　　）。

A. 确定某一劳动手段列入固定资产还是流动资产

B. 确定购入固定资产的实际成本

C. 确定本期应该提取固定资产的折旧额

D. 确定期末固定资产的减值准备

E. 确定固定资产在资产负债表中列示的金额

8. 下列项目中，属于确认营业利润时必须考虑的项目有（　　）。

A. 主营业务收入　　B. 其他业务收入　　C. 其他业务支出　　D. 营业外支出

E. 投资收益

9. 下列项目中，属于财务会计报告内容的有（　　）。

A. 固定资产折旧方法的说明

B. 企业环境污染情况的说明

C. 企业税收减免政策的说明

D. 企业财务预算的说明

E. 企业产品成本计划完成情况的说明

10. 下列项目中，属于资产负债表项目的有（　　）。

A. 营业收入　　B. 营业成本　　C. 应交税费　　D. 存货

E. 办公费

三、判断题

1. 审核和填制凭证包括对原始凭证的填制与审核和记账凭证的填制与审核。(　)

2. 没有复式记账法，就没有现代会计。(　　)

3. 在会计核算方法中，审核和填制凭证、登记账簿、编制会计报表的顺序是不能颠倒的。(　　)

4. 权责发生制和收付实现制决定了何时进行交易事项的会计确认以及确认多少。(　　)

5. 盈余公积是按照一定比例从企业实现的利润或亏损中提取出来，具有专门用途的资金，是企业留存收益的一部分。(　　)

6. 营业收入的确认，是营业成本、营业税金及附加确认的前提。(　　)

7. 即使本期没有营业收入，也应该将期间费用计入当期损益。(　　)

8. 之所以提取资产减值准备，是为了真实地反映资产未来的经济利益的流入能力。(　　)

9. 产品生产成本的计量，是主营业务成本计量的基础。(　　)

10. 所得税是按照以利润总额为基础的纳税所得额计算缴纳的，因此所得税也是一种利润分配。(　　)

四、业务题

资料：6月1日李涛出资40 000元，向银行借入为期三年的借款10 000元（年利率为6%，到期一次偿还借款本息）开了一家摩托车零售商店，以20 000元购买一间店铺。该店铺预计可使用10年。6月10日李涛以2 000元/台的价格购进8台摩托车，其中7台摩托车的货款以现金支付，1台摩托车的货款约定一个月后偿还。当月以2 500元价格销售8台摩托车，收到6台摩托车的货款，另2台摩托车的货款暂欠，又收到一位顾客预付的摩托车款项2 500元。营业税税率为5%，所得税税率为25%。另支付水电费500元、办公费200元，为洪水灾区捐款300元。所有应交税金均已缴纳。

要求：编制该店铺6月份的利润表和6月30日的资产负债表。

第三章　复式记账

本章内容要点

会计科目是对会计对象的具体内容进行分类核算的项目，是账户的名称。账户是根据会计科目在账簿中开设的户头，它是用来记录交易、事项的工具，具有一定的结构和格式。复式记账原理是会计要素的增减变动中资产类与权益类双方金额恒等关系的根本理论。在复式记账法下对所发生的每一笔交易、事项都要以相等的金额，在两个或两个以上相互联系的账户中进行登记。目前世界各国通用的是以“借”、“贷”作为记账符号的借贷复式记账法。借贷记账法的记账规则是“有借必有贷，借贷必相等”。

第一节　会计科目

一、会计科目的含义

任何一个单位，每时每刻都在发生各种各样的交易、事项，如收到投资人的投资，用银行存款购置机器设备，材料和工资费用在生产经营中的耗费，用银行存款偿还前欠应付购货款，生产出产品组织销售，实现利润并将利润进行分配等，这些交易、事项虽各具不同的性质，但都属于会计核算对象的内容。为了能从数量上核算这些交易、事项，了解会计对象增减变动的基本内容，首先需要将会计对象分解成资产、负债、所有者权益、收入、费用和利润六大会计要素。然而这样笼统的划分所得到的还是一个总括的数据，因为会计要素又包含着各种各样的具体内容，仍然不能满足取得一系列有用的数量指标的要求，这就需要运用设置会计科目的方法，将会计要素按照各自不同的特点进行进一步的分类，把具体内容相同的归为一类，设置一个会计科目，将符合这类信息特征的交易、事项放在这个科目项下进行核算。比如资产可以划分为“库存现金”、“应收账款”、“原材料”、“长期股权投资”、“固定资产”、“无形资产”等会计科目。这些会计科目虽同属资产，但相互之间既有科学的联系，又有严格的界限，绝不容许相互混淆。所以，会计科目就是对会计对象的具体内容进行分类核算的项目，通过设置会计科目，可以确定会计分类核算的具体项目，使得每一个会计科目名称都有明确的含义，同时限定在该科目名称下的会计核算内容和范围，在微观上满足会计主体进行会计核算的需要，在宏观上保证会计报表逐级汇总之后会计核算指标口径上的一致。目前，我国会计科目的名称、核算内容和使用方法都是由财政部统一制定的。

综上所述，会计科目是对会计对象的具体内容进行分类核算的项目，在会计实务工作中，具有非常重要的意义。

1. 会计科目是编制记账凭证的重要依据之一

在后面的学习中可以看到，填制记账凭证是会计账务处理的第一步。通过填制记账凭证，将经过审核无误的来源于各种交易、事项的纷繁杂乱的原始凭证进行科学分类，使其定位于恰当的会计科目上，从而起到专业梳理的作用，为登记账簿作好准备。

2. 会计科目是设置账户的依据

账户的名称是用会计科目命名的，如“管理费用”账户，就是依据“管理费用”这个会计科目在账簿中开立的户头，按照“管理费用”会计科目所界定的核算内容、范围，将属于管理费用的金额记入“管理费用”账户中。

3. 会计科目构成了会计报表中资产负债表和利润表的主要项目

资产、负债、所有者权益这三大会计要素组成资产负债表，收入、费用、利润这三大会计要素组成利润表，而会计科目是对会计要素具体内容进行分类的项目，所以资产负债表和利润表的表内主要项目就是会计科目或由相关会计科目的数据相加减，经计算整合而成的。

会计科目分为一级科目、二级科目、三级科目等，一级会计科目通常应当按照财政部的规定为基础设置，也可以根据需要合并、增减或新设会计科目。

二、会计科目的设置要求

会计科目作为复式记账、编制记账凭证和会计报表的基础，在会计核算中具有重要意义。为了更好地发挥会计科目的作用，设置会计科目应符合以下要求：

1. 统一性与灵活性相结合

会计科目是对会计核算指标口径的规范，应当符合会计准则和会计制度的统一规定，以便于各指标的逐级汇总，提供国家和企业主管部门进行宏观管理所需要的会计信息。会计核算又是在一个特定的会计个体内进行的，每个会计核算单位都有自己的具体情况和特点，需要根据自己的具体情况及投资者的要求，视投资规模大小、业务种类和内容繁简设置适合本单位会计核算的会计科目。也就是说，在不违反统一规定、不影响会计核算要求、会计报表指标汇总和对外统一会计报表的前提下，会计主体可以根据本单位的实际情况自行增设、分拆或合并会计科目。对于不存在的交易或者事项，可以不设置相关的会计科目。

2. 简明扼要，规范实用

会计科目的设置要尽可能地做到简单、确切、规范，科目的名称应含义明确，通俗易懂，内涵确切，外延清晰，使每一个会计科目都能准确地反映交易、事项的内容。各科目之间不相互混淆，便于本单位会计人员进行账务处理，也便于外部人员正确地阅读和理解会计核算资料，从而充分发挥会计这一国际通用商业语言的作用。此外，为了便于分类排列和记账，尤其是便于会计电算化处理，每一个会计科目要编列固定的号码，称为会计科目编号。我国目前采用用四位数字编号，其中第一位数字表示会计科目的类别，分别按照资产类科目、负债类科目、共同类科目、所有者权益类科目、成本类科目、损益类科目等顺序排列，并在各类科目之间和某些科目之间留有一定的空号，以便在增添新的会计科目时应用。需要明确的是，在企业会计准则及其应用指南中所用的会计科目编号，是提供给企业填制会计凭证、登记会计账簿、查阅会计账目、采用会计软件系统的参考，企业也可以根据会计准则及其应用指南的规定，结合本单位的实际情况自行确定会计科目编号。

3. 适应经济发展，保持相对稳定

会计科目的设置要适应社会经济环境的变化和本单位经营方向的调整与业务规模的发展。如一个企业在开办之初一般没有能力开展投资业务，所以也就暂时不用设置“长期股权投资”会计科目。随着社会与企业自身业务的拓展和资本的积累，企业不但开展了长期投资业务，而且受经济环境的影响使对外长期投资时刻处于风险之中，此时会计科目的设置上就不仅要设置“长期股权投资”会计科目，还要设置“长期股权投资减值准备”会计科目，以反映企业长期投资资产的实际价值。另外对会计科目的设置还应保持相对稳定，使不同时期的会计核算指标具有可比性，为企业内部经营管理和企业外部有关方面提供一系列具体的、有用的分类指标。

三、会计科目的分类

每个会计科目都有特定的核算内容，但并非彼此孤立，各会计科目之间既有严格的区别，有又内在的必然联系，相互补充地组成一个完整的会计科目体系。为了正确运用会计科目，需要按照一定的标志对会计科目进行科学的分类。

1. 按经济内容分类

这是会计科目的基本分类方法。按照《企业会计准则——会计科目和主要账务处理》的规定，会计科目可以分为资产类、负债类、共同类、所有者权益类、成本类和损益类六类科目。

（1）资产类科目，如库存现金、银行存款、应收账款、原材料、固定资产、无形资产等。

（2）负债类科目，如短期借款、应付账款、应付职工薪酬、应交税费、应付股利、应付债券等。

（3）共同类科目是指同时具有资产、负债性质的科目，如衍生工具、套期工具、被套期项目等。

（4）所有者权益类科目，如实收资本、资本公积、盈余公积、本年利润、利润分配等。

（5）成本类科目，如生产成本、制造费用等。

（6）损益类科目，如主营业务收入、主营业务成本、营业外收入、营业外支出等。

常用的会计科目如表3-1所示。

表3-1　会计科目表

顺序号	会计科目编号	会计科目名称	顺序号	会计科目编号	会计科目名称
一、资产类			23	1606	固定资产清理
1	1001	库存现金	24	1701	无形资产
2	1002	银行存款	25	1702	累计摊销
3	1101	交易性金融资产	26	1703	无形资产减值准备
4	1121	应收票据	27	1711	商誉
5	1122	应收账款	28	1801	长期待摊费用
6	1123	预付账款	29	1811	递延所得税资产
7	1131	应收股利	30	1901	待处理财产损溢
8	1132	应收利息	二、负债类		
9	1221	其他应收款	31	2001	短期借款
10	1231	坏账准备	32	2101	交易性金融负债
11	1401	材料采购	33	2201	应付票据
12	1402	在途物资	34	2202	应付账款
13	1403	原材料	35	2203	预收账款
14	1404	材料成本差异	36	2211	应付职工薪酬
15	1405	库存商品	37	2221	应交税费
16	1411	周转材料	38	2231	应付利息
17	1471	存货跌价准备	39	2232	应付股利
18	1524	长期股权投资	40	2241	其他应付款
19	1601	固定资产	41	2501	长期借款
20	1602	累计折旧	42	2502	应付债券
21	1603	固定资产减值准备	43	2701	长期应付款
22	1604	在建工程	44	2901	递延所得税负债

（续）

顺序号	会计科目编号	会计科目名称	顺序号	会计科目编号	会计科目名称
三、共同类			56	6051	其他业务收入
45	3101	衍生工具	57	6101	公允价值变动损益
46	3201	套期工具	58	6111	投资收益
47	3202	被套期项目	59	6301	营业外收入
四、所有者权益类			60	6401	主营业务成本
48	4001	实收资本	61	6402	其他业务成本
49	4002	资本公积	62	6403	营业税金及附加
50	4101	盈余公积	63	6601	销售费用
51	4103	本年利润	64	6602	管理费用
52	4104	利润分配	65	6603	财务费用
五、成本类			66	6701	资产减值损失
53	5001	生产成本	67	6711	营业外支出
54	5101	制造费用	68	6801	所得税费用
六、损益类			69	6901	以前年度损益调整
55	6001	主营业务收入			

2. 按会计科目的级次分类

会计科目按级次分类也称按隶属关系分类。会计核算既需要提供总括的会计数据，又需要提供比较详细的会计数据，因此，会计科目应分级次设置。根据会计科目的详略程度不同，一般将其分为总分类科目和明细分类科目两类。

总分类科目即总账科目，也称一级科目，是提供总括的会计核算资料的科目，比如“库存现金”、“应收账款”、“应交税费”、“实收资本”等都是总分类科目。明细分类科目即明细科目，是提供详细的补充说明总账科目会计核算资料的科目，它可以分成二级科目、三级科目，如果需要甚至可以分成四级科目等级次。此时，二级科目也称“子目”，是对总分类科目的进一步分类，如“原材料”总分类科目下可以设置“主要材料”、“辅助材料”、“零配件”等子目，子目金额之和构成总分类科目金额。三级科目也称“细目”，是提供更详细、更具体的会计核算资料的科目，如“主要材料”二级科目下可以设置“钢板”、“盘条”、“角钢”等细目，细目金额之和构成子目金额。各级次会计科目的隶属关系如下：一级科目金额为所属二级科目金额之和，二级科目金额为所属三级科目金额之和，以此类推。

为了便于使用，每一个会计科目都要编列固定的编号，如一级科目“应交税费”的编号为“2221”，其所属的二级科目“应交增值税”的编号为“222101”，“应交增值税”所属的三级科目“进项税额”的编号为“22210101”，等等。各级会计科目的关系如表 3-2 所示。

表 3-2　会计科目按级次分类

总分类科目（一级科目）	明细科目	
	二级科目（子目）	三级科目（细目）
原材料	主要材料	钢板
		盘条
		角钢
	辅助材料	焊条

第二节　账　　户

一、账户的含义

账户是依据会计科目开设、对会计要素进行分类核算的工具。账户具有一定的格式和结构，可以对各项交易和事项进行连续、系统的记录。任何一个账户都需要具备一个名称，会计科目就是账户的名称。账户的名称决定了账户所记录、反映的交易和事项内容。设置会计科目只是对会计对象的具体内容进行分类，每一类给定一个名称，但是，只有分类的名称而没有一定的格式，还不能把发生的交易和事项连续、系统地记录下来，并进而使有关各方获得有用的会计数据。因此，还需要根据会计科目在账簿中开设相应的账户，运用账户的记录反映会计要素增减变化的数量和结果，这是会计核算的一种专门方法。与会计科目按隶属关系分为总分类科目和明细分类科目（子目、细目）一样，账户也相应地分为总分类账户（一级账户）和明细分类账户（二级、三级账户）。

总分类账户简称总账账户、总账，是按照资产、负债、所有者权益、收入、费用、利润类别分别设置的，因此它只有货币指标，只能提供总括、综合的价值核算资料，这对于概括地反映会计主体某一会计期间各项会计要素的增减变动情况和结果以及经营成果的形成十分必要。但是，总分类账户并不能提供各项会计要素的增减变动情况和结果以及经营成果形成的详细资料。比如前面的例子中，所进行的都是总分类核算，如“应付账款”账户，一级核算只能反映该账户发生了多少赊购、支付了多少货款、还欠人家多少货款，不能反映向谁赊购、还了谁、还欠谁等情况。再如“销售费用”账户，总账只提供一个会计期间内的费用总数，只反映总的费用水平，至于销售费用由哪些项目组成，各项目在销售费用中占多大比重，费用的结构是否合理等具体的情况就无法提供了。因此，除了要进行总分类核算以外，还应进行相应的明细分类核算。

明细分类账户简称明细账户、明细账，是根据每一个总分类账户所核算的内容，按照详细类别来设置的，提供比总分类账户更加详细、具体的会计核算资料，以满足会计主体经营管理上的需要。仍依前例，为了具体掌握企业与各供货单位之间的账款结算情况，就要在“应付账款”总分类账户下，按各供货单位的名称，分别设置明细分类账户；在“销售费用”总分类账户下，按费用项目分别设置明细分类账户。明细分类账户是总分类账户的具体化，但是明细、具体到什么程度，则由各会计主体根据本单位实际需要和具体情况来决定了，并不是越细越好。所以，明细分类账户的设置应符合既满足需要，又简化核算的要求。

会计科目与账户既相互联系，又相互区别。它们的联系是，两者都是对会计对象具体内容的分类，都说明相同的交易、事项内容。会计科目是设置账户的依据，账户是会计科目的具体运用，两者相互依存。没有会计科目，账户便失去了设置的依据；没有账户，会计科目的作用便无法发挥。它们的区别是，会计科目是对交易、事项进行分类核算的项目，只说明一定交易、事项的内容；账户是用于记录交易、事项内容的工具，具有一定的结构，能记载和反映某项经济内容的增减变化及其结果，提供具体的会计数据资料。不过在实际工作中，会计科目与账户往往相互混用，不加区别。

二、账户的结构

账户要完成分类、记录、整理会计数据的任务，在设置账户时，除了要给予账户一个含义明确、概念清楚、简明扼要、通俗易懂的名称（即会计科目）外，还应赋予其便于连续记录、归集整理、分类核算、综合加工的一定结构。

1. 账户的基本结构

记账的基本内容是记录交易、事项所引起的各项会计要素数量上的增加和减少，因而用来记录交易、事项的账户，在结构上也相应地分为两个基本部分，以分别记录各项会计要素的增加和减少的数额。账户的基本结构通常分为左右两方，一方登记增加额，另一方登记减少额，至于哪一方登记增加，哪一方登记减少，则要视账户本身的性质和所记录的交易、事项的内容而定。账户的每方根据实际需要分为若干栏次，用以登记有关的数据资料。一般而言，账户的基本结构应包含以下具体内容：①账户的名称，即会计科目。②日期，即记录交易、事项的日期。③凭证编号，即说明账户记录的依据。④摘要，即对交易、事项内容的概括说明。⑤金额，即账户的增加和减少的金额及余额。

会计实务中，常采用的账户基本格式如表3-3所示。

表 3-3 账户的基本格式

账户名称（会计科目）

年		凭证编号	摘要	借方							贷方							借或贷	余额						
月	日			万	千	百	十	元	角	分	万	千	百	十	元	角	分		万	千	百	十	元	角	分

账户只是为会计理论上述说方便而提出的专业术语，它的实际意义已被会计科目与账簿所替代。为了教学的方便，账户的基本结构可以用一个简化的形式表示，由于它的形状像英文的大写字母“T”，因而被称为“T”形账户，也称“丁”字账，如图 3-1 所示。

左方	账户名称（会计科目）	右方

图 3-1 “T”形账户

2. 账户发生额及余额

账户的发生额是指在一定的会计期间内，账户左右两方所登记的交易、事项增加或减少的金额，也称本期发生额，包括本期增加发生额和本期减少发生额。

本期增加发生额也称本期增加额，是指在一定会计期间内账户所登记的交易、事项增加的金额合计。

本期减少发生额也称本期减少额，是指在一定会计期间内账户所登记的交易、事项减少的金额合计。

本期发生额是一个动态指标，它说明在某一会计期间内各会计要素金额的增减变动情况。

账户余额是指账户结存的金额，即到某一时点为止，账户左右两方增加金额与减少金额相抵后的差额，包括期初余额和期末余额。

期初余额是指某会计期间开始时的余额，如月初余额、季初余额、年初余额，上期期末余额就是本期期初余额。

期末余额是指某会计期间结束时的余额，如月末余额、季末余额、年末余额，本期期末余额就是下期期初余额。

余额是一个静态指标，它说明在某一会计时点上各会计要素金额增减变化的结果。

综上，通过账户记录的金额可提供期初余额、本期增加发生额、本期减少发生额和期末余额四个核算金额指标，它们的相互关系如下：

期初余额+本期增加发生额-本期减少发生额=期末余额

第三节 借贷记账法

为了对会计对象进行核算与监督，揭示各会计要素的具体内容及其本质联系，需要按照一定要求设置会计科目，并依据会计科目开设账户。但是，账户只是记录交易、事项的工具，在明确了会计科目和账户的结构之后，就要进一步研究怎样把各会计要素的增减变动登记到账户中去。要把会计主体发生的交易和事项分门别类、连续、系统地登记在有关账户中，并达到取得经营管理所需要的信息的目的，还需要采用科学的记账方法。

一、记账方法

记账方法是指在账簿中登记各项交易、事项的方法。当交易、事项发生以后，就会取得证明这些交易、事项发生情况的原始凭证；根据审核后的原始凭证，可以编制记账凭证，记账凭证是登记账簿的依据；据此，运用一定的记账原理和记账规则，把交易、事项记录到各有关账户中去。记账方法包括单式记账法和复式记账法。

单式记账法是会计早期采用的一种简单的记账方法。采用这种方法，对发生的交易、事项，一般只在一个账户中进行登记，而且只着重记载现金的收付及人欠、欠人的会计事项。如用现金购买物品，记账时，通常只作现金减少的记录，对购入后引起的物品增加，一般不在账上予以反映。又如赊购商品，只记录自己欠供货商的货款金额，不记录所购入的商品金额；赊销商品，则只记录客户所欠货款的金额，不记录出货的金额。如果物品购入数量、金额较大，需要先入库后领用时，有可能也在物品账上记录物品的增加或减少，但物品的增减与现金的收付之间并不存在对应关系，账户记录也没有相互平衡的问题。由于单式记账只记载交易、事项的一方，不反映其来龙去脉，也就不能反映出交易、事项的全貌，不便于检查账户记录的正确性、真实性与完整性。因此单式记账法是一种简单的、不完整的记账方法。目前，各企业和单位一般不采用这种单式记账的方法。

复式记账法是相对单式记账法而言的。从前述会计等式的介绍中已知，任何一项交易、事项的发生都存在“从哪里来，到哪里去”的双重疑问，这就会引起会计等式中至少两个项目发生增减变动，而且增减的金额相等。具体来讲，要么是会计等式两边的会计要素有关项目同增同减，要么是会计等式中各会计要素自身内部一增一减，但不论怎样增减变动，会计等式的平衡都不会被打破。根据这样一个道理，以“T”形账户表示，就是在记录每一项交易、事项时，应当以相等的金额同时记录在相关的至少一个账户的左方和另一个账户的右方，这样就可以通过账户的对应关系，全面、清晰地反映交易、事项的来龙去脉，从而了解交易、事项的具体内容。因此，所谓复式记账，就是指对于任何一笔交易、事项，都要以相等的金额在相互联系的两个或两个以上的账户中进行登记的一种记账方法。

复式记账法是人类在长期的会计实践过程中逐渐总结出来的，在日常会计核算工作中，从编制会计凭证到登记账簿都要运用复式记账的方法，因此，它又是会计核算方法体系中的核心内容。

复式记账的方法包括借贷记账法、增减记账法和收付记账法三类。其中借贷记账法起源于意大利，后经英、美等国不断发展、完善，经由日本传入我国的复式记账方法，也是当今世界各国所普遍采用的记账方法。增减记账法和收付记账法是我国独创的记账方法，分别以“增”、“减”和“收”、“付”作为记账符号的复式记账方法。

增减记账法将所有账户分为资金占用和资金来源两类，记账规则是“同类账户同增同减，异类账户有增有减”，试算平衡分为发生额差额平衡和余额全额平衡两类。发生额平衡公式如下：“资金占用类账户增方本期发生额合计－资金占用类账户减方本期发生额合计＝资金来源类账户增方本期发生额合计－资金来源类账户减方本期发生额合计”；余额平衡公式如下：“资金占用类账户期末增方余额合计＝资金来源类账户期末增方余额合计”。收付记账法又分为资金收付记账法、财产收付记账法、现金收付记账法、银行资金收付记账法等，其中资金收付记账法是过去行政、事业单位的预算会计所应用的收付记账法，它将会计科目分为资金来源、资金运用和资金结存三类，其关系如下：资金来源－资金运用＝资金结存。记账规则是“同收同付、有收有付”，即涉及等号两方的交易事项，同时记“收”或“付”；涉及等号一方的交易事项，一方记“收”，另一方记“付”。其试算平衡也分为发生额差额平衡和余额全额平衡两类。发生额平衡公式如下：“资金来源和资金运用类账户收方发生额合计－资金来源和资金运用类账户付方发生额合计＝资金结存类账户收方发生额合计－资金结存类账户付方发生额合计”。增减记账法和收付记账法在记账规则、试算平衡等方面不如借贷记账法简单、严密，特别是随着世界经济一体化进程的加快，会计作为国际通用商业语言的地位日显重要，与世界同步，统一采用借贷记账法成为必然趋势。自1993年7月1日起，我国境内所有企业一律采用借贷记账法。至此，增减记账法、收付记账法退出我国的会计核算舞台，借贷记账法成为我国会计核算统一使用的方法。

无论是哪种复式记账法，都具有以下几个特征：

第一，以会计基本等式作为记账基础。前已述及，任何一项交易、事项的会计处理，虽然会引起各会计要素之间或会计要素内部的金额的增减变动，但均不会改变会计等式的平衡关系。复式记账法正是依据这个原理，对引起会计要素变化的各项交易、事项，在相互联系的两个或两个以上账户之间进行等额登记，从而保证会计上所记录的交易、事项的完整性。

第二，交易、事项对会计等式总额构成影响。在论述会计基本等式中已经阐明，无论交易、事项发生何种变化，对会计等式的平衡都不会造成任何影响，但是对会计等式两边总额有可能构成影响，概括起来不外乎两类：

1. 等式两边的金额同增同减，总额变化

这类业务会同时影响会计等式两边的各会计要素金额总额发生变动，它包括以下几个方面：

（1）一项资产增加，一项负债增加。如收到一笔订购本企业产品的定金，使得资产方银行存款增加，同时使得负债方预收账款增加。

（2）一项资产增加，一项所有者权益增加。如收到一笔投资款，使得资产方货币资金增加，同时使得所有者权益方实收资本增加。

（3）一项资产减少，一项负债减少。如用银行存款支付前欠货款，使得资产方银行存款减少，同时使得负债方应付账款减少。

（4）一项资产减少，一项所有者权益减少。如核减注册资本，使得资产方银行存款减少，同时使得所有者权益方实收资本减少。

2. 等式一边的金额有增有减，总额不变

这类业务只会影响会计等式一边的各会计要素具体项目之间金额发生增减变动，它包括以下几个方面：

（1）一项资产增加，另一项资产减少。如从银行提取现金，使得资产方现金增加，同时使得资产方银行存款减少。

（2）一项负债增加，另一项负债减少。如用借款归还到期的前欠货款，使得负债方借款增加，同时使得负债方应付账款减少。

（3）一项负债增加，一项所有者权益减少。如对投资者分配现金股利，使得负债方应付股利增加，同时使得所有者权益方未分配利润减少。

（4）一项负债减少，一项所有者权益增加。如债权人将其在本企业中的债权转为资本，使得负债方应付款项减少，同时使得所有者权益方实收资本增加。

（5）一项所有者权益减少，另一项所有者权益增加。如以企业历年积累的盈余公积转增资本金，使得所有者权益方盈余公积减少，同时使得所有者权益方实收资本增加。

第三，对每一笔交易、事项均在两个或两个以上的相关账户中作双重记录。这不仅可以了解每一项交易、事项的来龙去脉，而且在把全部的交易、事项都登记入账以后，还可以通过账户记录完整、系统地反映出经济活动的过程和结果。因此，复式记账法要求对发生的每笔交易、事项都要在两个或两个以上的相关账户中作相互联系的双重平衡记录，这就是复式记账的模式。

第四，定期汇总的全部账户记录必然平衡。在复式记账法下对每一项交易、事项所作的双重记录都是以相等的金额进行登记的，因而会计等式始终是平衡的，这就意味着定期汇总的全部账户的金额必然会保持平衡，那么全部账户记录的结果就可以进行试算平衡（详见本章后面的叙述）。

二、借贷记账法

借贷记账法是以“借”、“贷”为记账符号的一种复式记账方法。在借贷记账法下，每项交易、事项都要同时在两个或两个以上相互联系的账户中以借贷相等的金额进行记录。它是目前世界各国通用的一种记账方法，也是我国法定的记账方法。

（一）借贷记账法的由来

借贷记账法大约起源于12世纪的意大利。这一时期地中海沿岸城市的商品经济已有较快的发展，萌生了金融资本。当时经营钱庄的商人，一方面收存有多余钱款的商人的游资，给以利息，另一方面又把钱借给急需资金的商人，以收取更高的利息，这样，存钱和借钱的商人就都成了钱商的客户。钱商为了清楚地反映与客户之间的往来，就需要以人名设账，把贷放出去的款额记录在借主（Debtor）的名下，表示自己将要收回的债权；把收进的存款记录在贷主（Creditor）名下，表示自己需要偿还的债务；钱商在中间划账，借、贷形成的利差就构成了钱商的收入，并由此产生了“借”和“贷”这一对概念。当钱商收回借出款项或偿还贷入款项时则作相反方向的记录，此时的“借”和“贷”是记录钱商债权与债务增减变动的符号，具有现实意义。之后，为了适应商业资本和借贷资本经营者的需要，在经历了佛罗伦萨式、热那亚式、威尼斯式等簿记改进，到15世纪初借贷记账逐渐形成了一种完备的复式记账方法。随着商品货币经济的进一步发展，交易、事项活动日趋复杂，记录的经济事项不再仅限于货币的借贷业务，而是扩展到财产物资及经营损益等内容的增减变动，“借”、“贷”也就逐渐失去其原有的含义，作为纯粹的记账符号，成为会计上的专门术语。1494年，意大利的数学家卢卡·帕乔利（Luca Pacioli）在威尼斯出版了数学名著《算术、几何、比与比例概要》，其中第三篇“簿记论”将借贷记账法加以总结上升为理论，写出了历史上第一部全面、系统地介绍借贷记账法的著作，从而揭开了现代会计历史的新篇章。这种科学的复式记账方法引起了各国会计界的关注，并很快传遍欧洲，流行于世界各地。1905年，借贷记账法从日本介绍到我国，并率先在中国银行的前身——大清银行中施行，以后逐渐推广到工商企业及其他经济单位。

在现代会计中，“借”、“贷”两字在此处并无借入与贷出的意义，而只是作为记账符号，它代表了账户的两个方向，习惯上称账户的左方为借方（Debit），右方为贷方（Credit），其意义视账户的性质而异。另外，英文的“借”和“贷”还可以分别简写为“Dr.”和“Cr.”。

（二）借贷记账法的记账符号

借贷记账法的记账符号是“借（Dr.）”和“贷（Cr.）”。这对记账符号包含三种含义和三种作用：

（1）表明在账户中借方和贷方两个相对的部位，用来指明交易、事项的发生引起数量增减变化时在账户中应记入的两个不同方向。

（2）表明构成会计分录的相对应的借方账户和贷方账户的相互关系，用来了解一笔交易、事项所引起的会计要素具体项目金额增减变化的来龙去脉。

（3）表明已登记在不同类别账户中借方和贷方的金额是增加还是减少，用来说明账户的性质。

（三）借贷记账法的账户结构

借贷记账法下账户的基本结构：每一账户分为“借方”和“贷方”，在“T”形账户中，左方为借方，右方为贷方。账户结构如表3-4和图3-2所示。

表3-4 借贷记账法账户的基本格式

账户名称（会计科目）

年		凭证编号	摘　　要	借　方	贷　方	借或贷	余　额
月	日						

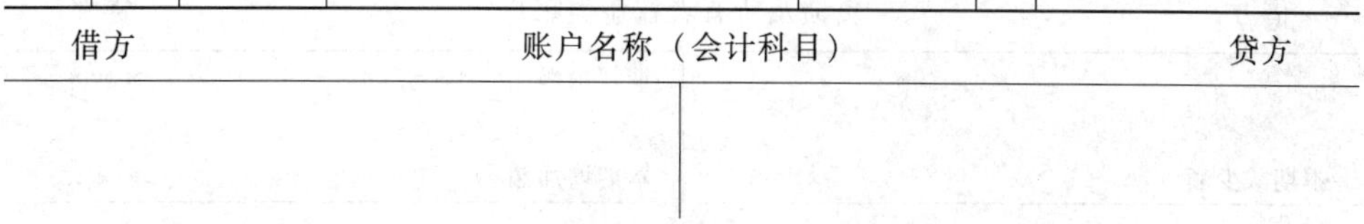

借方	账户名称（会计科目）	贷方

图3-2 借贷记账法“T”形账户

采用借贷记账法，所有账户借方和贷方都要按相反的方向记录，即一方登记增加额，另一方登记减少额。如果规定借方登记增加额，则贷方就用来登记减少额；如果规定借方登记减少额，则贷方就用来登记增加额；至于哪方登记增加额，哪方登记减少额，则要视账户所反映的经济内容而定。

1. 资产类账户的结构

资产类账户的结构：账户的借方登记资产的增加额，贷方登记资产的减少额。在一个会计期间内，账户借方记录的合计数称做借方本期发生额合计，账户贷方记录的合计数称做贷方本期发生额合计，每一会计期末将每一个资产账户的借方与贷方发生额合计进行比较，其差额与期初余额合并计算，结果称做期末余额。资产类账户的期末余额一般在借方，称为借方余额。每一个资产类账户的本会计期间期末余额都将转入下期，成为下一会计期间的期初余额。如“原材料”账户，借方登记原材料的增加额，贷方登记原材料的减少额，期末若有余额则体现在借方，表示原材料的期末库存金额。本期原材料的期末借方余额成为下期原材料的期初借方余额。

资产类账户的结构如图 3-3 所示。

借方	资产类账户		贷方
期初余额	×××		
本期增加额	×××	本期减少额	×××
本期发生额合计	×××	本期发生额合计	×××
期末余额	×××		

图 3-3 资产类账户结构

资产类账户的期末余额计算如下式：

期初借方余额 + 本期借方发生额 - 本期贷方发生额 = 期末借方余额

2. 负债及所有者权益类账户结构

负债及所有者权益类账户的结构与资产类账户的结构正好相反。账户的贷方登记负债及所有者权益的增加额，借方登记负债及所有者权益的减少额。在一般情况下，负债及所有者权益类账户的期末余额在贷方，本期期末余额即为下期期初余额，因而期初余额也在贷方。

负债及所有者权益类账户结构如图 3-4 所示。

借方	负债及所有者权益类账户		贷方
		期初余额	×××
本期减少额	×××	本期增加额	×××
本期发生额合计	×××	本期发生额合计	×××
		期末余额	×××

图 3-4 负债及所有者权益类账户结构

负债及所有者权益类账户的期末余额计算如下式：

期初贷方余额 + 本期贷方发生额 - 本期借方发生额 = 期末贷方余额

3. 收入和费用类账户结构

企业在生产经营过程中，必然要取得各种收入，同时必然会发生各种费用和成本支出。收入的取得将会导致资产的增加，同时也导致所有者权益的增加；费用的发生将会导致资产的减少，同时也导致所有者权益的减少。从理论上说，取得一项收入，可以直接在有关所有者权益账户的贷方登记；发生一项费用，也可以直接在有关所有者权益账户的借方登记。但在实际工作中如果这样处理，将很难区分每一会计期间内所有者权益的增减到底是来源于所有者投资的变化还是来源于取得的收入或发生的费用，而且还需要反映每一会计期间的经营成果，即收入减去费用的差额，以确定利润或亏损。所以收入和费用不仅不能直接记入所有者权益账户，还必须将收入和费用作为两个独立的要素予以反映，就是说要独立设立收入和费用两类账户。这就决定了收入类账户的结构应与所有者权益类账户的结构一致：本期收入的增加记入收入账户的贷方，本期收入的减少记入收入账户的借方，期末，将本期收入的增加额减去本期收入的减少额后的差额，从收入账户转入所有者权益类账户"本年利润"账户的贷方，经此结转后，收入账户一般无期末余额。与收入同理，费用类账户的结构应与所有者权益类账户的结构相反：本期费用的增加记入费用账户的借方，本期费用的减少记入费用账户的贷方，本期费用的增加额减去本期费用的减少额后的差额，从费用账户转入所有者权益类账户"本年利润"账户的借方，经此结转后，费用账户一般无期末余额。

收入和费用类账户结构如图 3-5 和图 3-6 所示。

借方	收入类账户		贷方
本期减少额或转销额	×××	本期增加额	×××
本期发生额合计	×××	本期发生额合计	×××

图 3-5　收入类账户结构

借方	费用类账户		贷方
本期增加额	×××	本期减少额或转销额	×××
本期发生额合计	×××	本期发生额合计	×××

图 3-6　费用类账户结构

以上借贷记账法下各类账户的基本结构可以用图 3-7 所示。

借方　　　　账户名称（会计科目）	贷方
（1）资产增加	（1）资产减少
（2）负债减少	（2）负债增加
（3）所有者权益减少	（3）所有者权益增加
（4）成本、费用增加	（4）成本、费用减少或转销
（5）收入减少或转销	（5）收入增加
期末余额：资产	期末余额：负债及所有者权益

图 3-7　各类账户的基本结构总结

图 3-7 表明，不同性质的账户，“借”、“贷”两方各自所代表的经济内容不同：

借方表示：资产增加、负债及所有者权益减少、成本费用增加、收入减少或转销。

贷方表示：资产减少、负债及所有者权益增加、成本费用减少或转销、收入增加。

（四）借贷记账法的记账规则

借贷记账法的记账规则是“有借必有贷，借贷必相等”。其原理如下：

依据复式记账原理，发生任何一笔交易、事项都要至少在两个有关联的账户中进行等额登记。所有交易事项均可分为“资产与权益同时增加或减少”、“资产内部一增一减”、“权益内部一增一减”四类，而每类交易事项的会计处理必然有借方、有贷方。因此，借贷记账法要求对于每一项交易、事项，如果在一个账户中记借方，则必须同时在另一个或几个对应账户中记贷方；如果在一个账户中记贷方，则必须同时在另一个或几个对应账户中记借方；无论在何种情况下，记入借方的发生额总额与记入贷方的发生额总额必须相等。据此，将“有借必有贷，借贷必相等”这一借贷记账法的记账规则所包含的内容归纳为两点：①对每一项交易、事项都应作借贷相反的记录，这一点强调的是账户的对应关系和记账方向。②借方与贷方账户的发生额总额应该相等，这一点强调的是会计等式的平衡关系对对应账户的发生额总额的限定。

根据上述对借贷记账法的记账规则的分析，可以知道，在对一项交易、事项进行账务处理时，应考虑下述三个问题：

（1）审定该项交易、事项将涉及的会计要素类别，即根据将要进行账务处理的交易、事项的内容，分析其影响会计要素的类别，进而确定它将要涉及的会计账户的种类 。比如一笔赊销业务，企业销售产品 10 000 元，货款未收。这笔交易实现了收入但得到的是债权，那么它将影响的会计要素一定是资产和收入，所涉及的会计账户类别一定是资产类账户和收入类账户。

（2）确定业务涉及的账户名称及金额增减变动情况，即根据交易、事项所属会计要素分类，确定应将其分别记入哪些有关账户，此项业务所导致的是账户金额增加，账户金额减少，还是有增有减？比如接上例 ，企业销售后款未收，增加一项债权资产，导致资产类账户“应收账款”增加 10 000 元；同时增加一项收入，导致收入类账户“主营业务收入”增加 10 000 元。

（3）根据已确定的账户的性质和结构，确定账户的借贷方向，即哪个账户记借方，哪个账户记贷方。仍接上例，企业销售后款未收，导致“应收账款”账户与“主营业务收入”账户同时增加 10 000 元，根据借贷记账法下账户结构的规定，“应收账款”账户属于资产类账户，资产的增加应记入账户的借方，所以此项业务就应该在“应收账款”账户的借方记录 10 000 元；“主营业务收入”

账户属于收入类账户，收入的增加应记入账户的贷方，所以，此项业务就应该在“主营业务收入”账户的贷方记录10 000元。

（五）会计分录

所谓会计分录，是指对每一项交易、事项，按照借贷记账法记账规则的要求，在编制记账凭证时，分别列示具有账户对应关系的对应账户名称及其金额的一种记录。在这里，账户的对应关系是指账户之间应借应贷的相互关系；而具有对应关系的账户就是对应账户。所有会计主体的日常账务处理工作都是从编制会计分录开始的。比如从银行提取现金20 000元，就要在“库存现金”账户的借方和“银行存款”账户的贷方加以记录，此时这两个账户就形成了对应关系，“库存现金”账户和“银行存款”账户就是对应账户。不同交易、事项的会计分录中，存在不同的对应关系，正是账户对应关系揭示了交易、事项的来龙去脉。一笔完整的会计分录应包括三项内容：①一组对应的记账符号：借、贷。②一组具有对应关系的账户：借方账户、贷方账户。③一组等额记入对应账户的金额：借方金额、贷方金额。

书写会计分录时，需要注意两点：①书写借、贷记账符号要先借后贷。②借、贷记账符号要求分上、下行书写，“贷”字比“借”字低一行，并且向右错一格或两格；数字金额则贷方末位比借方末位向右错四位数字。将上述从银行提取现金的例子，编制成会计分录如下：

借：库存现金　　20 000
　贷：银行存款　　20 000

会计分录分为简单会计分录和复合会计分录。简单会计分录是指由借方一个账户与贷方一个账户相对应所组成的会计分录。比如上述从银行提取现金所编制的会计分录就是简单会计分录，也称一借一贷分录，这是数量最多的一种会计分录。复合会计分录是指由借方一个账户与贷方两个以上账户，或由借方两个以上账户与贷方一个账户，或由几个借方账户与几个贷方账户相对应所组成的会计分录。比如企业销售产品23 400元，其中收款20 000元，未收款3 400元。这笔业务可以编制成如下两笔简单会计分录：

（1）借：银行存款　　20 000
　　贷：主营业务收入　　20 000
（2）借：应收账款　　3 400
　　贷：主营业务收入　　3 400

上述两笔简单会计分录可以合并编制成如下一笔复合会计分录：

借：银行存款　　20 000
　　应收账款　　3 400
　贷：主营业务收入　　23 400

由此可以看出，复合会计分录实际上是由几个简单会计分录组合而成的，编制复合会计分录是为了集中反映交易、事项的全部对应关系，简化会计核算手续。不过，为了清楚地显示交易、事项的来龙去脉和账户的对应关系，借贷记账法一般不编制多个借方账户对应多个贷方账户的复合会计分录，除非情况特殊。也就是说，编制会计分录可以一借一贷、一借多贷、多借一贷，慎用多借多贷。

现以金阳公司20×1年11月发生的交易、事项为例说明借贷记账法的应用（为简化核算，本例暂不考虑增值税因素）。

【例3-1】 金阳公司收到投资方华达公司投入的投资款5 000 000元，存入开户银行。

分析：这笔业务中金阳公司收到存款，银行存款增加，银行存款是资产，资产账户的结构规定资产的增加记借方，故应借记“银行存款”账户；而存款来自投资者投入的资本，则金阳公司的实收资本也增加，实收资本是所有者权益，所有者权益账户的结构规定增加记贷方，故应贷记“实收资本”账户。作会计分录如下：

借：银行存款　　5 000 000
　　贷：实收资本　　5 000 000

此笔业务的具体记录如图3-8所示。

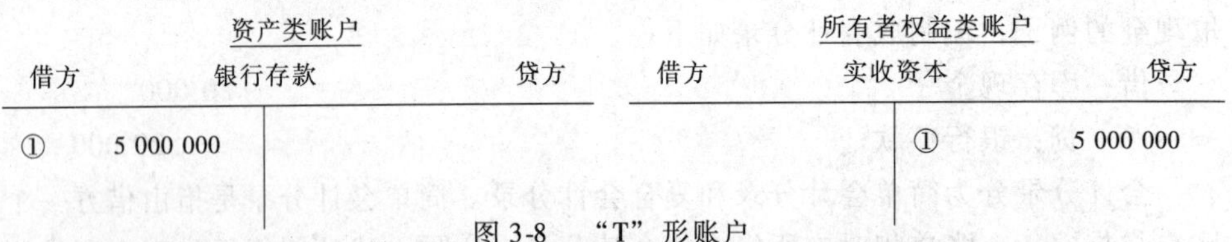

图3-8 “T”形账户

【例3-2】 金阳公司以银行存款向晨光公司购买原材料10 000元。

分析：这笔业务中金阳公司收到原材料，原材料增加，原材料是资产，资产账户的结构规定资产的增加记借方，故应借记“原材料”账户；以银行存款支付原材料款，银行存款减少，银行存款是资产，资产账户的结构规定资产的减少记贷方，故应贷记“银行存款”账户。作会计分录如下：

借：原材料　　10 000
　　贷：银行存款　　10 000

此笔业务的具体记录如图3-9所示。

资产类账户
借方　银行存款　贷方
① 5 000 000　② 10 000

资产类账户
借方　原材料　贷方
② 10 000

图3-9 “T”形账户

【例 3-3】 业务员夏光出差预借差旅费 3 000 元，以现金支付。

分析：这笔业务中金阳公司业务员夏光在尚未出差前借走现金，对于金阳公司来说，是发生一笔应向夏光收回的债权，其他应收款增加，其他应收款是资产，资产账户的结构规定资产的增加记借方，故应借记“其他应收款”账户；夏光预借的差旅费是从金阳公司的库存现金中支付的，现金减少，现金是资产，资产账户的结构规定资产的减少记贷方，故应贷记“库存现金”账户。其会计分录如下：

借：其他应收款——夏光　　3 000

　　贷：库存现金　　3 000

此笔业务的具体记录如图 3-10 所示。

资产类账户

借方	其他应收款	贷方
③ 3 000		

资产类账户

借方	库存现金	贷方
		③ 3 000

图 3-10 “T”形账户

【例 3-4】 金阳公司自光明公司购入原材料 100 000 元，货款未付。

分析：这笔业务中金阳公司购进原材料，原材料增加，原材料是资产，资产账户的结构规定资产的增加记借方，故应借记“原材料”账户；买入材料未付款，应付账款增加，应付账款是负债，负债账户的结构规定负债的增加记贷方，故应贷记“应付账款”账户。其会计分录如下：

借：原材料　　100 000

　　贷：应付账款　　100 000

此笔业务的具体记录如图 3-11 所示。

资产类账户

借方	原材料	贷方
② 10 000		
④ 100 000		

负债类账户

借方	应付账款	贷方
		④ 100 000

图 3-11 “T”形账户

【例 3-5】 金阳公司开出转账支票，支付前欠光明公司的货款 30 000 元。

分析：这笔业务中金阳公司支付前欠货款，应付账款减少，应付账款是负债，负债账户的结构规定负债的减少记借方，故应借记“应付账款”账户；银行存款减少，银行存款是资产，资产账户的结构规定资产的减少记贷方，故应贷记“银行存款”账户。其会计分录如下：

借：应付账款　　30 000

　　贷：银行存款　　30 000

此笔业务的具体记录如图 3-12 所示。

资产类账户：银行存款

借方		贷方	
①	5 000 000	②	10 000
		⑤	30 000

负债类账户：应付账款

借方		贷方	
⑤	30 000	④	100 000

图 3-12 “T”形账户

【例 3-6】 金阳公司签发一张期限为两个月的商业汇票，归还前欠光明公司的货款 70 000 元。

分析：这笔业务中金阳公司支付前欠货款，应付账款减少，应付账款是负债，负债账户的结构规定负债的减少记借方，故应借记“应付账款”账户；此笔货款不是以现款支付的，而是一张书面承诺两个月以后付款的票据，应付票据增加，应付票据是负债，负债账户的结构规定负债的增加记贷方，故应贷记“应付票据”账户。其会计分录如下：

借：应付账款　　70 000

　　贷：应付票据　　70 000

此笔业务的具体记录如图 3-13 所示。

负债类账户：应付票据

借方		贷方	
		⑥	70 000

负债类账户：应付账款

借方		贷方	
⑤	30 000	④	100 000
⑥	70 000		

图 3-13 “T”形账户

【例 3-7】 金阳公司以历年积累的盈余公积 2 000 000 元转增资本。

分析：此笔业务中金阳公司用盈余公积增资，盈余公积减少，盈余公积是所有者权益，所有者权益账户的结构规定减少记借方，故应借记“盈余公积”账户；实收资本增加，实收资本也是所有者权益，所有者权益账户的结构规定增加记贷方，故应贷记“实收资本”账户。其会计分录如下：

借：盈余公积　　2 000 000

　　贷：实收资本　　2 000 000

此笔业务的具体记录如图 3-14 所示。

所有者权益类账户：盈余公积

借方		贷方	
⑦	2 000 000		

所有者权益类账户：实收资本

借方		贷方	
		①	5 000 000
		⑦	2 000 000

图 3-14 “T”形账户

【例 3-8】 投资方星光公司撤回投资 1 000 000 元，以银行存款支付。

分析：此笔业务中金阳公司的实收资本减少，实收资本是所有者权益，所有者权益账户的结构规定减少记借方，故应借记“实收资本”账户；以银行存款退回星光公司的资本金，银行存款减少，银行存款是资产，资产账户的结构规定资产的减少记贷方，故应贷记“银行存款”账户。其会计分录如下：

借：实收资本　　1 000 000

　　贷：银行存款　　1 000 000

此笔业务的具体记录如图 3-15 所示。

资产类账户

借方	银行存款		贷方
①	5 000 000	②	10 000
		⑤	30 000
		⑧	1 000 000

所有者权益类账户

借方	实收资本		贷方
⑧	1 000 000	①	5 000 000
		⑦	2 000 000

图 3-15 “T”形账户

【例 3-9】 华达公司代金阳公司偿还银行短期借款 500 000 元，作为华达公司对金阳公司的追加投资。

分析：此笔业务中金阳公司的短期银行借款减少，短期借款是负债，负债账户的结构规定负债的减少记借方，故应借记“短期借款”账户；这笔由华达公司代为偿还的短期借款，作为金阳公司实收资本的增加，实收资本是所有者权益，所有者权益账户的结构规定增加记贷方，故应贷记“实收资本”账户。其会计分录如下：

借：短期借款　　500 000

　　贷：实收资本　　500 000

此笔业务的具体记录如图 3-16 所示。

负债类账户

借方	短期借款		贷方
⑨	500 000		

所有者权益类账户

借方	实收资本		贷方
⑧	1 000 000	①	5 000 000
		⑦	2 000 000
		⑨	500 000

图 3-16 “T”形账户

【例 3-10】 金阳公司宣布向投资者分配现金股利 600 000 元，尚未支付。

分析：此笔业务中金阳公司的未分配利润减少了，未分配利润是“利润分配”的子目，利润分配是所有者权益，所有者权益账户的结构规定减少记借方，故应借记“利润分配”账户；分配了股利但未予支付，形成应付股利，应付股利是负债，负债账户的结构规定负债的增加记贷方，故应贷记“应付股利”账户。其会计分录如下：

借：利润分配　　600 000

　贷：应付股利　　600 000

此笔业务的具体记录如图 3-17 所示。

负债类账户			所有者权益类账户		
借方	应付股利	贷方	借方	利润分配	贷方
	⑩	600 000	⑩	600 000	

图 3-17

（六）试算平衡

1. 试算平衡原理

借贷记账法下的试算平衡，是指根据"资产 = 负债 + 所有者权益"会计等式的平衡关系，按照记账规则的要求，通过汇总试算和比较，检查、验证账户记录是否符合复式记账原理，有无影响借、贷平衡的各种错账、漏账的方法。

前已述及，在借贷记账法下，每笔交易、事项都必须根据"有借必有贷，借贷必相等"的规则编制会计分录，并据以记入相互联系的两个或两个以上的对应账户中。这样登记以后，不仅每笔会计分录中的借、贷金额是平衡的，而且本期全部账户的借方发生额合计数与贷方发生额合计数必然平衡；全部账户的期末借方余额合计数与期末贷方余额合计数也必然是平衡的。这种平衡关系用公式表示如下：

全部账户借方发生额合计 = 全部账户贷方发生额合计　　(3-1)

全部账户借方余额合计 = 全部账户贷方余额合计　　(3-2)

在日常的会计核算中，将发生的交易、事项整理并编制成会计分录，或将会计分录记入账户的过程中，很有可能把借、贷方的金额记错，这时账户的借、贷方发生额合计和借、贷方余额合计就会不平衡，所以要及时发现和纠正错误。上述的两个公式，可以作为借贷记账法下进行试算平衡的依据。根据式（3-1），可以进行本期全部账户的借方发生额与本期全部账户的贷方发生额的试算平衡；根据式（3-2），可以进行全部账户的期初余额与全部账户的期末余额的试算平衡。即检查期初余额、本期发生额、期末余额三段平衡。但是需要指出的是，试算平衡只是通过借、贷方金额是否平衡来检查账户记录是否正确，如果借、贷方金额不平衡，证明会计记录或计算肯定有问题；如果借、贷方金额平衡，只可以大体推断账户记录是正确的，但不能肯定会计记录或计算没有问题，因为有些并不影响借、贷双方的平衡关系的记账错误是无法通过试算平衡的方法来发现的，比如整笔会计分录漏记、重记，或者记对了借、贷方向而记错了应记入的账户等错误，就需要通过其他方法进行检查和验证（请参见第六章第二节）。

2. 试算平衡表的编制

借贷记账法试算平衡是通过编制“试算平衡表”进行的，也称“科目发生额对照表”。试算平衡表是根据本期全部账户期初余额、本期借方发生额、本期贷方发生额、期末余额编制的。

假定，金阳公司20×1年11月1日各总分类账户期初余额如下：

库存现金	借方余额	7 000	应付票据	贷方余额	83 000
银行存款	借方余额	850 000	应付账款	贷方余额	100 000
应收账款	借方余额	700 000	其他应付款	贷方余额	49 400
其他应收款	借方余额	16 000	预提费用	贷方余额	600
原材料	借方余额	50 000	实收资本	贷方余额	5 000 000
固定资产	借方余额	7 500 000	盈余公积	贷方余额	2 300 000
累计折旧	贷方余额	40 000	利润分配	贷方余额	850 000
短期借款	贷方余额	700 000			

现以本章第三节列举的金阳公司20×1年11月发生的10笔交易、事项为例，编制试算平衡表，如表3-5所示。

表3-5 总分类账户试算平衡表

账户	期初余额		本期发生额		期末余额	
	借方	贷方	借方	贷方	借方	贷方
库存现金	7 000			3 000	4 000	
银行存款	850 000		5 000 000	1 040 000	4 810 000	
应收账款	700 000				700 000	
其他应收款	16 000		3 000		19 000	
原材料	50 000		110 000		160 000	
固定资产	7 500 000				7 500 000	
累计折旧		40 000				40 000
短期借款		700 000	500 000			200 000
应付票据		83 000		70 000		153 000
应付账款		100 000	100 000	100 000		100 000
应付股利		0		600 000		600 000
其他应付款		49 400				49 400
预提费用		600				600

（续）

账　户	期初余额		本期发生额		期末余额	
	借方	贷方	借方	贷方	借方	贷方
实收资本		5 000 000	1 000 000	7 500 000		11 500 000
盈余公积		2 300 000	2 000 000			300 000
利润分配		850 000	600 000			250 000
合　计	9 123 000	9 123 000	9 313 000	9 313 000	13 193 000	13 193 000

3. 试算平衡表的作用

（1）检验会计记录的正确性。试算平衡表的编制根据是“资产 = 负债 + 所有者权益”的会计等式和“有借必有贷，借贷必相等”的记账规则，故可以用来检查总分类账户记录的正确性和完整性。在日常核算中，如果会计处理过程完全正确，不发生任何差错，试算平衡表就一定会平衡；反之，如果试算平衡表不平衡，则表明记账过程中一定存在错误，所以，编制试算平衡表相当于是对记账过程所作的验算。

（2）试算平衡表是编制资产负债表的基础资料。资产负债表本身就是根据“资产 = 负债 + 所有者权益”的会计等式设计的，试算平衡表的平衡依据也是“资产 = 负债 + 所有者权益”的会计等式；同时，试算平衡表将本期发生的交易、事项所涉及的全部总分类账户集中在一起，有相当一部分总分类账户的期末余额可直接列入资产负债表，还有一部分账户余额经计算或调整后，也可以加工成为表内项目，用于资产负债表的填制。

（3）试算平衡表可以概略地反映出企业本会计期间经济活动所导致的财务状况。因为试算平衡表不仅集中列示了全部账户的本期发生额，而且还列示了期初余额和期末余额，账户借、贷方的本期发生额可以动态地反映各会计要素的增减变化，账户的借、贷方余额可以静态地反映各会计要素增减变化的结果。

本章小结

会计核算的对象是会计要素，每一个会计要素中都包含着若干不同的具体内容，会计科目就是对会计核算的具体内容进行分类的项目。通过设置会计科目，可以确定会计分类核算的具体项目，使得每一个会计科目名称都有明确的含义，同时限定在该科目名称下的会计核算内容和范围。会计科目按其反映的经济内容不同，可以分为资产类、负债类、共同类、所有者权益类、成本类、损益类；按其级次不同，可以分为总分类科目和明细分类科目。账户是依据会计科目开设、对会计要素进行分类核算的工具。账户具有一定的结构，能记录和反映某项经济内容的增减变化及其结果，提供具体的会计数据资料。账户的基本结构包括账户的名称、日期、凭证编号、摘要、金额等，通过账户记录的金额可提供期初余额、本期增加发生额、本期减少发生额和期末余额四个核算金额指标。记账方法包括单式记账和复式记账。复式记账是指对于任何一笔交易、事项，都要以相等的金额在相互联系的两个或两个以上的账户中进行登记的一种记账方法。借贷记账法是复式记账法的一种，它以"借"、"贷"为记账符号，以"有借必有贷，借贷必相等"为记账规则。借贷记账法的借字表示，资产增加、负债及所有者权益减少、成本费用增加、收入减少或转销；贷字表示，资产减少、负债及所有者权益增加、成本费用减少或转销、收入增加。会计分录是指对每一项交易、事项，在编制记账凭证时分别列示具有账户对应关系的对应账户名称及其金额的一种记录，包括简单会计分录和复合会计分录两种。试算平衡是指通过编制试算平衡表，检查、验证账户记录是否符合复式记账原理，有无影响借、贷平衡的各种错账、漏账的一种方法。一张试算平衡表可以将各个账户的期初余额、本期发生额和期末余额全部列示在一起，也称三段平衡。总分类账户是明细分类账户的统驭账户，对明细分类账起着控制作用；明细分类账户是总分类账户的从属账户，对总分类账户起着辅助和补充说明的作用，两者结合起来，能够概括而又详细地反映同一交易、事项的核算内容。

思考题

1. 什么是会计科目？什么是账户？两者有什么区别与联系？
2. 会计科目分为哪几类？其内容是什么？
3. 设置账户的理论根据是什么？
4. 什么是复式记账？复式记账的理论根据是什么？
5. 什么是借贷记账法？其记账规则是什么？
6. 借贷记账法的主要内容和优缺点是什么？
7. 什么是账户的发生额？什么是余额？其计算公式如何？
8. 什么是总分类账户？什么是明细分类账户？为什么要分别设置总分类账户和明细分类账户？
9. 什么是账户的对应关系？什么是对应账户？
10. 如何编制会计分录？
11. 什么是借贷记账法的试算平衡？

练习题

一、单项选择题

1. 以银行存款缴纳所得税将会引起（　　）。

A. 一项资产减少，一项费用增加　　B. 一项资产减少，一项负债减少

C. 一项资产减少，一项所有者权益减少　　D. 一项资产减少，一项资产增加

2. 简单会计分录的特征是（　　）。

A. 一借多贷　B. 一贷多借　C. 一借一贷　D. 多借多贷

3. 在借贷记账法下，将账户划分为借、贷两方，哪一方记增加，哪一方记减少，决定于（　　）。

A. 借贷记账法的记账规则　B. 复式记账法会计等式

C. 账户的性质　D. 记账方法

4. 复式记账法的理论依据是（　　）。

A. 利润 = 收入 - 费用　B. 借方发生额 = 贷方发生额

C. 期末余额 = 期初余额 + 本期增加额 - 本期减少额　D. 资产 = 负债 + 所有者权益

5. 下列引起资产内部此增彼减的交易、事项是（　　）。

A. 收回赊销款存入银行　B. 用现金支付办公费用

C. 购买材料未付款　D. 以银行存款支付前欠货款

6. 下列项目中，与负债类账户结构相同的账户是（　　）。

A. 所有者权益　B. 资产　C. 费用　D. 收入

7. 某企业资产总额为 150 万元，当实现一笔销售收入 12 万元后，收到 2 万元存入银行，其余 10 万元冲销预收账款，不考虑其他因素，其资产总额为（　　）。

A. 162 万元　B. 152 万元　C. 138 万元　D. 150 万元

8. 会计科目是对（　　）的具体内容进行分类核算的项目。

A. 会计分录　B. 会计账户　C. 交易、事项　D. 会计对象

9. 账户本期发生额试算平衡的依据是（　　）。

A. 交易、事项　B. 记账规则　C. 会计等式　D. 账户性质

10. 以下各账户中属于费用账户的是（　　）。

A. 短期借款　B. 财务费用　C. 应付利息　D. 应收利息

二、多项选择题

1. 以下各项目中属于资产的有（　　）。

A. 预收账款　B. 应收利息　C. 应付利息　D. 应收票据　E. 存货

2. 复式记账法的优点包括（　　）。

A. 简化账簿登记工作　B. 了解交易、事项的来龙去脉

C. 进行试算平衡　D. 会计恒等式为依据

E. 检查账户记录的正确性

3. 除了借贷记账法外，下列方法中属于复式记账法的有（　　）

A. 增减记账法　B. 资金收付记账法　C. 财产收付记账法

D. 现金收付记账法　E. 银行资金收付记账法

4. 下列业务中引起资产增加的有（　　）。

A. 收到零星销货款　B. 收到订货的定金

C. 实现销售未收款　D. 赊购设备

E. 生产产品完工

5. 会计科目按反映的经济内容分类中，包括（　　）。

A. 资产类　B. 负债类　C. 所有者权益类　D. 总分类　E. 明细分类

6. 借贷记账法下的“贷”字表示（　　）。

A. 负债的增加　B. 费用的增加　C. 收入的增加

D. 权益的增加　E. 资产的增加

7. 下列项目中，试算平衡不能发现的错误有（　　）。

A. 借、贷双方中一方多计金额，一方少计相同金额　B. 某项交易、事项未入账

C. 某项交易、事项重复入账

D. 某项交易、事项借方应计库存现金，误计银行存款

E. 一笔会计分录对应账户之间，借、贷方向颠倒

8. 下列项目中，以银行存款缴纳所得税不涉及的有（　　）。

A. 一项负债减少，一项所有者权益增加　B. 一项费用增加，一项资产减少

C. 一项费用增加，一项负债增加　D. 一项负债减少，一项资产减少

E. 一项负债减少，一项收入增加

9. 下列交易、事项中引起资产此增彼减的有（　　）。

A. 收回应收款　B. 预付账款退回　C. 应收票据抵偿赊销款

D. 收到预购定金　E. 收到投资款

10. 下列项目中，属于会计科目的有（　　）。

A. 固定资产原值　B. 固定资产　C. 累计折旧

D. 固定资产净值　E. 固定资产清理

三、判断题

1. 借贷记账法中的“借”、“贷”分别表示债权和债务。（　　）

2. 在借贷记账法下，费用类账户期末一般无余额。（　　）

3. 会计科目和账户之间的主要区别在于账户有结构而会计科目无结构。（　　）

4. 账户的对应关系是指两个账户之间的应借、应贷关系。（　　）

5. 能清楚地反映每一项交易、事项的来龙去脉是复式记账法的特点。（　　）

6. 任何交易、事项的发生都不会破坏会计等式的平衡关系。（　　）

7. 当一笔交易、事项发生时，既要记入有关总分类账户，又要记入其所属明细分类账户。（　　）

8. 借贷记账法下账户的基本结构：每一个账户的左边均为借方，每一个账户的右边均为贷方。（　　）

9. 一般来说，费用类账户结构与所有者权益类账户结构相同。（　　）

10. 一般来说，各类账户记录增加额的一方与期末余额在同一方向。（　　）

四、业务题

习 题 一

一、目的：熟悉会计科目的性质。

二、资料：会计科目如下所示。

应收账款、应付利息、应付账款、短期借款、制造费用、银行存款、预付账款、应收利息、本年利润、实收资本、财务费用、管理费用、生产成本、累计折旧、固定资产、库存商品、利润分配、应交税费、主营业务收入、投资收益。

三、要求：列表分析每个会计科目按其经济内容应属于哪一类。

习 题 二

一、目的：熟悉各类账户的结构。

二、资料（见表3-6）：

表3-6 账户情况表 单位：元

账户名称	期初余额	本期借方发生额	本期贷方发生额	期末余额
应收账款	140 000	186 000	204 000	?
固定资产	480 000	?	12 000	560 000
预收账款	?	160 000	260 000	312 000
应付账款	180 000	312 000	?	68 000
利润分配	-500 000	?	?	500 000

三、要求：根据各类账户的结构，计算并填写表3-6中各账户的未知数。

习 题 三

一、目的：掌握借贷记账法的基本结构和账户余额的计算公式。

二、资料：某公司某月有关账户期初余额和本期发生额如表3-7所示。

表3-7 账户情况表 单位：元

账户名称	期初余额	本期增加额	本期减少额
原材料	900 000	740 000	850 000
应付利息	100 000	60 000	40 000
生产成本	180 000	211 000	45 000
盈余公积	300 000	100 000	
主营业务收入		800 000	800 000

三、要求：

1. 根据表3-7所给资料，开设“T”形账户，判定账户所属类别。

2. 登记每个账户的期初余额和本期发生额并计算登记期末余额。

习 题 四

一、目的：进一步掌握借贷记账法下账户的基本结构。

二、资料（见表3-8）：

表 3-8 业务情况表 单位：元

序号	交易、事项内容	资产	负债	所有者权益	成本	损益	应记会计科目	应记方向	
								借方	贷方
1	银行存款减少	✓					银行存款		✓
2	本年利润增加								
3	管理费用减少								
4	预收销货款增加								
5	制造费用增加								
6	应交税费增加								
7	对外投资减少								
8	产品销售收入增加								
9	产品广告费用增加								
10	应收账款减少								
11	产品材料费增加								
12	利息费用增加								
13	未分配利润增加								
14	应付职工薪酬减少								
15	原材料增加								

三、要求：根据所给业务判断该项交易、事项属于什么性质？应记科目是什么？应记哪一方？

习 题 五

一、目的：通过账户的对应关系，了解交易、事项的内容。

二、资料：某公司有关账户的本期发生额记录如图 3-18 所示。

银行存款

借方		贷方	
1）	10 000	2）	8 500
4）	100 000	5）	5 000
8）	20 000	9）	50 000

库存现金

借方		贷方	
6）	20 000	1）	10 000
		7）	560
		10）	800

物资采购

借方		贷方	
2）	18 500		

应付账款

借方		贷方	
5）	5 000	2）	10 000

图 3-18 “T”形账户

借方	固定资产	贷方
3） 1 000 000		

借方	实收资本	贷方
		3） 1 000 000

借方	短期借款	贷方
		4） 100 000

借方	主营业务收入	贷方
		6） 20 000

借方	管理费用	贷方
7） 560		

借方	应收账款	贷方
		8） 20 000

借方	应交税费	贷方
9） 50 000		

借方	其他应付账	贷方
10） 800		

图 3-18 （续）

三、要求：

1. 根据上述账户资料，补编会计分录。
2. 根据上述账户对应关系，说明账户内所发生的交易、事项的具体内容。
3. 编制总分类账户本期发生额的试算平衡表。

第四章　借贷记账法应用

本章内容要点

资金筹集是企业生产经营活动的首要条件，其主要业务是组织资金进入企业；供应过程是生产的准备阶段，其主要业务是组织材料采购；生产过程是企业生产经营活动的中心环节，其主要业务是生产费用的归集和分配；销售过程是企业所生产的产品价值的实现阶段，其主要业务是销售产品、回收货款、结转销售成本、计算销售税金；财务成果是企业的最终经营成果，其主要业务是计算出本期所实现的利润及其分配。本章主要阐述与企业资金筹集、供应过程、生产过程、销售过程、财务成果等再生产过程相适应的筹资业务、购进业务、销售业务、利润业务的基本内容、账户设置和账务处理，进而说明借贷记账法在企业会计核算中的基本应用。

第一节　筹资业务的核算

一、筹资业务的基本内容

任何企业要想从事生产经营活动，首先必须有一定数量的资金投入。可供企业运用的资金来源主要是两部分：一是投资者投入的资本金，二是向债权人借入的款项。

投资者投入的资本，在会计上称为“实收资本”，是各种不同身份的投资者依据国家有关法律、法规的规定向被投资企业注入的启动资金，包括国家资本金、法人资本金、外商资本金和个人资本金。投资者作为企业的所有者将视企业经营状况的好坏，按照出资比例或投资契约来分享红利或者分担亏损。投资者的投资方式可以分为货币投资、实物投资和无形资产投资。企业收到货币投资，入账金额以实际收到的款项为准；收到实物投资和无形资产投资，必须进行以公允价值为基础的评估作价，入账金额以核实后双方认可的评估价为准。入账后的实收资本，除依法转让外，不得以任何形式抽回。

向企业提供借款的债权人主要是银行或非银行金融机构，企业取得的借款分为长期借款和短期借款。长期借款是指企业借入的归还期在一年以上的借款，如企业为扩大经营规模，谋求长远发展而向银行借入的长期贷款，向租赁公司融资租入固定资产等。短期借款是指企业借入的归还期在一年以下的借款，如为补充企业生产周转资金的不足而向银行借入的流动资金贷款等。向企业提供借款的投资者即为债权人。企业借入的长、短期借款必须按规定用途使用，定期支付利息，按期归还本金。

二、筹资业务的账户设置

1. 实收资本的账户设置

实收资本是企业的主要资金来源之一，它是投资者实际投入企业用于生产经营活动的货币资金和各种财产物资，它表现为各种资产，代表投资者对企业拥有的所有权。为了对实收资本进行核算，需要设置“实收资本”、“库存现金”、“银行存款”、“原材料”、“固定资产”、“无形资产”等账户。

“实收资本”账户是用来核算企业投资者按照章程的规定，投入资本的增减变动及其结余情况的账户。本账户属所有者权益类账户，贷方登记企业实际收到的投资者投入的资本数额的增加，借方登记投资者投入的资本数额的减少，期末余额在贷方，反映企业实有的资本数额。这一数额通常小于或等于企业注册资本，所有者投入资本大于注册资本的部分应记入“资本公积”账户。本账户应按投资者分设明细账进行明细核算，除按法定程序报经批准增资或减少注册资本外，企业不得随意变动投入资本数额。

“库存现金”账户是用来核算企业库存现金的增加、减少和结存情况的账户。本账户属资产类账户，借方登记企业因实际收款导致的库存现金数额的增加，贷方登记企业因实际付款导致的库存现金数额的减少，期末余额在借方，反映企业实际持有的库存现金数额。有外币现金的企业，本账户应按各不同币种分设明细账进行明细核算。

“银行存款”账户是用来核算企业存入银行的各种存款的增加、减少和结存情况的账户。本账户属资产类账户，借方登记企业因实际存入款项导致存款数额的增加，贷方登记企业因提取和支出款项导致存款数额的减少，期末余额在借方，反映企业实际存在银行的款项数额。本账户应按企业开户银行和存款种类等分设明细账进行明细核算；有外币存款的企业，本账户还应按各不同币种分设明细账进行明细核算。

“原材料”账户是用来核算企业库存的各种原材料的收入、发出和结存情况的账户。本账户属资产类账户，借方登记企业因自行购入、投资者投入和接受捐赠等导致的各种库存原材料金额的增加，贷方登记企业因领用、投出、捐赠等导致各种库存原材料金额的减少，期末余额在借方，反映企业库存原材料的金额。本账户应按原材料品种分设明细账进行明细核算。

“固定资产”账户是用来核算企业固定资产原价的增减变动及其结果的账户。本账户属资产类账户，借方登记企业因购入、建造、投资者投入和接受捐赠等导致的各种固定资产原价的增加，贷方登记企业因报废、出售、对外投资、捐赠等导致各种固定资产原价的减少，期末余额在借方，反映企业期末固定资产的账面原价。本账户应按固定资产类别分设明细账进行明细核算。

“无形资产”账户是用来核算企业无形资产原价的增减变动及其结果的账户。无形资产是指为生产商品、提供劳务、出租给他人或为管理目的而持有的、没有实物形态的非货币性长期资产的账户，包括专利权、非专利技术、商标权、著作权、土地使用权等。本账户属资产类账户，借方登记企业因购入或投资者投入等导致的各种无形资产的增加，贷方登记企业因出售、注销或对外投资等导致各种无形资产的减少，期末余额在借方，反映企业已入账但尚未摊销的无形资产的摊余价值。本账户应按无形资产类别分设明细账进行明细核算。

2. 借款业务的账户设置

为了对借款业务进行核算，需要设置“长期借款”、“短期借款”、“财务费用”账户。

“长期借款”账户是用来核算企业向银行或其他金融机构借入的期限在一年以上的各项借款的账户。本账户属负债类账户，贷方登记实际获得的长期借款的增加额，借方登记到期清偿的长期借款的减少额，期末余额在贷方，反映企业尚未偿还的长期借款本金。本账户应按贷款单位设置明细账，并按贷款种类进行明细核算。

“短期借款”账户是用来核算企业向银行或其他金融机构借入的期限在一年以下的各种借款的账户。本账户属负债类账户，贷方登记实际获得的短期借款的增加额，借方登记到期清偿的短期借款的减少额，期末余额在贷方，反映企业尚未偿还的短期借款本金。本账户应按债权人设置明细账，并按贷款种类进行明细核算。

“财务费用”账户是用来核算企业为筹集生产经营所需资金等而发生的费用的账户。本账户属损益类账户，借方登记本期发生的利息支出、汇兑损失以及相关的手续费等，贷方登记发生的应冲减财务费用的利息收入、汇兑收益等，期末将本期财务费用的借、贷方发生额的差额从其贷（借）方全部转入“本年利润”账户的借（贷）方，经结转后，“财务费用”账户期末无余额。本账户应按费用项目分设明细账进行明细核算。

三、筹资业务的账务处理

1. 实收资本的账务处理

现以金阳公司 20×1 年 12 月发生的筹资业务为例，说明实收资本业务的会计核算。

【例 4-1】 金阳公司收到国家对本企业的投资款 5 000 000 元，存入银行。

此笔业务的发生，引起资产和所有者权益两个会计要素发生变化：一方面使银行存款增加了5 000 000元，另一方面使实收资本也增加了5 000 000元。因此，这项交易、事项涉及“银行存款”和“实收资本”两个账户，银行存款是一项资产，增加应记入“银行存款”账户的借方，国家对本企业的投资是一项所有者权益，增加应记入“实收资本”账户的贷方。其会计分录如下：

借：银行存款　　5 000 000

　　贷：实收资本　　5 000 000

【例4-2】 金阳公司收到华达公司作为投资投入的一套全新设备，价值为2 000 000元，三台全新运输车辆，价值为1 500 000元，全部投入使用；收到投入的投资款1 500 000元存入银行。

此笔业务的发生，引起资产和所有者权益两个会计要素发生变化：一方面使固定资产增加了3 500 000元，银行存款增加了1 500 000元；另一方面使实收资本也增加了5 000 000元。因此，这项交易、事项涉及“银行存款”、“固定资产”和“实收资本”三个账户，银行存款和固定资产均为资产，增加应记入“银行存款”账户和“固定资产”账户的借方，华达公司的投资是一项所有者权益，增加应记入“实收资本”账户的贷方。其会计分录如下：

借：固定资产　　3 500 000

　　银行存款　　1 500 000

　　贷：实收资本　　5 000 000

【例4-3】 金阳公司收到星光公司作为投资投入的一批原材料，投资作价600 000元，已验收入库，另投入一项商标权，价值为400 000元。两项投资金额共计1 000 000元。

此笔业务的发生，引起资产和所有者权益两个会计要素发生变化：一方面使原材料增加了600 000元，无形资产增加了400 000元；另一方面使实收资本增加了1 000 000元。因此，这项交易、事项涉及“原材料”、“无形资产”和“实收资本”三个账户，原材料和无形资产均是资产，增加应记入“原材料”账户和“无形资产”账户的借方，星光公司对本企业的投资是一项所有者权益，增加应记入“实收资本”账户的贷方。其会计分录如下：

借：原材料　　600 000

　　无形资产　　400 000

　　贷：实收资本　　1 000 000

2. 借款业务的账务处理

借款业务的账务处理需要注意，短期借款是为生产经营周转而发生的，利息支出计入当期财务费用；长期借款是为扩大生产规模、添置大型资产、谋求长远利益而发生的，利息的支出就要进行区分：如果借入的长期借款与购建固定资产有关，在所购建的固定资产达到预定可使用或可销售状态之前发生的利息，计入固定资产的购建成本，即暂记“在建工程”账户，达到预定可使用或可销售状态时，再转入“固定资产”账户。此后长期借款所产生的利息已不可能再计入工程成本，应直接计入当期损益，即记入“财务费用”账户。

现仍以金阳公司20×1年12月发生的筹资业务为例，说明借款业务的会计核算。

【例4-4】 金阳公司贷得一笔本金为3 000 000元，年利率为6%，期限为3年的长期借款，存入开户银行。此笔业务的发生，引起资产和负债两个会计要素发生变化：一方面使银行存款增加了3 000 000元，另一方面使长期借款增加了3 000 000元。因此，这项交易、事项涉及“银行存款”和“长期借款”两个账户，银行存款是一项资产，增加应记入“银行存款”账户的借方，向银行借入的长期借款是一项负债，增加应记入“长期借款”账户的贷方。其会计分录如下：

借：银行存款　　3 000 000

　贷：长期借款　　3 000 000

【例4-5】 金阳公司因企业季节性储备材料的需要，特向银行借入期限为2个月，利率为5.5%的短期借款500 000元。

此笔业务的发生，引起资产和负债两个会计要素发生变化：一方面使银行存款增加500 000元，另一方面使短期借款增加了500 000元。因此，这项交易、事项涉及“银行存款”和“短期借款”两个账户，银行存款是一项资产，增加应记入“银行存款”账户的借方，向银行借入的短期借款是一项负债，增加应记入“短期借款”账户的贷方。其会计分录如下：

借：银行存款　　500 000

　贷：短期借款　　500 000

【例4-6】 以现金支付银行手续费810元。

此笔业务的发生，引起费用和资产两个会计要素发生变化：一方面本期的财务费用增加了810元，另一方面现金减少了810元。因此，这项交易、事项涉及“财务费用”和“库存现金”两个账户，财务费用是一项费用，增加应记入“财务费用”账户的借方，现金是一项资产，减少应记入“库存现金”账户的贷方。其会计分录如下：

借：财务费用　　810

　贷：库存现金　　810

第二节　购进业务的核算

一、购进业务的基本内容

购进业务是制造企业为生产产品所做的储备工作，主要是采购原材料、燃料等存货。购进业务的基本内容包括，企业要与供货单位或其他有关单位签订购销合同，并按合同的规定办理款项的结算，这中间除了要支付所购货物的价款和增值税以外，还要支付与购进货物有关的运输费、装卸费、保险费、包装费等各种采购费用。所以，购进货物支付的价款及全部采购费用组成购进货物的采购成本（因为增值税是价外税，所以不计入购进材料的成本）。

发生购进业务的企业支付以上款项时会涉及若干个单位。付款的时间也可能各有不同，可能是钱货两清，也称现购；可能是先付款，后取货，也称预购；还可能是先到货，后付款，也称赊购。凡此种种，虽说都是购货付款，但反映在会计处理上是各不相同的。购进货物运达企业后，应办理验收入库手续，交由仓库保管，以备生产车间或其他部门领用。由于企业存货核算可以分按计划成本与按实际成本两种核算方法，因此购进业务核算也要与之相适应。如果企业采用按计划成本核算，就要设置“材料采购”、“原材料”、“材料成本差异”这一组账户；如果企业采用按实际成本核算，就要设置“在途物资”、“原材料”这一组账户。为了更加突出对记账原理的理解，本书只介绍按实际成本核算的购进业务。采用计划成本核算的业务处理，请参见《财务会计》。

二、购进业务的账户设置

为了组织购进业务的核算，企业应设置“在途物资”、“原材料”、“应交税费”、“应付账款”、“预付账款”、“银行存款”、“库存现金”等账户。

“在途物资”账户是用来核算企业在采用实际成本时进行材料明细分类核算的情况下，已经支付货款，尚未验收入库的材料或商品的采购成本的账户。本账户属资产类账户，借方登记购入材料的买价和采购费用，贷方登记已办理完毕验收入库手续，按实际采购成本转入“原材料”账户借方的数额。期末余额在借方，反映已经收到发票账单付款或已开出、承兑商业汇票，但货物尚未到达或者未验收入库的在途物资。本账户应按供应单位和物资品种分设明细账进行明细核算。本账户也可以称为“材料采购”。

在从外部购进材料的情况下，当材料验收入库时，按入库材料的实际采购成本借记“原材料”账户，领用或发出材料时，按发出材料的实际采购成本贷记“原材料”账户。“原材料”账户要按材料品种、规格分设明细账进行明细核算。实际工作中，与“原材料”账户性质、结构相同的还有“包装物”、“低值易耗品”、“周转材料”等账户，这里不再重复。

“应交税费”账户是用来核算企业应缴纳的各种税费，如增值税、消费税、营业税、所得税、资源税、土地增值税、城市维护建设税、房产税、土地使用税、车船税、教育费附加、矿产资源补偿费等税费的账户。本账户属负债类账户，贷方登记各种应交税费的增加，借方登记各种应交税费的减少，期末贷方余额，反映企业尚未缴纳的税费；期末如为借方余额，反映企业多缴或尚未抵扣的税费。本账户应按不同税种分设明细账进行明细核算，如“应交税费——应交增值税”、“应交税费——应交消费税”、“应交税费——应交教育费附加”等，依此类推。其中与材料购进交易事项密切相关而又具有特殊账户结构的是“应交税费——应交增值税”明细账户。“应交税费——应交增值税”是“应交税费”账户的明细账户之一，是用来核算企业因购进货物或接受应税劳务和销售货物或者提供应税劳务而发生的应缴纳增值税税额的账户。借方登记企业购进货物或接受应税劳务已支付的进项税额、实际已缴纳的增值税和转出未交增值税；贷方登记企业销售货物或提供应税劳务应缴纳的销项税额、出口退税、转出已支付或应分担的增值税。期末余额有可能在贷方，也有可能在借方。贷方余额反映企业尚未缴纳的增值税，借方余额则反映企业尚未抵扣的进项税额。增值税税率一般为17%或13%，纳税人以销项税额抵扣进项税额后向税务机关申报并缴纳本环节增值税。但小规模纳税人按销售收入计征3%的增值税，不抵扣进项税额。

“应付账款”账户是用来核算企业因购买材料、物资和接受劳务供应等而应付给供应单位的款项的账户。本账户属负债类账户，贷方登记因购买购材料或接受劳务供应而应付供应单位款项的增加，借方登记实际归还供应单位已提供产品或劳务的款项数额，期末余额在贷方，反映企业尚未支付的应付账款。本账户应按供应单位设置明细账进行明细核算。与本账户性质、结构相同的还有“应付票据”账户，该账户不同于“应付账款”账户的地方就在于发生购进业务后，企业给供应单位开出有约定付款日、付款额等书面承诺的商业汇票，包括银行承兑汇票和商业承兑汇票。

“预付账款”账户主要是用来核算企业因购买材料、物资和接受劳务供应等按照合同规定预付给供应单位的款项的账户。本账户属资产类账户，借方登记企业因订购材料或预订劳务而预付给供应单位的款项，贷方登记收到供应单位提供的产品或劳务时，冲销预付供应单位的款项。期末余额在借方，反映企业实际预付的款项。本账户应按供应单位设置明细账进行明细核算。

三、购进业务的账务处理

接前例，金阳公司20×1年12月发生的购进业务如下：

【例4-7】　金阳公司自红光工厂购进甲材料5t，价格为2 000元/t，增值税税率为17%，进项税额为1 700元，共计11 700元；自兰光工厂购进乙材料7t，价格为3 500元/t，进项税额为4 165元，共计28 665元。材料已经入库，货款尚未支付。

此笔业务的发生，引起资产和负债两个会计要素发生变化：一方面使原材料增加34 500元，进项税额增加5 865元；另一方面使应付账款增加了40 365元。因此，这项交易、事项涉及“原材料”、“应交税费”和“应付账款”三个账户，材料是一项资产，增加应记入“原材料”账户的借方，进项税额增加应借记“应交税费——应交增值税（进项税额）”账户，应付账款是一项负债，增加应记入“应付账款”账户的贷方。其会计分录如下：

借：原材料——甲材料　　10 000
　　　　　——乙材料　　24 500
　　应交税费——应交增值税（进项税额）　　5 865
　　贷：应付账款——红光工厂　　11 700
　　　　　　　　——兰光工厂　　28 665

【例 4-8】　向紫光工厂购进丙材料 2t，价格为 4 000 元/t，进项税额为1 360元，共计9 360元，材料已在途中，签发转账支票付讫。

此笔业务的发生，只引起资产会计要素内部发生变化：一方面使在途物资增加 8 000 元，进项税额增加 1 360 元；另一方面使银行存款减少了 9 360 元。因此，这项交易、事项涉及“在途物资”、“应交税费”和“银行存款”三个账户，在途物资是一项资产，增加应记入“在途物资”账户的借方，进项税额增加应借记“应交税费——应交增值税（进项税额）”账户，银行存款是一项资产，减少应记入“银行存款”账户的贷方。其会计分录如下：

借：在途物资——丙材料　　8 000
　　应交税费——应交增值税（进项税额）　　1 360
　　贷：银行存款　　9 360

【例 4-9】　签发一张商业汇票，期限为 3 个月，利率为 5%，偿付兰光工厂乙材料款。

此笔业务的发生，引起负债会计要素内部发生变化，是一笔用应付票据抵偿应付账款的业务。这笔业务一方面使应付票据增加 28 665 元，另一方面使应付账款减少了 28 665 元。因此，这项交易、事项涉及“应付票据”和“应付账款”两个账户，应付票据是一项负债，增加应记入“应付票据”账户的贷方，应付账款也是一项负债，减少应记入“应付账款”账户的借方。其会计分录如下：

借：应付账款——兰光工厂　　28 665
　　贷：应付票据——兰光工厂　　28 665

【例 4-10】　开出一张转账支票，支付通畅运输公司承运甲、乙材料的运费 1 500 元（不考虑运费中的增值税进项税额）。

企业外购材料时，经常会发生与该项外购材料相关的运输费、装卸费、港杂费等采购费用，这些采购费用就应该直接计入该项外购材料的采购成本，使得该项外购材料的采购成本计算完整。实际工作中，对于能够确认受益对象的采购费用就直接计入该项外购材料的采购成本。但是很多企业通常是请专业运输公司承运本企业的货物的，运费、装卸费等费用定期结算，这样往往就会出现发生的采购费用分不清受益对象的问题。为了解决这个问题，合理计算各种材料应分担的采购费用，进而正确计算每种外购材料实际采购成本，可以将发生的采购费用按一定的分配标准计算出分配率，在各种购进材料之间进行分配。计算采购费用分配率通常采用以货物的重量、体积、买价等为标准。其计算公式如下：

采购费用分配率 = 采购费用额 ÷ 货物总重量（或总体积、总买价）

某外购材料应负担的采购费用 = 该项外购材料的重量（或体积、买价）× 采购费用分配率

假定金阳公司采用按外购材料的重量标准分配采购费用，则【例 4-10】分配采购费用的计算如下：

采购费用分配率 = 1 500 元 ÷ （5 + 7） t = 125 元/t

甲材料应负担的采购费用 = 5t × 125 元/t = 625 元

乙材料应负担的采购费用 = 7t × 125 元/t = 875 元

此笔业务的发生，只引起资产会计要素内部发生变化：一方面使原材料增加 1 500 元，其中甲材料增加 625 元，乙材料增加 875 元；另一方面使银行存款减少了 1 500 元。因此，这项交易、事项涉及“原材料”和“银行存款”两个账户，原材料是一项资产，增加应记入“原材料”账户的借方，银行存款也是一项资产，减少应记入“银行存款”账户的贷方。其会计分录如下：

借：原材料——甲材料	625	
——乙材料	875	
贷：银行存款		1 500

【例 4-11】 以现金支付丙材料的采购费用 360 元。

此笔采购费用的发生可以确认是为购买丙材料发生的，因此可以直接计入丙材料的采购成本。

此笔业务的发生，只引起资产会计要素内部发生变化：一方面使丙在途物资增加 360 元；另一方面使现金减少了 360 元。因此，这项交易、事项涉及“在途物资”和“库存现金”两个账户，在途物资是一项资产，增加应记入“在途物资”账户的借方，库存现金也是一项资产，减少应记入“库存现金”账户的贷方。其会计分录如下：

借：在途物资——丙材料	360	
贷：库存现金		360

【例 4-12】 金阳公司通过银行转账预付紫光工厂丙材料定金 20 000 元。

此笔业务的发生，只引起资产会计要素内部发生变化：一方面使预付账款增加 20 000 元，另一方面使银行存款减少了 20 000 元。因此，这项交易、事项涉及“预付账款”和“银行存款”两个账户，预付账款是一项资产，增加应记入“预付账款”账户的借方，银行存款也是一项资产，减少应记入“银行存款”账户的贷方。其会计分录如下：

借：预付账款——紫光工厂　　20 000

　　贷：银行存款　　20 000

【例 4-13】　紫光工厂发运来丙材料 7t，价格为 3 900 元/t，进项税额为 4 641元，紫光工厂代垫运费（不考虑进项税额）1 000 元，冲销预付账款后余款暂欠。

此笔业务的发生，在不考虑进项税额的条件下，引起资产和负债两个会计要素发生变化：一方面材料的买价加运费使在途物资增加 28 300 元，进项税额增加 4 641 元；另一方面冲销预付账款 20 000 后的差额增加了应付账款 12 941 元。因此，这项交易、事项涉及“在途物资”、“应交税费”、“预付账款”和“应付账款”四个账户。在途物资是一项资产，增加应记入“在途物资”账户的借方，进项税额增加应借记“应交税费——应交增值税（进项税额）”账户，预付账款是一项资产，减少应记入“预付账款”账户的贷方，应付账款是一项负债，增加应记入“应付账款”账户的贷方。其会计分录如下：

借：在途物资 ——丙材料　　28 300

　　应交税费——应交增值税（进项税额）　　4 641

　　贷：预付账款——紫光工厂　　20 000

　　　　应付账款——紫光工厂　　12 941

【例 4-14】　本月所购原材料全部验收入库，根据收料单，结转在途物资成本。

此笔业务的发生，只引起资产会计要素内部发生变化：一方面使原材料增加 36 660 元（8 000 + 360 + 28 300），另一方面使在途物资减少了 36 660 元。因此，这项交易、事项涉及“原材料”和“在途物资”两个账户，原材料是一项资产，增加应记入“原材料”账户的借方，在途物资也是一项资产，减少应记入“在途物资”账户的贷方。其会计分录如下：

借：原材料——丙材料　　36 660

　　贷：在途物资 ——丙材料　　36 660

第三节　生产业务的核算

一、生产业务的基本内容

在制造企业，生产过程是企业生产经营活动的中心环节。从企业将原材料、人工、机器设备等生产要素投入生产开始，到生产出新的产品完工入库为止的整个过程中发生的交易、事项称为生产业务。换句话说，新产品的制造完成是以劳动力、劳动对象和劳动资料的消耗为代价的，在会计上将其概括为生产费用，它主要包括各种原材料费用、各种固定资产折旧费用、生产工人及生产管理人员的人工费用及以货币支付的用于产品生产的其他费用等。这些为制造产品而发生的各种耗费构成产品的制造成本，它的金额大小与当期生产的产品产量有直接关系，产品产量越大，生产费用就越高。与此同时，企业为组织管理生产经营还会发生与产品生产无直接关系的各种费用，如销售费用、管理费用、财务费用等，这些费用不计入产品制造成本，而计入当期损益，称为期间费用。总之，企业生产过程所发生的生产业务就是归集各种为制造产品发生的各种耗费，分配并结转各种耗费。

为了正确计算产品的制造成本，通常将构成产品制造成本的各种耗费按其用途划分为三个成本项目：直接材料、直接人工和制造费用。直接材料是指企业在制造产品的生产过程中，直接用于产品生产，构成产品实体的原料、主要材料、外购半成品及有助于产品形成的辅助材料和其他材料。直接人工是指企业在制造产品的生产过程中，直接参加产品生产的工人工资及按生产工人工资总额和规定的比例计算并提取的职工福利费等。制造费用是指企业所辖的各生产车间为组织和管理生产而发生并归集的各项需要按一定的标准分配计入产品生产成本的费用，包括车间管理人员的工资和福利费、折旧费、修理费、水电费、物料消耗、劳动保护费及其他制造费用。这三个成本项目被简称为料、工、费，其中材料费、人工费发生后可以直接计入某种产品成本，因此也称直接费用；制造费用中汇集的虽然也是为制造产品发生的费用，但都是无法直接计入某种产品成本的、具有共同性质的、需要按一定的标准计算分配后计入产品成本的各种生产费用，因此也称间接费用。计算分配制造费用的标准可以采用生产工人工资比例、工时比例、机时比例、耗用原材料的数量或成本等。制造费用分配率的计算公式如下：

制造费用分配率 = 待分配制造费用总额 ÷ 分配标准总额

某种产品应负担的制造费用 = 该产品的分配标准额 × 制造费用分配率

二、生产业务的账户设置

生产过程的主要交易、事项是生产费用的支出、归集、分配和核算产品的实际成本。为了组织生产业务的核算，需要设置“生产成本”、“制造费用”、“应付职工薪酬”、“待摊费用”、“预提费用”、“固定资产”、“累计折旧”、“管理费用”、“库存商品”等账户。

“生产成本”账户是用来核算企业制造产品过程中所发生的各项生产费用，计算确定产品实际制造成本，反映制造完成入库产成品成本的内容的账户。本账户属成本类账户。企业在制造产品的过程中发生的各种费用包括直接费用和间接费用两类，“生产成本”账户的借方登记为制造产品发生的直接材料、直接人工等直接费用的实际发生额，而为制造产品发生的间接费用则先通过“制造费用”账户归集（先记入该账户借方），期末，再按一定的分配比例，根据不同产品的受益情况在各产品中进行分配，将归集在“制造费用”账户借方的间接费用从其贷方转入“生产成本”及其各明细账户的借方。这样，“生产成本”账户的借方就归集了为制造产品所发生的全部耗费。贷方登记企业已经生产完成并已验收入库的产成品的实际制造成本。期末余额在借方，反映企业尚未制造完成的各种在产品的实际制造成本。本科目应按产品的品种设置明细账，并按规定的成本项目设置专栏进行明细核算。

“制造费用”账户是用来核算企业生产车间、部门为生产产品而发生的不能直接计入产品成本的各种间接费用的账户。本账户属成本类账户，借方归集所有间接费用，即登记生产车间实际发生的机物料消耗、车间管理人员的工资和福利费、车间计提的固定资产折旧费、车间支付的办公费、修理费、水电费、劳动保护费等；贷方登记月末分配结转应由各种产品负担的制造费用，即将借方归集的所有间接费用按照一定标准在各种产品中进行分配，并从“制造费用”账户的贷方转入“生产成本”账户的借方。结转之后，本账户期末一般无余额。本账户应按不同的车间、部门设置明细账，并按费用项目设置专栏进行明细核算。

“应付职工薪酬”账户是用来核算根据有关规定应付给职工的各种薪酬情况的账户，包括工资、奖金、津贴、补贴、职工福利、社会保险费、住房公积金、工会经费、职工教育经费、解除职工劳动关系补偿等。本账户属负债类账户，贷方登记月末按职工薪酬的用途计算分配的应付职工薪酬总额，借方登记实际支付的职工薪酬总额。如果企业每月实付职工薪酬与应付职工薪酬相一致，“应付职工薪酬”账户期末就没有余额；如果企业每月实付职工薪酬与应付职工薪酬不一致，“应付职工薪酬”账户期末就会有余额。假如“应付职工薪酬”账户月末有余额，表示已分配和已发放的职工薪酬数额之间有差额，这种差额是由于计算应付职工薪酬与实际支付职工薪酬之间在时间上存在差异引起的，因为职工应在完成一定工作以后获取薪酬收入，企业也只有在各会计期末才能根据当期职工的工作考核结果计算并确认应付给职工的薪酬。若“应付职工薪酬”账户为贷方余额，表明应付职工薪酬额大于实付职工薪酬额，是由于应付给职工的薪酬尚未支付；若为借方余额，表明实付职工薪酬总额大于应付职工薪酬总额，是由于实际支付给职工的薪酬总额大而分配计入成本费用的薪酬总额不足。本账户应按照职工类别设置明细账，按照职工薪酬的组成内容分设专栏进行明细核算。

企业在某一会计期间内所发生的各种耗费，并不一定都应由该期的成本费用负担，常常会出现费用的支付期与费用的归属期不相一致的情况，这就要根据权责发生制原则，划清应由本期成本费用负担和不应由本期成本费用负担的界限，以正确计算本期产品成本和经营损益。比如，有些费用本期已经支付但应由本期和以后各期成本费用共同负担，如预付的租金、保险费等，这种已经支付但应分期摊入本期和以后各期的费用称为待摊费用。待摊费用虽叫费用，但它的发生不是一次性的耗费，因为它的效益将影响支出发生后一年内的若干个相连接的会计月份，所以是资产的变形，待摊费用将随着受益期限的长短进行摊销。与待摊费用的先支付后摊销相反，还有些费用尚未支付但本期产品已经受益，应当计入本期的产品成本或计入本期损益，如预提的房租、按月预提按季支付的银行借款利息、按计划计提的固定资产修理费等，这种本期虽未支付，但因受益而预先提取计入本期成本费用的费用称为预提费用。预提费用是一种应付而未付的费用，实质上是企业先预提后支付的一项负债。为了正确计算各期产品成本，分期考核经营成果，对支付期和归属期不一致的费用在各个会计期间摊配时应设置并运用“待摊费用”和“预提费用”账户。

“待摊费用”账户是用来核算企业已经支付，但应由本期和以后各期分别负担的分摊期限在一年以内的各项费用的账户。本账户属资产类账户，借方登记预付各种待摊费用的实际支出额，贷方登记本期摊销的待摊费用额。期末余额在借方，反映企业各种已支出但尚未摊销的费用。本账户应按费用种类设置明细账进行明细核算。

“预提费用”账户是用来核算企业按照规定从成本费用中预先提取但尚未实际支出的各项费用的提取和支付情况的账户。本账户属负债类账户，贷方登记企业按规定预提的租金、保险费、贷款利息、固定资产修理费用等，借方登记实际支付的预提费用，期末余额一般在贷方，反映已经预提计入成本费用而尚未支付的预提费用。期末如为借方余额，反映企业实际支出的费用大于已经预提的数额，应当视同尚未摊销的待摊费用。

固定资产是制造业从事生产经营活动所不可缺少的重要劳动资料。固定资产在生产过程中由于使用而逐渐损耗的价值称为折旧，折旧费也是生产过程中必然发生的一种费用，计提固定资产折旧表明固定资产价值的减少、耗费的增加。为了核算企业从各种途径获得的固定资产的原值的增减变动及其结果，必须设置“固定资产”账户。

“固定资产”账户借方登记固定资产原值的增加，贷方登记固定资产原值的减少，借方余额反映现有固定资产的原始价值。这表明，“固定资产”账户要求按原始价值进行登记，这是反映企业生产规模的需要。但固定资产的特点又决定了必须要反映其磨损价值，从而能计算确定固定资产的净值，因此，对于固定资产在使用中价值损耗需要另设“累计折旧”账户进行核算。

“累计折旧”账户是用来核算固定资产因磨损而减少的价值的账户，也称固定资产的抵减账户。本账户属资产类账户，由于本账户是为既要保持固定资产原值，又要反映固定资产净值而设的，所以它属于资产类账户，但账户的结构与“固定资产”账户结构相反：贷方登记固定资产价值的减少，即累计折旧的增加；借方登记已提折旧的减少或转销。期末余额在贷方，反映企业提取的固定资产折旧累计数额。

任何一个企业都配备管理人员，因此，管理费用就是企业必不可少的贯穿整个生产经营活动的一类费用。因管理费用属于某一会计期间的耗费，所以也称期间费用。管理费用的主要项目包括企业的董事会和行政管理部门在企业的经营管理中发生的或者应由企业统一负担的公司经费（包括行政管理部门职工薪酬、修理费、物料消耗、低值易耗品摊销、办公费和差旅费等）、工会经费、董事会费（包括董事会成员津贴、会议费和差旅费等）、聘请中介机构费、咨询费（含顾问费）、诉讼费、业务招待费、房产税、车船税、土地使用税、印花税、技术转让费、矿产资源补偿费、研究费用、排污费等。

“管理费用”账户是用来核算企业为组织和管理企业生产经营所发生的各项管理费用的账户。本账户属损益类账户，借方登记本期发生的各项管理费用，期末将本期管理费用的借方发生额从其贷方全部转入“本年利润”账户的借方，经结转后，“管理费用”账户期末无余额。本账户应按费用项目分设明细账进行明细核算。

“库存商品”账户是用来核算企业库存的各种商品实际成本的账户。工业企业的库存商品是指已经完成全部生产过程并已验收入库，合乎标准规格和技术条件，可以按照合同规定的条件送交订货单位，或者可以作为商品对外销售的产品。本账户属资产类账户，借方登记已经完工验收入库的各种产成品的实际制造成本，贷方登记已经出售的各种产成品的实际制造成本，期末余额在借方，反映各种库存产成品的实际制造成本。本账户应按库存产成品的类别、品种和规格分设明细账进行明细核算。

三、生产业务的账务处理

接前例，金阳公司 20×1 年 12 月发生的生产业务如下：

【例 4-15】 金阳公司材料仓库库存甲材料单位成本为 2 125 元，库存乙材料单位成本为 3 834 元，库存丙材料单位成本为 4 180 元。企业生产 A、B 产品领用材料，其中 A 产品领用甲材料 3t，乙材料 3t，丙材料 0.5t；B 产品领用甲材料 1t，乙材料 8t，丙材料 1t；生产车间一般耗用乙材料 1t，丙材料 0.2t。则：

A 产品领用材料 = （2 125 ×3 +3 834 ×3 +4 180 ×0.5） 元 =19 967 元

B 产品领用材料 = （2 125 ×1 +3 834 ×8 +4 180 ×1） 元 =36 977 元

生产车间领用材料 = （3 834 ×1 +4 180 ×0.2） 元 =4 670 元

此笔业务的发生，引起费用和资产两个会计要素发生变化：一方面原材料投入产品生产和被生产车间耗用，形成生产费用，使生产成本、制造费用增加61 614 元；另一方面使原材料减少了 61 614 元。因此，这项交易、事项涉及“生产成本”、“制造费用”和“原材料”三个账户，生产成本和制造费用都是产品的制造成本，增加应记入成本类账户“生产成本”和“制造费用”账户的借方，原材料是一项资产，减少应记入“原材料”账户的贷方。其会计分录如下：

借：生产成本——A 产品　　19 967
　　　　　——B 产品　　36 977
　　制造费用　　4 670
　　贷：原材料——甲材料　　8 500
　　　　　　——乙材料　　46 008
　　　　　　——丙材料　　7 106

【例 4-16】 金阳公司管理部门领用甲材料 0. 6t，领用丙材料 0. 8t，则：

公司管理部门领用材料 =2 125 元/t ×0. 6t +4 180 元/t ×0. 8t =4 619 元

此笔业务的发生，引起费用和资产两个会计要素发生变化：一方面使管理费用增加 4 619 元，另一方面使原材料减少了 4 619 元。因此，这项交易、事项涉及“管理费用”和“原材料”两个账户，“管理费用”账户是损益类账户，增加应记入“管理费用”账户的借方，原材料是一项资产，减少应记入“原材料”账户的贷方。其会计分录如下：

借：管理费用　　4 619
　　贷：原材料——甲材料　　1 275
　　　　　　——丙材料　　3 344

【例 4-17】 金阳公司 20 ×1 年 12 月应付职工工资共计 180 000 元，其中制造 A 产品工人工资为 60 000 元，制造 B 产品工人工资为 40 000 元，车间管理人员工资为20 000元，公司行政管理人员工资为 60 000 元。

此笔业务的发生，引起费用和负债两个会计要素发生变化：一方面使生产成本、制造费用和管理费用增加 180 000 元，另一方面使应付职工薪酬增加了180 000元。因此，这项交易、事项涉及“生产成本”“制造费用”“管理费用”和“应付职工薪酬”四个账户，生产成本和制造费用都是生产费用，构成产品的制造成本，增加应记入成本类账户“生产成本”和“制造费用”账户的借方，管理费用是一项损益，增加也应记入“管理费用”账户的借方。依本例，生产工人的工资属于制造成本的直接费用，应记入“生产成本”账户的借方，车间管理人员的工资属于制造成本的间接费用，应记入“制造费用”账户的借方，公司行政管理人员的工资属于公司维持生产经营活动的期间费用，应记入“管理费用”账户的借方；应付职工薪酬是一项负债，增加应记入“应付职工薪酬”账户的贷方。其会计分录如下 ：

借：生产成本——A 产品　　60 000
　　　　　——B 产品　　40 000
　　制造费用　　20 000
　　管理费用　　60 000

贷：应付职工薪酬　　　　　　　　　　　　　　　　　　180 000

【例 4-18】　将 20×1 年 12 月份金阳公司职工薪酬结算表提供给开户银行，并签发一张转账支票，委托银行代发职工薪酬 180 000 元。

此笔业务的发生，引起负债和资产两个会计要素发生变化：一方面使应付职工薪酬减少了 180 000 元，另一方面使银行存款减少了 180 000 元。因此，这项交易、事项涉及"应付职工薪酬"和"银行存款"两个账户，应付职工薪酬是一项负债，减少应记入"应付职工薪酬"账户的借方，银行存款是一项资产，减少应记入"银行存款"账户的贷方。其会计分录如下：

借：应付职工薪酬　　　　　　　　　　　　　　　180 000

　贷：银行存款　　　　　　　　　　　　　　　　　　180 000

【例 4-19】　根据以往实际发生额，按本月职工工资总额的 14% 计提职工福利费，分别计算如下：

制造 A 产品工人福利费 = 60 000 元 × 14% = 8 400 元

制造 B 产品工人福利费 = 40 000 元 × 14% = 5 600 元

车间管理人员福利费 = 20 000 元 × 14% = 2 800 元

行政管理人员福利费 = 60 000 元 × 14% = 8 400 元

合　　计　　　　　25 200 元

此笔业务的发生，引起费用和负债两个会计要素发生变化：一方面使生产成本、制造费用和管理费用增加 25 200 元，另一方面使应付职工薪酬增加了25 200 元。因此，这项交易、事项涉及"生产成本"、"制造费用""管理费用"和"应付职工薪酬"四个账户，生产成本和制造费用都是产品的制造成本，增加应记入成本类账户"生产成本"和"制造费用"账户的借方，管理费用是一项损益，增加也应记入"管理费用"账户的借方。依本例，生产工人的福利费属于制造成本的直接费用，应记入"生产成本"账户的借方，车间管理人员的福利费属于制造成本的间接费用，应记入"制造费用"账户的借方，公司行政管理人员的福利费属于公司维持生产经营活动的期间费用，应记入"管理费用"账户的借方；应付职工薪酬是一项负债，增加应记入"应付职工薪酬"账户的贷方。其会计分录如下：

借：生产成本——A 产品　　　　　　　　　　　　8 400

　　　　　　——B 产品　　　　　　　　　　　　5 600

　　制造费用　　　　　　　　　　　　　　　　　2 800

　　管理费用　　　　　　　　　　　　　　　　　8 400

　贷：应付职工薪酬　　　　　　　　　　　　　　　　25 200

【例 4-20】　金阳公司为租赁办公用房屋，转账支付本年 12 月至下年 3 月共 4 个月租金 15 000 元。

按照权责发生制记账基础的要求，费用要按其归属期来进行确认，本例支付房租即属于先支付后摊销的费用：房租支付在本月，而受益却是4个月，所以费用应该由4个月平均负担。此笔业务的发生，引起资产内部两个会计要素发生变化：一方面使预付款增加15 000元，另一方面使银行存款减少了15 000元。因此，这项交易、事项涉及“待摊费用”和“银行存款”两个账户，预付款是一项资产，增加应记入“待摊费用”账户的借方，银行存款也是一项资产，减少应记入“银行存款”账户的贷方。其会计分录如下：

借：待摊费用　　15 000

　　贷：银行存款　　15 000

【例4-21】 金阳公司摊销应由本月负担的办公用房租金3 750元。

此笔业务的发生，引起费用和资产两个会计要素发生变化：一方面使管理费用增加3 750（15 000/4）元，另一方面使预付款减少了3 750元。因此，这项交易、事项涉及“管理费用”和“预付账款”两个账户，管理费用是一项期间费用，增加应记入“管理费用”账户的借方，预付款是一项资产，减少应记入“预付账款”账户的贷方。其会计分录如下：

借：管理费用　　3 750

　　贷：待摊费用　　3 750

这笔摊销房租的账务处理每月作一次，直至12月摊销完毕。

【例4-22】 金阳公司以银行存款支付车间办公费980元，公司办公费1 020元。

此笔业务的发生，引起费用和资产两个会计要素发生变化：一方面使制造费用增加980元，使管理费用增加1 020元；另一方面使银行存款减少了2 000元。因此，这项交易、事项涉及“制造费用”、“管理费用”和“银行存款”三个账户，制造费用是产品制造成本中的间接费用，增加应记入成本类账户“制造费用”账户的借方，管理费用是一项期间费用，增加应记入“管理费用”账户的借方，银行存款是一项资产，减少应记入“银行存款”账户的贷方。其会计分录如下：

借：制造费用　　980

　　管理费用　　1 020

　　贷：银行存款　　2 000

【例4-23】 质量管理部职工李可出差预借差旅费2 000元，以现金支付。

行政管理人员的差旅费属于管理费用，此笔业务只是出差人员借支现金，公司的现金从保险柜中转移到了职工李可手中，但它仍为公司所控制，管理费用目前尚未发生，发生的是公司增加一项债权，将来李可出差归来，报销出差费用时则冲销此项应收款；如果计划有变，李可不出差了，则将借支的现金交回，也冲销此项应收款。所以，此笔业务引起资产要素内部发生变化：一方面使其他应收款增加2 000元，另一方面使现金减少了2 000元。因此，这项交易、事项涉及“其他应收款”和“库存现金”两个账户，其他应收款是一项资产，增加应记入“其他应收款”账户的借方，库存现金也是一项资产，减少应记入“库存现金”账户的贷方。其会计分录如下：

借：其他应收款——李可　　2 000

　　贷：库存现金　　2 000

【例4-24】 华阳公司按计划预提应由本月负担的到期一次支付租赁费用的固定资产租赁费5 200元，其中生产用固定资产3 800元，管理用固定资产1 400元。

发生租入固定资产的租赁业务，必然要支付租赁费，以前及本月对固定资产的使用就导致今后租赁费的支出，尽管本月不支付租赁费，但本月存在实际耗费，就应该计入本月费用。此笔业务的发生，引起费用和负债两个会计要素发生变化：一方面使制造费用增加3 800元，使管理费用增加1 400元；另一方面使预提费用增加5 200元。因此，这项交易、事项涉及“制造费用”、“管理费用”和“预提费用”三个账户，制造费用是产品制造成本中的间接费用，增加应记入成本类账户“制造费用”账户的借方，管理费用是一项期间费用，增加应记入“管理费用”账户的借方，预提费用是一项负债，增加应记入“预提费用”账户的贷方。其会计分录如下：

借：制造费用　　3 800

　　管理费用　　1 400

　　贷：预提费用　　5 200

【例4-25】 李可出差归来，报销差旅费1 850元，余款交回现金。

此笔业务的发生，引起费用和资产两个会计要素发生变化：一方面由于差旅费报销使管理费用增加了1 850元，李可交回未使用完的预借现金使库存现金增加了150元；另一方面由于收回公司债权使其他应收款减少了2 000元。管理费用是一项期间费用，增加应记入“管理费用”账户的借方，现金是一项资产，增加应记入“库存现金”账户的借方，其他应收款也是一项资产，减少应记入“其他应收款”账户的贷方。其会计分录如下：

借：管理费用　　1 850

　　库存现金　　150

　　贷：其他应收款——李可　　2 000

【例4-26】 华阳公司预提本月银行借款利息300元（10～11月已各预提300元）。

此笔业务的发生，引起费用和负债两个会计要素发生变化：一方面使财务费用增加300元，另一方面使利息费用增加300元。因此，这项交易、事项涉及

“财务费用”和“预提费用”两个账户，财务费用是一项期间费用，增加应记入“财务费用”账户的借方，预提费用是一项负债，增加应记入“预提费用”账户的贷方。其会计分录如下：

借：财务费用　　300

　贷：预提费用　　300

【例 4-27】　华阳公司以银行存款支付本月水电费 4 000 元，其中车间应负担 2 900 元，公司管理部门应负担 1 100 元。

此笔业务的发生，引起费用和资产两个会计要素发生变化：一方面使制造费用增加 2 900 元，使管理费用增加 1 100 元；另一方面使银行存款减少了 4 000 元。因此，这项交易、事项涉及“制造费用”、“管理费用”和“银行存款”三个账户，制造费用是产品制造成本中的间接费用，增加应记入成本类账户“制造费用”账户的借方，管理费用是一项期间费用，增加应记入“管理费用”账户的借方，银行存款是一项资产，减少应记入“银行存款”账户的贷方。其会计分录如下：

借：制造费用　　2 900

　　管理费用　　1 100

　贷：银行存款　　4 000

【例 4-28】　华阳公司收到银行贷款利息结算清单，转账支付本季度借款利息 980 元。

按照权责发生制的要求，按季支付的借款利息应按月计息，这样，每月计入费用的利息只能是估算，与实际发生数常有误差，这种误差于季末实际支付时调整过来。如果估算数大于实际数，则将多计入费用的数额冲减回来；如果估算数小于实际数，则补记费用。此笔业务的发生，引起负债、费用和资产三个会计要素发生变化：一方面应付利息被支付，使 3 个月的预提的利息费用 900 元被冲减，而实际利息大于估算利息，应予补计财务费用 80 元；另一方面使银行存款减少了 980 元。因此，这项交易、事项涉及“预提费用”、“财务费用”和“银行存款”三个账户，预提费用是一项负债，减少应记入“预提费用”账户的借方，财务费用是一项期间费用，增加应记入“财务费用”账户的借方，银行存款是一项资产，减少应记入“银行存款”账户的贷方。其会计分录如下：

借：预提费用　　900

　　财务费用　　80

　贷：银行存款　　980

【例 4-29】　华阳公司计提本月份固定资产折旧 7 200 元，其中车间使用的固定资产折旧4 800元，管理部门使用的固定资产折旧 2 400 元。

对固定资产计提折旧，会引起费用和资产两个会计要素发生变化：一方面使制造费用增加 4 800 元，使管理费用增加 2 400 元；另一方面使累计折旧增加了 7 200 元。因此，这项交易、事项涉及“制造费用”、“管理费用”和“累计折旧”三个账户，制造费用是产品制造成本中的间接费用，增加应记入成本类账户“制造费用”账户的借方，管理费用是一项期间费用，增加应记入“管理费用”账户的借方；累计折旧增加表明固定资产价值减少，应记入“累计折旧”账户的贷方。其会计分录如下：

借：制造费用　　4 800
　　管理费用　　2 400
　贷：累计折旧　　7 200

【例 4-30】 月末，华阳公司将本月发生的制造费用按工时比例分配转入“生产成本”账户。本月生产工时总计 6 800h，其中：A 产品用工 2 720h，B 产品用工4 080h。

此项业务属于会计转账行为，即将“制造费用”账户借方归集的本期全部间接生产费用 39 950 元（4 670 + 20 000 + 2 800 + 980 + 3 800 + 2 900 + 4 800)，按 A、B 产品的工时比例分配转入“生产成本”账户。则：

制造费用分配率 = 待分配制造费用总额 ÷ 分配标准总额(量)
= 39 950 元 ÷ 6 800h
= 5. 875 元 /h

A 产品应负担的制造费用 = A 产品的分配标准额(量) × 制造费用分配率
= 2 720h × 5. 875 元 /h
= 15 980 元

B 产品应负担的制造费用 = B 产品的分配标准额(量) × 制造费用分配率
= 4 080h × 5. 875 元 /h
= 23 970 元

此笔业务的发生，引起费用会计要素内部发生此增彼减的变化：一方面使生产成本增加 39 950 元（其中 A 产品生产成本增加 15 980 元，B 产品生产成本增加 23 970 元)，另一方面使制造费用减少了 39 950 元。因此，这项交易、事项涉及“生产成本”和“制造费用”两个账户，生产成本增加应记入成本类账户“生产成本”账户的借方，制造费用减少应记入成本类账户“制造费用”账户的贷方。其会计分录如下：

借：生产成本——A 产品　　15 980
　　　　　　——B 产品　　23 970
　贷：制造费用　　39 950

【例 4-31】 月末，A 产品 100 台，B 产品 50 台生产全部完工，实际制造成本为 210 894 元，其中 A 产品实际成本为 104 347 元（19 967 + 60 000 + 8 400 +

15 980)，B 产品实际成本为 106 547 元（36 977 + 40 000 + 5 600 + 23 970），产成品已验收入库。

此笔业务的发生，引起资产和费用两个会计要素发生变化：一方面使产成品成本增加 210 894 元，另一方面使生产成本减少了 210 894 元，因此涉及“库存商品”和“生产成本”两个账户，产成品增加应记入资产类账户“库存商品”账户的借方，产品完工形成生产成本减少应记入成本类账户“生产成本”账户的贷方。其会计分录如下：

借：库存商品——A 产品　　104 347

　　　　　　——B 产品　　106 547

　贷：生产成本——A 产品　　104 347

　　　　　　　——B 产品　　106 547

第四节　销售业务的核算

一、销售业务的基本内容

销售业务是指制造业企业从产成品完工并验收入库、形成库存商品开始，至将库存商品出售给买方为止的全部业务。对于制造业企业来说，销售环节是保证企业资金周转的最重要的环节，因为如果企业生产出来的产品不能顺利售出，那么，占压在产成品上的成品资金就不能顺利地转化为货币资金，制造成本的耗费就得不到补偿。所以，制造业企业必须通过销售环节，将企业制造完工的库存商品及时地销售给购买单位并收回销货款，即取得销售收入，以补偿在产品上的资金耗费，保证企业再生产的顺利进行。

制造企业在经营销售环节的业务中，因对外出售商品而收取货币资金或取得债权，同时形成销售收入，销售收入的实现和确认要遵循会计准则和会计制度规定的相关原则。通常企业销售收入的实现是以资产流入企业为标志的，比如以现销成交，获得现金、银行存款；以赊销成交，则取得收回货款的权利，即应收账款或应收票据；有时企业销售收入的实现也表现为原有债务的消失，比如向已付产品定金的购货方供货，则冲销预收货款。从理论上说，如果企业经营销售业务导致资产的增加或负债的减少，形成经济利益的增加并能可靠地计量，就可以确认销售收入的实现。对于销售收入的确认，制造企业一般采用在销售成立时确认销售收入的方法。销售成立以产品所有权和相关主要风险的转移为标志，当产品已经发出，企业收到货款或取得收取货款权利的证明后，其所有权以及与之相关的主要风险就转移给了购货方，企业一般应按售出产品的售价确认销售收入。

企业为取得销售收入，必然要付出一定代价并缴纳流转税，比如发生产品的销售成本、销售费用及流转税等。销售成本就是企业已经售出的库存商品的制造成本，即为制造这些出售了的、与销售收入相配比的产成品所耗费的直接材料、直接人工和间接费用。换句话说，未被售出的产成品叫库存商品，形成存货资产；已被售出的产成品的制造成本形成销售成本，与销售收入配比。企业销售产品取得销售收入的同时还要发生各种销售费用，如包装费、运输费、广告费、保险费以及为销售本企业产品而专设的销售机构的职工工资、福利费、业务经费等经常性费用，这些费用与一定时期销售收入的取得有关，因而具有期间费用的性质。企业还要按国家有关税法规定的税种和税率以及实现的销售收入计算并缴纳销售税金及附加。总之，销售产品、办理结算、收回货款、结转销售成本、计算应缴纳的销售税金、确定销售成果构成了销售业务的基本内容。

二、销售业务的账户设置

为了进行销售业务的会计核算，处理好与各方面的结算关系，应设置“主营业务收入”、“主营业务成本”、“营业税金及附加”、“销售费用”、“应收账款”、“预收账款”等账户。

“主营业务收入”账户是用来核算企业因销售商品或提供劳务所取得主营业务的收入情况的账户。本账户属收入类账户，贷方登记企业取得的营业收入，借方登记因销售退货营业收入的减少和营业收入的转销，期末将本期“主营业务收入”账户的借、贷方发生额的差额从其借方全部转入“本年利润”账户的贷方，经结转后，“主营业务收入”账户期末无余额。本账户应按主营业务的种类分设明细账进行明细核算。

“主营业务成本”账户是用来核算企业因销售商品或提供劳务所取得主营业务收入时应结转的相应成本的账户。如企业所出售的产成品的制造成本和所发生的劳务成本。本账户属成本类账户，借方登记企业已售产成品的制造成本，贷方登记因销售退货而退回已售产品的制造成本和营业成本的转销，期末将本期“主营业务成本”账户的借、贷方发生额的差额从其贷方全部转入“本年利润”账户的借方，经结转后，“主营业务成本”账户期末无余额。本账户应按主营业务的种类分设明细账进行明细核算。

“营业税金及附加”是用来核算企业因经营活动发生的营业税、消费税、城市维护建设税、资源税和教育费附加等相关税费的账户（房产税、车船税、土地使用税、印花税在“管理费用”等科目核算，不在本科目核算）。本账户属费用类账户，借方登记企业按照税法规定税率计算出的营业税金及附加，贷方登记因销售退货而减少的有关税金和营业税金及附加的转销，期末将本期“营业税金及附加”账户的借、贷方发生额的差额从其贷方全部转入“本年利润”账户的借方，经结转后，“营业税金及附加”账户期末无余额。

“销售费用”账户是用来核算企业销售产品过程中发生的各种费用的账户，包括运输费、装卸费、包装费、保险费、展览费、广告费以及为销售本企业产品而专设的销售机构的职工工资及福利费、业务费等经营费用。本账户属费用类账户，借方登记企业发生的各种销售费用，贷方登记本期借方归集的各种销售费用的转销，期末将本期“销售费用”账户的借方余额从贷方全部转入“本年利润”账户的借方，经结转后，“销售费用”账户期末无余额。

“应收账款”账户是用来核算企业因销售产品或提供劳务等而应向购货单位或接受劳务供应的单位收取的款项的账户。本账户属资产类账户，借方登记因企业对外销售产品或提供劳务而应向购货单位收取款项的增加，贷方登记已收回的应收款项和已确认坏账并转销应收账款，期末余额在借方，反映企业尚未收回的应收账款。本账户应按购货单位或接受劳务的单位设置明细账进行明细核算。与本账户性质、结构相同的还有“应收票据”账户，该账户不同于“应收账款”账户的地方就在于发生销售业务后，企业会收到有约定付款日、付款额等书面承诺的商业汇票，包括银行承兑汇票和商业承兑汇票。

“预收账款”账户是用来核算企业因销售产品或提供劳务等按照合同规定预收购货单位的货款所形成的债务以及供货后进行结算的账户。本账户属负债类账户，贷方登记企业根据合同规定预收购货单位的款项，借方登记企业提供产品或劳务与购货单位结算时，冲销预收购货单位的款项。期末余额在贷方，反映企业向购货单位预收的款项。本账户应按购货单位设置明细账进行明细核算。

三、销售业务的账务处理

接前例，金阳公司20×1年12月发生的销售业务如下：

【例4-32】 金阳公司销售给大京公司30台A产品，售价为2 500元/台，增值税税率为17%，收到销货款共计87 750元，存入银行。

此笔业务的发生，引起资产、负债和收入三个会计要素发生变化：一方面收到销货款使银行存款增加87 750元，另一方面实现销售使销售收入增加了75 000元，使应缴纳的增值税销项税额增加了12 750元。因此涉及“银行存款”、“主营业务收入”和“应交税费”三个账户，销货款增加应记入资产类账户“银行存款”账户的借方，销售收入增加应记入收入类账户“主营业务收入”账户的贷方，增值税销项税额增加应记入负债类账户“应交税费——应交增值税（销项税额）”账户的贷方。其会计分录如下：

科目	借方	贷方
借：银行存款	87 750	
贷：主营业务收入		75 000
应交税费——应交增值税（销项税额）		12 750

【例4-33】 金阳公司向大名公司销售40台A产品，售价为2 500元/台；销售40台B产品，售价为4 100元/台，增值税税率为17%。价税共计308 880元，货款尚未收回。

此笔业务的发生，引起资产、负债和收入三个会计要素发生变化：一方面销售未收款使应收账款增加 308 880 元；另一方面实现销售使销售收入增加了 264 000元，使应缴纳的增值税销项税额增加了 144 880 元。因此涉及“应收账款”、“主营业务收入” 和“应交税费” 三个账户，应收账款增加应记入资产类账户“应收账款” 账户的借方，销售收入增加应记入收入类账户“主营业务收入”账户的贷方，增值税销项税额增加应记入负债类账户“应交税费——应交增值税（销项税额）” 账户的贷方。其会计分录如下：

借：应收账款——大名公司 308 880

　　贷：主营业务收入 264 000

　　　　应交税费——应交增值税（销项税额） 44 880

【例 4-34】 根据合同规定，金阳公司预收大吉公司购买 20 台 A 产品的货款58 500元，货款已存入银行。

此笔业务的发生，引起资产和负债两个会计要素发生变化：一方面使银行存款增加 58 500 元，另一方面使预收销货款增加了 58 500 元。因此涉及“银行存款”、“预收账款” 两个账户，银行存款增加应记入资产类账户“银行存款” 账户的借方，预收销货款增加应记入负债类账户“预收账款” 账户的贷方。其会计分录如下：

借：银行存款 58 500

　　贷：预收账款——大吉公司 58 500

【例 4-35】 金阳公司收到大名公司一张转账支票，支付其前欠部分货款计 108 880 元，已收讫。

此笔业务的发生，引起资产会计要素内部发生此增彼减变化：一方面使银行存款增加 108 880 元，另一方面使应收账款减少了 108 880 元。因此涉及“银行存款”、“应收账款” 两个账户，银行存款增加应记入资产类账户 “银行存款” 账户的借方，应收账款减少应记入资产类账户“应收账款” 账户的贷方。其会计分录如下：

借：银行存款 108 880

　　贷：应收账款——大名公司 108 880

【例 4-36】 收到大名公司交来一张银行承兑汇票，用以偿付其前欠剩余货款计 200 000 元。

应收账款和应收票据都是企业的债权，此笔业务的发生，是以一项新债权抵偿一项旧债权，引起资产会计要素内部发生此增彼减变化。一方面使应收票据增加 200 000 元，另一方面使应收账款减少了 200 000 元。因此涉及“应收票据”、“应收账款” 两个账户，应收票据是一项资产，增加应记入资产类账户 “应收票据” 账户的借方，应收账款也是一项资产，减少应记入资产类账户“应收账款” 账户的贷方。其会计分录如下：

借：应收票据——大名公司　200 000

　　贷：应收账款——大名公司　200 000

【例 4-37】　金阳公司给大吉公司发运 20 台 A 产品，售价为 2 500 元/台，增值税税率为 17%，开出销货发票，冲销已收大吉公司的预收货款。

此笔业务的发生，引起负债和收入两个会计要素发生变化：一方面企业以产品抵偿预收货款使债务减少了 58 500 元；另一方面实现销售使销售收入增加了 50 000 元，使应缴纳的增值税销项税额增加了 8 500 元。因此涉及"预收账款"、"主营业务收入"和"应交税费"三个账户，预收账款是负债，减少应记入负债类账户"预收账款"账户的借方，销售收入增加应记入收入类账户"主营业务收入"账户的贷方，增值税销项税额增加应记入负债类账户"应交税费——应交增值税（销项税额）"账户的贷方。其会计分录如下：

借：预收账款——大名公司　58 500

　　贷：主营业务收入　50 000

　　　　应交税费——应交增值税（销项税额）　8 500

【例 4-38】　以银行存款支付产品保险费 5 000 元，展览费 10 000 元，广告费8 000元。

此笔业务的发生，引起费用和资产两个会计要素发生变化：一方面使销售费用增加 23 000 元，另一方面使银行存款减少了 23 000 元。因此涉及"销售费用"和"银行存款"两个账户，销售费用是为企业销售产品发生的一项期间费用，增加应记入损益类账户"销售费用"账户的借方，银行存款是一项资产，减少应记入"银行存款"账户的贷方。其会计分录如下：

借：销售费用　23 000

　　贷：银行存款　23 000

【例 4-39】　金阳公司按本期应缴纳的增值税税额的 7% 计算本期应缴纳的城市维护建设税3 798.48元［本期应交增值税 54 264 元（12750 + 44880 + 8500 - 5865 - 1360 - 4641）］。

此笔业务的发生，引起费用和负债两个会计要素发生变化：一方面使营业税金增加 3 798.48 元，另一方面使应交税费增加 3 798.48 元。因此涉及"营业税金及附加"和"应交税费"两个账户，营业税金是一项费用，增加应记入"营业税金及附加"账户的借方，应交税费是一项负债，增加应记入"应交税费"账户的贷方。其会计分录如下：

借：营业税金及附加　3 798.48

　　贷：应交税费——应交城市维护建设税　3 798.48

【例 4-40】　结转已售 90 台 A 产品的实际生产成本 93 912.30 元（1 043.47 ×90），已售 40 台 B 产品的实际生产成本 85 237.60 元（2 130.94 ×40），共计

179 149.90元。

此笔业务的发生，引起费用和资产两个会计要素发生变化：一方面使销售成本增加179 149.90元，另一方面使库存产成品减少了179 149.90元。因此涉及“主营业务成本”和“库存商品”两个账户，销售成本是一项与本期收入相配比的费用，增加应记入“主营业务成本”账户的借方，库存产成品是一项资产，减少应记入“库存商品”账户的贷方。其会计分录如下：

借：主营业务成本　　179 149.90

　贷：库存商品——A产品　　93 912.30

　　　　　　——B产品　　85 237.60

第五节　利润业务的核算

一、利润业务的基本内容

利润业务的基本内容包括利润的形成和利润的分配两个部分。

1. 利润的形成

利润是企业一定会计期间内生产经营活动的最终财务成果，是反映企业工作质量的一个重要指标，因此也是企业会计核算的重要组成部分。企业作为独立的经济实体，要在市场经济环境下求得生存与发展，并为投资者提供一定的投资收益，就必须有能力以自身的经营收入抵补各项费用支出，如果当期收入大于当期费用，收入扣减费用后剩余的差额就是利润；如果当期收入小于当期费用，则形成亏损，亏损也是一个最终财务成果。

通过上一节销售业务的阐述可知，企业在生产经营过程中，通过销售业务将商品卖给购买方实现收入；收入扣除所出售产品的成本以及其他一系列费用，产生营业利润或亏损。企业的营业利润或亏损只反映营业成果，它并不是企业的最终财务成果，最终财务成果是净利润，净利润是利润总额减所得税费用后的余额；利润总额由营业利润和营业外收支净额构成。主要计算公式如下：

净利润＝利润总额－所得税费用

利润总额＝营业利润＋营业外收支净额

营业利润＝营业收入－营业成本－营业税费－销售费用－管理费用－财务费用＋公允价值变动收益＋投资净收益

其中：营业收入＝主营业务收入＋其他业务收入

营业成本＝主营业务成本＋其他业务支出

投资净收益＝对外投资收益－对外投资损失

营业外收支净额＝营业外收入－营业外支出

营业利润是由企业主要经营活动所产生的利润。其中的主营业务主要是指产品销售业务，其他业务主要是指企业材料销售、代购代销、包装物出租等业务。销售费用、管理费用和财务费用是企业没有对象化的、直接计入当期损益的期间费用。

营业外收支主要是指企业发生的非常规业务。

利润总额是企业所得税的计税依据，因为企业应纳税所得额就是在利润总额的基础上进行纳税调整后得出的，用应纳税所得额乘以所得税税率就得出当期企业应纳所得税税额，从这个意义上说，企业实现的利润总额越大，国家得到的财政收入就越多。用利润总额扣减所得税费用后形成企业最终经营成果——净利润。

2. 利润的分配

企业实现的净利润，就是企业利润总额扣除所得税费用以后的数额，即税后利润。企业的利润分配一般按下列程序进行：

（1）提取法定盈余公积。按照现行制度规定，法定盈余公积按照税后利润的10%提取，企业提取的法定盈余公积累计数额超过其注册资本的50%以上的，可以不再提取。

（2）提取任意盈余公积。企业在提取法定盈余公积后，股份制企业经股东大会决议，其他企业可以根据需要提取任意盈余公积。任意盈余公积的提取比例由企业视自身的情况而定。

（3）向投资者分配利润。企业在提取法定盈余公积和任意盈余公积后，可以按规定向投资者分配利润。

企业实现的净利润经过上述分配之后，如果有余额，称为未分配利润，可留待以后年度分配，此项未分配利润应在资产负债表上单独反映。企业取得净利润后，加上年初留存的未分配利润，形成可供分配的利润，应当按规定进行分配。利润的分配过程和结果，不仅关系到所有者的合法权益是否得到保护，而且还关系到企业能否长期、稳定地发展。

从以上所述可以看出，企业提取盈余公积实际上是限定对投资者所得投资利润过量分配。企业在正常年景下可以按上述利润分配程序分配利润。如果企业发生亏损，现行法规规定可以用以后年度实现的利润弥补，也可以用以前年度提取的盈余公积弥补。企业以前年度亏损未弥补完，不能提取法定盈余公积。在提取法定盈余公积前，不得向投资者分配利润。

二、利润业务的账户设置

为组织利润业务的核算，企业需要设置“本年利润”、“投资收益”、“营业外收入”、“营业外支出”、“所得税费用”、“利润分配”、“盈余公积”、“应付股利”等账户进行核算。

“本年利润”账户是用来核算企业当年利润总额的构成与结转以及实现净利润或发生净亏损的结转情况的账户。本账户属所有者权益类。年末，企业损益类账户中的各收入类账户的贷方余额将转入本账户的贷方，即借记“主营业务收入”、“营业外收入”、“投资收益”等账户，贷记“本年利润”账户；损益类账户中的各费用类账户的借方余额将转入本账户的借方，即借记“本年利润”账户，贷记“主营业务成本”、“主营业务税金及附加”、“销售费用”、“管理费用”、“财务费用”、“营业外支出”等账户。然后，将本期转入的收入总额与本期转入的费用总额进行比较，即可确定盈亏。如“本年利润”账户为贷方余额则为本期的利润总额，如“本年利润”账户为借方余额则为本期的亏损总额。在计算应交所得税后，再将“所得税费用”账户的借方余额转入“本年利润”账户借方。年度终了，将本年收入和本年支出相抵后结出的本年实现的净利润，即本账户的余额，不论是借方余额还是贷方余额，转入“利润分配”账户，经结转后，“本年利润”账户应无余额。

“投资收益”账户是用来核算企业根据长期股权投资准则确认的投资收益或投资损失的账户。投资收益是企业以各种方式对外投资所取得的收入扣除投资损失后的余额，包括长期股权投资分得的投资利润，处置交易性金融资产、交易性金融负债、可供出售金融资产实现的损益等。本账户属收入类账户，贷方登记企业取得的各项投资收益，借方登记企业发生的各项投资损失，期末，将“投资收益”账户借方或贷方余额转入“本年利润”账户，经结转后本账户应无余额。本账户应按投资收益种类分设明细账进行明细核算。

“营业外收入”账户是用来核算企业发生的与企业生产经营活动无直接关系的各项净收入的账户。它主要包括处置非流动资产利得、非货币性资产交换利得、债务重组利得、捐赠利得、政府补助、确实无法支付而按规定程序经批准后转做营业外收入的应付款项等。本账户属收入类账户，贷方登记企业发生的各项营业外收入，期末，将本账户贷方余额全部转入“本年利润”账户贷方，经结转后，“营业外收入”账户应无余额。本账户应按收入项目分设明细账进行明细核算。

“营业外支出”账户是用来核算企业发生的与企业生产经营活动无直接关系的各项净支出的账户。它主要包括处置非流动资产损失、非货币性资产交换损失、债务重组损失、罚款支出、捐赠支出、非常损失等。本账户属费用类账户，借方登记企业发生的各项营业外支出，期末，将本账户借方余额全部转入“本年利润”账户借方，经结转后，“营业外支出”账户应无余额。本账户应按支出项目分设明细账进行明细核算。

“所得税费用”账户是用来核算企业根据所得税准则确认的应从当期利润总额中扣除的所得税费用的账户。本账户属费用类账户，借方登记本期应缴纳的所得税税额，期末将“所得税费用”账户的借方余额从贷方转入“本年利润”账户的借方，经结转后本账户应无余额。本账户应当按照“当期所得税费用”、“递延所得税费用”设置明细账。

“利润分配”账户是用来核算企业利润的分配（或亏损的弥补）和历年分配（或弥补）后的积存余额情况的账户。本账户属所有者权益类账户，贷方登记从“本年利润”账户结转而来的本年实现的净利润数，借方登记企业提取的盈余公积和应付投资者利润数。在企业存在亏损的情况下，“利润分配”账户的借方登记从“本年利润”账户结转而来的本年发生的待弥补亏损数，贷方登记已弥补的亏损数。本账户期末余额有可能在贷方，也有可能在借方。如为贷方余额，则反映企业历年积存的未分配利润；如为借方余额，则反映企业历年积存的未弥补亏损。本账户应按利润分配的相关项目设置明细账，在年度终了，将本账户其他明细账户下的余额转入本账户的“未分配利润”明细账户中，结转后，除“未分配利润”明细账户外，本账户的其他明细账户应无余额。

“盈余公积”账户是用来核算企业从净利润中提取盈余公积和盈余公积使用情况的账户。本账户属所有者权益类账户，贷方登记企业通过利润分配使盈余公积增加的数额，借方登记企业按规定使用盈余公积使盈余公积减少的数额，期末余额在贷方，反映企业提取的盈余公积的余额。本账户应按盈余公积的种类分设明细账进行明细核算。

“应付股利”账户是用来核算企业经董事会或股东大会，或者类似机构决议确定分配的现金股利或利润的账户（股份制企业分配的股票股利不通过本账户核算）。本账户属负债类账户。贷方登记企业根据通过的股利或利润分配方案，应支付投资者的现金股利或利润；借方登记企业实际支付的现金股利或利润。期末余额在贷方，反映企业尚未支付的现金股利或利润。

三、利润业务的账务处理

接前例，金阳公司20×1年12月发生的利润业务如下：

【例4-41】 金阳公司因地震获得大力公司捐款10 000元，存入银行。

收取捐款实际上就是一笔利得，与企业正常生产经营活动无直接关系，应计入营业外收入。此笔业务的发生，引起资产和收入两个会计要素发生变化：一方面使银行存款增加10 000元，另一方面使营业外收入增加了10 000元。因此，涉及“银行存款”和“营业外收入”两个账户，银行存款是一项资产，增加应记入资产类账户“银行存款”账户的借方，捐赠收入是一项收入，应记入损益类账户“营业外收入”账户的贷方。其会计分录如下：

借：银行存款　　10 000

　　贷：营业外收入　　10 000

【例4-42】 金阳公司以银行存款支付因地震引发的清理费用50 000元。

支付地震清理费给企业带来损失，但与企业正常生产经营活动无关，应计入营业外支出。此笔业务的发生，引起费用和资产两个会计要素发生变化：一方面使营业外支出增加50 000元，另一方面使银行存款减少了50 000元。此笔业务涉及“营业外支出”和“银行存款”两个账户。营业外支出是一项费用，增加应记入损益类账户“营业外支出”账户的借方，银行存款是一项资产，减少应记入资产类账户“银行存款”账户的贷方。其会计分录如下：

借：营业外支出　　50 000
　贷：银行存款　　50 000

【例 4-43】　金阳公司收到投资大福公司分得的利润80 000元。

此笔业务的发生，引起资产和收入两个会计要素发生变化：一方面使银行存款增加 80 000 元，另一方面使投资收益增加了 80 000 元。因此，这项交易、事项涉及“银行存款”和“投资收益”两个账户，银行存款是一项资产，增加应记入资产类账户“银行存款”账户的借方，利润收入是一项投资收入，增加应记入损益类账户“投资收益”账户的贷方。其会计分录如下：

借：银行存款　　80 000
　贷：投资收益　　80 000

【例 4-44】　金阳公司 12 月末结账时，各收入、费用类账户的余额资料如下：

主营业务收入（贷方）	389 000
投资收益（贷方）	80 000
营业外收入（贷方）	10 000
主营业务成本（借方）	179 149.90
营业税金及附加（借方）	3 798.48
销售费用（借方）	23 000
管理费用（借方）	84 539
财务费用（借方）	1 190
营业外支出（借方）	50 000

根据上述资料，计算确定金阳公司 20×1 年 12 月份的营业利润和利润总额如下：

营业利润 = 营业收入 - 营业成本 - 营业税费 - 销售费用 - 管理费用 - 财务费用 + 投资净收益
= 389 000 - 179 149.90 - 3 798.48 - 23 000 - 84 539 - 1 190 + 80 000
= 177 322.62(元)

利润总额 = 营业利润 + 营业外收入 - 营业外支出
= 177 322.62 + 10 000 - 50 000
= 137 322.62(元)

结转上述本期主营业务收入和相关的成本、费用，计算确定本期利润总额。

这个过程也称账结利润，即将各损益类账户的期末余额全部结转到“本年利润”账户中，经结转后，全部损益类账户的期末余额为零。这样，“本年利润”账户的贷方集中反映本期所有收入，借方集中反映本期所有成本费用，借方与贷方的差额形成本期利润总额。分别编制本期全部结账会计分录如下：

结转本期收入类账户：“主营业务收入”、“投资收益”、“营业外收入”账户都是收入类账户，期末余额在贷方，从其借方转入“本年利润”账户的贷方后，该类账户无余额。编制会计分录如下：

借：主营业务收入　　389 000
　　贷：本年利润　　389 000

借：投资收益　　80 000
　　贷：本年利润　　80 000

借：营业外收入　　10 000
　　贷：本年利润　　10 000

上述收入类账户的结转也可以编制成如下一笔复合会计分录：

借：主营业务收入　　389 000
　　投资收益　　80 000
　　营业外收入　　10 000
　　贷：本年利润　　479 000

结转本期成本、费用类账户：“主营业务成本”、“主营业务税金及附加”、“销售费用”、“管理费用”、“财务费用”、“营业外支出”账户都是费用类账户，期末余额在借方，从其贷方转入“本年利润”账户的借方后，该类账户无余额。编制会计分录如下：

借：本年利润　　179 149.90
　　贷：主营业务成本　　179 149.90

借：本年利润　　3 798.48
　　贷：营业税金及附加　　3 798.48

借：本年利润　　23 000
　　贷：销售费用　　23 000

借：本年利润　　84 539
　　贷：管理费用　　84 539

借：本年利润　　1 190
　　贷：财务费用　　1 190

借：本年利润　　50 000
　　贷：营业外支出　　50 000

上述成本费用类账户的结转也可以编制成如下一笔复合会计分录：

借：本年利润　341 677.38

　　贷：主营业务成本　179 149.90

　　　　营业税金及附加　3 798.48

　　　　销售费用　23 000

　　　　管理费用　84 539

　　　　财务费用　1 190

　　　　营业外支出　50 000

至此，“本年利润”账户本期贷方发生额减去本期借方发生额后的差额为137 322.62元（479 000 - 341 677.38），即为本期的利润总额。

【例4-45】 金阳公司所得税税率为25%，根据本月实现的利润总额计算、结转应交所得税并结转本期净利润。

12月份应交所得税 = 137 322.62 × 25% = 34 330.66（元）

所得税是企业生产经营盈利后应该承担的义务。缴纳所得税构成企业的一项费用，在一般情况下是在会计期末计算出本期应缴纳所得税税额后，于下一会计期初缴纳。所以，此笔业务的发生，引起费用和负债两个会计要素发生变化：一方面使所得税费用增加34 330.66元，另一方面使应交所得税增加了34 330.66元。此笔业务涉及“所得税费用”和“应交税费”两个账户，所得税是一项费用，增加应记入损益类账户“所得税费用”账户的借方，应交所得税是一项负债，增加应记入负债类账户“应交税费”账户的贷方。其会计分录如下：

借：所得税费用　34 330.66

　　贷：应交税费——应交所得税　34 330.66

将“所得税费用”账户的借方余额从其贷方结转至“本年利润”账户的借方，经结转后，“所得税费用”账户的余额为零。编制结账会计分录如下：

借：本年利润　34 330.66

　　贷：所得税费用　34 330.66

至此，本期的利润总额减去所得税后的差额为102 991.96元（137 322.62 - 34 330.66），即为本期净利润，表现为“本年利润”账户的贷方余额。“本年利润”账户实际上是一个过渡性账户，它的作用是年内在此计算利润总额，年末将本年实现的净利润结转至“利润分配”账户。本例若结转净利润，则其会计分录如下：

借：本年利润　102 991.96

　　贷：利润分配　102 991.96

【例4-46】 金阳公司按税后净利润的10%计提盈余公积。

本期应计提盈余公积 = 102 991.96 × 10% = 10 299.20（元）

此笔业务的发生，引起所有者权益会计要素内部发生此增彼减的变化：一方面使计提的盈余公积增加10 299.20元，另一方面利润被分配使累计利润减少了10 299.20元。此笔业务涉及“盈余公积”和“利润分配”两个账户。盈余公积是一项所有者权益，增加应记入所有者权益类账户“盈余公积”账户的贷方，利润分配也是一项所有者权益，减少应记入所有者权益类账户“利润分配”账户的借方。其会计分录如下：

借：利润分配　　10 299.20

　　贷：盈余公积　　10 299.20

【例4-47】 根据董事会决议，金阳公司向投资者分配现金股利80 000元。

此笔业务的发生，引起所有者权益和负债会计要素发生变化：一方面使应付投资者的投资股利增加80 000元，另一方面利润被分配使累计利润减少了80 000元。此笔业务涉及“应付股利”和“利润分配”两个账户。应付股利是一项负债，增加应记入负债类账户“应付股利”账户的贷方，利润分配是一项所有者权益，减少应记入所有者权益类账户“利润分配”账户的借方。其会计分录如下：

借：利润分配　　80 000

　　贷：应付股利　　80 000

经此分配，金阳公司本期剩余的未分配利润额为12 692.76元（102 991.96 - 10 299.20 - 80 000）。

以第三章第三节例题表3-5中金阳公司20×1年11月期末余额的数据为基础，根据本章的全部例题编制的会计分录，登记金阳公司12月份有关账户的总分类账。如图4-1所示。

借方	银行存款		贷方
期初余额	4 810 000	8)	9 360
1)	5 000 000	10)	1 500
2)	1 500 000	12)	20 000
4)	3 000 000	18)	80 000
5)	500 000	20)	15 000
32)	87 750	22)	2 000
34)	58 500	27)	4 000
35)	108 880	28)	980
41)	41 000	38)	23 000
43)	80 000	42)	50 000
本期发生额	10 345 130	本期发生额	305 840
期末余额	14 849 290		

借方	实收资本		贷方
		期初余额	11 500 000
		1)	5 000 000
		2)	5 000 000
		3)	1 000 000
本期发生额	0	本期发生额	11000 000
		期末余额	22 500 000

图4-1 “T”形账户图

借方　　固定资产　　贷方

借方		贷方	
期初余额	7 500 000		
2)	3 500 000		
本期发生	3 500 000	本期发生额	0
期末余额	11 000 000		

借方　　在途物资　　贷方

借方		贷方	
8)	8 000	14)	36 660
11)	360		
13)	28 300		
本期发生额	36 660	本期发生额	36 660
期末余额	0		

借方　　无形资产　　贷方

借方		贷方	
期初余额	0		
3)	4 000 000		
本期发生额	400 000	本期发生额	0
期末余额	400 000		

借方　　长期借款　　贷方

借方		贷方	
		期初余额	0
		4)	3 000 000
本期发生额	0	本期发生额	3 000 000
		期末余额	3 000 000

借方　　短期借款　　贷方

借方		贷方	
		期初余额	200 000
		5)	500 000
本期发生额	0	本期发生额	500 000
		期末余额	700 000

借方　　财务费用　　贷方

借方		贷方	
6)	810	44)	1 190
26)	300		
28)	80		
本期发生额	1 190	本期发生额	1 190

借方　　库存现金　　贷方

借方		贷方	
期初余额	4 000	6)	810
25)	150	11)	360
		23)	2 000
本期发生额	150	本期发生额	3 170
期末余额	980		

借方　　应交税费　　贷方

借方		贷方	
7)	5 865	期初余额	0
8)	1 360	32)	12 750
13)	4 641	33)	44 880
		37)	8 500
		39)	3 798.48
		45)	45 316.46
本期发生额	11 866	本期发生额	115 244.94
		期末余额	103 378.94

图 4-1 （续）

借方	原材料		贷方
期初余额	160 000	15）	61 614
3）	600 000	16）	4 619
7）	34 500		
10）	1 500		
14）	36 660		
本期发生额	672 660	本期发生	66 233
期末余额	766 427		

借方	应付账款		贷方
9）	28 665	期初余额	100 000
		7）	40 365
		13）	12 941
本期发生额	28 665	本期发生额	53 306
		期末余额	124 641

借方	预付账款		贷方
期初余额	0	13）	20 000
12）	20 000		
本期发生额	20 000	本期发生额	20 000

借方	应付票据		贷方
		期初余额	153 000
		9）	28 665
本期发生额	0	本期发生额	28 665
		期末余额	181 665

待摊费用			
期初余额		21）3 750	
20）	15 000		
本期发生额	15 000	本期发生额	3 750
期末余额	11 250		

借方	生产成本		贷方
期初余额	0	31）	210 894
15）	56 944		
17）	100 000		
19）	14 000		
30）	39 950		
本期发生额	210 894	本期发生额	210 894
期末余额	0		

借方	应付职工薪酬		贷方
18）	180 000	期初余额	0
		17）	180 000
		19）	25 200
本期发生额	180 00	本期发生额	205 200
		期末余额	25 200

图 4-1 （续）

借方	制造费用		贷方
15）	4 670	30）	39 950
17）	20 000		
19）	2 800		
22）	980		
24）	3 800		
27）	2 900		
29）	4 800		
本期发生额	39 950	本期发生额	39 950

借方	管理费用		贷方
16）	4 619	44）	84 539
17）	60 000		
19）	8 400		
21）	3 750		
22）	1 020		
24）	1 400		
25）	1 850		
27）	1 100		
29）	2 400		
本期发生额	84 539	本期发生额	84 539

借方	利润分配		贷方
46）	9 200. 62	期初余额	250 000
47）	80 000. 00	45）	92 006. 16
本期发生额	89 200. 62	本期发生额	92 006. 16
		期末余额	252 805. 54

借方	预提费用		贷方
28）	900	期初余额	600
		26）	300
本期发生额	900	本期发生额	300
		期末余额	0

借方	其他应收款		贷方
期初余额	19 000	25）	2000
23）	2000		
本期发生额	2 000	本期发生额	2 000
期末余额	19 000		

借方	其他应付款		贷方
		期初余额	49 400
		24）	5 200
		本期发生额	5 200
		期末余额	54 600

借方	库存商品		贷方
期初余额	0	40）	179 149. 90
31）	210 894		
本期发生额	210 894	本期发生额	179 149. 90
期末余额	31 744. 10		

借方	累计折旧		贷方
		期初余额	40 000
		29）	7 200
本期发生额	0	本期发生额	7 200
		期末余额	47 200

图 4-1 （续）

借方	应收账款		贷方
期初余额	700 000	35）	108 880
33）	308 880	36）	200 000
本期发生额	308 880	本期发生额	308 880
期末余额	700 000		

借方	预收账款		贷方
37）	58 500	期初余额	0
		34）	58 500
本期发生额	58 500	本期发生额	58 500
		期末余额	0

借方	应收票据		贷方
期初余额	0		
36）	200 000		
本期发生额	200 000	本期发生额	0
期末余额	200 000		

借方	主营业务收入		贷方
44）	389 000	32）	75 000
		33）	264 000
		37）	50 000
本期发生额	389 000	本期发生额	389 000

借方	销售费用		贷方
38）	23 000	44）	23 000
本期发生额	23 000	本期发生额	23 000

借方	营业外收入		贷方
44）	10 000	41）	10 000
本期发生额	10 000	本期发生额	10 000

借方	营业外支出		贷方
42）	50 000	44）	50 000
本期发生额	50 000	本期发生额	50 000

借方	投资收益		贷方
44）	80 000	43）	80 000
本期发生额	80 000	本期发生额	80 000

借方	主营业务成本		贷方
40）	179 149.90	44）	179 149.90
本期发生额	179 149.90	本期发生额	179 149.90

借方	营业税金及附加		贷方
39）	3 798.48	44）	3 798.48
本期发生额	3 798.48	本期发生额	3 798.48

借方	所得税费用		贷方
45）	45 316.46	45）	45 316.46
本期发生额	45 316.46	本期发生额	45 316.46

借方	应付股利		贷方
		期初余额	600 000
		47）	80 000
本期发生额	0	本期发生额	80 000
		期末余额	680 000

图 4-1 （续）

借方	本年利润		贷方
44）	179 149.90	44）	389 000.00
44）	3 798.48	44）	80 000.00
44）	23 000.00	44）	10 000.00
44）	84 539.00		
44）	1 190.00		
44）	50 000.00		
45）	45 316.46		
45）	92 006.16		
本期发生额	479 000	本期发生额	479 000

借方	盈余公积		贷方
		期初余额	300 000.00
		46）	9 200.62
本期发生额	0	本期发生额	9 200.62
		期末余额	309 200.62

图 4-1 （续）

将上述总分类账户的期初余额、本期发生额和期末余额编制成试算平衡如表4-1 所示。

表 4-1 总分类账户试算平衡表

编制单位：金阳公司　　20×1 年 12 月 31 日　　单位：元

账户	期初余额		本期发生额		期末余额	
	借方	贷方	借方	贷方	借方	贷方
库存现金	4 000		150	3170	980	
银行存款	4 810 000		10 345 130	305 840	14 849 290	
应收票据			200 000		200 000	
应收账款	700 000		308 880	308 880	700 000	
预付账款			20 000	20 000		
其他应收款	19 000		2 000	2 000	19 000	
在途物资			36 660	36 660		
原材料	160 000		672 660	66 233	766 427	
库存商品			210 894	179 149.90	31 744.10	
待摊费用			15 000	3 750	11 250	
固定资产	7 500 000		3 500 000		11 000 000	
累计折旧		40 000		7 200		47 200
无形资产			400 000		400 000	
短期借款		200 000		500 000		700 000
应付票据		153 000		28 665		181 665
应付账款		100 000	28 665	53 306		124 641

（续）

账户	期初余额		本期发生额		期末余额	
	借方	贷方	借方	贷方	借方	贷方
预收账款			58 500	58 500		
应付职工薪酬			180 000	205 200		25 200
应交税费			11 866	115 244.94		103 378.94
应付股利		600 000		80 000		680 000
预提费用		600	900	300		
其他应付款		49 400		5 200		54 600
长期借款				3 000 000		3 000 000
实收资本		11 500 000		11 000 000		22 500 000
盈余公积		300 000		9 200.62		309 200.62
本年利润			479 000	479 000		
利润分配		250 000	89 200.62	92 006.16		252 805.54
生产成本			210 894	210 894		
制造费用			39 950	39 950		
主营业务收入			389 000	389 000		
主营业务成本			179 149.90	179 149.90		
营业税金及附加			3 798.48	3 798.48		
销售费用			23 000	23 000		
管理费用			84 539	84 539		
财务费用			1 190	1 190		
投资收益			80 000	80 000		
营业外收入			10 000	10 000		
营业外支出			50 000	50 000		
所得税费用			45 316.46	45 316.46		
合计	13 193 000	13 193 000	17 676 343.46	17 676 343.46	27 978 691.10	27 978 691.10

本章小结

本章是以实际工作中工业企业的资金循环为主线，在第三章复式记账理论的基础之上，通过企业供应、生产、销售过程中的资金流动，阐述了借贷记账法在企业筹资业务、购进业务、生产业务、销售业务、利润业务的会计核算体系中的运用。

企业生产经营的启动以资本进入企业为先导，资本的来源不外乎借入与投入两类，投资者投入的资本在性质上是企业的所有者权益，在核算上列入“实收资本”，既然是资本就要求有利润回报，这个回报通过利润分配完成；债权人借入的资金在性质上是企业的负债，在核算上列入“短期借款”或“长期借款”，既然是借款就要支付资金成本，这个资金成本通过支付利息完成，利息的计算与核算又要视借款种类的不同而不同。短期借款的利息记入“财务费用”账户，直接计入当期损益；长期借款的利息在借款购建的固定资产达到预定可使用状态前记入“在建工程”账户，形成固定资产价值的一部分，也有可能记入“财务费用”账户，直接计入当期损益。

在购进业务中，采购物资是价、税分离的，价款和采购费用入库前记入“在途物资”账户，入库后记入“原材料”账户，构成原材料成本；增值税进项税额记入“应交税费——应交增值税（进项税额）”账户。货款结算形式的不同也导致会计核算的不同：预购货物需先付款，企业增加的债权，记入“预付账款”账户；现购货物钱货两清，企业减少的资产，记入“银行存款”账户；赊购货物后付款，企业发生的债务，记入“应付账款”账户。

在生产业务中，主要内容是产品的制造成本的形成。产品制造成本由材料费、人工费和其他费用构成，通过“生产成本”和“制造费用”账户核算。原材料、生产工人的薪酬构成某种产品制造成本的直接费用，直接记入“生产成本”账户；管理生产的车间人员薪酬、车间经费、生产设备的折旧费、修理费等无法直接确定构成某种产品制造成本的间接费用，则先在“制造费用”账户中归集，月末再按一定标准分配记入某种产品的“生产成本”账户。人工费发生后尚未支付之前形成企业的负债，记入“应付职工薪酬”账户；折旧费核算的是固定资产价值的减少，提取折旧费并不影响固定资产的实物形态。为了保持固定资产的原值，计提固定资产折旧时不涉及“固定资产”账户，而是通过固定资产的抵减账户“累计折旧”完成。期间费用是不计入产品制造成本，直接计入当期损益的销售费用、管理费用和财务费用。在制造成本和期间费用的核算中，有些费用支付在本期，受益在以后各期；有些费用本期未支付，本期已经受益，对于这类费用要遵循权责发生制的要求，按费用的归属期予以确认，支付在先、摊销在后的费用，记入资产类的“待摊费用”等账户；受益在先、支付在后的费用记入负债类的“预提费用”等账户。对于生产完工的产成品，从“生产成本”账户中转出，记入“库存商品”账户，以备对外销售；对于生产未完工的在产品，如果不专设“在产品”账户，则形成“生产成本”账户的借方余额。

在销售业务中，主要核算内容是销售收入和与之相配比的销售成本及销售税金。销售收入的确认要视供货与结算的不同而不同。现销钱货两清，增加的货币资金，记入“银行存款”或“库存现金”账户；赊销先供货后收款，增加债权，记入“应收账款”或“应收票据”账户；先收定金后供货的销售业务，收到货款时贷记“预收账款”账户，企业负债增加，供货时借记“预收账款”账户，冲销负债，实现销售收入。

在利润业务中，主要内容是利润的形成、结转与利润的分配。企业利润包括营业利润、利润总额和净利润三个层次，其中营业利润加上营业外收支净额形成利润总额，利润总额扣除所得税费用形成净利润。利润分配是在净利润的基础上按规定提取盈余公积和向投资者分配利润。在会计核算上，净利润形成之前的会计账户，除“本年利润”和“利润分配”属于所有者权益类账户外，其余账户都是损益类账户，期末余额全部转入“本年利润”账户，成为期末余额被结转为零的虚账户。因此，利润的形成过程就是一张利润表。“本年利润”账户年末余额也要结转至“利润分配”账户，“利润分配”账户不论是借方余额还是贷方余额均列示在资产负债表中所有者权益部分的“未分配利润”项下，贷方余额表示尚未分配的利润，借方余额表示尚未弥补的亏损。

思 考 题

1. 企业筹资一般要发生哪些交易、事项？要利用哪些账户进行筹资业务的核算？要编制哪些主要的会计分录？
2. 企业购进业务一般要发生哪些交易、事项？如何进行会计核算？试举例说明。
3. 企业生产业务一般要发生哪些交易、事项？如何进行会计核算？试举例说明。
4. 企业销售业务一般要发生哪些交易、事项？如何进行会计核算？试举例说明。
5. 企业利润业务一般要发生哪些交易、事项？如何进行会计核算？试举例说明。
6. 什么是固定资产折旧？对固定资产折旧业务如何在账户上进行登记？
7. 为什么要专设“累计折旧”账户来核算固定资产的已损耗价值？
8. 如何核算产品制造成本？
9. 净利润是怎样形成的？
10. 成本、费用、支出三者概念上有什么区别？

练 习 题

一、单项选择题

1. 企业实际发生的物资采购费用应记入的科目是（　　）。

A. 材料采购　　B. 库存商品　　C. 生产成本　　D. 在途物资

2. 收入类账户年末应（　　）。

A. 没有余额　　B. 借方余额　　C. 贷方余额　　D. 借、贷方均有余额

3. 支付职工工资时，应借记的科目是（　　）。

A. 库存现金　　B. 应付职工薪酬　　C. 其他应付款　　D. 生产成本

4. “累计折旧”账户是属于（　　）。

A. 费用类账户　　B. 负债类账户　　C. 资产类账户　　D. 折旧类账户

5.“固定资产”账户借方余额反映的是（　　）。

A. 固定资产净值　B. 固定资产残值

C. 固定资产折余价值　D. 固定资产原值

6.“本年利润”账户年末余额被结平是因为它（　　）。

A. 属于所有者权益类账户　B. 是利润计算账户

C. 属于损益类账户　D. 对应“利润分配”账户

7.“主营业务成本”账户反映的是（　　）。

A. 已售产品制造成本　B. 已售产品售价

C. 库存产品平均成本　D. 库存产品的单位成本

8.“管理费用”账户贷方对应的账户是（　　）。

A. 财务费用　B. 银行存款　C. 利润分配　D. 本年利润

9. 企业“实收资本”账户的最高限额是（　　）。

A. 投资总额　B. 国家资本　C. 注册资本　D. 法人资本

10. 预提借款利息的主要理论依据是（　　）。

A. 收付实现制　B. 谨慎性　C. 一致性　D. 权责发生制

二、多项选择题

1. 分配采购物资费用的标准有（　　）。

A. 总买价　B. 总运费　C. 总重量

D. 总工时　E. 总产量

2. 下列项目中，属于费用按经济用途划分的有（　　）。

A. 销售费用　B. 直接费用　C. 管理费用

D. 间接费用　E. 生产成本

3. 下列项目中，属于投资者投入资本的有（　　）。

A. 个人资本金　B. 国家资本金　C. 法人资本金

D. 联营资本金　E. 外国资本金

4. 下列项目中，属于制造成本的人工费的有（　　）。

A. 车间人员工资　B. 库管人员工资　C. 行政人员工资

D. 门市部人员工资　E. 生产工人工资

5.“固定资产”与“累计折旧”账户的关系是（　　）。

A. 资产与资产　B. 主体与从属　C. 资产与负债

D. 抵减与被抵减　E. 记账方向相反

6.“管理费用”账户可以（　　）。

A. 作为费用账户　B. 有借方余额　C. 有贷方余额

D. 作为资产账户　E. 作为损益类账户

7.“主营业务成本”账户（　　）。

A. 为反映本期费用而设置　B. 属于成本账户

C. 借方对应的是存货　D. 贷方对应的是费用

E. 应权责发生制要求而设置

8. 下列项目中，属于“应付职工薪酬”账户核算的有（　　）。

A. 企业生产人员工资　B. 股东应分股利　C. 职工困难补助

D. 董事会费　E. 职工医疗保险

9. 下列可以列支管理费用的有（　　）。

A. 诉讼费　B. 广告费　C. 交际应酬费

D. 材料消耗　E. 办公房租金

10. 下列项目中，可以与“应收账款”账户贷方对应的账户有（　　）。

A. 应收票据　B. 坏账准备　C. 银行存款

D. 主营业务收入　E. 应付账款

三、判断题

1. 累计折旧账户没有借方发生额。（　　）

2. 长期待摊费用属于期间费用。（　　）

3. 预收出租固定资产的租金，应记入“其他业务收入”账户。（　　）

4. 跨期业务是因为人为划分会计期间形成的。（　　）

5. 应收账款有可能收不回来形成坏账损失。（　　）

6. 营业外支出是企业营业业务以外的支出。（　　）

7. 产品生产成本也属于费用。（　　）

8. 本年利润账户年末没有余额。（　　）

9. 盈余公积是根据企业董事会决议提取的。（　　）

10. 企业弥补亏损的业务应贷记“利润分配”账户。（　　）

四、业务题

习　题　一

一、目的：练习购进业务的主要会计核算。

二、资料：某制造业企业发生有关交易、事项如下所示。

1. 向新华工厂购进甲材料20t，价格为1元/kg，增值税税率为17%，材料已经发出，货款已通过银行付讫。

2. 向下列单位购进一批甲材料，材料已验收入库，货款未付：

光明工厂　30t　价格为1元/kg　增值税税率17%　计35 100元

光华工厂　50t　价格为1元/kg　增值税税率17%　计58 500元

3. 以银行存款1 000元支付运输公司承运向新华工厂购进甲材料的运费（不考虑增值税）。

4. 向东风工厂购进乙材料400kg，价格为100.5元/kg，增值税税率为17%，材料已验收入库，货款已通过银行付讫。

5. 向长风工厂购进一批下列材料，材料已验收入库，货款已由银行支付。

丙材料1000kg　价格为20元/kg　增值税税率为17%　计23 400元

丁材料100kg　价格为50元/kg　增值税税率为17%　计5 850元

6. 以现金支付购买丙材料和丁材料的运杂费900元，按材料的买价比例计算丙、丁材料各自应负担的运杂费。

7. 向光明工厂购进预付货款的甲材料50t，价格为1元/kg，增值税税率为17%，光明工厂代垫运费1 000元。材料已经入库，冲销原预付的货款30 000元，不足部分以银行存款支付。

8. 以现金1 800元支付向光明工厂和光华工厂购买甲材料的运费。

9. 以银行存款偿还前欠光明工厂和光华工厂的购料款。

10. 向新华工厂购进的甲材料已经入库完毕。

三、要求：根据以上资料编制会计分录。

习　题　二

一、目的：练习生产业务的核算。

二、资料：某企业20×1年6月发生有关交易、事项如下所示。

1. 产品生产、车间与企业管理部门领用的各种材料汇总列表如表4-2所示。

表4-2　材料汇总表

部门	甲材料		乙材料		丙材料		丁材料		合计/元
	数量/t	金额/元	数量/kg	金额/元	数量/kg	金额/元	数量/kg	金额/元	
A产品领用	50	50 500	200	2 010	300	6 000			58 510
B产品领用	40	40 400	100	1 005	200	4 000			45 405
车间一般耗用					200	4 000	60	3 000	7 000
行政部门用			50	525	100	2 000	30	1 500	4 025
合计	90	90 900	350	3 540	800	16 000	90	4 500	114 940

2. 计算本月应付职工工资如下：

A产品生产工人工资	78 000元
B产品生产工人工资	56 000元
车间管理人员工资	18 000元
企业管理人员工资	64 000元
合计	216 000元

3. 从银行提取现金216 000元以备发放工资用。

4. 以现金发放职工工资216 000元。

5. 开出转账支票支付本月电费17 160元，其中：

生产A产品耗电	10 050元
生产B产品耗电	5 040元
企业管理部门耗电	2 070元

6. 以银行存款支付行政办公费用3 000元。

7. 以银行存款预付下季度报刊订阅费9 000元。

8. 按规定折旧率计提本月固定资产折旧79 800元，其中生产用固定资产折旧60 000元，行政管理用固定资产折旧19 800元。

9. 摊销应由本月负担的报刊杂志订阅费 1 230 元。

10. 根据计划预提本月车间固定资产租赁费 3 200 元。

11. 500 件 A 产品全部完工验收入库，实际制造成本为 735 850 元，予以转账。

三、要求：根据以上交易、事项编制会计分录。

习 题 三

一、目的：练习销售业务的核算。

二、资料：某企业 20×1 年 10 月发生有关交易、事项如下所示。

1. 销售给四环工厂 300 件 A 产品，单位售价为 1 700 元；5 件 B 产品，单位售价为 1 500 元，增值税税率为 17%，共计 605 475 元，货款已存入银行。

2. 以银行存款支付销售 A 产品、B 产品的运杂费 700 元。

3. 销售给金杯公司 100 件 A 产品，单位售价为 1 700 元；5 件 B 产品，单位售价为 1 500 元，增值税税率为 17%，共计 207 675 元，本销售合同已预收货款 100 000 元，其余货款尚未结算。

4. 以银行存款支付销售 A 产品、B 产品的运杂费 410 元。

5. 按照合同向宏大公司发出 20 件 B 产品，单位售价为 2 400 元，增值税税率为 17%，货款共计 56 160 元，以银行存款代垫运费 470 元，货款及运费尚未收回。

6. 结转本月已销售 A 产品、B 产品的实际生产成本（A 产品单位成本为 1 473 元，B 产品单位成本为 1 200 元）。

7. 按销售收入的 5% 计算应缴纳的销售税金。

三、要求：根据以上交易、事项编制会计分录。

习 题 四

一、目的：练习利润形成及分配业务的核算。

二、资料：某制造业企业 20×1 年 4 月份发生的有关交易、事项如下所示。

1. 由于债权单位撤销无法支付的应付账款 7 500 元，转为企业的营业外收入。

2. 没收逾期未退包装物押金 2 000 元，作为企业的其他业务收入处理。

3. 开出现金支票 8 000 元，支付合同违约金。

4. 结转本月的收入，“主营业务收入”账户期末结转前的余额为 170 000 元。

5. 结转本月的主营业务成本、营业税金及附加、销售费用、管理费用和营业外支出，期末结转前各成本费用账户的余额如下：

“主营业务成本”账户余额： 100 000 元
“其他业务成本”账户余额： 1 500 元
“营业税金及附加”账户余额： 17 000 元
“销售费用”账户余额： 7 000 元
“管理费用”账户余额： 13 000 元
“营业外支出”账户余额： 8 000 元

6. 规定计算并结转应交所得税 10 000 元。

7. 规定计算并提取盈余公积 8 000 元。

8. 按规定计算并登记应付投资者利润 12 000 元。

三、要求：根据以上交易、事项编制会计分录。

习 题 五

一、目的：综合练习企业主要交易、事项的核算。

二、某制造企业 20×1 年 6 月份发生的有关交易、事项如下所示。

1. 以银行存款 17 500 元缴纳所得税。

2. 开出转账支票 20 000 元，支付投资者股利。

3. 投资者追加注册资本以内的投资 100 000 元，存入银行。

4. 向银行借款 200 000 元，期限为三个月，存入本企业银行账户。

5. 收到出租包装物押金 50 000 元，存入银行。

6. 以银行存款支付前欠货款 50 000 元。

7. 以银行存款 100 000 元归还到期的长期借款本金。

8. 采购一批材料，应付货物价款为 72 000 元，增值税进项税额为 12 240 元，材料已验收入库。

9. 以现金支付上述材料的搬运费 200 元。

10. 以银行存款预付材料款 30 000 元。

11. 以银行存款支付前欠应付货款 84 240 元。

12. 采购一批材料，以银行存款支付材料价款 46 000 元，增值税进项税额为 7 820 元，材料已验收入库。

13. 购进预付货款的材料，价款为 48 717.95 元，增值税进项税额为 8 282.05 元，冲销原预付货款 30 000 元，不足部分以银行存款支付，材料已验收入库。

14. 以银行存款支付上述材料的运杂费 1 000 元。

15. 领用一批材料，其中生产产品耗用 135 000 元，企业管理部门一般耗用 3 000 元。

16. 从银行提取现金 80 000 元，以备发放工资。

17. 以现金 80 000 元发放职工工资。

18. 登记本月应付职工工资，其中生产工人工资 65 000 元，管理部门人员工资 15 000 元。

19. 以银行存款支付行政管理部门水电费 5 600 元。

20. 以现金支付行政管理部门办公费支出 200 元。

21. 以银行存款预付下季度办公用房租金 4 800 元。

22. 财务部王金预借差旅费 1 000 元，以现金支付。

23. 摊销本月应承担的办公用房租金 1 600 元。

24. 预提本月银行借款利息 6 000 元。

25. 以银行存款支付绿化费 30 000 元。

26. 计提固定资产折旧，应由制造成本负担的折旧费为 24 000 元，应由管理费用负担的折旧费为 20 000 元。

27. 职工王金报销差旅费 880 元，其余款项退回。

28. 期末结转完工产品的制造成本，共计 200 000 元。

29. 销售一批产品，价款为 78 000 元，增值税销项税额为 13 260 元，款项尚未收到。

30. 预收货款 50 000 元存入银行。

31. 销售产品价款为 96 000 元，增值税销项税额为 16 320 元，货款已收并存入银行。

32. 以现金支付销售产品的包装费及搬运费 1 200 元。

33. 以现金支付销售产品的广告费 1 000 元。

34. 收回应收销货款 91 260 元存入银行。

35. 销售预收货款的一批产品，价款为 120 000 元，增值税销项税额为 20 400 元，冲销原预收货款 50 000 元，同时收到客户交来的转账支票，结算剩余货款存入银行。

36. 结转已销售产品制造成本 200 000 元。

37. 经计算应缴纳的营业税金及附加为 14 700 元。

38. 以银行存款支付租入包装物押金 6 000 元。

39. 以现金 3 500 元支付税收罚款。

40. 经批准将无法退回的某单位的存入保证金 2 000 元转做其他业务收入。

41. 根据上述资料结转本期利润。

42. 按规定计算、结转所得税 5 000 元，并结转净利润。

43. 计提盈余公积 6 000 元。

44. 按规定计算应付投资者利润 5 000 元。

三、要求：根据以上交易、事项编制会计分录。

第五章　账户的分类

本章内容要点

本章主要介绍账户的三种分类方法。主要介绍账户按照经济内容的分类以及每一类账户的结构；账户按照用途和结构分类的原因、所分的种类以及每一类账户的记账结构；实账户和虚账户的概念与性质。

由于每一个账户只能反映经济活动某一个方面的内容，所以需要设置一系列账户来反映企业发生的全部可以用货币表现的经济活动。为了掌握账户的使用规律，以更好地理解和运用账户，就必须对账户从不同的角度进行分类。账户主要有三种分类方法，分别是按经济内容的分类、按用途和结构的分类和按余额性质的分类。

第一节　账户按经济内容的分类

账户按经济内容的分类是账户最基本的分类方法。由于账户反映的经济内容是六大会计要素，所以账户按经济内容就可相应分成六大类，分别是资产类账户、负债类账户、所有者权益类账户、收入类账户、费用类账户和利润类账户。从性质上讲，利润属于所有者权益的一部分，所以也可以认为，账户按经济内容可分成五大类，分别是资产类账户、负债类账户、所有者权益类账户、收入类账户和费用类账户，其中所有者权益类账户里包括“本年利润”账户。本书按照六大类为标准来进行介绍。

一、资产类账户

资产类账户是用来反映资产增加、减少和期末余额的账户。资产类账户的借方记录资产的增加，贷方记录资产的减少，余额一般在借方，表示资产的实有数额。按照流动性和变现能力的强弱，可以将资产类账户分成两大类，分别是流动资产类账户和非流动资产类账户。其中流动资产类账户又可以分为货币资金账户、债权账户、存货账户和其他流动资产账户四小类。货币资金账户包括“库存现金”、“银行存款”等账户，债权账户包括“应收账款”、“其他应收款”等账户，存货账户包括“原材料”、“库存商品”等账户。非流动资产账户包括“固定资产”、“无形资产”等账户。

二、负债类账户

负债类账户是用来反映负债增加、减少和期末余额的账户。负债类账户的贷方记录负债的增加，借方记录负债的减少，余额一般在贷方，表示负债的实有数额。按照偿还期限的长短，可以将负债类账户分成两大类，分别是流动负债类账户和长期负债类账户。其中流动负债类账户又可以分为金额肯定的流动负债类账户和取决于经营成果的流动负债类账户两小类。金额肯定的流动负债类账户包括“应付账款”、“短期借款”等账户，取决于经营成果的流动负债类账户包括“应交税费”、“应付股利”等账户。长期负债类账户包括“长期借款”、“长期应付款”等账户。

三、所有者权益类账户

所有者权益类账户是用来反映所有者权益增加、减少和期末余额的账户。所有者权益类账户的贷方记录所有者权益的增加，借方记录所有者权益的减少，余额一般在贷方，表示所有者权益的实有数额。按照所有者权益的来源，可以将所有者权益类账户分成两大类，分别是反映所有者投资的账户和反映所有者投资积累的账户。其中所有者投资的账户包括“实收资本”、“资本公积”等账户，所有者投资积累的账户包括“盈余公积”等账户。

四、收入类账户

收入类账户是用来反映收入增加和结转情况的账户。收入类账户的贷方记录收入的增加，借方记录收入的结转。由于收入类账户的本期发生额都要在期末结转到“本年利润”账户的贷方，所以收入类账户的余额为零。收入类账户包括“主营业务收入”、“营业外收入”等账户。

五、费用类账户

费用类账户是用来反映费用增加和结转情况的账户。费用类账户的借方记录费用的增加，贷方记录费用的结转。由于费用类账户的本期发生额都要在期末结转到“本年利润”账户的借方，所以费用类账户的余额为零。费用类账户包括“主营业务成本”、“营业税金及附加”、“销售费用”、“管理费用”、“财务费用”等账户。

六、利润类账户

利润类账户是用来反映利润形成和分配情况的账户。由于所有者对企业的利润享有分配权，所以从性质上讲，利润类账户也属于所有者权益类账户。利润类账户主要包括“本年利润”、“利润分配”等账户。

账户按经济内容分类的具体情况如图 5-1 所示。

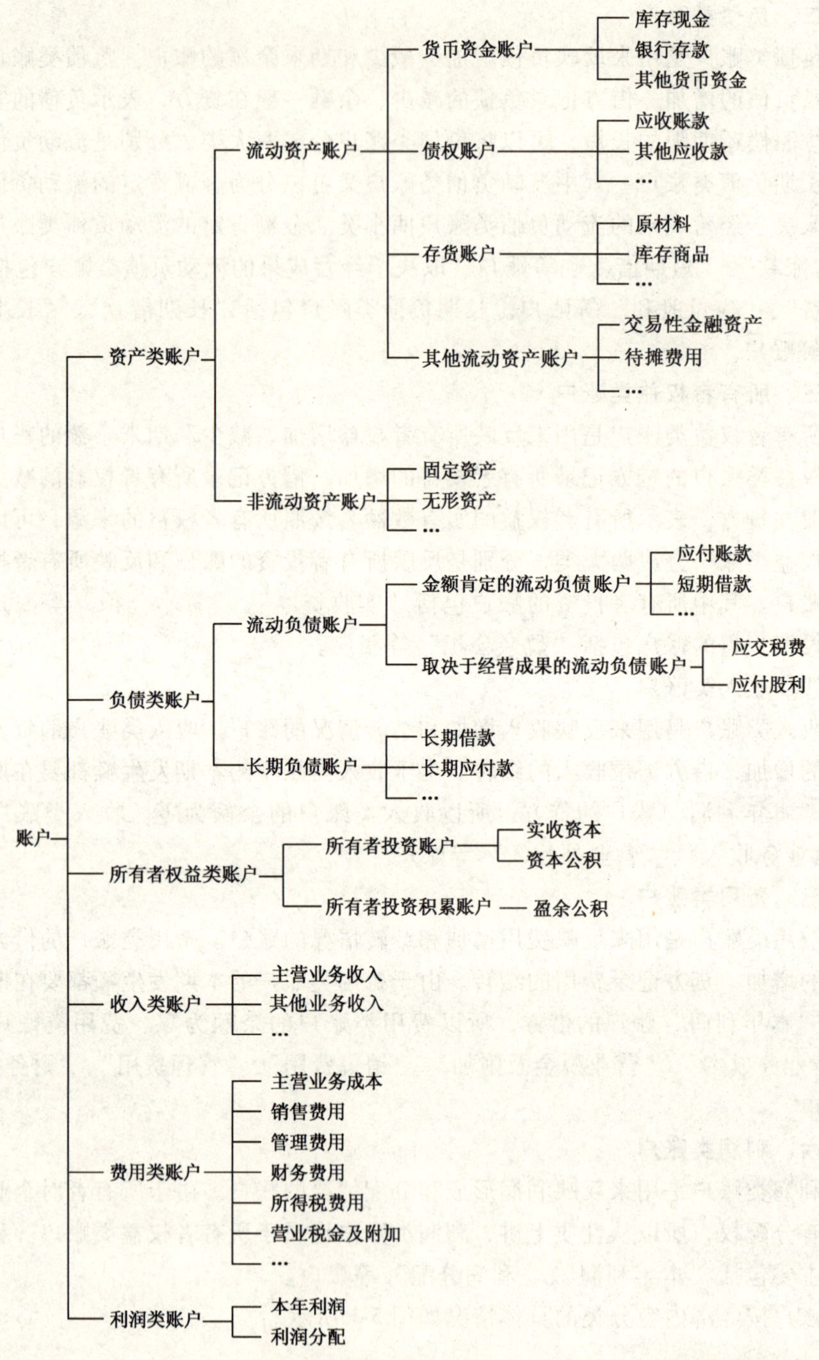

图 5-1 账户按经济内容的分类

第二节　账户按用途和结构的分类

账户按用途和结构的分类，是在账户按经济内容分类的基础上对账户进行的进一步分类。由于按经济内容属于一类的账户可能具有不同的用途和结构，如“固定资产”账户和“累计折旧”账户，两者按经济内容分类都属于资产类账户，但表示的含义相反，用途和结构也相反。为了更清晰地认识、理解和应用账户，需要在账户按经济内容分类的基础上，按照用途和结构对账户进行进一步分类。按照用途和结构可将账户分成 11 小类，分别是盘存账户、结算账户、所有者投资账户、集合分配账户、跨期摊提账户、成本计算账户、收入账户、费用账户、财务成果账户、计价对比账户和调整账户。其中盘存账户、结算账户、所有者投资账户是用来反映企业资产、负债、所有者权益基本情况的，所以将这三小类账户称做基本账户。集合分配账户、跨期摊提账户、成本计算账户、收入账户、费用账户、财务成果账户和计价对比账户是用来核算和监督企业在供应、生产、销售过程中业务活动情况的，所以将这七小类账户称为业务账户。调整账户是专门用来确定某账户的账面价值而设置的账户。

一、盘存账户

盘存账户是用来核算、监督可以进行实物盘点的各项财产物资和货币资金的增减变动及其实存数额的账户。这类账户所反映的财产物资和货币资金可以通过财产清查的方法，检查实存数额与账面数额是否一致，从而保证财产物资和货币资金在保管上的安全、完整和在账簿记录上的真实、正确。盘存账户包括了企业的各项主要资产账户，如“原材料”、“库存商品”、“固定资产”、“库存现金”、“银行存款”等账户。

盘存账户的结构为，借方登记财产物资和货币资金的增加数，贷方登记财产物资和货币资金的减少数，余额一般在借方，表示财产物资和货币资金的结存数额。盘存账户的结构如图 5-2 所示。

借方　　　　　　盘存账户　　　　　　贷方

借方	贷方
期初余额：财产物资、货币资金期初实有数额 发生额：财产物资、货币资金本期增加数额	发生额：财产物资、货币资金本期减少数额
期末余额：财产物资、货币资金期末实有数额	

图 5-2　盘存账户结构图

二、结算账户

结算账户是用来核算、监督企业与其他单位或个人之间的债权、债务结算情况的账户。按照结算业务的性质以及账户的具体用途和结构，可将结算账户分为债权结算账户、债务结算账户和债权债务结算账户。

1. 债权结算账户

债权结算账户是用来核算、监督企业与其他单位或个人之间的债权增减变动和实有数额的账户，如“应收账款”、“其他应收款”等账户。

债权结算账户的结构为，借方登记债权的增加数，贷方登记债权的减少数，余额一般在借方，表示尚未收回债权的实有数额。债权结算账户的结构如图 5-3 所示。

借方　　　　债权结算账户	贷方
期初余额：债权的期初实有数额 发生额：债权的本期增加数额	发生额：债权的本期减少数额
期末余额：债权的期末实有数额	

图 5-3　债权结算账户结构图

2. 债务结算账户

债务结算账户是用来核算、监督企业与其他单位或个人之间的债务增减变动和实有数额的账户，如“应付账款”、“其他应付款”等账户。

债务结算账户的结构为，贷方登记债务的增加数，借方登记债务的减少数，余额一般在贷方，表示尚未偿付的债务的实有数额。债务结算账户的结构如图 5-4 所示。

借方　　　　债务结算账户	贷方
发生额：债务的本期减少数额	期初余额：债务的期初实有数额 发生额：债务的本期增加数额
	期末余额：债务的期末实有数额

图 5-4　债务结算账户结构图

3. 债权债务结算账户

债权债务结算账户也称往来结算账户，是用来核算、监督企业与其他单位或个人之间的债权和债务往来结算业务的账户。债权债务结算账户具有双重性质，既核算企业的债权又核算企业的债务。如预收账款业务不多的企业，可以不单独设置“预收账款”账户，而将收到的预收账款直接记入“应收账款”账户的贷方，这时的“应收账款”账户同时核算应收账款和预收账款业务，就是一个债权债务结算账户。同理，预付账款业务不多的企业，可以不单独设置“预付账款”账户，而将支付的预付账款直接记入“应付账款”账户的借方，这时的“应付账款”账户同时核算应付账款和预付账款业务，也是一个债权债务结算账户。还有的企业设置“其他往来”账户，通过该账户来反映企业的其他应收款和其他应付款的增减变动和结存情况，这时“其他往来”账户就是一个债权债务结算账户。

债权债务结算账户的结构为，借方登记债权的增加数或债务的减少数，贷方登记债权的减少数或债务的增加数，期末余额有时在借方，有时在贷方。需要注意的是，具有双重性质的债权债务账户的期末余额，无论是期末借方余额还是期末贷方余额，只是表示债权和债务相抵后的差额，而不一定表示企业债权或债务的实际金额。具体而言，债权债务结算账户的借方余额表示尚未收回的债权大于尚未偿付的债务的差额，贷方余额表示尚未偿付的债务大于尚未收回的债权的差额。债权债务结算账户的结构如图 5-5 所示。

借方　　债权债务结算账户	贷方
期初余额：期初债权大于债务的差额 发生额：本期债权增加额和本期债务减少额	期初余额：期初债务大于债权的差额 发生额：本期债务增加额和本期债权减少额
期末余额：期末债权大于债务的差额	期末余额：期末债务大于债权的差额

图 5-5　债权债务结算账户结构图

三、所有者投资账户

所有者投资账户也称资本账户，是用来核算、监督所有者投入到企业的资本及其增减变动、结存等所有者权益情况的账户，如“实收资本”、“资本公积”等账户。

所有者投资账户的结构为，贷方登记所有者权益的增加数，借方登记所有者权益的减少数，余额一般在贷方，表示所有者权益的实有数额。所有者投资账户的结构如图 5-6 所示。

借方　　所有者投资账户	贷方
发生额：所有者权益的本期减少数额	期初余额：所有者权益的期初实有数额 发生额：所有者权益的本期增加数额
	期末余额：所有者权益的期末实有数额

图 5-6　所有者投资账户结构图

四、集合分配账户

集合分配账户是用来归集、分配企业生产经营过程中某一阶段所发生的有关费用，借以反映和监督有关费用计划执行情况和分配情况的账户，如“制造费用”账户。由于企业在生产经营过程中会发生应由各个成本计算对象共同负担的间接费用，所以需要通过集合分配账户来将这些间接费用归集起来，然后再按照一定标准分配计入各个成本计算对象。

集合分配账户的结构为，借方登记费用的发生数额，贷方登记费用的分配数额，期末余额一般为零。集合分配账户的结构如图 5-7 所示。

借方　　集合分配账户	贷方
发生额：归集本期间接费用数额	发生额：分配给受益对象应负担的费用数额

图 5-7　集合分配账户结构图

五、跨期摊提账户

跨期摊提账户是用来核算、监督企业应由若干个会计期间共同负担的费用，并将这些费用在各个会计期间进行分摊或预提的账户。设置跨期摊提账户的目的，在于按照权责发生制和配比原则，将企业生产经营过程中发生的、应由若干个会计期间共同负担的费用严格划分归属期，并合理地分摊到各个受益期。如“待摊费用”和“预提费用”账户。

“待摊费用”账户具有资产性质，用来核算本期已经支付，但应由本期和以后各期共同分摊的各项费用。“待摊费用”账户的结构为，借方登记企业发生的需要由本期和以后各期共同负担的大额费用，贷方登记实际摊销的费用数额，余额一般在借方，表示尚未摊销的费用数额。“待摊费用”账户的结构如图 5-8 所示。

借方　　“待摊费用”账户	贷方
期初余额：期初已支付但尚未摊销的费用数额 发生额：本期支付的需要摊销的费用数额	发生额：本期摊销的费用数额
期末余额：期末已支付但尚未摊销的费用数额	

图 5-8　“待摊费用”账户结构图

“预提费用”账户具有负债性质，用来核算本期预先提前计入费用，但在以后期间才支付的各项费用。“预提费用”账户的结构为，贷方登记费用的预提数额，借方登记实际支付的数额，余额一般在贷方，表示已经预提但尚未支付的费用数额。“预提费用”账户的结构如图 5-9 所示。

借方	"预提费用"账户	贷方
发生额：本期支付的费用数额		期初余额：期初已预提但尚未支付的费用数额 发生额：本期预提的费用数额
		期末余额：期末已预提但尚未支付的费用数额

图 5-9　"预提费用"账户结构图

六、成本计算账户

成本计算账户是用来归集企业生产经营过程中某一阶段所发生的全部费用，并据以计算、确定各个成本计算对象实际成本的账户，如"生产成本"、"在建工程"、"物资采购"等账户。

成本计算账户的结构为，借方登记应计入成本的全部费用数额，贷方登记结转已完工产品、工程项目或已入库材料的实际成本，余额一般在借方，表示尚未完工的在产品、工程项目或尚未入库的在途材料的实际成本。成本计算账户的结构如图 5-10 所示。

借方	成本计算账户	贷方
期初余额：期初在产品、在建工程或在途材料的实际成本 发生额：本期发生的需要计入成本的费用数额		发生额：结转已完工或已入库的在产品、在建工程或在途材料的实际成本
期末余额：期末在产品、在建工程或在途材料的实际成本		

图 5-10　成本计算账户结构图

七、收入账户

收入账户是用来核算和监督企业在一定时期内所发生的、应计入本期损益的各种收入的账户，如"主营业务收入"、"其他业务收入"等账户。

收入账户的结构为，贷方登记本期收入的增加额，借方登记结转到"本年利润"账户贷方的收入减少额，余额一般为零。收入账户的结构如图 5-11 所示。

借方	收入账户	贷方
发生额：结转到"本年利润"账户的数额		发生额：本期收入的增加额

图 5-11　收入账户结构图

八、费用账户

费用账户是用来核算和监督企业在一定时期内所发生的、应计入本期损益的各项费用的账户，如“主营业务成本”、“销售费用”、“管理费用”、“财务费用”、“所得税费用”等账户。

费用账户的结构为，借方登记本期费用的增加额，贷方登记结转到“本年利润”账户借方的费用减少额，余额一般为零。费用账户的结构如图 5-12 所示。

借方　　　费用账户	贷方
发生额：本期费用的增加额	发生额：结转到“本年利润”账户的数额

图 5-12　费用账户结构图

九、财务成果账户

财务成果账户是用来核算和监督企业在一定时期内全部经营活动最终财务成果的账户，如“本年利润”账户。

财务成果账户的结构为，贷方登记转入的收入数额，借方登记转入的费用数额。期末余额如果在贷方，表示实现的利润总额；期末余额如果在借方，则表示发生的亏损总额。财务成果账户的结构如图 5-13 所示。

借方　　　财务成果账户	贷方
发生额：转入的费用数额	发生额：转入的收入数额
期末余额：发生的亏损总额	期末余额：实现的利润总额

图 5-13　财务成果账户结构图

十、计价对比账户

计价对比账户是用来对某项经济业务，按照两种不同的计价标准进行对比，借以确定其业务成果的账户。

计价对比账户的结构为，借方登记某项经济业务的一种计价，贷方登记该项业务的另一种计价，期末将两种计价对比，确定成果。如工业企业对存货按计划成本核算时设置的“物资采购”账户，该账户的借方登记外购材料的实际成本，贷方登记入库时外购材料的计划成本，期末借方余额，说明外购材料的实际成本大于计划成本，出现超支差异；期末贷方余额，说明外购材料的实际成本小于计划成本，出现节约差异。计价对比账户的结构如图 5-14 所示。

借方	计价对比账户 贷方
发生额：业务的第一种计价	发生额：业务的第二种计价
期末余额：第一种计价大于第二种计价的差额	期末余额：第二种计价大于第一种计价的差额

图 5-14 计价对比账户结构图

十一、调整账户

调整账户是用来调整有关账户的账面余额，以求得被调整账户实际余额的账户。在会计核算中，由于管理的需要或其他原因，有时需要对某些会计要素开设两个账户进行记录，其中一个账户用来反映原始数额，另一个账户用来反映对原始数额的调整数额。将原始数额与调整数额相加或相减，即可求得调整后的实际数额。这两个账户中，反映原始数额的账户称做被调整账户，反映调整数额的账户称做调整账户。调整账户不能离开被调整账户单独存在，它与被调整账户反映的内容是不可分割的。

调整账户按其调整方式的不同，可分为备抵账户、附加账户和备抵附加账户三类。

1. 备抵账户

备抵账户是用来抵减被调整账户的余额，以求得被调整账户实际余额的账户。备抵账户的调整方式如下：

被调整账户账面余额 - 备抵账户账面余额 = 被调整账户实际余额

备抵账户的结构为，备抵账户与被调整账户表示的含义相反，记账的方向和期末余额也相反。具体而言，如果被调整账户的余额在借方，备抵账户的余额一定在贷方；如果被调整账户的余额在贷方，备抵账户的余额一定在借方。

如企业设置“固定资产”账户反映固定资产的原值，设置“累计折旧”账户反映固定资产因为使用累计减少的价值。“固定资产”账户和“累计折旧”账户按照经济内容分类都属于资产类，但表示的含义相反，记账的方向和期末余额的方向也相反，“固定资产”账户的借方期末余额表示固定资产的原始价值，“累计折旧”账户的贷方期末余额表示固定资产的累计折旧额，两者相抵，即可求得固定资产的净值。“累计折旧”账户就属于“固定资产”账户的备抵账户。备抵账户与被调整账户的抵减方式如图 5-15 所示。

2. 附加账户

附加账户是用来调增被调整账户的账面余额，以求得被调整账户实际余额的账户。附加账户的调整方式如下：

被调整账户账面余额 + 附加账户账面余额 = 被调整账户的实际余额

附加账户的结构为，附加账户与被调整账户的余额方向一致，即如果被调整账户的余额在借方，附加账户的余额一定也在借方，如果被调整账户的余额在贷方，附加账户的余额一定也在贷方。

借方　　被调整账户　　贷方
余额：某项经济活动的原始数额

借方　　备抵账户　　贷方
余额：该项经济活动的抵减数额

图 5-15　备抵账户结构图

在我国目前的会计核算中，基本没有设置附加账户的实例。附加账户与被调整账户的附加方式如图 5-16 所示。

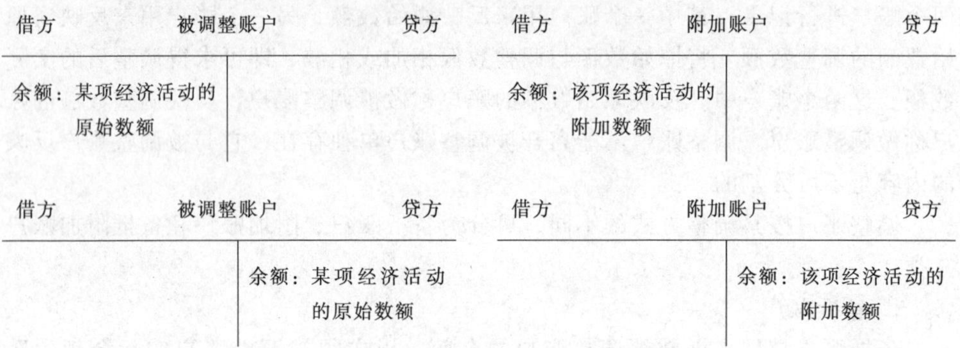

图 5-16　附加账户结构图

3. 备抵附加账户

备抵附加账户是既可用来调增又可用来调减被调整账户的余额，以求得被调整账户实际余额的账户。当备抵附加账户的余额与被调整账户的余额方向相反时，备抵附加账户具有备抵性质，起抵减作用，其调整方式与备抵账户相同；当备抵附加账户的余额与被调整账户的余额一致时，备抵附加账户具有附加性质，起附加作用，其调整方式与附加账户相同。

如工业企业对存货采用计划成本进行明细分类核算时，需要设置“物资采购”、“原材料”和“材料成本差异”账户来分别反映外购材料的实际成本、计划成本和实际成本与计划成本的差异额。期末将“原材料”账户反映的计划成本调整为实际成本时，需要考虑“材料成本差异”账户的期末余额方向。如果“材料成本差异”账户的余额在借方，就说明出现了超支差异，应将其与“原材料”账户的借方余额相加；如果“材料成本差异”账户的余额在贷方，就说明出现了节约差异，应将其从“原材料”账户的借方余额中减去。因此，“材料成本差异”账户就属于备抵附加账户，当“材料成本差异”账户余额的方向与“原材料”账户余额的方向一致时，该账户起附加作用；当“材料成本差异”账户余额的方向与“原材料”账户余额的方向相反时，该账户起备抵作用。

账户按用途和结构的分类如图 5-17 所示。

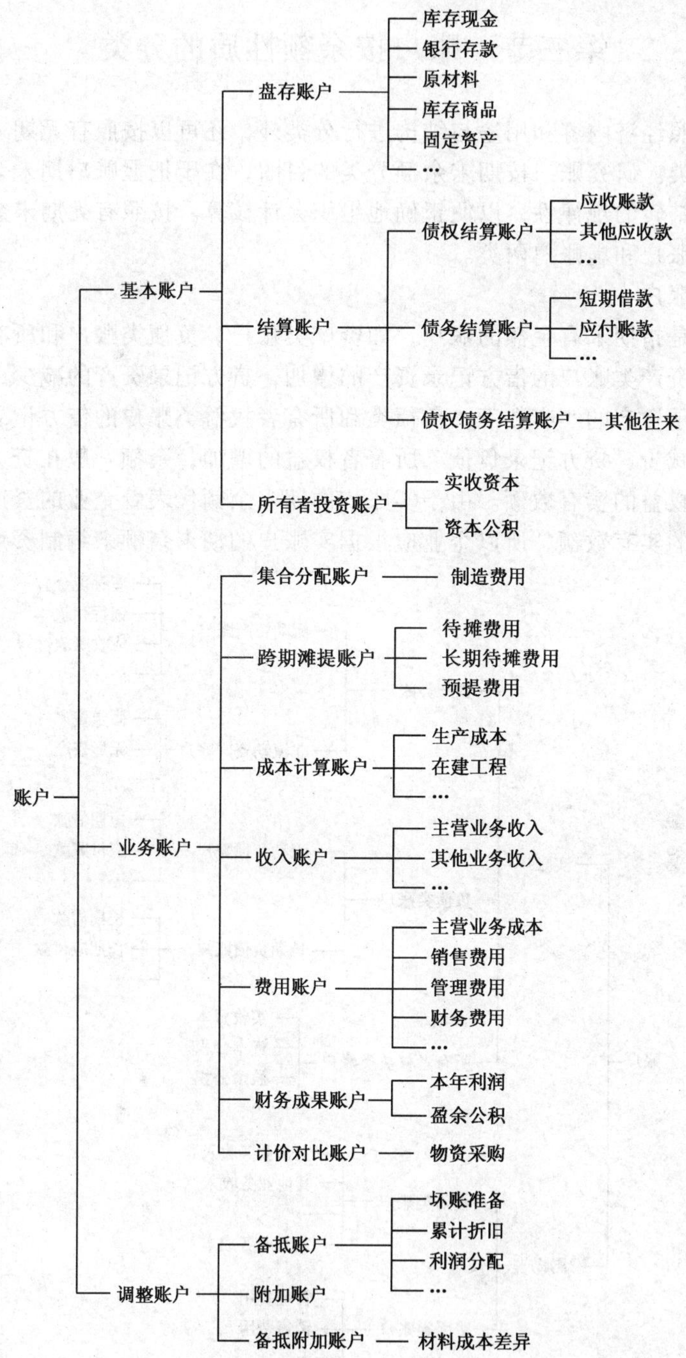

图 5-17 账户按用途和结构的分类

第三节　账户按余额性质的分类

除了按照经济内容和用途与结构进行分类外，还可以按照有无期末余额来对账户进行分类。研究账户按期末余额分类的目的，在于把握账户期末余额代表的内容及期末结转的规律性，以便正确地组织会计核算。按照有无期末余额，可将账户分成实账户和虚账户两类。

一、实账户

实账户是指期末有余额的账户，如资产类账户、负债类账户和所有者权益类账户。其中资产类账户的借方记录资产的增加，贷方记录资产的减少，余额一般在借方，表示资产的实有数额。负债类和所有者权益类账户的借方记录负债、所有者权益的减少，贷方记录负债、所有者权益的增加，余额一般在贷方，表示负债、所有者权益的实有数额。由于实账户的期末余额代表着企业的资产、负债和所有者权益的实有数额，所以企业应根据实账户的期末余额来编制资产负债表。

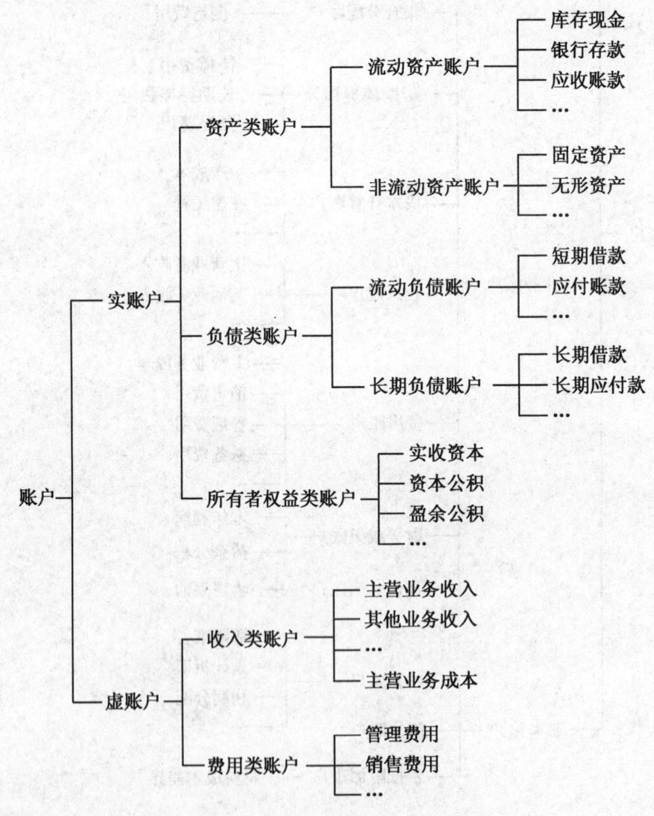

图 5-18　账户按余额性质的分类

二、虚账户

虚账户是指期末无余额的账户，如收入类账户、费用类账户。收入类账户的贷方记录收入的增加，在会计期末，需要将收入类账户的本期发生额结转到“本年利润”账户的贷方，所以收入类账户的期末余额为零，收入类账户属于虚账户。费用类账户的借方记录费用的增加，在会计期末，需要将费用类账户的本期发生额结转到“本年利润”账户的借方，所以费用类账户的期末余额为零，费用类账户属于虚账户。由于虚账户的发生额反映企业的损益情况，所以企业应根据虚账户的本期发生额来编制损益表。账户按余额性质的分类如图 5-18 所示。

本章小结

为了更好地理解和运用账户，必须对账户加以分类。

按照经济内容可以将账户分成六大类，分别是资产类、负债类、所有者权益类、收入类、费用类和利润类。

按照用途和结构可以将账户分成 11 类，分别是盘存账户、结算账户、所有者投资账户、集合分配账户、跨期摊提账户、成本计算账户、收入账户、费用账户、财务成果账户、计价对比账户和调整账户。其中盘存账户是用来核算财产物资和货币资金的账户；结算账户可分成债权结算账户、债务结算账户和债权债务结算账户；所有者投资账户包括“实收资本”、“资本公积”等账户；集合分配账户的例子是“制造费用”账户；跨期摊提账户包括“待摊费用”、“长期待摊费用”、“预提费用”等账户；成本计算账户包括“生产成本”、“在建工程”等账户；收入账户和费用账户余额为零，因为期末需要将其结转到“本年利润”账户；财务成果账户的例子为“本年利润”账户；计价对比账户是在借方按一种价格进行登记，在贷方采用另一种价格进行登记的账户；调整账户包括备抵账户、附加账户和备抵附加账户三类，当调整账户和被调整账户余额的方向相同时，调整账户属于附加账户，当调整账户和被调整账户余额的方向相反时，调整账户属于备抵账户。

按照账户余额性质（有无期末余额），可以将账户分成实账户和虚账户两类。实账户是期末有余额的账户，包括资产类、负债类和所有者权益类账户；虚账户是期末无余额的账户，包括收入类和费用类等账户。

思 考 题

1. 为什么要对账户进行分类？
2. 账户主要有几种分类方法？分别是什么？

3. 账户按经济内容可分成几类？分别是什么？

4. 账户按用途和结构可分成几类？分别是什么？

5. 账户按有无期末余额可分成几类？分别是什么？

6. 简述盘存账户的概念和记账结构。

7. 简述所有者投资账户的概念和记账结构。

8. 简述调整账户的概念和特点。

9. 简述调整账户的种类和调整方式。

10. 简述计价对比账户的概念和记账结构。

11. 简述结算账户的概念、种类和记账结构。

12. 什么是实账户？哪些账户属于实账户？

13. 什么是虚账户？哪些账户属于虚账户？

14. 简述集合分配账户的概念和记账结构。

15. 简述成本计算账户的概念和记账结构。

16. 简述收入类账户的概念和记账结构。

17. 简述费用类账户的概念和记账结构。

练 习 题

一、单项选择题

1. “银行存款”账户按照用途和结构分类，所属账户的类别是（　　）。

A. 资产类　B. 所有者投资　C. 盘存　D. 结算

2. “制造费用”账户按照用途和结构分类，所属账户的类别是（　　）。

A. 费用类　B. 成本计算　C. 集合分配　D. 计价对比

3. “主营业务成本”账户按照用途和结构分类，所属账户的类别是（　　）。

A. 费用类　B. 成本计算　C. 集合分配　D. 财务成果

4. “累计折旧”账户按照经济内容分类，所属账户的类别是（　　）。

A. 资产类　B. 费用类　C. 成本计算　D. 负债类

5. “应收利息”账户按照经济内容分类，所属账户的类别是（　　）。

A. 集合分配　B. 费用类　C. 成本计算　D. 负债类

6. “应收账款”账户按照有无期末余额分类，所属账户的类别是（　　）。

A. 资产类　B. 实账户　C. 结算类　D. 虚账户

7. “固定资产”账户按照用途和结构分类，所属账户的类别是（　　）。

A. 资产类　B. 盘存类　C. 所有者投资　D. 所有者权益

8. “生产成本”账户按照用途和结构分类，所属账户的类别是（　　）。

A. 集合分配　B. 成本计算　C. 费用类　D. 资产类

9. “物资采购”账户按照经济内容分类，所属账户的类别是（　　）。

A. 资产类　B. 计价对比　C. 成本计算　D. 费用类

10. “材料成本差异”账户按照反映的经济内容分类，所属账户的类别是（　　）。

A. 备抵　B. 附加　C. 资产类　D. 负债类

二、多项选择题

1. 下列账户中，属于资产类账户的有（　　）。

A. 坏账准备　B. 累计折旧　C. 物资采购　D. 存入保证金　E. 预收账款

2. 下列账户中，属于负债类账户的有（　　）。

A. 预付账款　B. 累计折旧　C. 短期投资　D. 存入保证金　E. 预收账款

3. 下列账户中，属于盘存账户的有（　　）。

A. 银行存款　B. 固定资产　C. 库存商品　D. 应收账款　E. 其他应收款

4. 下列账户中，属于所有者投资账户的有（　　）。

A. 实收资本　B. 银行存款　C. 短期投资　D. 资本公积　E. 盈余公积

5. 下列账户中，属于成本计算账户的有（　　）。

A. 制造费用　B. 生产成本　C. 物资采购　D. 在建工程　E. 主营业务成本

6. 下列账户中，属于费用类账户的有（　　）。

A. 营业税金及附加　B. 管理费用　C. 所得税费用　D. 营业外支出　E. 主营业务成本

7. 下列账户中，属于实账户的有（　　）。

A. 原材料　B. 资本公积　C. 短期借款　D. 主营业务收入　E. 主营业务成本

8. 下列账户中，属于调整账户的有（　　）。

A. 固定资产　B. 累计折旧　C. 物资采购　D. 材料成本差异　E. 应收账款

9. 下列账户中，属于债权结算账户的有（　　）。

A. 应收账款　B. 预付账款　C. 应付账款　D. 其他应收款　E. 预收账款

10. 下列账户中，属于成本计算账户的有（　　）。

A. 制造费用　B. 生产成本　C. 应收账款　D. 在建工程　E. 管理费用

三、判断题

1. 调整账户和被调整账户余额的方向相同时，调整账户属于备抵账户。（　　）

2. 调整账户依附于被调整账户，不能单独存在。（　　）

3. “银行存款”账户按照经济内容分类属于资产类账户，按照用途和结构分类属于所有者投资账户，按照期末余额分类属于实账户。（　　）

4. 从性质上讲，利润类账户也属于所有者权益类账户。（　　）

5. “待摊费用”账户按照经济内容分类属于资产类账户，按照用途和结构分类属于集合分配账户，按照余额性质分类属于虚账户。（　　）

6. “应收账款”账户按照用途和结构分类属于资产类账户，按照经济内容分类属于结算类账户。（　　）

7. “累计折旧”账户按照经济内容分类属于资产类账户，所以该账户的借方登记增加额，贷方登记减少额，余额一般在借方。（　　）

8. 收入类账户一般没有余额，因为期末需要把该账户的本期发生额结转到“本年利润”账户的借方。（　　）

9. “应收账款”和“预收账款”账户都属于资产类账户。（　　）

10. “预付账款”和“应付账款”账户都属于实账户。（　　）

第六章　会计凭证与会计账簿

本章内容要点

登记账簿要以会计凭证为依据，编制财务会计报告要以会计账簿为依据，填制与审核会计凭证、登记账簿是会计核算的基本方法。本章主要阐述会计凭证的种类、填制与审核，介绍原始凭证和记账凭证的基本构成要素、典型格式以及编制方法，阐述会计账簿的种类与登记规则，介绍日记账、分类账、备查簿、三栏式账簿、多栏式账簿、数量金额式账簿的基本格式和登记要求，可以对会计凭证和会计账簿有一个整体而细致的了解，为编制财务会计报告奠定基础知识。

第一节　会 计 凭 证

一、会计凭证的含义与分类

1. 会计凭证的含义

会计凭证是记录交易、事项，明确经济责任的书面证明，也是登记账簿的依据。

任何单位在处理任何交易、事项时，都必须由执行和完成该项交易、事项的有关人员，从单位外部取得或自行填制有关凭证，以书面形式记录和证明所发生交易、事项的性质、内容、数量、金额等，并在凭证上签名或盖章，以对交易、事项的合法性和凭证的真实性、正确性负责。任何会计凭证都必须经过有关人员的严格审核、确认无误后，才能作为记账的依据。合法地取得、正确地填制和审核会计凭证，是会计核算的基本方法，也是会计核算工作的起点，在会计核算中具有十分重要的意义。

（1）记录交易、事项，提供记账依据。会计凭证是会计信息的基本源泉，是登记账簿的依据，会计凭证所记录有关信息是否真实、可靠、及时，对于能否保证会计信息质量，具有至关重要的影响。

（2）明确经济责任，强化内部控制。任何会计凭证除记录有关交易、事项的基本内容外，还必须由有关部门和人员签名或盖章，对会计凭证所记录交易、事项的真实性、正确性、合法性、合理性负责，以防止舞弊行为，强化内部控制。

（3）监督经济活动，控制经济运行。通过会计凭证的审核，可以查明每一项交易、事项是否符合国家有关法律、法规、制度规定，是否符合计划、预算进度，是否有违法乱纪、铺张浪费行为等。对于查出的问题，应积极采取措施予以纠正，实现对经济活动的事中控制，促进经济活动健康运行。

2. 会计凭证的分类

会计凭证按照编制的程序和用途不同，分为原始凭证和记账凭证两类。原始凭证也称单据，是在交易、事项发生或完成时取得或者填制的，用以记录或证明交易、事项的发生或者完成情况的原始凭据。原始凭证是会计核算的原始资料和重要依据。记账凭证是会计人员根据审核无误的原始凭证，按照交易、事项的内容加以归类，并据以确定会计分录后所填制的会计凭证，它是登记账簿的直接依据。记账凭证也称记账凭单，它根据复式记账法的基本原理，确定了应借、应贷的会计科目及其金额，将原始凭证中的一般数据转化为会计语言，是介于原始凭证与账簿之间的中间环节，是登记明细分类账户和总分类账户的依据。

二、原始凭证

（一）原始凭证的基本内容

由于交易、事项的种类和内容不同，经营管理的要求不同，原始凭证的格式和内容也千差万别。但无论何种原始凭证，都必须做到所载明的交易、事项清晰，经济责任明确，具备以下基本内容（也称原始凭证要素）：①原始凭证名称。②填制原始凭证的日期。③接受原始凭证单位名称。④交易、事项业务内容（数量、单价、金额）。⑤填制单位签章。⑥有关人员签名或盖章。⑦凭证附件。

在实际工作中，根据经营管理和特殊业务的需要，除上述基本内容外，可以增加必要的内容。对于不同单位经常发生的共同性交易、事项，有关部门可以制定统一的凭证格式。如中国人民银行统一制定的银行转账结算凭证，标明了结算双方单位名称、账号等内容；铁道部统一制定的铁路运单，标明了发货单位、收货单位、提货方式内容等。

（二）原始凭证的种类

1. 原始凭证按照来源分类

（1）外来原始凭证。它是指在交易、事项发生或完成时，从其他单位或个人直接取得的原始凭证，如购买货物取得的增值税专用发票（见表6-1）及铁路运单、向外单位支付款项时取得的收据（见表6-2）、职工出差取得的飞机票、火车票等。

（2）自制原始凭证。它是指由本单位内部经办业务的部门和人员，在执行或完成某项交易、事项时填制的，仅供本单位内部使用的原始凭证。如收料单、

表 6-1 北京市增值税专用发票

发票联 №.06625651

开票日期：年 月 日

购货单位	名 称		税务登记号				
	地址、电话		开户银行及账号				
货物或应税劳务名称	规格型号	计量单位	数量	单价	金额	税率（%）	金额
合 计							
价税合计	拾 万 仟 佰 拾 元 角 分 ￥						
备 注							
销货单位	名 称		税务登记号				
	地址、电话		开户银行及账号				

销货单位（章）： 收款人： 复核： 开票人：

表 6-2 收 据

年 月 日 №.

付款单位：

人民币（大写）________ ￥________

付款事由：

经手人： 审核人： 出纳： 收款单位：

领料单（见表6-3）、限额领料单（见表6-4）、产品入库单、产品出库单、借款单、工资发放明细表、折旧计算表等。

表 6-3 领 料 单

领料部门： 领料编号：

领料用途： 年 月 日 发料仓库：

材料编号	材料名称及规格	数量		单价	金 额
		请领	实领		
备 注				合 计	

发料人： 审批人： 领料人： 记账：

表 6-4　限额领料单

领料部门：　　　　　　　　　　　　　　　　　　　　　　　领料编号：

领料用途：　　　　　　　　年　月　日　　　　　　　　　　发料仓库：

材料类别	材料编号	材料名称及规格	计量单位	领用限额	实际领用	单价	金额	备注

供应部门负责人：　　　　　　　　　　　　生产计划部门负责人：

日期	领用				退料			限额结余
	请领数量	实发数量	发料人签章	领料人签章	退料数量	退料人签章	收料人签章	

2. 原始凭证按照填制手续及内容分类

（1）一次凭证。它是指一次填制完成，只记录一笔交易、事项的原始凭证。如收据、领料单、收料单、发货票、借款单、银行结算凭证等。一次凭证是一次有效的凭证。

（2）累计凭证。它是指在一定时期内多次记录发生的同类型交易、事项的原始凭证。其特点是，在一张凭证内可以连续登记相同性质的交易、事项，随时结出累计数及结余数，并按照费用限额进行费用控制，期末按实际发生额记账。累计凭证是多次有效的原始凭证。具有代表性的累计凭证是限额领料单。

（3）汇总凭证。它是指对一定时期内反映交易、事项内容相同的若干张原始凭证，按照一定标准综合填制的原始凭证。汇总凭证合并了同类型交易、事项，简化了记账工作量。常用的汇总凭证有发出材料汇总表（见表 6-5）、工资结算汇总表、差旅费报销单（见表 6-6）等。

3. 原始凭证按照格式分类

（1）通用凭证。它是指由有关部门统一印制、在一定范围内使用的具有统一格式和使用方法的原始凭证。通用凭证的使用范围，因制作部门不同而异。可以是某一地区、某一行业，也可以是全国通用。如某省（市）印制的“发货票”、“收据（见表 6-7）”等，在该省（市）通用；由中国人民银行制作的银行转账结算凭证，在全国通用等。

（2）专用凭证。它是指由单位自行印制，仅在本单位内部使用的原始凭证。如“领料单”、“差旅费报销单”、“折旧计算表”、“工资费用分配表”等。

（三）原始凭证的填制与审核

表 6-5　发出材料汇总表

年　月　日

会计科目	领料部门	领用材料			
		原材料	包装物	低值易耗品	合计
生产成本	一车间 二车间				
	小计				
	供电车间 供水车间				
	小计				
制造费用	一车间 二车间				
	小计				
管理费用	行政管理部门				
	合计				

为了如实地反映交易、事项的发生和完成情况，充分发挥会计的监督职能，保证会计信息的真实性、可靠性和正确性，应该按照正规方法填制原始凭证，并由有关人员严格审核。具体要求包括：

1. 真实性

原始凭证作为会计信息的基本信息源，其真实性对会计信息的质量具有至关重要的影响。其真实性包括凭证日期真实、业务内容真实、数据真实等。从外单位取得的原始凭证，必须盖有填制单位的公章；从个人取得的原始凭证，必须有填制人员的签名或者盖章；自制原始凭证必须有经办单位领导人或者其指定的人员签名或者盖章。对外开出的原始凭证，必须加盖本单位公章。购买实物的原始凭证，必须有验收证明。支付款项的原始凭证，必须有收款单位和收款人的收款证明。此外，应审核凭证本身的真实性，防止以假冒的原始凭证记账。

从外单位取得的原始凭证如有遗失，应当取得原开出单位盖有公章的证明，并注明原来凭证的号码、金额和内容等，由经办单位会计机构负责人、会计主管人员和单位领导人批准后，才能代作原始凭证。如果确实无法取得证明的，如火车、轮船、飞机票等凭证，由当事人写出详细情况，由经办单位会计机构负责人、会计主管人员和单位领导人批准后，代作原始凭证。

2. 合法性

原始凭证所记录的交易、事项应符合国家法律、法规的规定，符合规定的审核权限，履行规定的凭证传递和审查程序。

表 6-6 差旅费报销单

部门　　　　　　　　　　　　　　年　月　日

<table>
<tr><td colspan="4">出差人</td><td colspan="5"></td><td colspan="3">出差事由</td><td colspan="3"></td></tr>
<tr><td colspan="4">出发</td><td colspan="4">到达</td><td rowspan="2">交通工具</td><td colspan="2">车船费</td><td colspan="2">出差补贴</td><td colspan="3">其他费用</td></tr>
<tr><td>月</td><td>日</td><td>时</td><td>地点</td><td>月</td><td>日</td><td>时</td><td>地点</td><td>单据张数</td><td>金额</td><td>天数</td><td>金额</td><td>项目</td><td>单据张数</td><td>金额</td></tr>
<tr><td></td><td></td><td></td><td></td><td></td><td></td><td></td><td></td><td></td><td></td><td></td><td></td><td></td><td>住宿费</td><td></td><td></td></tr>
<tr><td></td><td></td><td></td><td></td><td></td><td></td><td></td><td></td><td></td><td></td><td></td><td></td><td></td><td>市内车费</td><td></td><td></td></tr>
<tr><td></td><td></td><td></td><td></td><td></td><td></td><td></td><td></td><td></td><td></td><td></td><td></td><td></td><td>邮电费</td><td></td><td></td></tr>
<tr><td></td><td></td><td></td><td></td><td></td><td></td><td></td><td></td><td></td><td></td><td></td><td></td><td></td><td>办公用品费</td><td></td><td></td></tr>
<tr><td></td><td></td><td></td><td></td><td></td><td></td><td></td><td></td><td></td><td></td><td></td><td></td><td></td><td>不买卧铺补贴</td><td></td><td></td></tr>
<tr><td></td><td></td><td></td><td></td><td></td><td></td><td></td><td></td><td></td><td></td><td></td><td></td><td></td><td>其　他</td><td></td><td></td></tr>
<tr><td colspan="9">合　计</td><td></td><td></td><td></td><td></td><td></td><td></td><td></td></tr>
<tr><td rowspan="2">报销总额</td><td colspan="5" rowspan="2">人民币
仟　佰　拾　元　角　分
(大写)</td><td colspan="2" rowspan="2">预借旅费</td><td colspan="3" rowspan="2">￥</td><td colspan="2">补领金额</td><td colspan="2">￥</td></tr>
<tr><td colspan="2">归还金额</td><td colspan="2">￥</td></tr>
</table>

部门主管：　　　　　　　　审核：　　　　　报销人：

表 6-7 天津市财政局统一收据

<table>
<tr><td>年　月　日　　　　　　编号：
今收到＿＿＿＿＿＿＿＿＿＿＿＿＿＿＿＿＿＿＿＿
交来＿＿＿＿＿＿＿＿＿＿＿＿＿＿＿＿＿＿＿＿＿
人民币（大写）＿＿＿＿＿＿＿＿＿＿＿＿＿＿＿＿
收款单位
公章　　　　　　　受款人：　　　　　　交款人：</td></tr>
</table>

注：本收据只作为一切单位之间的"应收应付款"、"暂收暂付款"结算往来账款凭证。不得以本收据代替发票使用。

3. 合理性

原始凭证所记录的交易、事项应该符合经济性与技术性相结合原则、符合节约性原则、符合计划性原则等，会计人员应为提高经济效益严把财务关。

4. 完整性

它主要是指各项基本要素齐全，日期完整，数字清晰，文字工整，有关人员签章齐全，凭证联次正确等。一式几联的原始凭证，应当注明各联的用途，只能以一联作为报销凭证。一式几联的发票和收据，必须用双面复写纸（发票和收据本身具备复写纸功能的除外）套写，并连续编号。作废时应当加盖“作废”戳记，连同存根一起保存，不得撕毁。发生销货退回的，除填制退货发票外，还必须有退货验收证明；退款时，必须取得对方的收款收据或者汇款银行的凭证，不得以退货发票代替收据。职工出差借款凭证，必须附在记账凭证之后。收回借款时，应当另开收据。经上级有关部门批准的交易、事项，应当将批准文件作为原始凭证附件。如果批准文件需要单独归档的，应当在凭证上注明批准机关名称、日期和文件字号。

5. 正确性

它主要包括各项目的文字书写与数字书写正确，后者包括阿拉伯数字的书写和汉字大写数字的书写两个方面。

（1）阿拉伯数字的书写。阿拉伯数字应当一个一个地写，不得连笔写。阿拉伯金额数字前面应当书写货币币种符号或者货币名称简写和币种符号。币种符号与阿拉伯金额数字之间不得留有空白。凡阿拉伯数字前写有币种符号的，数字后面不再写货币单位。所有以元为单位的阿拉伯数字，除表示单价等情况外，一律填写到角分；无角分的，角位和分位可写“00”，或者符号“—”；有角无分的，分位应当写“0”，不得用符号“—”代替。

（2）汉字大写数字的书写。汉字大写数字金额如零、壹、贰、叁、肆、伍、陆、柒、捌、玖、拾、佰、仟、万、亿等，一律用正楷或者行书体书写，不得用〇、一、二、三、四、五、六、七、八、九、十等简化字代替，不得任意自造简化字。大写金额数字到元或者角为止的，在“元”或者“角”字之后应当写“整”字或者“正”字；大写金额数字有分的，分字后面不写“整”或者“正”字。大写金额数字前未印有货币名称的，应当加填货币名称，货币名称与金额数字之间不得留有空白。阿拉伯金额数字中间有“0”时，汉字大写金额要写“零”字；阿拉伯数字金额中间连续有几个“0”时，汉字大写金额中可以只写一个“零”字，如60 008元，应大写为“人民币陆万零捌元整”；阿拉伯金额数字元位是“0”，或者数字中间连续有几个“0”、元位也是“0”、但角位不是“0”时，汉字大写金额可以只写一个“零”字，也可以不写“零”字。如780.26元，应大写为“人民币柒佰捌拾元零贰角陆分”；60 080.20元，应大写为“人民币陆万零捌拾元贰角整”等。

原始凭证记载的各项内容均不得涂改；原始凭证有错误的，应当由出具单位重开或者更正，更正处应当加盖出具单位印章。原始凭证金额有错误的，应当由出具单位重开，不得在原始凭证上更正。

6. 及时性

原始凭证的及时性是保证会计信息及时性的基础。为此要求在交易、事项发生或完成时应及时填制有关原始凭证，及时进行凭证的传递。审核时，应注意审查凭证的填制日期，尤其像银行汇票、银行本票等时效性较强的原始凭证，更应仔细验证其签发日期。

原始凭证的审核是一项十分重要、严肃又繁琐的工作，审核后的原始凭证应根据不同情况处理：对于完全符合要求的原始凭证，应及时据以编制记账凭证入账；对于真实、合法但记载不准确、不完整的原始凭证予以退回，并要求按照国家统一的会计制度的规定更正、补充；对于不真实、不合法的原始凭证，会计人员有权不予接受，并向单位负责人报告。

三、记账凭证

（一）记账凭证的基本内容

记账凭证作为登记账簿的依据，因其所反映交易、事项的内容不同、各单位规模大小及其对会计核算繁简程度的要求不同，其格式亦有所不同。但为了满足记账的基本要求，均应具备以下基本内容或要素：①记账凭证的名称。如“收款凭证”、“付款凭证”、“转账凭证”等。②填制记账凭证的日期。③记账凭证的编号。④交易、事项的内容摘要。⑤交易、事项所涉及的会计科目及其记账方向。⑥交易、事项的金额。⑦所附原始凭证张数。⑧相关责任人签章。它包括填制凭证人员、稽核人员、记账人员、会计机构负责人、会计主管人员签名或者盖章。收款和付款记账凭证还应当由出纳人员签名或者盖章。

（二）记账凭证的种类

1. 按内容分类

记账凭证按其所反映的经济内容不同，分为专用凭证和通用凭证，前者又分为收款凭证、付款凭证和转账凭证。

收款凭证是指用于记录现金和银行存款收款业务的会计凭证，如表6-8所示。

表6-8　收款凭证　　附　张

借方科目：　　年　月　日　　收字第　号

摘　要	贷方科目		记账	金　额
	一级科目	明细科目	✓	
合　计				

会计主管：　记账：　出纳：　审核：　制单：

付款凭证是指用于记录现金和银行存款付款业务的会计凭证，如表6-9所示。

表 6-9 付款凭证

附　张

贷方科目：　　年　月　日　　付字第　号

摘　要	借方科目		记账 ✓	金　额
	一级科目	明细科目		
合　计				

会计主管：　记账：　出纳：　审核：　制单：

转账凭证是指用于记录不涉及现金和银行存款业务的会计凭证，如表 6-10 所示。

表 6-10 转账凭证

附　张

年　月　日　　转字第　号

摘　要	会计科目		记账 ✓	借方金额	贷方金额
	一级科目	明细科目			
合　计					

会计主管：　记账：　审核：　制单：

上述凭证中，收款凭证、付款凭证、转账凭证的划分，有利于区别不同交易、事项进行分类管理，有利于交易、事项的检查，但工作量较大，适用于规模较大、收付款业务较多的单位。对于交易、事项较单一，规模较小，收付款业务较少的单位，还可以采用通用凭证来记录所有交易、事项。这时，记账凭证不再区分收款、付款及转账业务，而将所有交易、事项统一编号，在同一格式的凭证中进行记录。通用凭证的格式与转账凭证基本相同，责任人中应加入出纳，如表 6-11 所示。

表 6-11 记账凭证

附　张

年　月　日　　第　号

摘　要	会计科目		记账 ✓	借方金额	贷方金额
	一级科目	明细科目			
合　计					

会计主管：　记账：　出纳：　审核：　制单：

2. 按照填列方式分类

记账凭证按照填列方式的不同，又可分为复式凭证和单式凭证。

复式凭证将每一笔交易、事项所涉及的全部会计科目及其发生额均在同一张会计凭证中反映。这是实际工作中应用最普遍的记账凭证。上述收款凭证、付款凭证和转账凭证，以及通用凭证均为复式凭证。复式凭证全面地反映了交易、事项的账户对应关系，有利于检查会计分录的正确性，但不便于会计岗位上的分工记账。

单式凭证是指每一张记账凭证只填列交易、事项所涉及的一个会计科目及其金额的记账凭证。填列借方科目的称为借项凭证，填列贷方科目的称为贷项凭证，

某项交易、事项涉及几个会计科目，就编制几张单式凭证。单式凭证反映内容单一，便于分工记账，便于按会计科目汇总，但一张凭证不能反映每一笔交易、事项的全貌，不便于检验会计分录的正确性。为此，一般采用分数编号，如2½ 表示第2笔业务共有两张凭证（分母表示该项交易、事项所使用记账凭证总数），本页是第2笔业务的第一张凭证（分子表示该张凭证的顺序）。其参考格式如表6-12、表6-13所示。

表6-12　借项记账凭证　　附　　张

对应一级科目：　　年　月　日　　编号：

摘　要	一级科目	明细科目	记账✓	金额
合　计				

会计主管：　　记账：　　出纳：　　审核：　　制单：

表6-13　贷项记账凭证　　附　　张

对应一级科目：　　年　月　日　　编号：

摘　要	一级科目	明细科目	记账✓	金额
合　计				

会计主管：　　记账：　　出纳：　　审核：　　制单：

（三）记账凭证的编制要求

（1）填制记账凭证时，应当对记账凭证进行连续编号。一笔交易、事项需

要填制两张以上记账凭证的，可以采用分数编号法编号。

（2）记账凭证可以根据每一张原始凭证填制，或者根据若干张同类原始凭证汇总填制，也可以根据原始凭证汇总表填制。但不得将不同内容和类别的原始凭证汇总填制在一张记账凭证上。

（3）除结账和更正错误的记账凭证可以不附原始凭证外，其他记账凭证必须附有原始凭证。如果一张原始凭证涉及几张记账凭证，可以把原始凭证附在一张主要的记账凭证后面，并在其他记账凭证上注明附有该张原始凭证的记账凭证的编号或者附原始凭证复印件。一张原始凭证所列支出需要几个单位共同负担的，应当将其他单位负担的部分，开给对方原始凭证分割单，进行结算。原始凭证分割单必须具备原始凭证的基本内容：凭证名称，填制凭证日期，填制凭证单位名称或者填制人姓名，经办人的签名或者盖章，接受凭证单位名称，交易、事项内容，数量，单位，金额和费用分摊情况等。

（4）如果在填制记账凭证时发生错误，应当重新填制。已经登记入账的记账凭证，在当年内发现填写错误时，可以用红字填写一张与原内容相同的记账凭证，在摘要栏注明“注销某月某日某号凭证”字样，同时再用蓝字重新填制一张正确的记账凭证，注明“订正某月某日某号凭证”字样。如果会计科目没有错误，只是金额错误，也可以将正确数字与错误数字之间的差额，另编一张调整的记账凭证，调增金额用蓝字，调减金额用红字。

（5）记账凭证填制完交易、事项后，如有空行，应当自金额栏最后一笔金额数字下的空行处至合计数上的空行处画线注销。

（四）记账凭证的编制方法

（1）收款凭证的编制。该凭证左上角的“应借科目”按收款的性质填写“库存现金”或“银行存款”；日期填写的是编制本凭证的日期；右上角填写编制收款凭证的顺序号；“摘要”填写对所记录的交易、事项的简要说明；“贷方科目”填写与收入现金或银行存款相对应的会计科目；“记账”（有时用✓表示）是指该张凭证已登记账簿的标记，防止交易、事项重记或漏记；“金额”是指该项交易、事项的发生额；该张凭证右上方“附　　张”是指本记账凭证所附原始凭证的张数（其他记账凭证的这一项目也是如此）；最下边分别由有关人员签章，以明确经济责任。

（2）付款凭证的编制。付款凭证的编制方法与收款凭证基本相同，只是左上角由“借方科目”换为“贷方科目”，凭证中间的“贷方科目”换为“借方科目”。

对于涉及“库存现金”和“银行存款”之间的交易、事项，如将现金存入银行或从银行提取现金，为了避免重复记账，一般只编制付款凭证，不编制收款凭证。出纳人员应根据会计人员审核无误的收款凭证和付款凭证办理收付款业务。

（3）转账凭证的编制。该类凭证将交易、事项中所涉及全部会计科目，按照先借后贷的顺序记入“会计科目”栏中的“一级科目”和“明细科目”，并按应借、应贷方向分别记入“借方金额”或“贷方金额”栏。其他项目的填列与收、付款凭证相同。

（4）通用凭证的编制。该凭证的编制与转账凭证基本相同。所不同的是，在凭证的编号上，采用按照发生交易、事项的先后顺序编号的方法。对于一笔交易、事项涉及两张以上记账凭证时，可以采取分数编号法。

（5）复式凭证的编制。上述凭证均属于复式凭证，其编制方法依记账凭证的上述类别而异。

（6）单式凭证的编制。为了反映交易、事项的类别，单式凭证也可以采用收、付、转三类编号法，注明“收字第×号”、“付字第×号”、“转字第×号”，而每一笔交易、事项又必须编制两张以上单式凭证，因此在其编号上应采用分数编号。其他项目的填列与复式凭证基本相同。

（五）记账凭证的审核

为了保证会计信息的质量，在记账之前应由有关稽核人员对记账凭证进行严格的审核。其审核的主要内容如下：

（1）内容是否真实。审核记账凭证是否有原始凭证为依据，所附原始凭证的内容与记账凭证的内容是否一致，汇总凭证与其所依据的记账凭证是否一致等。

（2）项目是否齐全。审核记账凭证各项目的填写是否齐全，如日期、凭证编号、摘要、会计科目、金额、附原始凭证张数及有关人员签名或盖章等。此外，出纳人员在办理收款或付款业务后，应在凭证上加盖“收讫”或“付讫”的戳记，以避免重收重付。

（3）科目是否正确。审核记账凭证的应借、应贷科目是否正确，是否有明确的账户对应关系，所使用的会计科目是否符合有关会计制度的规定等。

（4）金额是否正确。审核记账凭证所记录的金额与原始凭证的有关金额是否一致，汇总记账凭证的金额与记账凭证的金额合计是否相符，原始凭证中的数量、单价、金额计算是否正确等。

（5）书写是否正确。审核记账凭证中的记录是否文字工整、数字清晰，是否按规定使用蓝黑墨水，是否按规定进行更正等。

（6）实行会计电算化的单位，对于机制记账凭证，要认真审核，做到会计科目使用正确，数字准确无误，打印出的机制记账凭证要加盖制单人员、审核人员、记账人员及会计机构负责人、会计主管人员印章或者签字。

上述会计凭证的分类图如图6-1所示。

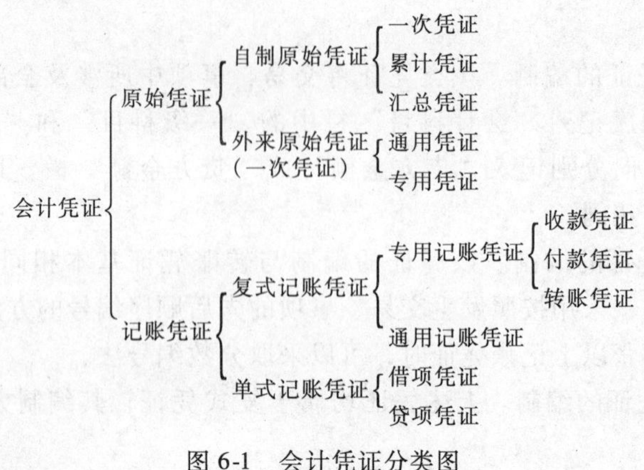

图 6-1　会计凭证分类图

第二节　会 计 账 簿

一、会计账簿的含义与分类

（一）会计账簿的含义

通过对会计凭证的填制与审核，可以将每天发生的交易、事项进行如实、正确的记录，明确其经济责任。但会计凭证数量繁多、信息分散，并缺乏连续性、系统性，不便于会计信息的整理与报告。为了全面、系统、连续地核算和监督单位的经济活动及其财务收支情况，应设置会计账簿。

会计账簿（简称账簿）是指由一定格式账页组成的，以会计凭证为依据，全面、系统、连续地记录各项交易、事项的簿籍。设置和登记账簿，是编制会计报表的基础，是联结会计凭证与会计报表的中间环节，在会计核算中具有十分重要的意义。

（1）通过账簿的设置和登记，记载、储存会计信息。将会计凭证所记录的交易、事项，一一记入有关账簿，可以全面地反映会计主体在一定时期内所发生的各项资金运动，储存所需要的各项会计信息。

（2）通过账簿的设置和登记，分类、汇总会计信息。账簿由不同的相互关联的账户所构成，通过账簿记录，一方面可以分门别类地反映各项会计信息，提供一定时期内经济活动的详细情况，另一方面可以通过发生额合计、余额计算，提供各方面所需要的总括会计信息，反映财务状况及经营成果的综合价值指标。

（3）通过账簿的设置和登记，检查、校正会计信息。账簿记录是会计凭证信息的进一步整理。在永续盘存制下，通过有关盘存账户余额与实际盘点或核查结果的核对，可以确认财产的盘盈或盘亏，并根据实际结存数额调整账簿记录，做到账实相符，提供如实、可靠的会计信息（请参见第七章）。

（4）通过账簿的设置和登记，编表、输出会计信息。为了反映一定日期的财务状况及一定时期的经营成果，应定期进行结账工作，进行有关账簿之间的核对，计算出本期发生额和余额，据以编制会计报表，向有关各方提供所需要的会计信息。

（二）账簿的分类

1. 账簿按用途分类

（1）日记账。日记账也称序时账，它是指按交易、事项发生的先后顺序逐日逐笔登记的账簿。在实际工作中，应用最多的是现金日记账和银行存款日记账。

（2）分类账。它是指按总分类账户和明细分类账户进行分类登记的账簿。按总分类账户分类登记的账簿称为总分类账，按明细分类账户分类登记的账簿称为明细分类账。总分类账提供总括的会计信息，明细分类账提供详细的会计信息，两者相辅相成，互为补充。

（3）备查簿。它是指对某些在日记账和分类账中未记录或记录不全的交易、事项进行补充登记的账簿。如临时租入固定资产备查簿、受托加工材料备查簿等。

2. 账簿按格式分类

（1）三栏式账簿。它是指采用借方、贷方、余额三个主要栏目的账簿。总分类账（见表6-14）、日记账（见表6-15、表6-16）、明细分类账中的结算类账户、资本账户等一般采用三栏式格式。

表6-14　总分类账

账户名称：　　　　　　　　　　　　　　　　　　　　第　页

年		记账凭证编号	摘　要	借　方	贷　方	借或贷	余　额
月	日						

表6-15　现金日记账

年		记账凭证编号	摘　要	对方科目	收入	支出	结存
月	日						

表 6-16 银行存款日记账

年		记账凭证编号	支票编号	摘要	对方科目	收入	支出	结存
月	日							

(2) 多栏式账簿。它是指采用一个贷方栏目、多个借方栏目（见表 6-17），或一个借方栏目、多个贷方栏目（见表 6-18），或多个借方栏目、多个贷方栏目（见表 6-19）的账簿。集合分配账户、成本计算账户、收入账户、费用账户、财务成果账户、部分调整账户等一般采用多栏式格式。

表 6-17 生产成本明细账

产品名称：甲产品

年		记账凭证编号	摘　要	借　方				转出（贷方）
月	日			直接材料	直接人工	制造费用	合计	

表 6-18 营业外收入明细账

年		记账凭证编号	摘要	贷　方							借方	余额
月	日			处置非流动资产利得	非货币性资产交换利得	债务重组利得	捐赠利得	政府补助利得	…	合计		

表 6-19 应交税费——应交增值税明细账

年		记账凭证编号	摘要	借方			贷方				余额
月	日			合计	进项税额	已交税额	合计	销项税额	出口退税	进项税额转出	

（3）数量金额式账簿。它是指采用数量与金额双重记录的账簿。存货类账户一般采用数量金额式格式，如表 6-20 所示。

表 6-20 原材料明细账

类别： 编号：
品名或规格： 存放地点：
储备定额： 计量单位：

年		记账凭证编号	摘要	收入			发出			结存		
月	日			数量	单价	金额	数量	单价	金额	数量	单价	金额

3. 账簿按外形分类

（1）订本账。它是指账簿使用前按照顺序编号，将特定数量的账页装订成册的账簿。此类账簿账页数量及位置固定，不能增减账页，有利于防止账页的散失；但不便于分工记账，使用起来较死板。现金日记账和银行存款日记账必须采用订本式账簿，总分类账也应采用订本式账簿。

（2）活页账。它是指账页数量不固定，可以随意增减的账簿。其优缺点与订本账相反，适用于一般明细分类账。

（3）卡片账。它是指以格式固定、装订分散的卡片作为账页所组成的账簿。此类账簿通常装在卡片箱内，使用灵活，可以随时抽换，可以跨年度使用。固定资产明细账一般采用这种格式。

上述账簿的分类图如图 6-2 所示。

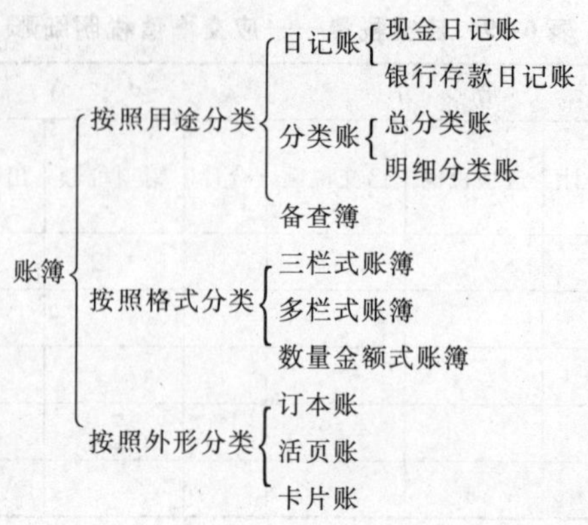

图 6-2　账簿分类图

二、会计账簿的登记

（一）会计账簿的构成要素

（1）封面。封面主要标明账簿的名称。如总分类账、明细分类账等。

（2）扉页。扉页填列账簿启用日期和截止日期、页数、册次，账户目录，主管人员签章等。

（3）账页。账页是账簿的主体内容，一般包括以下六个方面：①账户名称（一级、二级明细科目）。②日期栏。它包括年、月、日。③凭证种类和号数栏。④摘要栏。⑤金额栏。⑥页次。

（二）会计账簿启用的要求

在登记新的会计账簿前，应做好相应的准备工作，这就是账簿的启用工作。主要内容包括以下几个方面：

（1）在账簿封面上标明单位名称和账簿名称。

（2）在账簿扉页上应当附启用表，内容包括启用日期、账簿页数、记账人员和会计机构负责人、会计主管人员姓名，并加盖名章和单位公章。记账人员或者会计机构负责人、会计主管人员调动工作时，应当注明交接日期、接办人员或者监交人员姓名，并由交接双方人员签名或者盖章，以便明确账簿登记的权利与责任。其参考格式如表 6-21 所示。

（3）在账簿第一页设置账户目录，包括账户名称、各账户所在的页次。

（4）启用订本式账簿，应当从第一页到最后一页顺序写页数，不得跳页、缺号。使用活页式账页，应当按账户顺序编号，并须定期装订成册。装订后再按实际使用的账页顺序编写页码，另加目录，记明每个账户的名称和页次。

（5）按企业使用的一级会计科目、明细会计科目设立账户。

（6）粘贴印花税票。

表 6-21　账簿启用登记表

<table>
<tr><td>使用单位</td><td colspan="9"></td><td colspan="3">单位盖章</td></tr>
<tr><td>账簿名称</td><td colspan="9"></td><td colspan="3" rowspan="5"></td></tr>
<tr><td>账簿编号</td><td colspan="9">总　　册　　第　　册</td></tr>
<tr><td>启用日期</td><td colspan="9">年　　月　　日至　　年　　月　　日</td></tr>
<tr><td rowspan="2">经办人员</td><td colspan="5">主管</td><td colspan="4">记账</td></tr>
<tr><td colspan="3">姓名</td><td colspan="2">盖章</td><td colspan="2">姓名</td><td colspan="2">盖章</td></tr>
<tr><td></td><td colspan="3"></td><td colspan="2"></td><td colspan="2"></td><td colspan="2"></td><td colspan="3"></td></tr>
<tr><td rowspan="3">交接记录</td><td colspan="3">日期</td><td colspan="3">监交</td><td colspan="3">移交</td><td colspan="3">接管</td></tr>
<tr><td>年</td><td>月</td><td>日</td><td>职务</td><td>姓名</td><td>签章</td><td>职务</td><td>姓名</td><td>签章</td><td>职务</td><td>姓名</td><td>签章</td></tr>
<tr><td></td><td></td><td></td><td></td><td></td><td></td><td></td><td></td><td></td><td></td><td></td><td></td></tr>
</table>

（三）会计账簿登记的要求

（1）为了保证账簿记录的正确性，必须根据审核无误的会计凭证记账。

（2）登记会计账簿时，应当将会计凭证日期、编号、业务内容摘要、金额和其他有关资料逐项记入账内，做到数字准确、摘要清楚、登记及时、字迹工整。

（3）账簿登记完毕后，要在记账凭证上签名或者盖章，并注明已经登账的符号，表示已经记账。

（4）账簿中书写的文字和数字上面要留有适当空格，不要写满格，一般应占格距的1/2。

（5）登记账簿要用蓝黑墨水或者碳素墨水书写，不得使用圆珠笔（银行的复写账簿除外）或者铅笔书写。但下列情况可以用红色墨水记账：①按照红字冲账的记账凭证，冲销错误记录。②在不设借贷等栏的多栏式账页中，登记减少数。③在三栏式账户的余额栏前，如未印明余额方向的，在余额栏内登记负数余额。④根据国家统一会计制度的规定可以用红字登记的其他会计记录。

（6）各种账簿按页次顺序连续登记，不得跳行、隔页，如果发生跳行、隔页，应当将空行、空页画线注销，或者注明“此行空白”、“此页空白”字样，并由记账人员签名或者盖章。

（7）凡需要结出余额的账户，结出余额后，应当在“借或贷”等栏内写明“借”或者“贷”等字样，没有余额的账户，应当在“借或贷”等栏内写“平”字，并在余额栏内用“θ”表示。现金日记账和银行存款日记账必须逐日结出余额。

（8）每一账页登记完毕结转下页时，应当结出本页合计数及余额，写在本页最后一行和下页第一行有关栏内，并在摘要栏内分别注明“过次页”和“承前页”字样；也可以将本页合计数及金额只写在下页第一行有关栏内，并在摘要栏内注明“承前页”字样。

对需要结计本月发生额的账户，结计“过次页”的本页合计数应当为自本月初起至本页末止的发生额合计数；对需要结计本年累计发生额的账户，结计“过次页”的本页合计数应当为自年初起至本页末止的累计数；对既不需要结计本月发生额也不需要结计本年累计发生额的账户，可以只将每页末的余额结转次页。

(9) 实行会计电算化的单位，总账和明细账应当定期打印。发生收款和付款业务的，在输入收款凭证和付款凭证的当天必须打印出现金日记账、银行存款日记账，并与库存现金核对无误。

(10) 账簿记录发生错误，不准涂改、挖补、刮擦或者用药水消除字迹，不准重新抄写，必须按照正确的方法进行更正（详见本节下文）。

(四) 会计账簿登记的方法

1. 日记账的登记方法

日记账主要是现金日记账和银行存款日记账，一般由出纳员根据审核无误的记账凭证登记。其中，日期栏记录货币资金实际收付的日期；凭证栏填写记账所依据记账凭证的种类（收款凭证或付款凭证）、编号，应注意现金与银行存款之间的收付业务只编制付款凭证，现金或银行存款日记账的“凭证”栏，只有付款凭证；摘要栏记录货币资金收付业务的简单事由；借方、贷方、余额栏记录货币资金收、付及结存金额，做到“日清月结”，即每日终了应计算出货币资金收入与付出的合计数，结出余额，月末要计算出本月有关货币资金的收、付及结存合计数。

2. 分类账的登记方法

由于账务处理程序不同，总分类账的登记方法也有所不同，可根据记账凭证直接登记，也可根据汇总记账凭证或科目汇总表等登记，具体见第九章。明细分类账可以根据单位业务量的大小选择登记方法：业务量较小的单位，可以根据原始凭证、汇总原始凭证和记账凭证逐笔登记；业务量较大的单位，可以根据上述凭证定期汇总后登记。

3. 备查簿的登记方法

备查簿是一种辅助账簿，可根据备查业务的内容自行设计格式，如实登记有关业务的发生时间、原因、经手人、期限等。

(五) 总分类账户与明细分类账户的平行登记

所谓平行登记，是指对所发生的每项交易、事项，都要以会计凭证为依据，一方面记入有关总分类账户，另一方面记入有关总分类账户所属明细分类账户的方法。平行登记既可以满足管理上对总括会计信息和详细信息的需求，又可以检验账户记录的完整性和正确性。其要点主要包括以下四个方面：

（1）依据相同。它是指对发生的交易、事项，都要以相关的会计凭证为依据，既登记有关总分类账户，又登记其所属明细分类账户。

（2）方向相同。它是指将交易、事项记入总分类账和明细分类账时，必须记账方向相同。一般来说，明细分类账户记入借方，总分类账户也记入借方；明细分类账户记入贷方，总分类账户也记入贷方。

（3）期间相同。它是指每项交易、事项在记入总分类账户和明细分类账户的过程中，可以有先有后，但必须在同一会计期间（如同一个月、同一个季度、同一年度）全部登记入账。

（4）金额相等。它是指记入总分类账户的金额应与记入其所属明细分类账户的金额合计相等。这里包含以下含义：总分类账户本期发生额与其所属明细分类账户本期发生额之合计相等，总分类账户期末余额与其所属明细分类账户期末余额之合计相等。

【例 6-1】 某企业 20×1 年 4 月 1 日“原材料”账户账面余额为 140 000 元，“应付账款”账户账面余额为 20 000 元，其有关明细账户的账面余额分别如表 6-22、表 6-23 所示。

表 6-22　“原材料”账户账面余额

材料名称	计量单位	数量	单价/（元/kg）	金额/元
甲材料	kg	2 000	50	100 000
乙材料	kg	1 000	40	40 000
合计				140 000

表 6-23　“应付账款”账户账面余额　　单位：元

债权人名称	应付账款余额
A 公司	12 000
B 公司	8 000
合计	20 000

4 月份某企业发生以下交易、事项：

1）2 日，向 A 公司购入甲材料 300kg，价格为 50 元/kg，已经验收入库，货款以银行存款支付（增值税略，下同）。其会计分录如下：

借：原材料——甲材料　　15 000

　　贷：银行存款　　15 000

2）10 日，向 B 公司购入乙材料 400kg，价格为 40 元/kg，已经验收入库，货款尚未支付。其会计分录如下：

借：原材料——乙材料　　16 000

贷：应付账款——B公司　　　　16 000

3）16日，本月仓库发出甲材料2 100kg，价格为50元/kg，计105 000元；发出乙材料1 100kg，价格为40元/kg，计44 000元，合计149 000元，均用于产品生产。其会计分录如下：

借：生产成本　　　　149 000

贷：原材料——甲材料　　　　105 000

——乙材料　　　　44 000

4）26日，以银行存款偿还A公司货款10 000元，偿还B公司货款20 000元，合计30 000元。其会计分录如下：

借：应付账款——A公司　　　　10 000

——B公司　　　　20 000

贷：银行存款　　　　30 000

将上述期初余额及本月发生额记入有关总分类账户及其明细分类账户，如表6-24～表6-29所示。

表6-24　总分类账

本户页数：1

账户名称：原材料　　　　单位：元

20×1年		记账凭证编号	摘要	借方	贷方	借或贷	余额
月	日						
4	1		月初余额			借	140 000
	2	1	购入	15 000		借	155 000
	10	2	购入	16 000		借	171 000
	16	3	生产领用		149 000	借	22 000
4	30		本月合计	31 000	149 000	借	22 000

表6-25　原材料明细分类账户

类别：　　　　编号：

品名或规格：甲材料　　　　存放地点：

储备定额：　　　　计量单位：kg

金额单位：元

20×1年		会计凭证编号	摘要	收入			发出			结余		
月	日			数量	单价	金额	数量	单价	金额	数量	单价	金额
4	1		月初余额							2 000	50	100 000
	2	1	购入	300	50	15 000				2 300	50	115 000
	16	3	生产领用				2 100	50	105 000	200	50	10 000
4	30		本月合计	300		15 000	2 100		105 000	200	50	10 000

表 6-26　原材料明细分类账户

类别：　　　　　　　　　　　　　　　　　　　　　　　　编号：

品名或规格：乙材料　　　　　　　　　　　　　　　　　　存放地点：

储备定额：　　　　　　　　　　　　　　　　　　　　　　计量单位：kg

金额单位：元

20×1年		会计凭证编号	摘 要	收 入			发 出			结 余		
月	日			数量	单价	金额	数量	单价	金额	数量	单价	金额
4	1		月初余额							1 000	40	40 000
	10	2	购入	400	40	16 000				1 400	40	56 000
	16	3	生产领用				1 100	40	44 000	300	40	12 000
4	30		本月合计	400		16 000	1 100		44 000	300	40	12 000

表 6-27　总分类账

账户名称：应付账款　　　　　　　　　　　　　　　　　　本户页数：1

单位：元

20×1年		记账凭证编号	摘要	借 方	贷 方	借或贷	余 额
月	日						
4	1		月初余额			贷	20 000
	10	2	购料欠款		16 000	贷	36 000
	26	4	偿还欠款	30 000		贷	6 000
4	30		本月合计	30 000	16 000	贷	6 000

表 6-28　应付账款明细分类账

账户名称：A 公司　　　　　　　　　　　　　　　　　　　本户页数：1

单位：元

20×1年		记账凭证编号	摘要	借 方	贷 方	借或贷	余 额
月	日						
4	1		月初余额			贷	12 000
	26	4	偿还欠款	10 000		贷	2 000
4	30		本月合计	10 000		贷	2 000

表 6-29　应付账款明细分类账

账户名称：B 公司　　　　　　　　　　　　　　　　　　　本户页数：1

单位：元

20×1年		记账凭证编号	摘要	借 方	贷 方	借或贷	余 额
月	日						
4	1		月初余额			贷	8 000

（续）

20×1年		记账凭证编号	摘要	借方	贷方	借或贷	余额
月	日						
	10	2	购料欠款		16 000	贷	24 000
	26	4	偿还欠款	20 000		贷	4 000
4	30		本月合计	20 000	16 000	贷	4 000

由上述可以看出，有关总分类账户及其明细分类账户实现了“依据相同、方向相同、期间相同、金额相等”的平行登记要求，如表6-30所示。

表6-30 总账与明细账登记结果对照表 单位：元

总账账户	明细账户	期初余额	借方发生额	贷方发生额	期末余额
原材料	甲材料	100 000	15 000	105 000	10 000
	乙材料	40 000	16 000	44 000	12 000
	合计	140 000	31 000	149 000	22 000
应付账款	A公司	12 000	10 000		2 000
	B公司	8 000	20 000	16 000	4 000
	合计	20 000	30 000	16 000	6 000

三、错账查找与更正方法

（一）错账查找

在记账过程中，可能发生各种各样的差错，产生错账，如重记、漏记、数字颠倒、数字错位、数字记错、科目记串（串记）、借贷方向记反（反向）等，从而影响会计信息的准确性，应及时找出差错，并更正入账。错账查找的方法如下：

1. 差数法

差数法是指按照错账的差数查找错账的方法。如在记账过程中只登记了会计分录的借方或贷方，漏记了另一方，从而形成试算平衡中借方合计与贷方合计不等。其表现形式如下：借方金额遗漏，会使该项金额在贷方超出；贷方金额遗漏，会使该项金额在借方超出。对于这样的差错，可由会计人员通过回忆和相关金额的记账核对来查找。

2. 尾数法

对于发生的角、分的差错可以只查找小数部分，以提高查错的效率。

3. 除2法

除2法是指以差数除以2来查找错账的方法。当某个借方金额错记入贷方（或相反）时，出现错账的差数表现为错误的2倍，将此差数用2去除，得出的商即是反向的金额。如应记入“原材料——甲材料”账户借方的4 000元误记入贷方，则该明细账户的期末余额将小于其总分类账户期末余额 8 000 元，被 2 除的商 4 000 元即为借贷方向反向的金额。同理，如果借方总额大于贷方 600 元，即应查找有无 300 元的贷方金额误记入借方，如果有此金额，但不是反向错误，则应另寻差错的原因。

4. 除 9 法

除 9 法是指以差数除以 9 来查找错数的方法。适用于以下三种情况：

(1) 将数字写小。如将 400 写为 40，错误数字小于正确数字 9 倍。查找的方法是，以差数除以 9 后得出的商即为写错的数字，商乘以 10 即为正确的数字。上例差数 360（即 400 - 40）除以 9，商 40 即为错数，扩大 10 倍后即可得出正确的数字 400。

(2) 将数字写大。如将 50 写为 500，错误数字大于正确数字 9 倍。查找的方法是，以差数除以 9 后得出的商为正确的数字，商乘以 10 后所得的数为错误数字。上例差数 450（即 500 - 50）除以 9 后，所得的商 50 为正确数字，50 乘以 10（即 500）为错误数字。

(3) 数字颠倒。如将 78 写为 87，将 96 写为 69，将 36 写为 63 等。其差数最小为 1，最大为 8（9 - 1）。查找的方法是，将差数除以 9，得出的商连续加 11，直到找出颠倒的数字为止。如 78 与 87 的差数为 9，除 9 得 1，连加 11 为 12、23、34、45、56、67、78、89，如有 78 数字的业务，即有可能是颠倒的数字。为便于查找，可查找数字颠倒查错表（见表 6-31）。

表 6-31　数字颠倒查错表

颠倒数的差额	1		2		3		4		5		6		7		8	
颠倒的数字	12 23 34 45 56 67 78 89	21 32 43 54 65 76 87 98	13 24 35 46 57 68 79	31 42 53 64 75 86 97	14 25 36 47 58 69	41 52 63 74 85 96	15 26 37 48 59	51 62 73 84 95	16 27 38 49	61 72 83 94	17 28 39	71 82 93	18 29	81 92	19	91

（二）错账更正的方法

对于账簿记录中所发生的错误，应根据情况，采用下列有关的方法予以更正。

1. 画线更正法

在结账前发现账簿记录有文字或数字错误，而记账凭证没有错误，可以采用画线更正法。更正时，可在错误的文字或数字上画一条红线，在红线的上方填写正确的文字或数字，并由记账人员在更正处盖章，以明确责任。但应注意，错误的数字必须全部画销，不得只画销个别数字，并保持原有数字清晰可辨，以便审查。如将3 684元误记为6 384元，应先在3 684上画一条红线以示注销，然后在其上方空白处填写正确的数字，而不能只将前两位数字更正为“36”。对于文字错误，可只画去错误的部分。

2. 红字更正法

采用红字更正法有以下两种情况：

(1) 记账后若发现记账凭证中的应借、应贷方向或会计科目有错误，金额无误，从而引起记账错误。更正的方法是，用红字填写一张与原记账凭证完全相同的记账凭证，以示注销原记账凭证，然后用蓝字填写一张正确的记账凭证，并据以记账。

【例6-2】 生产车间领用生产产品直接耗用的一批材料，价值为2 000元。会计分录误编如下：

借：制造费用　　2 000

　　贷：原材料　　2 000

然后按原记账凭证用红字编制一张记账凭证，以冲销原账簿记录（分录中红字可用方框表示）：

借：制造费用　　2 000（红字）

　　贷：原材料　　2 000（红字）

最后编制一张正确的记账凭证并记账，作会计分录如下：

借：生产成本　　2 000

　　贷：原材料　　2 000

上述会计分录记账以后，有关账户记录过程及结果如图6-3所示。

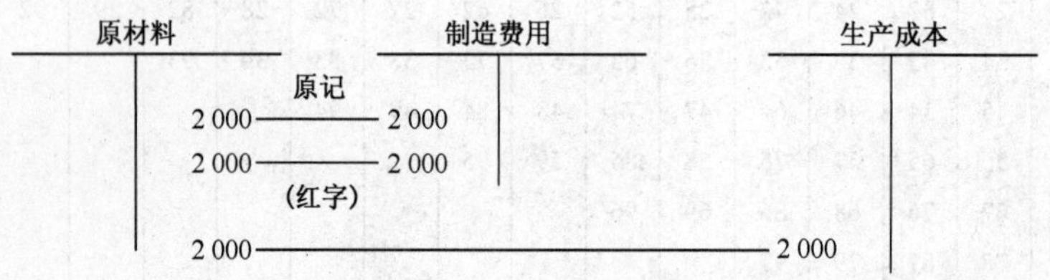

图6-3　会计科目错误更正图

(2) 记账后发现记账凭证和账簿记录中应借、应贷会计科目及方向无误，只是所记金额大于应记金额。更正的方法是，按多记的金额用红字编制一张与原记账凭证应借、应贷科目完全相同的记账凭证，以冲销多记的金额，并据以记账。

如【例6-2】中的金额误记为20 000元，所用会计科目正确，则更正的会计分录如下：

借：生产成本　　18 000（红字）

　　贷：原材料　　18 000（红字）

上述会计分录记账以后，有关账户记录过程及结果如图 6-4 所示。

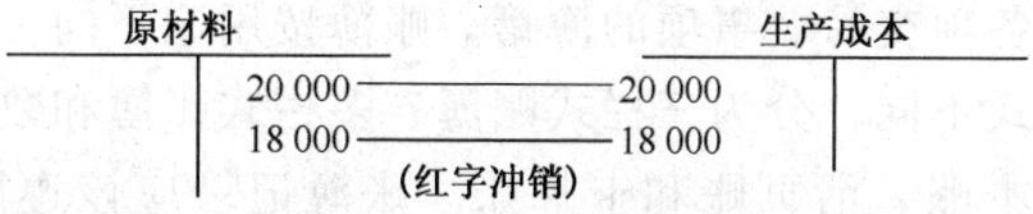

图 6-4　会计科目正确、金额多记更正图

3. 补充登记法（也称补充更正法）

记账后发现记账凭证和账簿记录中应借、应贷会计科目及方向无误，只是所记金额小于应记金额。更正的方法是：按少记的金额编制一张与原记账凭证应借、应贷科目完全相同的记账凭证，以补充少记的金额，并据以记账。

如上例中的金额误记为 200 元，所用会计科目正确，则更正的会计分录如下：

借：生产成本　　1 800

　　贷：原材料　　1 800

上述会计分录记账以后，有关账户记录过程及结果如图 6-5 所示。

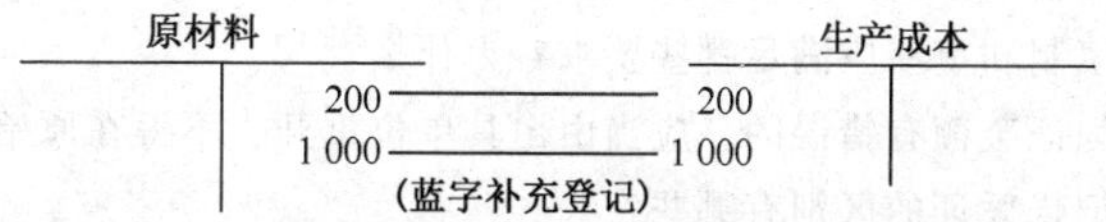

图 6-5　会计科目正确、金额少记更正图

本章小结

会计凭证是记录交易、事项，明确经济责任的书面证明，也是登记账簿的依据。会计凭证分为原始凭证和记账凭证两类。原始凭证是指在交易、事项发生或完成时取得或者填制的，用以记录或证明交易、事项的发生或完成情况的原始凭据；记账凭证是指会计人员根据审核无误的原始凭证，按照交易、事项的内容加以归类，并据以确定会计分录后所填制的会计凭证，它是登记账簿的直接依据。原始凭证按照来源不同，分为外来原始凭证和自制原始凭证；按照填制手续及内容不同，分为一次凭证、累计凭证和汇总凭证，外来原始凭证都属于一次凭证；按照格式不同，分为通用凭证和专用凭证。原始凭证的填制与审核，要符合真实性、合法性、合理性、完整性、正确性与及时性等要求。记账凭证按其所反映的

经济内容不同，分为收款凭证、付款凭证、转账凭证和通用凭证，其中收款凭证、付款凭证是只涉及现金和银行存款业务时使用的会计凭证；按照填列方式的不同，又可分为复式凭证和单式凭证。记账凭证应按照有关要求编制与审核。会计账簿（简称账簿）是指由一定格式账页组成的，以会计凭证为依据，全面、系统、连续地记录各项交易、事项的簿籍。账簿按用途不同，分为日记账、分类账和备查簿；按格式不同，分为三栏式账簿、多栏式账簿和数量金额式账簿；按外形不同，分为订本账、活页账和卡片账。账簿记录应该遵照“依据相同、方向相同、期间相同、金额相等”的要求，实现有关总分类账户及其明细分类账户的平行登记。对于记账中发生的错误，应采用正确的方法予以更正，主要包括画线更正法、红字更正法和补充登记法。账簿记录是编制财务会计报告的重要依据，应按照规定的要求登记，做到及时、真实、完整、正确，为披露会计信息的真实、完整奠定良好基础。

思考题

1. 会计凭证在会计核算中有什么重要作用？
2. 什么是原始凭证？其基本要素有哪些？为什么？
3. 原始凭证按照来源不同分为哪些类别？各有什么特点？
4. 原始凭证按照填制手续及内容不同分为哪些类别？各有什么特点？
5. 原始凭证按照格式不同分为哪些类别？各有什么特点？
6. 原始凭证的填制和审核应满足哪些要求？为什么？
7. 为什么原始凭证金额有错误的，应当由出具单位重开，不得在原始凭证上更正？
8. 原始凭证与记账凭证的区别有哪些？
9. 什么是记账凭证？其基本要素有哪些？为什么？
10. 记账凭证按其所反映的经济内容不同分为哪些类别？各有什么特点和用途？
11. 记账凭证按照填列方式的不同分为哪些类别？各有什么特点？
12. 为什么对记账凭证要连续编号？如何编号？
13. 对于涉及“库存现金”和“银行存款”之间的交易、事项，通常为什么只编制付款凭证、不编制收款凭证？
14. 记账凭证审核的主要内容有哪些？为什么？
15. 什么是会计账簿？会计账簿与账户是什么关系？
16. 为什么要设置会计账簿？
17. 账簿按用途不同分为哪些类别？各有什么特点和用途？
18. 账簿按格式不同分为哪些类别？各有什么特点和用途？
19. 账簿按外形不同分为哪些类别？各有什么特点和用途？
20. 为什么存货类的明细分类账户必须采用数量金额式账页格式？
21. 为什么总分类账户可以采用三栏式账页格式？
22. 登记账簿要用蓝黑墨水或者碳素墨水书写，不得使用圆珠笔，为什么？

23. 在什么情况下可以用红色墨水记账？为什么？

24. 为什么对于日记账每日终了时，应计算出货币资金收入与付出的合计数并结出余额？

25. 为什么要设置备查簿？

26. 更正错账的主要方法有哪些？如何运用这些方法？

27. 为什么要进行总分类账户与明细分类账户的平行登记？其要点是什么？

练 习 题

一、单项选择题

1. 会计凭证分为原始凭证和记账凭证的标准是（ ）。

A. 填制的方法　　B. 取得的来源

C. 填制的程序和用途　　D. 反映交易、事项的次数

2. 下列会计凭证中属于原始凭证的是（ ）。

A. 收款凭证　　B. 付款凭证　　C. 转账凭证　　D. 发料凭证汇总表

3. 限额领料单是一种（ ）。

A. 记账凭证　　B. 汇总凭证　　C. 一次凭证　　D. 累计凭证

4. （ ）属于外来原始凭证。

A. 入库单　　B. 出库单　　C. 银行收款通知单　　D. 发出材料汇总表

5. 从银行提取现金备用的交易、事项，应填制（ ）。

A. 一张转账凭证　　B. 一张收款凭证

C. 一张付款凭证　　D. 一张收款凭证和一张付款凭证

6. 下列明细账户中，必须采用订本账的是（ ）

A. 银行存款　　B. 应付账款　　C. 应收账款　　D. 原材料

7. 下列账簿中，不必每年更换的账簿是（ ）。

A. 库存现金日记账　　B. 银行存款日记账　　C. 活页账　　D. 卡片账

8. 在填制凭证时，￥2 006.80，应该大写为（ ）。

A. 人民币贰仟零陆元捌角　　B. 人民币贰仟零陆元捌角整

C. 人民币贰仟陆元捌角　　D. 人民币贰仟陆元捌角整

9. 账簿中书写的文字和数字上面要留有适当空格，一般应占格距的（ ）。

A. 1/2　　B. 1/3　　C. 2/3　　D. 3/4

10. 日记账的记账人员一般是（ ）

A. 会计主管人员　　B. 编制记账凭证人员　　C. 出纳人员　　D. 审核人员

二、多项选择题

1. 下列项目中属于原始凭证的有（ ）。

A. 转账凭证　　B. 付款凭证　　C. 销货发票　　D. 收料单

E. 银行结算凭证

2. 下列项目中属于一次性原始凭证的有（ ）。

A. 火车票　　B. 飞机票　　C. 领料单　　D. 限额领料单

E. 收料单

3. 下列项目中属于原始凭证基本内容的有（　　）。

A. 凭证的名称　　B. 原始凭证的日期

C. 接受单位或个人名称　　D. 会计分录

E. 业务内容

4. 下列凭证属于外来原始凭证的有（　　）。

A. 领料单　　B. 购货发货票　　C. 火车票　　D. 飞机票

E. 出租车票

5. 付款凭证左上角的贷方科目可能有（　　）。

A. “应付账款”　　B. “应收账款”　　C. “材料采购”　　D. “银行存款”

E. “库存现金”

6. 下列项目中，不需要逐日逐笔登记的账户有（　　）。

A. “应付账款”　　B. “应收账款”　　C. “材料采购”　　D. “银行存款”

E. “库存现金”

7. 下列项目中，一般采用三栏式格式的明细分类账户有（　　）。

A. “应付账款”　　B. “应收账款”　　C. “实收资本”　　D. “资本公积”

E. “盈余公积”

8. 下列项目中，一般采用数量金额式格式的明细分类账户有（　　）。

A. “库存商品”　　B. “无形资产”　　C. “原材料”　　D. “发出商品”

E. “在途物资”

9. 按照总分类账户与明细分类账户平行登记的要求，下列项目中表述正确的有（　　）。

A. 登记总分类账户与明细分类账户依据的会计凭证相同

B. 记入总分类账和明细分类账的记账方向相同

C. 总分类账户本期发生额与其所属明细分类账户本期发生额之合计相等

D. 总分类账户期末余额与其所属明细分类账户期末余额之合计相等

E. 对每项交易、事项在记入总分类账户和明细分类账户过程中，可以有先有后，可以在不同会计期间登记入账

10. 结账前发现编制的记账凭证无误，但账簿记录有文字或数字错误，可能采用的更正方法有（　　）。

A. 画线更正法　　B. 红字更正法　　C. 补充更正法　　D. 重新抄写

E. 药水更正法

三、判断题

1. 只有原始凭证是登记账簿的依据。（　　）

2. 限额领料单属于一次凭证。（　　）

3. 收料单属于汇总凭证。（　　）

4. 外来原始凭证都是一次性使用的会计凭证。（　　）

5. 各种记账凭证都只能根据一张原始凭证逐一编制。（　　）

6. 从银行存款中提取现金，既可以编制银行存款付款凭证，也可以编制现金收款凭证。（　　）

7. 转账凭证只登记与货币资金收付无关的业务。(　　)

8. 收款凭证只有在现金增加时才填制。(　　)

9. 在编制记账凭证时，记账凭证的附件是指原始凭证。(　　)

10. 所有的记账凭证都是由会计人员根据审核无误的原始凭证填制的。(　　)

11. 账簿记录发生错误，不准涂改、挖补、刮擦或者用药水消除字迹，但可以重新抄写。(　　)

12. 备查簿作为一种会计账簿，也是根据审核无误的记账凭证登记的。(　　)

13. 账簿登记中如果发生跳行、隔页，应当将空行、空页画线注销，或者注明“此行空白”、“此页空白”字样，并由记账人员签名或盖章。(　　)

14. 总分类账户与明细分类账户的平行登记，是为了贯彻配比性原则。(　　)

15. 当某个借方金额错记入贷方时发生的错账，可以通过“差数法”查找出来。(　　)

四、业务题

资料：截至20×1年4月30日，某企业各项交易、事项均已根据记账凭证全部登记入账，进行账证核对时，除“原材料”账户贷方账面记入金额为540元（与记账凭证不符）外，其余账户所记的方向、金额均与记账凭证完全相符，又发现下列业务的账簿记录有错误。

1. 4月6日开出现金支票300元，偿还应付包装物押金，原记账凭证中的会计分录如下：

借：其他应付款　300

　　贷：库存现金　300

2. 4月10日开出转账支票4 500元，补缴上月未缴纳的所得税，原记账凭证的会计分录如下：

借：所得税费用　4 500

　　贷：应交税费　4 500

3. 4月17日，车间领用一般性消耗材料6 500元，原记账凭证的会计分录如下：

借：制造费用　65 000

　　贷：原材料　65 000

4. 4月22日以库存现金预付下季度的报刊订阅费600元，原记账凭证的会计分录如下：

借：待摊费用　60

　　贷：库存现金　60

5. 4月29日出售一批多余原材料，收入现金500元，该批原材料的成本为450元，原记账凭证的会计分录如下：

借：库存现金　500

　　贷：主营业务收入　500

借：其他业务成本　450

　　贷：原材料　450

要求：说明上述交易、事项账簿记录的错误类型，指出应采用的更正方法，必要时作出更正会计分录。

第七章　会计报表编制前的准备工作

本章内容要点

账簿记录是编制会计报表的直接依据，但并非直接抄录到会计报表，还需要在编制会计报表前进行一系列的准备工作。本章主要介绍编制会计报表前应做的准备工作：期末账项调整、财产清查和对账与结账。重点讲解期末账项调整的原因、调整的内容和方法以及财产清查的概念、种类、意义和财产清查的程序、方法和账务处理步骤，阐述未达账项的概念、种类和银行存款余额调节表的编制方法，介绍对账、结账的操作方法。

会计报表的主要编制依据是企业登记的正确无误的账簿资料。在编制会计报表前应做一些准备工作，包括账项调整、财产清查和对账、结账。通过这些准备工作可以在所有业务都登记入账的基础上，计算出所有账户的本月发生额合计和期末余额，并保证账证、账账和账实一致，从而可以根据试算平衡之后的有关账户的期末余额或本期发生额来编制会计报表。只有做好了会计报表编制前的准备工作，才能确保编制的会计报表数字真实、内容完整、计算准确、编报及时。

第一节　期末账项调整

会计核算建立在持续经营假设的基础之上，在持续经营假设下，为了及时提供会计信息，需要将持续不断的生产经营活动人为地划分为一定会计期间，分期记账、分期编表。在分期记账时，需要遵循权责发生制原则和配比原则来划分收入和费用的归属期间。由于日常账簿记录仅根据有关原始凭证反映的业务来记录收入和费用，而有些业务虽然在本期没有收到或支付款项，没有取得原始凭证，但根据权责发生制原则和配比原则应在本期确认收入或费用，应计入有关收入和费用账户，所以从权责发生制角度分析，日常账簿记录所反映的收入和费用是不完整的。另外，有的款项虽然在本期收到但却不属于本期的收入，不应计入本期的收入账，有些款项虽然在本期支付但却不属于本期的费用，不应计入本期的费用账。所以需要在期末结账前，按照权责发生制原则和配比原则的要求对日常的账簿记录进行调整。期末账项调整包括五个方面，分别是摊销费用、摊配收入、计提费用、计提收入和计提减值。

一、摊销费用

在实际工作中，有时会发生大额的支出，其受益期限比较长，根据权责发生制要求和配比原则，不能把该项支出全部计入本期的费用，应当由本期和以后各期共同摊销。摊销期限在一年以内的属于流动资产，通过“待摊费用”账户核算；摊销期限在一年以上的属于非流动资产，通过“长期待摊费用”账户核算，如预付的长期租金、租入固定资产改良支出等。企业发生需要摊销的费用时，应借记“待摊费用”等账户，贷记“银行存款”或“库存现金”账户；企业摊销需要摊销的费用时，应借记“管理费用”或“制造费用”等账户，贷记“待摊费用”等账户。此外，还应按规定计提固定资产折旧、摊销无形资产价值，前者应借记“制造费用”等账户，贷记“累计折旧”账户，后者应借记“管理费用”等账户，贷记“累计摊销”账户。

【例 7-1】　某企业在 20×1 年 1 月份开出一张支票，支付生产车间以经营租赁方式租入固定资产的改良支出 96 000 元。该项固定资产剩余租赁期为 2 年。

1 月份支付改良支出时，作以下会计分录：

借：长期待摊费用　　96 000

　　贷：银行存款　　96 000

各月份摊销改良支出时，作以下会计分录：

借：制造费用　　4 000

　　贷：长期待摊费用　　4 000

二、摊配收入

在实际工作中，有时企业会采用预收款的方式来销售商品或让渡资产使用权。企业在预收款项时，虽然款项在本期收到，但因为尚未向付款单位提供商品、劳务或让渡财产使用权，因而不能把收到的款项直接计入收入类账户，只能计入负债类账户“预收账款”的贷方。向对方提供商品、劳务或让渡财产使用权时，再确认收入实现，把“预收账款”转入有关收入类账户。这种对预收款项根据权责发生制和配比原则分期确认收入的方法称为摊配收入。

【例 7-2】　某企业于 20×1 年 1 月份收到承租单位交来的本年度出租设备的租金收入 144 000 元，并已经存入银行。

设备出租收入属于企业的其他业务收入，144 000 元的租金收入应归属于 12 个月，其中 1 月份应确认的收入为 12 000 元，其余 11 个月每个月都应确认收入 12 000 元。

1 月份收到租金时，作以下会计分录：

借：银行存款　　144 000

　　贷：预收账款　　144 000

1～12 月末，每个月确认收入时，作以下会计分录：

借：预收账款　　12 000

　　贷：其他业务收入　　12 000

【例 7-3】 某企业采用预收货款的方式销售商品，1 月份收到甲公司交来的预付货款 30 000 元存入银行，3 月份该企业向甲公司发出商品，开具的增值税专用发票上注明，售价为 25 000 元，增值税销项税额为 4 250 元。4 月份将多收的货款 750 元通过银行转账的方式退给对方。

采用预收货款方式销售商品，应在发出商品时，确认收入的实现。收到对方预付的货款时，只能先记入负债类账户“预收账款”账户的贷方，待向对方发出商品时，再将其转入“主营业务收入”账户。

1 月份收到甲公司交来的预付货款时，作以下会计分录：

借：银行存款　　30 000

　　贷：预收账款　　30 000

3 月份向甲公司发出商品时，作以下会计分录：

借：预收账款　　29 250

　　贷：主营业务收入　　25 000

　　　　应交税费——应交增值税（销项税额）　　4 250

4 月份退回多收的款项时，作以下会计分录：

借：预收账款　　750

　　贷：银行存款　　750

三、计提费用

有时企业需要在将来某一会计期间发生一笔大额的支出，这种支出的受益期限为本期和以后各期。根据权责发生制要求，就需要在支出还没发生，但因为受益而有付款责任的会计期间，预先在账面上计入费用，同时通过“预提费用”等账户的贷方记录负债的增加。企业在实际支付款项时，再借记“预提费用”等账户，贷记“银行存款”账户。如预提短期借款利息、租金、保险费等。

【例 7-4】 某企业计划年底一次支付本年度生产车间以经营方式租入的固定资产租赁费 18 000 元，每月需预提租赁费用 1 500 元。

1 ~ 12 月份，每月预提租赁费时，作以下会计分录：

借：制造费用　　1 500

　　贷：预提费用　　1 500

年底，支付固定资产租赁费时，作以下会计分录：

借：预提费用　　18 000

　　贷：银行存款　　18 000

【例 7-5】 某企业于 1 月份从银行取得短期借款 100 000 元，期限为一年，年利率为 6%。对于借款的利息采用按月预提、按季支付的方法来进行归还。

1 月份预提短期借款利息 500 元（100 000 × 6% ÷12）时，作以下会计分录：

借：财务费用 500

　　贷：预提费用 500

2 月份和 3 月份预提短期借款利息 500 元的分录同 1 月份。

3 月底支付短期借款第一个季度的利息时，作以下会计分录：

借：预提费用 1 500

　　贷：银行存款 1 500

在实际工作中，企业也可以在 3 月份不编制预提短期借款利息的会计分录，直接在 3 月底实际支付短期借款利息时，将 3 月份应负担的利息支出记入“财务费用”账户。其会计分录如下：

借：预提费用 1 000

　　财务费用 500

　　贷：银行存款 1 500

四、计提收入

在实际工作中，有时企业已经向其他单位或个人提供了商品、劳务或让渡了财产物资的使用权，但尚未完成结算过程，尚未收到款项。此时，企业已经获得了收款的权利，根据权责发生制原则应确认收入实现，记入本期的收入类账户。这种将尚未收到款项的收入调整入账的工作称为计提收入。如应收金融机构的存款利息、应收固定资产租金收入、应收销售货款等。企业在计提收入时，应借记“应收账款”或“其他应收款”等资产类账户，贷记“主营业务收入”、“其他业务收入”等收入类账户或冲减有关费用类账户。

【例 7-6】 某企业于 20 ×1 年 1 月末、2 月末、3 月末，根据其在银行存款的金额和该类银行存款的利率估算每月的银行存款利息收入均为 6 000 元，季末实际结算利息 18 000 元。

企业存入银行的款项是计息的，通常银行存款利息按季结算。在每个季度前两个月末，虽然没有收到利息，但具有收取利息的权利，因此应在每月末确认利息收入实现，冲减“财务费用”账户。这样月末计提利息收入时，应借记“其他应收款”账户，贷记“财务费用”账户。季末实际结算利息时，应借记“银行存款”账户，贷记“其他应收款”账户，如果企业估算的利息收入与实际利息收入不一致，其差额记入“财务费用”账户。

1 月末计提银行存款利息收入时，作以下会计分录：

借：其他应收款 6 000

　　贷：财务费用 6 000

2 月末和 3 月末计息的分录同 1 月末。

3 月末实际结算银行存款利息时，作以下会计分录：

借：银行存款　　18 000

　　贷：其他应收款　　18 000

在实际工作中，通常采用的处理方法是，每个季度的前两个月末计提利息收入，在季度的最后一个月不再计提利息收入，待实际收到银行结算出的利息时，按照实际收到的款项借记“银行存款”账户，按前两个月估算出的利息收入贷记“其他应收款”账户，差额作为第三个月的利息收入记入“财务费用”账户的贷方。其会计处理如下：

1 月末和 2 月末计提银行存款利息收入时，作以下会计分录：

借：其他应收款　　6 000

　　贷：财务费用　　6 000

3 月末实际结算银行存款利息时，作以下会计分录：

借：银行存款　　18 000

　　贷：其他应收款　　12 000

　　　　财务费用　　6 000

如果季末实际结算利息 22 000 元，前两个月已经计提利息收入 12 000 元，第 3 个月没有计提利息收入，则收到实际结算的利息时，其会计分录如下：

借：银行存款　　22 000

　　贷：其他应收款　　12 000

　　　　财务费用　　10 000

五、计提减值

期末，如果某项（类）资产的账面价值低于其可收回金额，表示该项资产预期带来经济利益的能力下降，如果以账面价值列入报表，将使报表中资产虚高、利润虚高，不符合客观性、谨慎性、权责发生制等要求。如企业确认某债务人已经陷于无力还债状态，可能使得一部分应收账款收不回来，形成坏账（无法收回的应收款形成的损失），如果按照应收账款账面原价列示在报表中，将明显高估资产和利润。类似的情况还包括存货跌价损失、交易性金融资产减值损失、持有至到期投资减值损失、长期股权投资减值损失、固定资产减值损失、无形资产减值损失、在建工程减值损失等。在出现资产减值的情况下，应该将账面价值低于其可收回金额部分作为资产减值处理，增加资产减值损失，从而降低资产账面价值和虚高的利润。

【例 7-7】 某企业根据以往经验，其应收账款中大约 5% 收不回来，形成坏账损失。20×1 年年末，其应收账款余额为 500 000 元。作会计分录如下：

借：资产减值损失　　25 000

　　贷：坏账准备　　25 000

第二节　财产清查

一、财产清查的意义

财产清查是指通过对企业的财产物资、现金的实地盘点和对银行存款、往来款项的核对，确定其实存数，查明财产物资、货币资金和往来款项的实存数与其账存数是否相符的一种专门方法。

保证会计信息的真实、正确和财产物资的安全、完整，做到账实一致，是对会计核算和财产保管的基本要求。因此，在整个会计核算过程中，一定要严格按照审核无误的记账凭证来登记账簿。从理论上讲，企业各项财产物资、货币资金和往来款项的实存数与其账存数应该是一致的，但是，由于多种原因，有时会出现某些财产物资实存数与账存数不符的现象。造成账实不符的原因主要有以下几个方面：

(1) 财产物资在运输、保管、收发过程中，在数量上发生了自然的损耗或升溢。

(2) 在财产物资的收发过程中，由于计量器具失灵或检验不准确而造成品种、数量或者质量上的差错。

(3) 会计人员在编制会计凭证或登记会计账簿时，出现漏记、重记、错记或计算错误。

(4) 不法分子营私舞弊、贪污盗窃而造成财产物资的损失。

(5) 自然灾害造成的非常损失。

(6) 由于保管人员工作失职或管理不善而造成的财产残损、变质或短缺。

(7) 企业和银行之间由于入账时间不一致出现的未达账项。

上述七个原因都可能使财产物资、货币资金和债权债务出现账实不符的情况。因此，必须进行财产清查，对各项财产物资、货币资金和债权债务进行定期或不定期的盘点和核对，保证账实相符，以便在账实相符的基础上编制财务报表。财产清查的意义如下：

1. 保证会计核算资料的真实、可靠

通过财产清查，可以确定各项财产物资的实存数额，将其与账面数额相核对，查明账实是否相符以及产生差异的原因，并及时调整账面记录，从而使账实一致，以保证会计账簿记录的真实性，为编制会计报表做好准备，最终为会计信息使用者提供真实的信息。

2. 保护财产物资的安全、完整

通过财产清查，可以查明各项财产物资的保管情况，从而判断保管人员有无因失职行为或管理不善，造成财产物资腐烂、变质、损坏、浪费、贪污、挪用、盗窃等情况，进而发现企业管理和内部控制上存在的问题，并采取针对性的措施，健全财产物资管理和内部控制制度，确保财产物资的安全、完整。

3. 挖掘财产物资使用潜力，提高资金周转速度

通过财产清查，可以查明各种财产物资的储存和使用情况，并采取针对性的措施：对储存不足的存货及时补足，并确定以后的再订货点，或建立合适的保险储备量；对多余积压的存货进行量本利分析，及时处理，以尽快弥补占用的固定成本。进而促进财产物资的有效使用，充分发挥财产物资的潜力，加速资金周转。

4. 保证结算制度的贯彻执行

通过财产清查，可以查明债权、债务等往来结算账款的真实性和收回或偿付的可能性，以采取针对性的措施催收货款，提高货款的回收速度，提取恰当的坏账准备，或决定合适的信用政策，以保证结算制度的贯彻执行。

二、财产清查的种类

财产清查可以按不同的标准进行不同的分类。主要的分类方法有以下两种：

（一）按照清查对象的范围分类

按照清查对象的范围大小，可将财产清查分为全面清查和局部清查。

1. 全面清查

全面清查是指对属于本单位或存放在本单位的所有财产物资、货币资金和各项债权债务进行全面的盘点和核对。全面清查的对象包括以下几个方面：

（1）库存现金、银行存款、其他货币资金、有价证券和外币。

（2）债权、债务等往来结算款项。

（3）固定资产、原材料、库存商品、包装物、低值易耗品和其他物资。

（4）在途物资、发出商品、委托加工物资、代销商品等。

由于全面清查的内容多，范围广，工作量大，所以一般是在以下几种情况下，才需要进行全面清查：

（1）年终决算之前，要进行一次全面清查，以确保年度会计报表的真实性。

（2）单位撤销、合并或改变隶属关系时，要进行一次全面清查，以明确经济责任。

（3）开展资产评估、清产核资等活动时，需要进行全面清查，以准确核定资金定额。

2. 局部清查

局部清查也称重点清查，是指根据实际需要或依据有关规定，只对部分财产物资、货币资金和债权债务进行的盘点和核对。局部清查涉及的范围小、投入的人力少，花费的时间也少，但专业性和技术性强。局部清查的范围如下：

（1）对于流动性较大的原材料、库存商品等，除年度清查外，年内还要轮流进行盘点或重点抽查。

（2）对于各种贵重物资，每月都应清查盘点一次。

（3）对于库存现金，应由出纳人员每日清点核对。

（4）对于银行存款，每月要同银行核对一次。

（5）对各种往来款项，每年至少核对一至两次。

（二）按照清查的时间分类

按照清查的时间，可将财产清查分为定期清查和不定期清查。

1. 定期清查

定期清查是指按照事先规定的时间对财产物资、货币资金和债权债务进行的清查。定期清查一般在年末、季末、月末结账时进行，以做到账实相符，为编制会计报表做好准备工作。定期清查，可以是局部清查，也可以是全面清查。在一般情况下，年末进行全面清查，季末、月末进行局部清查。

2. 不定期清查

不定期清查也称临时清查，是指事先并无计划安排，而是根据实际需要临时进行的财产清查。一般是在以下几种情况下，才需要进行不定期清查：

（1）更换财产物资和现金的保管人员时，要对有关人员所保管的财产物资和现金进行清查，以分清经济责任。

（2）发生自然灾害和意外损失时，要对遭受损失的有关财产物资进行清查，以查明损失情况。

（3）单位撤销、合并或改变隶属关系时，应对本单位的各项财产物资、货币资金、债权债务进行清查，以正确评估企业的价值。

（4）审计署、会计师事务所、税务局、银行等有关部门对企业进行检查、审核时，应按照要求和范围对财产物资、货币资金和债权债务进行清查。

三、财产清查的一般程序

财产清查的一般程序包括以下三个步骤：

1. 成立财产清查领导小组

财产清查，尤其是全面清查，涉及面广，工作量大，必须成立专门的清查领导小组，负责财产清查的组织和管理。清查领导小组应由单位负责人、会计、业务、保管等有关部门的人员组成，并由具有一定权限的人员负责清查组织的各项工作。财产清查领导小组的主要任务如下：

（1）制订财产清查计划，确定财产清查的范围和进度。

（2）确定财产清查方法，调配清查人员。

（3）解决财产清查中出现的问题，提出清查结果的处理意见，报有关部门审批。

(4) 依据财产清查结果，出具财产清查报告。

2. 做好业务准备工作

为做好财产清查工作，会计部门和有关业务部门要在财产清查前做好各项业务准备工作。主要包括以下几个方面：

(1) 会计部门应在财产清查前，将有关账簿登记齐全，结出余额，进行试算平衡，做好账簿准备工作，为账实核对提供正确的账簿资料。

(2) 财产物资保管部门应登记好所经管的各种财产物资明细账，并结出余额。将所保管的各种财产物资进行分类整理，码放整齐，挂上标签并标明品种、规格和结存数量，以便盘点核对。对于腐烂、变质、残损的物品应另行存放，以便及时处理。

(3) 准备好必要的度量衡器具，并提前校验正确，保证计量准确。

(4) 准备好有关财产清查登记使用的表册。如“盘存单”、“实存账存对比表”、“未达账项登记表”、“盘盈、盘亏报告表”等。

3. 实施财产清查

在做好各项准备工作之后，财产清查人员应根据清查的对象和目的，采用相应的清查方法，实施财产清查。

四、财产清查的方法

(一) 财产清查的一般方法

财产清查是确定其实际结存数量，查明实存数量与其账面结存数量是否相符的一种专门方法。因此，财产清查的一般方法就包括确定财产物资实际结存数量的方法和确定财产物资账面结存数量的方法两类。

1. 确定财产物资实际结存数量的方法

对于各项财产物资实际结存数量的确定，一般采用实地盘点法或技术推算法。

(1) 实地盘点法。实地盘点法是指通过实地清点或用计量器具确定各项财产物资实存数量的一种方法。如清点库存商品的件数，用秤计量库存材料的重量等。对于能够逐一清点的实物，一般都应通过实地盘点法来确定其实际结存数量。

(2) 技术推算法。技术推算法是指通过技术推算确定财产物资实存数量的一种方法。对于有些价值低、数量大的材料物资，如堆放的煤炭、矿石等，不便于逐一清点的，可以在抽样盘点的基础上，根据其体积通过技术推算，确定其实存数量。

2. 确定财产物资账面结存数量的方法

确定财产物资账面结存数量的方法有两种，分别是实地盘存制和永续盘存制。所谓盘存制度是指确定财产物资本期发出数量和期末账面结存数量的一种方法。

（1）实地盘存制。实地盘存制也称以存计耗制或以存计销制，是指平时对财产物资根据记账凭证只登记增加数，不登记减少数，月末结账时，通过盘点实物，来确定库存财产物资的实存数量，将实存数量作为账面结存数量，据此倒挤出财产物资的减少数量，并登记入账的一种盘存核算方法。其计算公式如下：

本期发出数量 = 期初结存数量 + 本期收入数量 − 期末实地盘存数量

实地盘存制平时对财产物资的发出和结存数不进行记录，日常核算工作量比较简单。但是该种方法不能反映财产物资的动态和结存情况，另外，以存计耗倒挤成本，会把不合理的损耗、短缺、盗窃、丢失、差错等挤入成本中去，容易掩盖财产管理中存在的问题，不利于对财产物资的保管和控制。故实地盘存制一般不能随便采用，只有对特殊的商品，如价值低廉、收发频繁的零星材料或零售商店的非贵重商品、鲜活商品等，方可采用实地盘存制。

（2）永续盘存制。永续盘存制也称账面盘存制，是指通过设置财产物资明细账，根据有关记账凭证在财产物资明细账中逐日逐笔登记增加、减少数，并随时计算出结存数额的一种盘存核算方法。其计算公式如下：

期末结存数量 = 期初结存数量 + 本期收入数量 − 本期发出数量

采用永续盘存制，企业可随时通过账簿记录来了解财产物资的收入、发出和结存情况，因此有利于对财产物资的流量和存量进行动态管理，有利于财产物资的保管。但是采用永续盘存制时，会计核算的工作量较大，有时会出现账实不一致的情况。所以，对财产物资仍须定期或不定期地进行实地盘点。永续盘存制的适用范围较广，除了不便于实行永续盘存制的财产物资外，一般都应采用永续盘存制。

（二）财产清查的专门方法

1. 财产物资的清查方法

在盘点存放在仓库中的财产物资时，财产物资的保管人员必须在场；在盘点正在使用中的财产物资时，有关的实物管理人员和使用人员应当参加盘点。在盘点时，首先应查明实物的名称、规格，然后清点其数量，避免重复清点或漏点，最后要检验其质量，以确认实物的完好程度，从中发现有无腐烂、变质、毁损等情况。对于盘点过程，需要由盘点人员做好盘点记录。盘点结束，盘点人员应根据财产物资的盘点记录，编制“盘存单”，并由盘点人员、财产物资的保管人员及有关责任人签名或盖章。同时，应根据有关账簿资料和盘存单资料填制“实存账存对比表”，据以检查账实是否相符，以便分析差异，作出相应的处理。财产物资“盘存单”和“实存账存对比表”的格式如表 7-1 和表 7-2 所示。

表 7-1　盘存单

单位名称：　　　　　　　　　　　　　　　　　　　　　　　　编号：
财产类别：　　　　　　　　　盘点时间：　　　　　　　　　　存放地点：
　　　　　　　　　　　　　　　　　　　　　　　　　　　金额单位：元

编号	名称及规格	计量单位	数量	单价	金额	备注

盘点人：　　　　　　　　　　　　　　　　　　　　　　　　实物保管人：

表 7-2　实存账存对比表

单位名称：　　　　　　　　　年　　月　　日
存放地点：　　　　　　　　　　　　　　　　　　　　　　　金额单位：元

<table>
<tr><th rowspan="3">编号</th><th rowspan="3">名称规格</th><th rowspan="3">计量单位</th><th rowspan="3">单价</th><th colspan="2">实存</th><th colspan="2">账存</th><th colspan="4">对比结果</th><th rowspan="3">备注</th></tr>
<tr><th rowspan="2">数量</th><th rowspan="2">金额</th><th rowspan="2">数量</th><th rowspan="2">金额</th><th colspan="2">盘盈</th><th colspan="2">盘亏</th></tr>
<tr><th>数量</th><th>金额</th><th>数量</th><th>金额</th></tr>
<tr><td></td><td></td><td></td><td></td><td></td><td></td><td></td><td></td><td></td><td></td><td></td><td></td><td></td></tr>
<tr><td></td><td></td><td></td><td></td><td></td><td></td><td></td><td></td><td></td><td></td><td></td><td></td><td></td></tr>
</table>

主管人员：　　　　　会计：　　　　　制表：

2. 货币资金的清查方法

(1) 库存现金的清查方法。库存现金的清查包括两个方面：出纳人员的定期自查和专门清查人员的不定期清查。每日业务终了，出纳人员都应对保管的库存现金进行自我清查，并将清查结果与现金日记账反映的账面余额相核对，做到日清月结，账实一致。专门清查人员对库存现金进行清查时，出纳人员必须在场。在盘点时，如果发现长款或短款，清查人员必须会同出纳人员当场核实金额。需要注意的是，在清查库存现金时，除了要清查库存现金的实有数额外，还需要检查企业有无"坐支"现金，有无超过库存现金限额，有无将白条、借条抵充库存的情况。如果发现上述违反财经纪律的情况，应将不合法的白条、借条所反映的现金予以追回，将超过现金库存限额的部分及时送存银行，同时立即停止"坐支"现金的行为。现金盘点结束后，应根据清查结果编制"库存现金盘点报告表"，由盘点人员、出纳人员及有关负责人签名或盖章，并据以调整账簿记录，为编制会计报表作好准备。"库存现金盘点报告表"的格式如表 7-3 所示。

需要注意的是，企业如果有国库券、企业债券、股票等有价证券，其盘点和清查方法与库存现金相同。

表 7-3 库存现金盘点报告表

单位名称： 年 月 日 单位：元

账存金额	实有金额	对比结果		备注
		盘盈	盘亏	

盘点人： 出纳：

（2）银行存款的清查方法。银行存款的清查是采取与银行对账的方式进行的，即通过双方记录的核对，判断双方的记录有无错误，有无未达账项，并确定银行存款的实有数额。清查银行存款时，应将银行存款日记账同银行寄过来的对账单逐日逐笔核对。在核对时，经常会发现双方所反映的银行存款余额并不一致。造成双方余额不一致的原因主要有两个：一是企业或银行记录错误，二是未达账项的影响。所谓未达账项，是指对于同一项经济业务，由于结算凭证在企业和银行间传递时间上的先后，导致一方已经收到原始凭证，已经将其登记入账，另一方尚未收到原始凭证，尚未入账的会计事项。未达账项主要包括以下四种情况：

1）企业已收，银行未收。即企业已经在银行存款日记账上记录银行存款的增加，而银行尚未收到有关原始凭证，所以尚未在账上反映企业银行存款的增加。如企业销售商品、提供劳务或让渡资产使用权时，收到支票，但尚未填制进账单连同收到的支票送交银行，委托银行转账。此时，企业在银行存款日记账上反映银行存款的增加，但银行尚未收到结算单据，尚未反映企业银行存款的增加。

2）企业已付，银行未付。即企业已经在银行存款日记账上记录银行存款的减少，而银行尚未收到有关原始凭证，所以尚未在账上反映企业银行存款的减少。如企业购买商品、接受劳务或取得资产使用权时，签发支票付款，但对方尚未填制进账单连同收到的支票送交银行，委托银行转账。此时，企业在银行存款日记账上反映银行存款的减少，但银行尚未收到对方开户行转过来的结算单据，尚未反映企业银行存款的减少。

3）银行已收，企业未收。即银行已经记录企业银行存款的增加，而企业尚未收到有关原始凭证，所以尚未在银行存款日记账上反映企业银行存款的增加。如企业委托银行收取货款，银行已经将款项转到企业的银行存款账户里，但尚未通知企业。此时，银行已经记录企业银行存款的增加，但企业尚未收到银行退回来的转讫结算单据，尚未在银行存款日记账上反映企业银行存款的增加。

4）银行已付，企业未付。即银行已经记录企业银行存款的减少，而企业尚未收到有关原始凭证，所以尚未在银行存款日记账上反映企业银行存款的减少。如企业委托银行代付款项，银行已经将款项从企业的银行存款账户里转走，但尚未通知企业。此时，银行已经记录企业银行存款的减少，但企业尚未收到银行退回来的转讫结算单据，尚未在银行存款日记账上反映企业银行存款的减少。

对于上述未达账项，清查人员应填制“未达账项登记表”；对于开户银行实行计算机自动查询的各开户单位，应经常查对银行记录，及时登记“未达账项登记表”。“未达账项登记表”的格式如表7-4所示。

表7-4　未达账项登记表

年　　月　　日

单位名称：　　　　　　　　　　　　　　　　　　　　　　　　单位：元

未达账项种类	摘要	结算凭证种类号数	记账凭证号数	金额	备注
企业已收，银行未收 1. 2.					
合计					
企业已付，银行未付 1. 2.					
合计					
银行已收，企业未收 1. 2.					
合计					
银行已付，企业未付					
合计					

核对人：　　　　　　　　　　　　　　　　　　　　　　　　出纳：

为了查明企业银行存款日记账与银行对账单余额不一致的原因，就必须消除未达账项的影响。在消除未达账项影响时，一般采用编制“银行存款余额调节表”的形式来进行余额调整。在调整时，应以双方的账面余额为基础，各自加上对方已收自己未收的款项，减去对方已付自己未付的款项。调整后的余额如果相等，说明双方账面余额不一致的原因是未达账项的影响；如果不相等，说明双方账面余额不一致的原因是一方或双方记账差错，应进一步找出差错，并采用正确的方法对其进行更正或提请对方进行更正。余额调整的公式如下：

$$\begin{array}{c}\text{企业银行存款}\\\text{日记账余额}\end{array}+\begin{array}{c}\text{银行已收}\\\text{企业未收}\end{array}-\begin{array}{c}\text{银行已付}\\\text{企业未付}\end{array}=\begin{array}{c}\text{银行对账单}\\\text{余额}\end{array}+\begin{array}{c}\text{企业已收}\\\text{银行未收}\end{array}-\begin{array}{c}\text{企业已付}\\\text{银行未付}\end{array}$$

【例7-8】　某企业20×1年7月份银行存款日记账余额为257 860元，银行对账单余额为247 210元，经逐笔核对，发现以下未达账项：

（1）企业收到外单位开给的一张支票，金额为14 040元，尚未填写进账单连同支票一起送存银行。

（2）企业开出一张支票购买办公用品，金额为 2 500 元，对方尚未通过开户行办理转账手续。

（3）企业委托银行收取货款 2 340 元，银行已经收妥，但还没有通知企业。

（4）银行代企业支付水电费 1 450 元，但还没有通知企业。

根据上述未达账项，编制“银行存款余额调节表”如表 7-5 所示。

表 7-5　银行存款余额调节表

20×1 年 7 月 31 日　　单位：元

项目	余额	项目	余额
银行存款日记账余额	257 860	银行对账单余额	247 210
加：银行已收企业未收	2 340	加：企业已收银行未收	14 040
减：银行已付企业未付	1 450	减：企业已付银行未付	2 500
调节后的余额	258 750	调节后的余额	258 750

需要注意的是，调节后的余额，是企业实际拥有的存款余额，但是企业不能根据该项余额调整账簿记录，本调节表不是用于记账的原始凭证，而应在有关结算凭证到达后，再据以记账。记账后，未达账项自然消失。对于长期存在的未达账项，应查明原因，及时进行处理。

上述方法同样适用于银行借款的清查。

3．往来款项的清查方法

往来款项是指企业与其他单位或个人之间因商品交易、劳务提供或让渡资产使用权而发生的往来结算款项。它包括应收账款、应付账款、预收账款、预付账款、其他应收款、其他应付款等。往来款项的清查，与银行存款类似，也是采取同对方单位核对账目的方法。在清查往来款项时，应首先将本单位往来账目核对正确，然后按往来单位分户编制对账单，送达对方进行核对。对账单一式两联，其中一联作为回单。如果对方单位核对账目相符，应在回单上签字或盖章后退回；如果发现金额不符，应在回单上注明不符的情况，或另抄对账单退回，以便进一步清查。

往来款项清查完毕后，应根据对方退回的对账单回单，编制“往来款项清查报告表”，在报告表上填列各项往来款项的余额，对于存在争执的款项、可能收不回的款项以及无法支付的款项，除了要在报告表上注明之外，还应及时进行相应处理。“往来款项清查报告表”的格式如表 7-6 所示。

五、财产清查的账务处理

财产清查的结果包括两种情况：账实一致与账实不一致。账实一致既说明账簿记录真实、正确，又说明财产物资安全、完整。账实不一致包括盘盈、盘亏两种情况。其中盘盈是指实存数大于账存数，说明财产物资发生溢余；盘亏是指实存数小于账存数，说明财产物资发生短缺。无论是盘盈还是盘亏，都需要查明账实不一致的原因，明确经济责任，并进行相应的处理。从会计核算而言，盘盈、盘亏的账务处理包括两个步骤：①在审批之前，将查明的财产物资的盘盈、盘亏和损失情况，根据清查中取得的原始凭证（如“实存账存对比表”等）编制记账凭证，据以登记有关账簿，使各项财产物资的实存数与账存数一致。②在审批之后，根据处理结论，编制记账凭证，登记有关账簿。

表 7-6 往来款项清查报告表

编制单位： 年 月 日

总分类账户名称： 单位：元

明细账户名称	账面余额	清查结果		核对不符原因分析			备注
		核对相符金额	核对不符金额	未达账项金额	有争执款项金额	其他	

清查人员： 会计人员：

企业应设置“待处理财产损溢”账户，用来反映和监督企业在财产清查中财产物资的盘盈、盘亏、毁损及处理情况。该账户按照经济内容分类，属于资产类账户，借方记录固定资产以外的财产物资的盘亏数、毁损数和结转的已经批准处理的财产物资的盘盈数，贷方记录固定资产以外的财产物资的盘盈数和结转的已经批准处理的财产物资的盘亏数、毁损数。企业的待处理财产损溢，应根据查明的原因，经股东大会或董事会，或者经理（厂长）会议或类似机构批准后，在期末结账前处理完毕。如待处理财产损溢在期末结账前尚未经批准的，在对外提供财务会计报告时，会计人员应先按有关规定进行处理，并在会计报表附注中作出说明；如果以后批准处理的金额与已处理金额不一致，应按其差额调整会计报表相关项目的年初数。可见，待处理财产损溢已经在结账前处理完毕，所以期末结账后，该账户一般没有余额。

企业可以在“待处理财产损溢”账户下设置“待处理流动资产损溢”和“待处理固定资产损溢”两个明细分类账户，分别核算流动资产损溢和固定资产损溢。

1. 固定资产盘盈、盘亏的账务处理

盘盈的固定资产，应作为前期差错处理，通过“以前年度损益调整”账户核算，按照同类或类似固定资产的市场价格，减去按该项固定资产的新旧程度估计的价值损耗后的余额，作为固定资产的入账价值。

【例 7-9】 某企业在财产清查中发现一台账外设备，市场上同类设备的价值为45 000元，按新旧程度估计价值损耗为6 000元。所得税税率为25%，按净利润的10%计提法定盈余公积。

（1）盘盈时，根据“实存账存对比表”的记录，编制如下调整分录：

借：固定资产　　39 000

　　贷：以前年度损益调整　　39 000

（2）确定应缴纳的所得税为9 750元（39 000×25%），编制如下会计分录：

借：以前年度损益调整　　9 750

　　贷：应交税费——应交所得税　　9 750

（3）结转留存收益29 250元（39 000－9 750），编制如下会计分录：

借：以前年度损益调整　　29 250

　　贷：盈余公积——法定盈余公积　　2 925

　　　　利润分配——未分配利润　　26 325

【例7-10】 某企业在财产清查中发现短缺一台设备，该台设备原价为48 000元，已提折旧9 600元。

（1）在报经批准前，根据“实存账存对比表”的记录，编制如下调整分录：

借：待处理财产损溢——待处理固定资产损溢　　38 400

　　累计折旧　　9 600

　　贷：固定资产　　48 000

（2）经过审批，该项设备作为营业外支出处理，根据批准文件，编制如下会计分录：

借：营业外支出　　38 400

　　贷：待处理财产损溢——待处理固定资产损溢　　38 400

2. 存货盘盈、盘亏的账务处理

发生盘盈的存货，如果经过查明是由于收发计量或核算上的误差等原因造成的，应及时办理存货的入账手续，调整存货的账存数，使账实一致，然后经过有关部门批准后，冲减管理费用。盘亏的存货则要区别不同情况采取不同的处理方法：属于自然损耗产生的定额内损耗，经批准后记入“管理费用”账户；属于自然灾害或意外事故造成的存货毁损，应先扣除残料价值和可以收回的保险赔偿，然后将净损失记入“营业外支出”账户；应由责任人赔偿的部分，或应向保险公司索赔的部分应记入“其他应收款”账户；属于计量收发差错和管理不善等原因造成的存货短缺或毁损，应先扣除残料价值和可以收回的保险赔偿和过失人的赔偿，然后将净损失记入“管理费用”账户。

【例7-11】 某企业盘盈库存商品，价值为36 000元，经过查明是由于收发计量上的误差造成的，经过有关部门批准后，冲减管理费用。

（1）在报经批准前，根据“实存账存对比表”的记录，编制如下调整分录：

借：库存商品　　　　　　　　　　　　　　　　　　　36 000
　　贷：待处理财产损溢——待处理流动资产损溢　　　　　36 000

（2）经过审批，冲减管理费用时，编制如下分录：

借：待处理财产损溢——待处理流动资产损溢　　　　　36 000
　　贷：管理费用　　　　　　　　　　　　　　　　　　36 000

【例 7-12】 某企业盘亏一批材料，价值为 24 000 元，原来购入材料时负担的增值税进项税额为 4 080 元。经查明原因，其中属于定额内损耗的部分为5 000元，属于管理人员过失，应由其赔偿的部分为 3 200 元，属于自然灾害造成的部分为18 000元。其余部分经过批准记入“管理费用”账户。

（1）在报经批准前，根据“实存账存对比表”的记录，编制如下调整分录：

借：待处理财产损溢——待处理流动资产损溢　　　　　28 080
　　贷：原材料　　　　　　　　　　　　　　　　　　　24 000
　　应交税费——应交增值税（进项税额转出）　　　　　4 080

（2）经过审批，根据批准文件，编制如下分录：

借：管理费用　　　　　　　　　　　　　　　　　　　6 880
　　其他应收款　　　　　　　　　　　　　　　　　　3 200
　　营业外支出　　　　　　　　　　　　　　　　　　18 000
　　贷：待处理财产损溢——待处理固定资产损溢　　　　　28 080

3. 现金盘盈、盘亏的账务处理

现金的盘盈和盘亏应先记入“待处理财产损溢——待处理流动资产损溢”账户，待查明原因后再进行有关账户的结转。

【例 7-13】 某企业在现金清查时，发现长款 500 元，经过查明是由于少向职工王某付款造成的，应补付。

（1）在查明原因前，根据“库存现金盘点报告表”的记录，编制如下调整分录：

借：库存现金　　　　　　　　　　　　　　　　　　　500
　　贷：待处理财产损溢——待处理流动资产损溢　　　　　500

（2）查明原因后，编制如下分录：

借：待处理财产损溢——待处理流动资产损溢　　　　　500
　　贷：其他应付款——王某　　　　　　　　　　　　　500

（3）向职工王某补付款项时，作以下会计分录：

借：其他应付款——王某　　　　　　　　　　　　　　5 00
　　贷：库存现金　　　　　　　　　　　　　　　　　　500

【例 7-14】 某企业在现金清查时，发现短款 800 元，经过查明是由于出纳工作失误造成的，应由出纳负责赔偿。

（1）在查明原因前，根据“库存现金盘点报告表”的记录，编制如下调整分录：

借：待处理财产损溢——待处理流动资产损溢 800
　　贷：库存现金 800

（2）查明原因后，编制如下会计分录：

借：其他应收款——出纳 800
　　贷：待处理财产损溢——待处理流动资产损溢 800

（3）收到出纳交来的款项时，编制如下会计分录：

借：库存现金 800
　　贷：其他应收款——出纳 800

4. 往来款项清查结果的账务处理

在财产清查中，对于长期挂账的往来款项应及时进行处理。在处理时，不必通过“待处理财产损溢”账户进行过渡，按照规定程序报批后，进行相应的账务处理。对于确实无法支付的应付账款，记入“营业外收入”账户；对于可能收不回来的应收账款应提取坏账准备；对于确实收不回来的应收账款，应冲销提取的坏账准备。

【例 7-15】 某企业在对往来款项进行清查时，发现确实无法支付的应付账款12 000元。编制如下会计分录：

借：应付账款 12 000
　　贷：营业外收入 12 000

【例 7-16】 某企业在财产清查中发现，有 4 500 元的应收账款确实无法收回，经批准确认为坏账。编制如下会计分录：

借：坏账准备 4 500
　　贷：应收账款 4 500

第三节 对账与结账

一、对账

对账是指在经济业务入账之后，进行账簿记录的核对。对账的目的是为了确保账簿记录的正确、真实、完整，进而在账证一致、账账一致、账实一致的基础上编制会计报表，对报表使用者提供会计信息。对账包括日常核对和定期核对两种。日常核对是指会计人员在编制记账凭证和登记账簿时对依据的原始凭证和记账凭证进行的核对。定期核对是指在经济业务全部入账后，期末结账前对凭证、账簿、财产物资进行的核对。对账的内容主要包括三个方面，分别是账证核对、账账核对和账实核对。

（一）账证核对

账证核对是指将各种账簿（总分类账、明细分类账、现金日记账和银行存款日记账）的记录与有关的会计凭证（记账凭证与所依附的原始凭证）相核对。这种核对主要是在日常编制记账凭证和记账过程中进行的。月末，当发现账账不符或账实不符时，就应回头再进行账证核对，以查明原因。此时，只需要抽查与账账不符或账实不符有关的凭证即可，不一定要核对全部记账凭证。账证核对的目的是为了实现账证一致，进而在账证一致的基础上实现账账一致和账实一致。因此，账证核对是账账核对和账实核对的基础。

（二）账账核对

账账核对是指各种账簿之间有关发生额和期初、期末余额的核对。它主要包括以下几个方面：

1．总分类账全部账户的核对

对于总分类账中的全部账户要进行以下两方面的核对：

（1）发生额核对。它是指全部账户的本期借方发生额合计必然等于全部账户的贷方发生额合计，两者应核对相符。

（2）余额核对。它是指全部账户的借方余额合计必然等于全部账户的贷方余额合计，两者应核对相符。由于余额合计包括期初余额合计和期末余额合计两方面，所以余额核对又包括期初余额核对和期末余额核对两方面。

2．总分类账有关账户与所属的明细分类账的核对

对于总分类账中的有关账户与所属的明细分类账要进行以下两方面的核对：

（1）发生额核对。它是指总分类账某一账户的本期发生额必然等于所属的明细分类账户的本期发生额之和，两者应核对相符。其中本期发生额核对又包括借方发生额核对和贷方发生额核对两个方面。

（2）余额核对。它是指总分类账某一账户的期末余额必然等于所属的明细分类账户的期末余额之和，两者应核对相符。

3．总分类账中的“库存现金”、“银行存款”账户与现金日记账、银行存款日记账的核对

具体而言，总分类账中的“库存现金”账户应与现金日记账进行本期发生额和期末余额的核对，使两者相符。总分类账中的“银行存款”账户应与银行存款日记账进行本期发生额和期末余额的核对，使两者相符。

4．会计部门各种财产物资明细账与财产物资保管部门或使用部门的有关账（卡）的记录核对

这种核对一般是指将会计部门有关财产物资明细账的余额直接与财产物资保管部门或使用部门的有关账（卡）的余额核对，使其相符。发现不符应引起注

意，及时追查原因。

（三）账实核对

账实核对是指各种财产物资、货币资金和往来款项的账面余额与实存数额的核对。账实核对之前一般需要进行财产清查，以查明清查对象的实存数额。账实核对主要包括以下几个方面：

(1) 库存现金日记账的账面余额与实地盘点的库存现金实有数额相核对，使两者相符。这种核对应由出纳人员于每日业务终了时进行，以做到日清月结，同时清查小组还应进行库存现金账实的不定期、突击核对。

(2) 银行存款日记账的账面余额与银行对账单的余额相核对，并通过编制“银行存款余额调节表”的形式来排除未达账项的影响，使调节后的余额相符。这种核对，应每月至少一次。

(3) 各种财产物资明细分类账各账户的账面余额与财产物资的实存数额相核对，使其相符。这种核对应定期或不定期地进行。

(4) 各种应收款和应付款明细分类账各账户的账面余额与各债权、债务单位的账目相核对，使其相符。这种核对可通过编制、送达和收回“往来款项对账单”的方式来进行。

二、结账

结账是在把一定时期内发生的经济业务全部登记入账的基础上，结出各账户的本期发生额和期末余额。结账的目的是为了定期反映企业某一会计期间内的财务状况和经营成果，为编制会计报表提供依据。

（一）结账的程序

(1) 将本期内发生的经济业务全部登记入账。不能为了赶编会计报表而提前结账，也不能把本期发生的业务延至后期入账。

(2) 调整账项。按照权责发生制和配比原则的要求，在期末摊销费用或收入，计提费用或收入，正确划分收入和费用的归属期间，使收入和费用均衡。

(3) 办理其他转账业务。如结转制造费用，结转完工产品成本，结转已销产品生产成本，结转收入和费用类账户至“本年利润”账户，提取固定资产折旧，提取福利费等。

(4) 计算、登记有关账户的本期发生额和期末余额。

上述四个程序中，前三个程序可以叫做结账的准备工作，只有把前三个程序都履行完毕，才能进入第四个程序，否则就会出现结账后发现漏登若干业务的情况。第四个程序是结账的主要内容和关键，只有完成了第四个程序，才算做完了结账工作。

（二）结账的方法

在会计实务中，结账通常采用画线的方法，即期末结出各账户的本期发生额和期末余额后，加以画线标记，将期末余额结转下期。具体方法如下：

1．月结

办理月结时，应在各账户本月份最后一笔记录的下面画一条通栏红线，表示本月记账工作结束。然后在红线下面摘要栏内注明“本月合计”或“本月发生额及余额”字样，同时结出本月发生额和月末余额。对于没有余额的账户，应在“余额”栏注明“平”字或注明“0”符号。最后，再在结账的下面画一条通栏红线，表示完成了月结工作。

2．季结

办理季结时，应在完成每季度第三个月的月结工作后，在月结的红线下面摘要栏内注明“本季合计”或“本季发生额及余额”字样，同时结出本季发生额和季末余额。最后，再在季结的下面画一条通栏红线，表示完成了季结工作。

3．年结

办理年结时，应在各账户12月份月结的红线下面（需要办理季结的，应在第4季度季结的红线下面）摘要栏内注明“本年合计”或“本年发生额及余额”字样，同时结出本年发生额和年末余额。年度终了，在结束旧账、建立新账时，需要把各账户的期末余额结转到下一会计年度，变成下一会计年度的年初余额。为此，需要把各账户年末借（贷）方余额，再列在下一行的贷（借）方栏内，并在摘要栏内注明“结转下年”字样。最后再在年结的下面画两条通栏红线，表示封账。

结账的具体操作方法如表7-7所示。

表7-7 总账

会计科目：库存现金　　　　单位：元

20×1年		凭证		摘要	借方	贷方	借或贷	余额
月	日	字	号					
1	1 ⋮			年初余额 ⋮	⋮	⋮	借	8 000 ⋮
	31			1月份发生额及余额	57 000	32 000	借	33 000
2	1 ⋮			期初余额			借	33 000
	28			2月份发生额及余额	48 000	12 000	借	69 000

（续）

20×1年		凭证		摘要	借方	贷方	借或贷	余额
月	日	字	号					
12	1			期初余额 ⋮	⋮	⋮	借 ⋮	15 000 ⋮
12	31			12月份发生额及余额	95 000	24 000	借	86 000
12	31			本季发生额及余额	270 000	249 000	借	86 000
12	31			本年发生额及余额	786 000	708 000	借	86 000
				结转下年		86 000		

本章小结

在编制会计报表前必须做好三方面的准备工作：期末账项调整、财产清查和对账与结账。

账项调整是指在会计期末根据权责发生制摊配费用和收入、计提费用和收入，以正确划分收入和费用的归属期间，做到收入和费用的均衡。

财产清查的目的是要保持财产物资的安全、完整和账簿记录的真实、正确。按照清查范围，可将财产清查分为全部清查和局部清查；按照清查时间，可将财产清查分为定期清查和不定期清查。财产清查的一般程序为，成立清查领导小组，做好业务准备工作，实施财产清查。对于财产物资，应采用实地盘点法和技术推算法确定其实存数量，采用实地盘存制或永续盘存制确定其账存数量，然后账实对比，根据清查结果编制“实存账存对比表”。对于现金，在盘点时，应让出纳人员在场，注意有无白条、借条抵库的违纪现象，在盘点结束时，应编制“库存现金盘点报告表”。对于银行存款，应采取将企业的银行存款日记账与银行对账单相核对的方法来进行清查，从中发现未达账项，并编制“银行存款余额调节表”来排除未达账项的影响。对于往来款项，应采用编制、送达和收回对账单的形式来同对方单位核对，并根据核对结果编制“往来款项清查报告表”。

对账是指在期末结账之前进行账证核对、账账核对和账实核对，以做到账证一致、账账一致和账实一致。为了反映所有账户的本期发生额和期末余额，应在会计期末进行结账工作。在结账前，需要把本期发生的业务全部入账，需要调整账项，办理所有转账业务。结账包括月结、季结和年结三部分，主要工作是要结出本期发生额合计和期末余额。

思 考 题

1. 什么叫期末账项调整？为什么要进行期末账项调整？
2. 期末账项调整包括哪些内容？各自的方法是什么？
3. 什么叫财产清查？为什么要进行财产清查？
4. 财产清查包括哪些种类？
5. 确定财产物资账面结存数量的方法有哪些？
6. 确定财产物资实际结存数量的方法有哪些？
7. 简述库存现金的清查方法。
8. 简述银行存款的清查方法。
9. 简述往来款项的清查方法。
10. 简述未达账项的概念和种类。
11. 简述“银行存款余额调节表”的编制方法。
12. 简述财产物资的清查方法。
13. 简述财产清查的结果及账务处理步骤。
14. 简述存货盘盈和盘亏时的账务处理原则。
15. 简述固定资产盘盈和盘亏时的账务处理原则。
16. 什么叫对账？为什么要进行对账？
17. 对账的的内容和方法主要是什么？
18. 结账的概念和程序是什么？
19. 如何进行月结、季结和年结？
20. 简述实地盘存制的概念、优缺点及适用范围。
21. 简述永续盘存制的概念、优缺点及适用范围。

练 习 题

一、单项选择题

1. 企业对于银行存款按月计提利息收入时，应贷记的账户是（　　）。

A. 利息收入　　B. 预提费用　　C. 财务费用　　D. 其他业务收入

2. 企业于年初收到承租单位预付的固定资产全年租金时，应贷记的账户是（　　）。

A. 其他业务收入　　B. 预付账款　　C. 预收账款　　D. 银行存款

3. 企业预提生产车间使用的以经营租赁方式租入的固定资产改良支出时，应借记的账户是（　　）。

A. 财务费用　　B. 长期待摊费用　　C. 管理费用　　D. 制造费用

4. 企业在年初支付全年保险费时，应借记的账户是（　　）。

A. 管理费用　　B. 待摊费用　　C. 财务费用　　D. 预付账款

5. 因自然灾害造成的存货毁损经批准应借记的账户是（　　）。

A. 其他应收款　　B. 管理费用　　C. 待处理财产损溢　　D. 营业外支出

6. 应由责任人赔偿的存货毁损经批准应借记的账户是（　　）。

A. 营业外支出 B. 管理费用 C. 其他应收款 D. 待处理财产损溢

7. 确实无法支付的应付账款经批准应贷记的账户是（ ）。

A. 营业外收入 B. 资本公积 C. 坏账准备 D. 管理费用

8. 盘盈的固定资产经批准应贷记的账户是（ ）。

A. 管理费用 B. 待处理财产损溢 C. 营业外收入 D. 以前年度损益调整

9. 对于确实无法收回的应收账款应借记的账户是( )。

A. 营业外支出 B. 营业外收入 C. 管理费用 D. 坏账准备

10. 盘亏的固定资产在审批之前，应借记的账户是（ ）。

A. 营业外支出 B. 管理费用 C. 固定资产 D. 待处理财产损溢

二、多项选择题

1. 期末账项调整包括的内容有（ ）。

A. 结转收入和费用 B. 摊销费用 C. 计提费用 D. 摊配收入

E. 计提收入

2. 按照清查的范围可将财产清查分为（ ）。

A. 全面清查 B. 定期清查 C. 局部清查 D. 不定期清查

E. 突击清查

3. 确定财产物资账面结存数量的方法包括（ ）。

A. 实地盘存制 B. 技术推算法 C. 永续盘存制 D. 抽样检查法

E. 实地盘点法

4. 进行财产清查时，需要同对方单位核对的有（ ）。

A. 存货 B. 固定资产 C. 应付账款 D. 银行存款 E. 应收账款

5. “待处理财产损溢”账户的借方发生额记录的内容有（ ）。

A. 发生的存货的盘盈数 B. 结转的已经处理的存货的盘盈数

C. 发生的存货的盘亏数 D. 结转的已经处理的存货的盘亏数

E. 尚未处理的存货的盘亏数

6. 对账的主要内容包括（ ）。

A. 账账核对 B. 账证核对 C. 账实核对 D. 账表核对 E. 证证核对

7. 结账包括（ ）。

A. 月结 B. 季结 C. 半年结 D. 年结 E. 日结

8. 账账核对包括（ ）。

A. 总账有关账户与所属的明细账的核对

B. 总账“银行存款”账户与银行存款日记账的核对

C. 总账“库存现金”账户与现金日记账的核对

D. 会计部门财产物资账与保管、使用部门有关账的期末余额核对

E. 总账所有账户借方余额合计和贷方余额合计的核对

9. 账实核对包括（ ）。

A. 现金日记账的账面余额与库存现金实有数的核对

B. 银行存款日记账的账面余额与银行对账单的核对

C. 债权、债务明细账的账面余额与对方单位的账目核对

D. 财产物资明细账的账面余额与实存数额的核对

E. 会计部门财产物资账与保管、使用部门有关账的期末余额核对

10. 结账前需要进行的准备工作包括（　　）。

A. 将本期内发生的所有业务都登记入账　　B. 调整账项

C. 办理其他有关转账业务　　D. 计算所有账户的本期发生额和期末余额

E. 财产清查

三、判断题

1. 收到外单位预付的货款时，应贷记“预付账款”账户。(　　)

2. 未达账项是企业已经收到有关原始凭证，但尚未编制记账凭证，因此尚未入账的会计事项。(　　)

3. 期末账项调整包括待摊费用调整和计提费用调整两个方面。(　　)

4. 企业银行存款日记账的账面余额一般与银行对账单的余额不一致。(　　)

5. 盘点库存现金时，出纳人员必须回避。(　　)

6. 实地盘存制根据期末盘点的数量作为财产物资的账面结存数量，所以有利于财产物资的保管和账簿记录的真实。(　　)

7. 永续盘存制的记账工作量较大，所以使用范围较小，只有对于特殊的商品，如价值低廉、收发频繁或零售商店的鲜活商品才采用。(　　)

8. 为了赶编会计报表，可适当提前结账。(　　)

9. 资产类账户在12月份的月末余额等于第四个季度的季末余额，也等于全年的年末余额。(　　)

10. 在年终决算前，应进行财产的全面清查。(　　)

四、业务题

1. 某企业于20×1年1月份发生下列业务，请编制会计分录：

(1) 1月5日开出一张支票预付全年书报费18 000元，其中行政管理部门为12 000元，生产车间为6 000元。

(2) 1月7日提取经营租赁固定资产改良支出4 500元，其中生产车间为4 000元，行政管理部门为500元。

(3) 1月8日收到甲单位交来的一张支票，上面注明用途为预付货款，金额为56 000元。

(4) 1月10日开出一张支票支付全年保险费96 000元。

(5) 1月12日采用经营租赁的方式，从其他单位租用一辆汽车，开出一张支票支付全年租金36 000元。

(6) 1月15日收到承租单位交来的一张支票，上面注明用途为支付上半年房租，金额为36 000元。

(7) 1月16日向预付货款的甲单位发出商品，开具的增值税专用发票注明，售价为50 000元，增值税销项税额为8 500元。

(8) 1月22日收到甲单位通过银行转账的方式补付的货款2 500元。

(9) 1月31日预提短期借款利息960元。

（10）1月31日按照银行存款的金额和利率估算银行存款利息6 800元入账。

2．某企业于20×1年12月份在财产清查中，发现下列账实不符的情况：

（1）盘盈一台设备，同类设备的市场价格为120 000元，按新旧程度估计损耗为24 000元。所得税税率为25%，按净利润的10%计提法定盈余公积。

（2）盘亏一批原材料，价值为40 000元，原来购入该材料时，负担的增值税进项税额为6 800元。经查明原因，其中500元属于定额损耗，28 000元属于自然灾害，可以向保险公司索赔6 000元，800元属于保管人员保管不善造成的，应由其负责赔偿，其余经批准计入管理费用。

（3）盘亏一台设备，账面价值为69 000元，已经计提折旧13 800元。

（4）发现库存现金长款2 500元，经查明原因，是少付职工赵民2 500元加班费造成的，应补付。

（5）盘盈一件库存商品，价值为3 000元。

（6）以现金向职工赵民补付2 500元加班费。

（7）发现确实无法支付的应付账款45 000元。

（8）发现确实无法收回的应收账款38 000元。

要求：根据以上资料编制批准处理前后的会计分录。

3．某企业20×1年7月份银行存款日记账和银行寄过来的银行对账单的内容如表7-8所示。

表7-8 银行对账单 单位：元

年		支票号码	摘要	收入	付出	余额
月	日					
7	1	略	期初余额			78 000
	5		提现		3 800	74 200
	8		付甲企业货款		16 000	58 200
	15		付乙企业货款		9 400	48 800
	28		代付水电费		2 600	46 200
	28		存入2张支票，货款转讫	48 000		94 200
	29		受托收取丙企业货款	18 600		112 800
	30		受托收取丁企业货款	7 200		120 000
	31		代付电话费		890	119 110

银行存款日记账 单位：元

年		凭证		摘要	对方科目	收入	付出	余额
月	日	字	号					
7	1	略	略	期初余额				78 000
	5			提现	库存现金		3 800	74 200
	9			付甲企业货款	应付账款		16 000	58 200
	17			付乙企业货款	应付账款		9 400	48 800
	26			支票送存银行委托转账	应收账款	48 000		96 800
	30			收到丙企业货款	应收账款	18 600		115 400
	30			开出支票付戊企业货款	应付账款		4 200	111 200
	31			销售产品收到一张支票	主营业务收入等	15 600		126 800

要求：

（1）根据上述资料，将银行存款日记账与银行对账单进行核对，确定未达账项。

（2）编制银行存款余额调节表，并据以判断双方账面余额不一致的原因。

第八章　会计报表

本章内容要点

会计报表是会计核算的最终成果，报表使用者可以通过会计报表提供的信息，分析企业的偿债能力、营运能力和盈利能力，据以进行财务分析和经营决策。本章主要阐述会计报表的概念、作用、种类及其编制要求，详细介绍资产负债表和利润表的概念、作用、结构、格式和具体编制方法，简要介绍现金流量表和所有者权益（股东权益）变动表的概念、作用、结构及基本内容。

第一节　会计报表概述

一、会计报表的作用

会计报表是指企业依据账簿记录编制的，向信息使用者提供的反映企业财务状况、经营成果和现金流量的总结性书面文件。由于编制会计报表是会计循环的最后一个阶段，对外公布会计报表是企业向信息使用者提供信息的主要形式，所以会计报表也是会计核算的最终成果，是会计信息的主要载体。

企业平时发生的经济业务，已经通过编制记账凭证、登记账簿等工作得到了确认、计量和记录。通过日常会计核算，虽然可以反映企业的经营活动、财务状况、经营成果和现金流量信息，但是，会计凭证和会计账簿反映的会计信息还是比较分散，不够集中和概括，不能直观地、一目了然地全面反映企业经济活动的全貌，不便于理解和利用，很难满足国家有关部门、投资者、债权人等会计信息使用者对会计信息的需求。因此，有必要在日常会计核算的基础上，根据会计信息使用者的需要，定期地对日常会计核算资料进行分析、整理、通过编制会计报表，来对分散、零乱的会计信息进行进一步浓缩。

会计报表所提供的会计信息，是企业内部管理部门、投资者、债权人、银行、税务部门、证券监管部门、客户等信息使用者分析企业偿债能力、营运能力、盈利能力的直接依据，是有关利益团体进行筹资、投资决策和制定宏观经济政策时的主要参考指标。

二、会计报表的种类

（一）按报表反映的经济内容分类

（1）反映财务状况及其变动的会计报表。该类报表反映企业一定时点（月末、季末、半年末和年末）的资产、负债和所有者权益及变动状况，如资产负债表、所有者权益（股东权益）变动表。

（2）反映经营成果的会计报表。该类报表反映企业一定时期内（月内、季内、半年内和年内）的利润形成和分配情况，如利润表。

（3）反映现金流量的会计报表。该类报表反映企业一定时期内经营活动、投资活动和筹资活动现金流入、流出和净流量情况，如现金流量表。

（二）按报表编制的时间分类

1. 中期报表

中期报表是指在年度中间的某一时期对外提供的会计报表。中期报表涵盖的时间短于一个会计年度，包括月份、季度和半年度报表，简称月报、季报和半年报。中期报表至少应包括资产负债表、利润表、现金流量表和附注。月报应在月份终了后6日内对外报告，季报应于季度终了后15日内对外报告，半年报应于半年终了后60日内对外报告。

2. 年度报表

年度报表简称年报，也称年终决算报表。它是指在年末编制的，按年度反映企业年末财务状况和年度内经营成果、现金流量的会计报表。年度报表包括资产负债表、利润表、现金流量表、所有者权益（股东权益）变动表和附注等。年报应于年度终了后4个月内对外报告。

（三）按报表的编制主体分类

1. 个别会计报表

个别会计报表是指以单个企业为会计主体编制的，只反映本企业财务状况、经营成果和现金流量信息的会计报表。

2. 合并会计报表

合并会计报表是指以企业集团为会计主体，在母公司与子公司个别报表的基础上由母公司编制的，反映企业集团财务状况、经营成果和现金流量信息的会计报表。合并会计报表并不是个别会计报表的简单汇总，在编制时，需要以个别会计报表为基础，编制抵销分录，抵销集团内部的交易、事项，反映集团整体会计信息。如果企业对外投资占被投资企业资本总额的半数以上，或者实质上拥有被投资企业控制权的，应当编制合并会计报表。

（四）按报表的信息性质分类

1. 报表

报表是指以定量的数字方式披露会计信息的表格，是会计报表的主要组成部分，包括资产负债表、利润表、现金流量表和所有者权益（股东权益）变动表，概括地反映企业的财务状况、经营成果和现金流量信息。

2. 附注

附注是指以定性方式为主，对会计报表重要信息及其背景的说明，主要包括企业基本情况（企业组织形式、业务性质、主要经营活动等）、会计报表的编制基础（会计年度、会计计量基础等）、遵循企业会计准则的说明、重要会计政策与会计估计、重要报表项目的说明等。报表使用者了解企业的财务状况、经营成果和现金流量，应当全面阅读附注，附注相对于报表而言，同样具有重要性。根据会计准则的规定，附注应当按照一定的结构进行系统、合理的排列和分类，有顺序地披露信息。

我国现行的会计报表体系如表 8-1 所示。

表 8-1 我国现行的会计报表体系

会计报表			会计报表附注
编号	名称	编报期	
会企 01 表	资产负债表	中期报告、年度报告	企业的基本情况， 报表的编制基础， 遵循准则的说明， 重要项目的说明等
会企 02 表	利润表	中期报告、年度报告	
会企 03 表	现金流量表	中期报告、年度报告	
会企 04 表	所有者权益（股东权益）变动表	年度报告	

（五）按报表反映经济内容的状态分类

1. 动态报表

动态报表是指反映企业在一定时期内财务成果、现金流量及形成过程和原因的报表。动态报表包括利润表、现金流量表、所有者权益（股东权益）变动表。利润表反映企业一定时期内收入、费用的发生情况。现金流量表反映企业一定时期内现金流入和流出的情况。所有者权益（股东权益）变动表主要反映企业年度内所有者权益（股东权益）的增减变动情况。动态报表的主要特点是反映某会计期间的发生额，提供的是时期数。

2. 静态报表

静态报表是指反映企业在某一特定日期（月末、季末、半年末或年末）财务状况的会计报表，如资产负债表。资产负债表反映企业在某一会计期末的资产、负债和所有者权益状况。静态报表的主要特点是反映时点数，反映某一时点的余额。

三、编制会计报表的要求

编制会计报表是会计核算的一种专门方法，也是企业提供会计信息的主要形式。为了保证会计信息的质量，必须按照规定的要求来编制会计报表。我国《企业财务会计报告条例》规定，企业应当按照国家统一的会计制度规定的会计报表格式和内容，根据登记完整、核对无误的会计账簿记录和其他有关资料编制会计报表，做到内容完整、数字真实、计算准确，不得漏报或任意取舍。具体而言，企业在编制会计报表时，应符合以下要求：

1. 数字真实

这是要求会计报表中各个项目的数字必须真实、客观、可靠。会计的目标是对企业内外部会计信息使用者提供有用信息，如实地反映企业的财务状况、经营成果和现金流量，提供真实的会计信息是报表编制会计报表的最基本要求。由于会计报表披露的信息报表是使用者进行决策的主要依据，虚假的会计信息会误导报表使用者作出错误的判断，进而遭受不应有的损失，所以会计报表提供的数字一定要做到数字真实，不能作假，否则会严重影响会计的公信力，造成会计诚信危机。为了做到数字真实，企业在编制会计报表时，应当根据真实的交易、事项以及完整、准确的账簿记录等资料，并按照国家统一的会计制度规定的编制基础、编制依据、编制原则和方法进行。不能以估计数代替实际数，更不能弄虚作假，篡改数据，隐瞒谎报。任何组织或个人不得授意、指使、强令企业违反《企业财务会计报告条例》以及国家统一的会计制度规定，改变财务会计报告的编制基础、编制依据、编制原则和方法。

2. 内容完整

这是要求会计报表应当按照国家统一规定的种类、格式和内容编制，以全面地反映企业的财务状况、经营成果和现金流量。只有这样，才能满足各方对财务信息的需要。为此，企业对国家要求提供的报表必须按种类、格式编报齐全；表内项目指标要填列齐全，不得遗漏；表首和表尾各项内容应填列完整；某些重要的会计事项，还应当在报表附注中说明。

3. 计算准确

编制会计报表的主要依据是会计账簿，但报表数字不是账簿数字的简单转抄。编表过程实际上是对账簿数字进行分析和重新计算的过程。一方面，报表中有些项目需要对有关账户的期末余额加总或相减后填列；另一方面，有些账户需要根据期末余额的方向来判断应计入报表中的何种项目。另外，报表项目之间也存在一定的数量勾稽和对应关系，填列报表时，各报表之间、报表各项目之间，凡有勾稽关系的，数字应当相互一致。由于在编制会计报表时，需要对账户记录进行分析、计算，所以为了保证会计信息的真实性，就要求计算准确，避免出现错误。

4. 编报及时

这是要求会计报表必须在国家规定的期限内报送给有关部门，以满足会计报表使用者及时了解企业财务状况、经营成果和现金流量信息的需要。会计的主要工作目标是提供会计信息，而会计信息的主要载体是会计报表，所以只有及时地编制和报送会计报表，才能满足有关利益团体对企业会计信息的需求。

四、会计报表的编制程序

会计报表应该按照利润表、资产负债表、现金流量表、所有者权益（股东权益）变动表的顺序编制。

第二节 工作底稿

一、工作底稿的作用

工作底稿是指将一定期间会计核算所得到的会计资料汇集一起，为最终取得一定的会计信息而进行调整、试算、分析的表格。工作底稿主要包括总分类账户余额和发生额试算表、期末账项调整表、为编制报表而编制的工作底稿等。不同的工作底稿有不同的用途和格式。其中，为编制报表而编制的工作底稿是指为了避免差错，尽快了解本期的财务状况和经营成果，及时报送报表，先通过编制工作底稿的办法，把基本资料算出来，再根据工作底稿的资料编制调账、结账的会计分录，把账簿记录补齐，最后根据工作底稿编制财务报表。通过编制工作底稿，可以全面地了解企业的财务状况和经营成果，可以检查账簿记录是否正确，可以为编制利润表和资产负债表提供必要的资料，进而加快会计报表的编制工作。显然，编制工作底稿是会计资料由账簿向报表过渡的一项重要会计核算工作。

二、工作底稿的编制

工作底稿一般为五组十栏式，如表 8-2 所示。

表 8-2 工作底稿

账户名称	调整前试算表		调整分录		调整后试算表		利润表		资产负债表	
	借方	贷方	借方	贷方	借方	贷方	借方	贷方	借方	贷方

1. 调整前试算表的填制

首先，将总分类账各账户的名称填入会计科目栏内，同时将各账户的余额填入试算表的借方和贷方两栏。在将总分类账各账户的名称填入会计科目栏时，考虑到期末账项调整的需要，有些账户需要空留几行，以满足登记调整金额的需要。

2. 调整分录的填制

对于期末应调整的账项，首先应确定其应借、应贷账户及金额，然后在账项调整栏内填写账项调整分录。最后将调整分录登记到相应的栏行之中。为了反映调整分录的账户对应关系和便于核对，调整栏内所登记的调整金额前面，应标明调整分录的顺序号。同时，在工作底稿下面，按标明的顺序号分别为调整分录的内容作简要说明。待所有调整分录填写完后，将“调整分录”的借方和贷方栏的金额加计，并在最后一行填写借方栏金额总计和贷方栏金额总计。借方与贷方总计金额应该相等。

3. 调整后试算表的填制

将“调整前试算表”与“调整分录”两栏相同科目的借、贷金额合并，同方向金额相加，反方向金额相减。合并所得的金额就是“调整后试算表”相应会计科目的金额，将其填入“调整后试算表”栏内。如果一个会计科目在“调整前试算表”与“调整分录”栏内的金额反方向时，即一个在借方，另一个在贷方，便将两栏金额相减少，将其差额填入“调整后试算表”栏内的借方或贷方；如果一个会计科目在“调整前试算表”与“调整分录”两栏内，只有一栏列有金额，另一栏无金额时，则按所列金额填入“调整后试算表”内，原为借方仍为借方，原为贷方仍为贷方。待“调整后试算表”借方和贷方金额全部填入后，再将“调整后试算表”的借方栏和贷方栏的金额加计，并在调整后试算表的最后一行填写借方栏金额总计和贷方栏金额总计。借方与贷方的总计金额应该相等。

4. 有关报表项目的填写

将“调整后试算表”各会计科目的余额，经过分析计算后分别填入“利润表”和“资产负债表”栏的有关项目内。

具体工作底稿的编制，请参见表附 8-8。

第三节 利 润 表

一、利润表的作用

利润表是指反映企业在一定会计期间（月份、季度、半年度、年度）生产经营成果的会计报表。利润表以“收入 - 费用 = 利润”会计等式作为编制的依据，将一定期间的收入与同一会计期间的费用相配比，从而计算出企业一定时期的净利润（或净亏损）。通过利润表，使用者可以计算成本费用利润率、销售净利率、销售毛利率、每股收益等盈利能力指标，据以分析企业的盈利能力。另外，通过连续多期利润表的对比，也可以分析企业盈利能力的发展趋势，预测未来的盈利能力走向。由于利润是企业经营成果的综合体现，又是企业利润分配的依据，所以利润表是企业主要的会计报表之一。

二、利润表的结构及格式

利润表包括表头、表身和表尾三部分。表头和表尾的内容与资产负债表类似。表身是利润表的主体，包括收入、成本与费用、利润三部分内容，反映经营成果及其形成过程。由于不同国家和地区对会计信息的需求不完全相同，所以利润表的格式也不完全相同。当前比较普遍的利润表格式有多步式和单步式两种。

1. 多步式利润表

多步式利润表将利润分成多个层次（主营业务利润、营业利润、利润总额和净利润），通过多个步骤来分别计算每一层次的利润，最后计算出净利润。通常的计算步骤如下：

第一步，计算营业利润。

营业收入 - 营业成本 - 营业税金及附加 - 销售费用 - 管理费用 - 财务费用 - 资产减值损失 + 公允价值变动净收益 + 投资净收益 = 营业利润

第二步，计算利润总额。

营业利润 + 营业外收入 - 营业外支出 = 利润总额

第三步，计算净利润。

利润总额 - 所得税费用 = 净利润

第四步，计算每股收益。

基本每股收益 = 净利润 ÷ 发行在外的普通股加权平均数

稀释每股收益 = 基本每股收益 ÷ 调整系数

在确定调整系数时，要考虑可转换公司债券、认股权证和股份期权等稀释性潜在普通股的影响，对基本每股收益的分母和分子进行调整。

多步式利润表的优点：①能直观地反映营业收益与非营业收益对利润总额的影响和净利润的形成过程。②有利于企业对利润表相应项目进行横向和纵向的比较，便于企业进行盈利分析。多步式利润表的缺点：①将收入与费用的配比人为地排列出先后顺序，并按照顺序计算不同层次的利润，容易使报表使用者产生对利润形成的错觉。②难以统一项目的分类方法。

我国采用多步式利润表，其格式如表附 8-9 所示。

2. 单步式利润表

单步式利润表将本期所有收入加在一起，再将本期所有费用加在一起，最后将两者相减，一次性计算出本期净利润。具体格式如表 8-3 所示。

表 8-3 利润表（单步式）

编制单位： 年 月 日 单位：元

项目	本期金额	本年累计金额
收入：		
营业收入		
公允价值变动净收益		
投资净收益		

（续）

项目	本期金额	本年累计金额
营业外收入		
收入合计		
成本与费用		
营业成本		
营业税费		
销售费用		
管理费用		
财务费用		
资产减值损失		
营业外支出		
所得税费用		
成本与费用合计		
净利润		

单步式利润表的优点：①结构简单，易于理解。②对所有收入和费用一视同仁，不分先后顺序，避免了可能使人误解或引起混乱的分类和配比顺序。单步式利润表的缺点：不能直接提供多层次的利润资料，不利于比较分析。在实际工作中，规模小，收入与费用种类少的企业，可采用这种格式。

三、利润表的编制

利润表中的“本期金额”栏反映各项目的本期实际发生额，根据收入类、费用类账户的本期实际发生额填列，在编报月报、季报、半年度和年度财务会计报告时，本栏金额为各期实际发生额。“上期金额”栏反映上年同期实际发生额。如果上年该期利润表项目名称和内容与本期不一致，应将上年该期利润表各项目的名称和金额按照本期的规定进行调整，填入“上期金额”栏。

第四节　资产负债表

一、资产负债表的作用

资产负债表是指反映企业在某一特定日期（如月末、季末、半年末、年末）资产、负债和所有者权益财务状况的会计报表。它根据资产、负债和所有者权益之间的平衡关系而编制，提供企业在某一时点的资产占用和资金来源信息。一方面它反映企业在某一特定日期所拥有或控制的总资产，另一方面它反映企业的资金来源——负债和所有者权益。资产负债表作为企业的主表之一，主要具有如下作用：

1. 反映企业在某一特定日期的资产总额及其分布状况

资产负债表的左方反映资产的总额和构成，通过流动资产和非流动资产的比例关系，可分析企业盈利能力和偿债风险的大小。如果流动资产占的比例高，则企业偿债的风险小，但盈利能力差；如果非流动资产占的比例高，则企业偿债的风险大，但盈利能力强。

2. 反映企业在某一特定日期的资金来源和资本结构

资产负债表的右方反映资金的来源和构成，通过负债和所有者权益的比例关系，可分析企业资本结构的合理程度。如果负债大于所有者权益，说明企业借入的资金大于投资者投入的资金，企业是高风险、高收益的资本结构；如果负债小于所有者权益，说明企业借入的资金小于投资者投入的资金，企业是低风险、低收益的资本结构。

3. 反映企业在某一特定日期的偿债能力

资产负债表的左方和右方对比，可以计算流动比率、速动比率、资产负债率、产权比率、有形净值债务率等偿债能力指标，从中分析企业短期偿债能力和长期偿债能力的高低。报表使用者可据以作出相应的投资或筹资决策。

4. 反映企业在某一特定日期的营运能力和盈利能力

将资产负债表反映的信息与利润表反映的信息结合起来，可以计算存货周转率、应收账款周转率、资产周转率等营运能力指标，还可以计算资产净利率、净资产收益率等盈利能力指标，从中分析企业营运能力和盈利能力的强弱。报表使用者可据以作出相应的财务和经营决策。

5. 反映企业财务状况的变化趋势

通过多期资产负债表的对比分析，可以发现企业偿债能力、资本结构、资产总额和构成等财务指标的变化趋势，进而预测企业未来的财务状况走向，为报表使用者提供决策依据。

二、资产负债表的结构及格式

（一）结构

资产负债表主要列示资产、负债、所有者权益三大会计要素的年初数和期末数。其中每一要素都按照一定的分类标准列示具体的构成项目及其金额。资产按照流动性的大小，分为流动资产与非流动资产两类。流动资产又按其变现能力强弱、周转速度快慢排列，将货币资金等流动性强的项目排在前面，将存货等流动性差的项目排在后面。负债按偿还期限长短分成流动负债和长期负债，其中，流动负债又分为短期借款、应付账款、预收账款、应付职工薪酬、应交税费、应付股利等，长期负债又分为长期借款、应付债券、长期应付款等。所有者权益按其稳定性排序，即按实收资本、资本公积、盈余公积和未分配利润的顺序排列。最后，根据“资产 = 负债 + 所有者权益”的等式来检验编制的正确性。

（二）格式

资产负债表依据“资产 = 负债 + 所有者权益”的会计恒等式而设计，具体格式包括账户式与报告式两种。

1. 账户式资产负债表

账户式资产负债表也称横列式资产负债表，该格式的报表采用左右结构，左边列示资产项目，右边列示负债和所有者权益项目，左边资产总额等于右边的负债和所有者权益总额。这种结构着重反映企业的全部资产及其资金来源，有利于报表使用者通过左右平衡关系，分析企业的财务状况。国际上，北美的一些国家主要采用账户式结构。我国资产负债表统一采用账户式结构，规定表中各项目除反映期末数外，还应反映年初数，有利于报表使用者通过年初数和期末数的比较，分析财务状况的变动趋势。我国现行的资产负债表具体格式如表附 8-10 所示。

2. 报告式资产负债表

报告式资产负债表也称垂直式资产负债表，该格式的报表采用上下垂直结构，上面列示资产项目，下面列示负债和所有者权益项目。平衡公式为："资产 = 负债 + 所有者权益" 或 "资产 - 负债 = 所有者权益"。这种结构通过资产与负债的比较，突出所有者权益。国际上，英国等一些国家主要采用报告式结构。报告式资产负债表的常用简化格式如表 8-4 所示。

表 8-4 资产负债表

编制单位：　　　　　　　　年　月　日　　　　　　　　单位：元

项目	金额
资产：	
流动资产	
⋮	
长期股权投资	
⋮	
固定资产	
⋮	
无形资产	
资产合计	
⋮	
负债：	
流动负债	
⋮	
非流动负债	
⋮	
负债合计	
所有者权益	
⋮	
所有者权益合计	

三、资产负债表的编制

资产负债表是静态报表，提供的是时点数，表中各项目反映的均是有关账户的期末余额。表中“年初数”栏各项目数字，应根据上年末资产负债表“期末数”栏内所列数字填列。如果本年度资产负债表规定的各个项目的名称和内容同上年度不相一致，应对上年末资产负债表各项目的名称和数字按照本年度的规定进行调整，填入本表“年初数”栏内。表中“期末数”栏，主要根据有关账户的期末价值（期末余额减去减值准备）编制。具体而言，可通过以下几种方法来填制“期末数”栏中有关项目的金额。

1. 根据有关总分类账户的期末余额直接填列

资产负债表中的多数项目均可直接根据有关总分类账户的期末余额填列。例如，应收股利项目，根据“应收股利”账户的借方期末余额填列；短期借款项目，根据“短期借款”账户的贷方期末余额填列等。

2. 根据有关总分类账户的期末余额计算填列

资产负债表某些项目没有相对应的总分类账户，无法直接根据有关总分类账户的期末余额填列，只能根据有关总分类账户的期末余额计算填列。例如，货币资金项目，应根据“库存现金”、“银行存款”、“其他货币资金”三个账户的借方期末余额的合计数填列；“未分配利润”项目应根据“本年利润”账户的期末贷方余额与“利润分配”账户的期末借方余额之差填列。“待摊费用”账户的借方余额填入“其他流动资产”项目，“预提费用”账户的贷方余额填入“其他流动负债”项目。

3. 根据明细分类账户的期末余额计算填列

资产负债表某些项目不能根据有关总分类账户的期末余额直接或计算填列，只能根据有关总分类账户所属的相关明细分类账户的期末余额计算填列。例如，应付账款项目，应根据“应付账款”、“预付账款”账户所属的相关明细分类账户的期末贷方余额计算填列；应收账款项目，应根据“应收账款”、“预收账款”账户所属的相关明细分类账户的期末借方余额计算填列。

4. 根据总分类账户和明细分类账户余额分析计算填列

资产负债表某些项目不能根据有关总分类账户的期末余额直接或计算填列，也不能根据有关总分类账户所属的相关明细分类账户的期末余额计算填列，只能根据总分类账户和相关明细分类账户的期末余额分析计算填列。例如，长期借款项目，根据“长期借款”总分类账户的期末贷方余额扣除“长期借款”账户所属的明细账户中反映的将于一年内到期的长期借款部分计算填列。

5. 根据总分类账户余额减去其备抵项目后的净额填列

例如，应收账款项目，由“应收账款”账户的期末借方余额减去“坏账准备”账户贷方余额后的净额填列；固定资产项目根据“固定资产”账户的期末借方余额减去“累计折旧”和“固定资产减值准备”贷方余额后的净额填列等。

第五节　现金流量表

一、现金流量表的作用

现金流量表是以现金为基础编制的，反映企业一定会计期间内经营活动、投资活动和筹资活动现金流入、流出和净流量的会计报表。作为三张主表之一，现金流量表主要为报表使用者提供企业一定会计期间的现金和等价物的流入、流出信息，以便于报表使用者了解和评价企业获得现金和现金等价物（除特别说明外，以下所称的现金均包括现金等价物）的能力。现金流量表主要有如下作用：

1. 反映企业真正偿债能力

报表使用者通过现金流量表提供的信息，结合资产负债表，可以计算现金流动负债比、现金债务总额比、现金利息保障倍数等偿债能力指标，据以分析企业用经营活动现金净流量偿还债务的真正偿债能力，而不是账面偿债能力，并作出相应的决策。

2. 反映企业真正盈利能力和获取现金的能力

报表使用者通过现金流量表提供的信息，结合资产负债表，可以计算每股现金流量、销售现金比率、全部资产现金回收率等指标，据以分析企业真正盈利能力和获取现金的能力，为决策提供更真实、可信的依据。

3. 反映企业财务弹性和收益的质量

报表使用者运用现金流量表提供的信息，结合其他资料，可计算现金满足投资比率、现金股利保障倍数、营运指数等指标，据以分析企业适应经济环境变化和利用投资机会的能力，分析企业收益的质量，判断企业的财务弹性，并作为决策的参考。

二、现金流量表的编制基础

现金流量表是以现金为基础编制的，这里的现金指企业的库存现金、可以随时用于支付的存款以及现金等价物。现金流量表具体包括以下几个方面：

1. 库存现金

库存现金是指企业持有的、可随时用于支付的现金限额，即“库存现金”账户所核算的现金。

2. 银行存款

银行存款是指企业存在金融企业、随时可以用于支付的存款，它与“银行存款”账户核算的内容基本一致。区别在于，存在金融企业的不能随时用于支付的存款，如不能随时支取的定期存款，不作为现金流量表中的现金，但提前通知金融企业便可支取的定期存款，则包括在现金流量表中的现金范围内。

3. 其他货币资金

其他货币资金是指企业存在金融企业有特定用途的资金，即“其他货币资金”账户核算的存款，如外埠存款、银行汇票存款、银行本票存款、信用证保证金存款、信用卡存款等。

4. 现金等价物

现金等价物是指企业持有的期限短、流动性高、易于转换为已知金额的现金、价值变动风险很小的短期投资。现金等价物虽然不是现金，但其支付能力与现金的差别不大，相当于现金，故可视为现金。典型的现金等价物通常是指企业持有的、自购买之日起3个月内到期的短期债券投资。

三、现金流量的分类

现金流量是指现金和现金等价物的流入和流出。它产生于不同的来源，也有不同的用途。如工业企业可通过销售商品、提供劳务或吸收投资等渠道取得现金，可通过支付职工工资、购买材料和固定资产等途径支付现金。现金流入和现金流出的差额称为现金净流量，它可能是正数，也可能是负数。正数代表着净流入，反映了企业现金流量的积极现象和趋势；负数代表着净流出，反映着企业资金紧缺的现象和程度。通常按照业务发生的性质将现金流量分为三类：经营活动产生的现金流量、投资活动产生的现金流量和筹资活动产生的现金流量。其中经营活动是指企业投资活动和筹资活动以外的所有交易和事项，包括销售商品、提供劳务、购买商品、接受劳务、支付税费等。投资活动是指企业长期资产的购建和不包括在现金等价物范围内的投资及其处置活动。筹资活动是指导致企业资本以及债务规模和构成发生变化的活动，包括吸收投资、发行股票、分配利润等。

对于企业日常活动之外的，不经常发生的特殊项目，如自然灾害损失、保险赔款、捐赠等，应当在现金流量表中归并到相关类别中，并单独反映。

四、现金流量表的结构及格式

现金流量表由表头、表身和表尾三个部分构成。表头部分列示报表名称、编报单位、编报年度、货币计量单位；表尾部分列示单位负责人、财会负责人、复核、制表等有关人员签名或盖章。表身分为正表和补充资料两个部分。正表有五项：一是经营活动产生的现金流量，二是投资活动产生的现金流量，三是筹资活动产生的现金流量，四是汇率变动对现金的影响，五是现金及现金等价物净增加额。补充资料有三项：一是净利润调节为经营活动产生的现金流量，二是不涉及现金收支的投资活动和筹资活动，三是现金和现金等价物净增加情况。现金流量表的格式如表8-5所示。

表 8-5 现金流量表

会企 03 表

编制单位：____年__月 单位：元

项目	本期金额	上期金额
一、经营活动产生的现金流量：		
销售商品、提供劳务收到的现金		
收到的税费返还		
收到其他与经营活动有关的现金		
经营活动现金流入小计		
购买商品、接受劳务支付的现金		
支付给职工以及为职工支付的现金		
支付的各项税费		
支付的其他与经营活动有关的现金		
经营活动现金流出小计		
经营活动产生的现金流量净额		
二、投资活动产生的现金流量：		
收回投资收到的现金		
取得投资收益收到的现金		
处置固定资产、无形资产和其他长期资产收回的现金净额		
收到的其他与投资活动有关的现金		
投资活动现金流入小计		
购建固定资产、无形资产和其他长期资产支付的现金		
投资支付的现金		
支付的其他与投资活动有关的现金		
投资活动现金流出小计		
投资活动产生的现金流量净额		
三、筹资活动产生的现金流量：		
吸收投资收到的现金		
取得借款收到的现金		
收到其他与筹资活动有关的现金		
筹资活动现金流入小计		
偿还债务支付的现金		
分配股利、利润或偿付利息支付的现金		
支付其他与筹资活动有关的现金		
筹资活动现金流出小计		
筹资活动产生的现金流量净额		
四、汇率变动对现金及现金等价物的影响额		
五、现金及现金等价物净增加额		
加：期初现金及现金等价物余额		
六、期末现金及现金等价物余额		

五、现金流量表的项目

（一）经营活动产生的现金流量

1. 经营活动产生的现金流入项目

（1）销售商品、提供劳务收到的现金。本项目反映企业销售商品、提供劳务实际收到的现金，包括销售收入和应向购买者收取的增值税销项税额。它具体包括本期销售商品、提供劳务收到的现金，以及前期销售商品、提供劳务本期收到的现金和本期预收的款项，减去本期销售本期退回的商品和前期销售本期退回的商品支付的现金。需要注意的是，企业销售材料和代购代销业务收到的现金，也在本项目中反映。

（2）收到的税费返还。本项目反映企业收到返还的各种税费，如收到的增值税、消费税、营业税、所得税、教育费附加返还款等。

（3）收到其他与经营活动有关的现金。本项目反映企业除上述项目外，收到的其他与经营活动有关的现金，如罚款收入、流动资产损失中由个人赔偿的现金收入、经营租赁收到的现金等。其他与经营活动有关的现金中价值较大的，应单列项目反映。

2. 经营活动产生的现金流出项目

（1）购买商品、接受劳务支付的现金。本项目反映企业购买商品、接受劳务支付的现金，包括支付的货款以及与货款一起支付的增值税进项税额。它具体包括本期购买商品、接受劳务支付的现金，本期支付前期购买商品、接受劳务的未付款项和本期预付的款项，减去本期发生的购货退回收到的现金。

（2）支付给职工以及为职工支付的现金。本项目反映企业实际支付给职工的现金以及为职工支付的现金，包括本期实际支付给职工的工资、奖金、各种津贴、补贴和补助，为职工支付的养老、失业等社会保险基金、补充养老保险、住房公积金、商业保险金，以及为职工支付的其他费用。它不包括支付的离退休人员的各项费用和支付给在建工程人员的工资等。支付的离退休人员的各项费用在“支付的其他与经营活动有关的现金”项目中反映，支付给在建工程人员的工资在“购建固定资产、无形资产和其他长期资产所支付的现金”项目中反映。

（3）支付的各项税费。本项目反映企业按规定支付的各项税费，包括本期发生并支付的税费，以及本期支付以前各期发生的税费和预缴的税金。它不包括计入固定资产价值的耕地占用税，也不包括本期退回的增值税、所得税。本期退回的增值税、所得税，在“收到的税费返还”项目中反映。

（4）支付的其他与经营活动有关的现金。本项目反映除上述各项目外，支付的其他与经营活动有关的现金，如罚款支出、支付的业务招待费、差旅费、保险费、经营租赁支付的现金等。支付的其他与经营活动有关的现金中价值较大的，应单列项目反映。

（二）投资活动产生的现金流量

1. 投资活动产生的现金流入项目

（1）收回投资收到的现金。本项目反映企业出售、转让或到期收回除现金等价物以外的短期投资、长期股权投资而收到的现金，以及收回长期债权投资本金而收到的现金。它不包括长期债权投资收回的利息，以及收回的非现金资产。

（2）取得投资收益收到的现金。本项目反映企业因股权性投资而分得的现金股利，从子公司、联营企业或合营企业分回利润而收到的现金，以及因债权性投资（含现金等价物）而取得的现金利息收入。它不包括股票股利。

（3）处置固定资产、无形资产和其他长期资产收回的现金净额。本项目反映企业出售固定资产、无形资产和其他长期资产所取得的现金，减去为处置这些资产而支付的有关费用后的净额。需要注意的是，由于自然灾害等原因所造成的固定资产等长期资产的报废、毁损而收到的保险赔偿收入，也在本项目中反映。

（4）收到其他与投资活动有关的现金。本项目反映企业除上述项目外，收到的其他与投资活动有关的现金，如收回原来垫支的股利、利息时收到的现金等。其他与投资活动有关的现金中价值较大的，应单列项目反映。

2. 投资活动产生的现金流出项目

（1）购建固定资产、无形资产和其他长期资产支付的现金。本项目反映企业购买、建造固定资产、无形资产和其他长期资产所支付的现金，包括购买固定资产所支付的现金及增值税税款、建造工程支付的现金、支付在建工程人员的工资、取得无形资产支付的现金等。它不包括为购建固定资产而发生的借款利息资本化部分，以及融资租入固定资产所支付的租赁费。为购建固定资产而发生的借款利息资本化部分，以及融资租入固定资产所支付的租赁费，在“筹资活动产生的现金流量——支付其他与筹资活动有关的现金”项目中反映。需要注意的是，企业以分期付款方式购建的固定资产，其首次付款支付的现金在本项目中反映，以后各期支付的现金在筹资活动产生的现金流量中反映。

（2）投资支付的现金。本项目反映企业进行投资所支付的现金，包括企业取得的除现金等价物以外的短期和长期投资所支付的现金，以及支付的佣金、手续费等附加费用。需要注意的是，企业在购买股票和债券时，实际支付的价款中包含的已宣告但尚未领取的现金股利或已到付息期但尚未领取的债券利息，应在“支付的其他与投资活动有关的现金”项目中反映。

（3）支付其他与投资活动有关的现金。本项目反映企业除上述项目外，支付的其他与投资活动有关的现金，如垫支股利、利息时支付的现金等。支付的其他与投资活动有关的现金中价值较大的，应单列项目反映。

（三）筹资活动产生的现金流量

1. 筹资活动产生的现金流入项目

(1) 吸收投资收到的现金。本项目反映企业收到的投资者投入的现金，包括以发行股票、债券等方式筹集资金实际收到的款项净额（发行收入减去佣金等发行费用)。需要注意的是，以发行股票、债券等方式筹集资金而由企业支付的审计、咨询等费用，在“支付的其他与筹资活动有关的现金”项目中反映，不包括在本项目内。

(2) 取得借款收到的现金。本项目反映企业举借各种短期、长期借款所收到的现金。

(3) 收到其他与筹资活动有关的现金。本项目反映企业除上述各项目外，收到的其他与筹资活动有关的现金，如接受现金捐赠等。收到的其他与筹资活动有关的现金，如果价值较大的，应单列项目反映。

2. 筹资活动产生的现金流出项目

(1) 偿还债务支付的现金。本项目反映企业以现金偿还债务的本金，包括归还金融企业的借款本金、偿付企业到期的债券本金等。

(2) 分配股利、利润或偿付利息支付的现金。本项目反映企业实际支付的现金股利、支付给其他投资单位的利润或用现金支付的借款利息、债券利息所支付的现金。

(3) 支付其他与筹资活动有关的现金。本项目反映企业除上述项目外，支付的其他与筹资活动有关的现金，如以发行股票、债券等方式筹集资金而由企业直接支付的审计、咨询费用，减少注册资本支付的现金，融资租赁支付的现金等。支付的其他与筹资活动有关的现金中价值较大的，应单列项目反映。

现金流量表的具体编制方法请参见《财务会计》教材。

第六节 所有者权益变动表

一、所有者权益变动表的作用与格式

本表反映企业年度内所有者权益（股份公司为股东权益）变动的情况。本表应在一定程度上体现企业综合收益的特点，除列示直接计入所有者权益的利得和损失外，同时包含最终属于所有者权益变动的净利润。

本表分为“上年年末余额”、“本年年初余额”、“本年增减变动金额”、“本年年末余额”四个项目，横栏分“本年金额”和“上年金额”两栏，分别列示“实收资本（或股本)”、“资本公积”、“盈余公积”、“未分配利润”、“库存股（减项)”和“所有者权益合计”，基本格式如表8-6所示。

二、所有者权益（股东权益）变动表的编制

本表各项目应当根据当期净利润、直接计入所有者权益的利得和损失项目、所有者投入资本和提取盈余公积、向所有者分配利润等情况分析填列。其具体方

法请参见《财务会计》教材。

表 8-6 所有者权益（股东权益）变动表

会企 04 表

编制单位： ____年度 单位：元

项目	行次	本年金额						上年金额
		实收资本（或股本）	资本公积	盈余公积	未分配利润	库存股（减项）	所有者权益合计	（略）
一、上年年末余额								
加：会计政策变更								
前期差错更正								
二、本年年初余额								
三、本年增减变动金额（减少以“－”号填列）								
（一）净利润								
（二）直接计入所有者权益的利得和损失								
1. 可供出售金融资产公允价值变动净额								
2. 权益法下被投资单位其他所有者权益变动的影响								
3. 与计入所有者权益项目相关的所得税影响								
4. 其他								
上述（一）和（二）小计								
（三）所有者投入和减少资本								
1. 所有者投入资本								
2. 股份支付计入所有者权益的金额								
3. 其他								
（四）利润分配								
1. 提取盈余公积								
2. 对所有者（或股东）的分配								
3. 其他								
（五）所有者权益内部结转								
1. 资本公积转增资本（或股本）								
2. 盈余公积转增资本（或股本）								
3. 盈余公积弥补亏损								
4. 其他								
四、本年年末余额								

附录 利润表与资产负债表编制举例

一、20×1 年 12 月新兴公司有关会计资料

1. 新兴公司 20×1 年 12 月 1 日总分类账余额资料（见表附 8-1）

表附 8-1 新兴公司账户余额表 单位：元

会计账户	借方余额	贷方余额
库存现金	2 000	
银行存款	466 800	
库存商品	25 000	
应收账款	74 000	
长期待摊费用	8 000	
长期股权投资	200 000	
固定资产	775 000	
累计折旧		99 200
短期借款		100 000
应交税费		64 845
应付账款		35 000
预收账款		50 000
实收资本		1 000 000
本年利润		131 655
利润分配		70 100
合计	1 550 800	1 550 800

本年 1～11 月，主营业务收入为 1 315 340 元，主营业务成本为 671 708 元，销售费用为 321 640 元，管理费用为 120 498 元，财务费用为 5 594 元，营业外收入为2 200元，营业外支出为 1 600 元，所得税费用为 64 845 元（其他业务略）。

部分明细账余额情况如下（单位：元）：

应收账款——欣欣公司　28 000（借方）

　　　　——清风公司　46 000（借方）

应付账款——丙公司　35 000（贷方）

预收账款——甲公司　30 000（贷方）

　　　　——乙企业　20 000（贷方）

2. 新兴公司于 20×1 年 12 月份发生的经济业务

（1）12 月 1 日，行政部门小李报销购买稿纸、墨水、文件夹等办公用品，计 825 元，以现金支付。

（2）12 月 2 日行政部门张秘书报销参加本地会议的交通费 24 元，以现金支付。

（3）12 月 3 日，营业部门小刘报销购买宣传颜料、画笔、纸张等费用，计 465 元，以现金支付。

(4) 12 月 4 日，将甲企业订购的商品发运给该企业，该批商品售价为 30 000 元，成本为 13 610 元。

(5) 12 月 5 日，以银行存款偿还前欠丙公司货款 35 000 元。

(6) 12 月 5 日，银行传来付款通知单，电汇丙公司 35 000 元货款的手续费 12.20 元。

(7) 12 月 6 日，开出转账支票预付给兴闵公司购货款 30 000 元。

(8) 12 月 7 日，开出转账支票给中山物业管理公司，预付本月至次年 2 月份共 3 个月的物业管理费 1 800 元。其中，营业部门负担 1 200 元，行政部门负担 600 元。

(9) 12 月 7 日，向丙公司采购商品，价款计 15 000 元，以银行存款支付货款。

(10) 12 月 8 日，收到欣欣公司偿还前欠货款 28 000 元。

(11) 12 月 8 日，行政部门张秘书报销传真费 50 元，以现金支付。

(12) 12 月 9 日，销售一批成本为 11 340 元的商品给欣欣公司，售价为 20 000 元,货款未收。

(13) 12 月 10 日，从银行提取现金 2 000 元备用。

(14) 12 月 10 日，将 19 000 元工资款通过银行划拨到每位职员的银行存款的工资户上。

(15) 12 月 11 日，将部分未使用的固定资产出租给怡山公司使用，协议每月租金为 800 元，预收 3 个月租金，现金 2 400 元。

(16) 12 月 11 日，将库存现金 2 400 元存入银行。

(17) 12 月 11 日，将乙企业订购的商品发运给该企业，售价共计 10 000 元，该批商品的成本为 4 540 元。

(18) 12 月 12 日，营业部门王晓明参加商品交易会，预借差旅费 5 000 元，以现金支票支付。

(19) 12 月 13 日，收到兴闵公司发来的商品，价款计 28 000 元。

(20) 12 月 13 日，购买一台传真机，价款为 3 500 元，以银行存款支付，传真机已验收，交行政部门使用。

(21) 12 月 13 日，向电信局办理传真机开户手续，交押金 1 000 元，手续费 50 元，计 1 050 元，开具转账支票。

(22) 12 月 14 日，销售一批成本为 6 040 元的商品给欣欣公司，售价共计 9 600元，货款已收。

(23) 12 月 15 日，接银行付款通知单，支付水电费 3 215 元。经计算，应由营业部门负担 2 615 元，行政部门负担 600 元。

(24) 12 月 16 日，接银行付款通知单，支付电话费 1 806 元。经计算，应由营业部门负担 1 300 元，行政部门负担 506 元。

（25）12 月 17 日，王晓明参加商品交易会回来，报销差旅费 3 560 元。

（26）12 月 18 日，向沂山公司购入一批商品，价款计 37 000 元，货款已用银行存款付讫。

（27）12 月 19 日，销售一批成本为 26 470 元的商品给清风公司，售价为 45 000元，货款已收。

（28）12 月 21 日，行政部门张秘书报销绿化用花、草费 1 030 元，以现金支票支付。

（29）12 月 22 日，收到清风公司汇来的部分欠款 25 000 元。

（30）12 月 23 日，将本月支付的 19 000 元工资计入本月费用，其中，营业部门人员工资为 15 000 元，行政部门人员工资为 4 000 元，并按工资总额的 14% 提取福利费。

（31）12 月 24 日，行政部门张秘书报销招待费 1 770 元，以现金支票支付。

（32）12 月 24 日，行政部门小李报销汽油费 315 元，过桥费 154 元，以现金支付。

（33）12 月 25 日，陈经理出差去深圳，预借差旅费 8 000 元，以现金支票支付。

（34）12 月 25 日，收到对外投资分红 20 000 元（假定为税前收益），已由被投资方转入本公司银行账户。

（35）12 月 26 日，王晓明接到财务部门通知，将预借的差旅费尚未报销部分归还财务部门。

（36）12 月 31 日，结转本月份的商品销售成本。

（37）12 月 31 日，确认本月已实现的固定资产租金收入 800 元。

（38）12 月 31 日，摊销应由本月负担的经营租入固定资产改良支出 800 元。

（39）12 月 31 日，计提本月应负担的借款利息 500 元。

（40）12 月 31 日，确认本月应当负担的物业管理费。

（41）12 月 31 日，计提本月折旧 6 200 元，其中营业部门负担 3 200 元，行政部门负担 2 400 元，出租的固定资产计提 600 元。

（42）12 月 31 日，计算本月应交的所得税，所得税税率为 25% 。

（43）12 月 31 日，将收入转入“本年利润”账户贷方。

（44）12 月 31 日，将成本、费用转入“本年利润”账户借方。

（45）12 月 31 日，将“本年利润”账户余额转入“利润分配——未分配利润”账户。

二、根据以上经济业务编制会计分录（代记账凭证）

以上 45 笔经济业务的会计分录如表附 8-2 所示。

表附 8-2　会计分录　　单位：元

业务号	日期	凭证号	摘要	会计科目	借方金额	贷方金额
(1)	12.1	记 1#	行政部门购买稿纸等办公用品	管理费用	825	
				库存现金		825
(2)	12.2	记 2#	行政部门报销交通费	管理费用	24	
				库存现金		24
(3)	12.3	记 3#	营业部门报销购颜料等费用	销售费用	465	
				库存现金		465
(4)	12.4	记 4#	发出甲企业订购的商品	预收账款——甲企业	30 000	
				主营业务收入		30 000
(5)	12.5	记 5#	偿还前欠丙公司货款	应付账款——丙公司	35 000	
				银行存款		35 000
(6)	12.5	记 6#	支付电汇手续费	财务费用	12.20	
				银行存款		12.20
(7)	12.6	记 7#	预付购货款给兴闵公司	预付账款——兴闵公司	30 000	
				银行存款		30 000
(8)	12.7	记 8#	预付本年 12 月份物业管理费给中山物业管理公司	待摊费用——物业费用	1 800	
				银行存款		1 800
(9)	12.7	记 9#	向丙公司采购商品	库存商品	15 000	
				银行存款		15 000
(10)	12.8	记 10#	收到欣欣公司偿还前欠货款	银行存款	28 000	
				应收账款——欣欣公司		28 000
(11)	12.8	记 11#	行政部门报销传真费	管理费用	50	
				库存现金		50
(12)	12.9	记 12#	销售商品给欣欣公司	应收账款——欣欣公司	20 000	
				主营业务收入		20 000
(13)	12.10	记 13#	提现备用	库存现金	2 000	
				银行存款		2 000
(14)	12.10	记 14#	支付职工工资	应付职工薪酬	19 000	
				银行存款		19 000
(15)	12.11	记 15#	出租部门固定资产预收 3 个月租金	库存现金	2 400	
				预收账款——怡山公司		2 400
(16)	12.11	记 16#	将现金送缴银行	银行存款	2 400	
				库存现金		2 400

（续）

业务号	日期	凭证号	摘要	会计科目	借方金额	贷方金额
(17)	12.11	记17#	销售商品给已预订该批商品的乙企业	预收账款——乙企业	10 000	
				主营业务收入		10 000
(18)	12.12	记18#	王晓明差旅费借款	其他应收款——王晓明	5 000	
				银行存款		5 000
(19)	12.13	记19#	收到兴闵公司发来的商品	库存商品	28 000	
				预付账款——兴闵公司		28 000
(20)	12.13	记20#	购一台传真机并交付使用	固定资产	3 500	
				银行存款		3 500
(21)	12.13	记21#	交传真机开户押金及手续费	其他应收款——电信局	1 000	
				管理费用	50	
				银行存款		1 050
(22)	12.14	记22#	销售商品给欣欣公司	银行存款	9 600	
				主营业务收入		9 600
(23)	12.15	记23#	支付水电费	管理费用	600	
				销售费用	2 615	
				银行存款		3 215
(24)	12.16	记24#	支付电话费	管理费用	506	
				销售费用	1 300	
				银行存款		1 806
(25)	12.17	记25#	王晓明报销差旅费	销售费用	3 560	
				其他应收款——王晓明		3 560
(26)	12.18	记26#	向沂山公司购入商品	库存商品	37 000	
				银行存款		37 000
(27)	12.19	记27#	销售商品给清风公司	银行存款	45 000	
				主营业务收入		45 000
(28)	12.21	记28#	行政部门报销绿化费	管理费用	1 030	
				银行存款		1 030
(29)	12.22	记29#	收清风公司汇来的前欠货款	银行存款	25 000	
				应收账款——清风公司		25 000
(30)	12.23	记30#	将工资计入本月费用	管理费用	4 560	
				销售费用	17 100	
				应付职工薪酬		21 660

（续）

业务号	日期	凭证号	摘要	会计科目	借方金额	贷方金额
(31)	12.24	记31#	行政部门报销招待费	管理费用	1 770	
				银行存款		1 770
(32)	12.25	记32#	行政部门报销汽油费、过桥费等	管理费用	469	
				库存现金		469
(33)	12.25	记33#	陈经理出差借差旅费	其他应收款——陈经理	8 000	
				银行存款		8 000
(34)	12.25	记34#	收到对外投资分红	银行存款	20 000	
				投资收益		20 000
(35)	12.26	记35#	王晓明还借款余额	库存现金	1 440	
				其他应收款——王晓明		1 440
(36)	12.31	记36#	结转本月销售成本	主营业务成本	62 000	
				库存商品		62 000
(37)	12.31	记37#	调整分录，确认本月已实现的固定资产租金收入	预收账款——怡山公司	800	
				其他业务收入——租金收入		800
(38)	12.31	记38#	调整分录，摊销应由本月负担的经营租入固定资产改良支出	销售费用	800	
				长期待摊费用		800
(39)	12.31	记39#	调整分录，计提本月应负担的借款利息	财务费用	500	
				预提费用		500
(40)	12.31	记40#	调整分录，确认本月应当负担的物业管理费	管理费用	400	
				销售费用	200	
				待摊费用——物业费用		600
(41)	12.31	记41#	调整分录，计提本月固定资产的折旧费	管理费用	2 400	
				销售费用	3 200	
				其他业务成本	600	
				累计折旧		6 200
(42)	12.31	记42#	计算所得税费用	所得税费用	7590.95	
				应交税费		7590.95
(43)	12.31	记43#	将本月收入转入“本年利润”账户	投资收益	20 000	
				主营业务收入	114 600	
				其他业务收入	800	
				本年利润		135 400

（续）

业务号	日期	凭证号	摘要	会计科目	借方金额	贷方金额
(44)	12.31	记44#	将本月费用、成本转入“本年利润”账户	本年利润	112 627.15	
				主营业务成本		62 000
				其他业务成本		600
				管理费用		12 684
				销售费用		29 240
				财务费用		512.20
				所得税费用		7590.95
(45)	12.31	记45#	将本年利润转入“利润分配——未分配利润”账户	本年利润	154 427.85	
				利润分配——未分配利润		154 427.85

三、将上述会计分录过入新兴公司各有关账户（举例见表附8-3～表附8-7）

表附8-3　银行存款日记账　　单位:元

日期	凭证号	摘要	借方	贷方	借或贷	余额
12.1		月初余额			借	466 800
12.5	记5#	偿还前欠丙公司货款		35 000	借	431 800
12.5	记6#	支付电汇手续费		12.20	借	431 787.80
12.6	记7#	预付购货款给兴闵公司		30 000	借	401 787.80
12.7	记8#	预付本年12月份物业管理费给中山物业管理公司		1 800	借	399 987.80
12.7	记9#	向丙公司采购商品		15 000	借	384 987.80
12.8	记10#	收到欣欣公司偿还前欠货款	28 000		借	412 987.80
12.10	记13#	提现备用		2 000	借	410 987.80
12.10	记14#	支付职工工资		19 000	借	391 987.80
12.11	记16#	将现金送缴银行	2 400		借	394 387.80
12.12	记18#	王晓明差旅费借款		5 000	借	389 387.80
12.13	记20#	购买一台传真机并交付使用		3 500	借	385 887.80
12.13	记21#	交传真机开户押金及手续费		1 050	借	384 837.80
12.14	记22#	销售商品给欣欣公司	9 600		借	394 437.80
12.15	记23#	支付水电费		3 215	借	391 222.80
12.16	记24#	支付电话费		1 806	借	389 416.80
12.18	记26#	向沂山公司购入商品		37 000	借	352 416.80
12.19	记27#	销售商品给清风公司	45 000		借	397 416.80

（续）

日期	凭证号	摘要	借方	贷方	借或贷	余额
12.21	记28#	行政部门报销绿化费		1 030	借	396 386.80
12.22	记29#	收清风公司汇来的前欠货款	25 000		借	421 386.80
12.24	记31#	行政部门报销招待费		1 770	借	419 616.80
12.25	记33#	陈经理出差借差旅费		8 000	借	411 616.80
12.25	记34#	收到对外投资分红	20 000		借	431 616.80
12.31		本月合计	130 000	165 183.20	借	431 616.80

表附8-4　现金日记账　　单位：元

日期	凭证号	摘要	借方	贷方	借或贷	余额
12.1		月初余额			借	2 000
12.1	记1#	行政部门购稿纸等办公用品		825	借	1 175
12.2	记2#	行政部门报交通费		24	借	1 151
12.3	记3#	营业部门报购颜料等费用		465	借	686
12.8	记11#	行政部门报传真费		50	借	636
12.10	记13#	提现备用	2 000		借	2 636
12.11	记15#	出租部门固定资产预收3个月租金	2 400		借	5 036
12.11	记16#	将现金送缴银行		2 400	借	2 636
12.25	记32#	行政部门报汽油费、过桥费等		469	借	2 167
12.26	记35#	王晓明还借款余额	1 440		借	3 607
12.31		本月合计	5 840	4 233	借	3 607

表附8-5　管理费用明细账　　单位：元

日期	凭证号	摘要	办公费	交通费	水电费	电话费	绿化费	职工薪酬	招待费	物业费	折旧费	合计
12.1	记1#	行政部门购稿纸等办公用品	825									825
12.2	记2#	行政部门报销交通费		24								24
12.8	记11#	行政部门报销传真费	50									50
12.13	记21#	交传真机开户押金及手续费	50									50
12.15	记23#	支付水电费			600							600

（续）

日期	凭证号	摘要	办公费	交通费	水电费	电话费	绿化费	职工薪酬	招待费	物业费	折旧费	合计
12.16	记24#	支付电话费				506						506
12.21	记28#	行政部门报销绿化费					1 030					1 030
12.23	记30#	将工资计入本月费用						4 560				4 560
12.24	记31#	行政部门报销招待费							1 770			1 770
12.25	记32#	行政部门报销汽油费、过桥费等		469								469
12.31	记40#	调整分录，确认本月应当负担的物业管理费								400		400
12.31	记41#	调整分录，计提本月固定资产的折旧费									2 400	2 400
		本月合计	925	493	600	506	1 030	4 560	1 770	400	2 400	12 684
12.31	记44#	结转本年利润	925	493	600	506	1 030	4 560	1 770	400	2 400	12 684

表附8-6 销售费用明细账 单位：元

日期	凭证号	摘要	宣传费	水电费	电话费	差旅费	职工薪酬	低值易耗品	物业费	折旧费	合计
12.3	记3#	营业部门报销购颜料等费用	465								465
12.15	记23#	支付水电费		2 615							2 615
12.16	记24#	支付电话费			1 300						1 300
12.17	记25#	王晓明报销差旅费				3 560					3 560
12.23	记30#	将工资计入本月费用					17 100				17 100
12.31	记38#	摊销应由本月负担的经营租入固定资产改良支出						800			800

（续）

日期	凭证号	摘要	宣传费	水电费	电话费	差旅费	职工薪酬	低值易耗品	物业费	折旧费	合计
12.31	记40#	调整确认本月应当负担的物业管理费							200		200
12.31	记41#	调整计提本月固定资产的折旧费								3 200	3 200
		本月合计	465	2 615	1 300	3 560	17 100	800	200	3 200	29 240
12.31	记44#	结转本年利润	465	2 615	1 300	3 560	17 100	800	200	3 200	29 240

表附 8-7　总分类账　　单位：元

借方　　银行存款　　贷方

借方		贷方	
期初余额	4 668 000		
(10)	28 000	(5)	35 000
(16)	2 400	(6)	12.20
(22)	9 600	(7)	30 000
(27)	45 000	(8)	1 800
(29)	25 000	(9)	15 000
(34)	20 000	(13)	2 000
		(14)	19 000
		(18)	5 000
		(20)	3 500
		(21)	1 050
		(23)	3 215
		(24)	1 806
		(26)	37 000
		(28)	1 030
		(31)	1 770
		(33)	8 000
本期发生额	13 000	本期发生额	165 183.20
期末余额	431 616.80		

借方　　应收账款　　贷方

借方		贷方	
期初余额	74 000	(10)	28 000
(12)	20 000	(29)	25 000
本期发生额	20 000	本期发生额	53 000
期末余额	41 000		

借方	库存现金		贷方
期初余额	2 000		
(13)	2 000	(1)	825
(15)	2 400	(2)	24
(35)	1 440	(3)	465
		(11)	50
		(16)	2 400
		(32)	469
本期发生额	5 840	本期发生额	4 233
期末余额	3 607		

借方	应交税费		贷方
		期初余额	64 845
		(42)	7 590.95
本期发生额	—	本期发生额	7 590.95
		期末余额	72435.95

借方	其他应收款		贷方
(18)	5 000	(25)	3 560
(21)	1 000	(35)	1 440
(33)	8 000		
本期发生额	14 000	本期发生额	5 000
期末余额	9 000		

借方	预付账款		贷方
(7)	30 000	(19)	28 000
本期发生额	30 000	本期发生额	28 000
期末余额	2 000		

借方	长期待摊费用		贷方
期初余额	8 000		
		(38)	800
本期发生额		本期发生额	800
期末余额	7 200		

库存商品

借方		贷方	
期初余额	25 000		
(9)	15 000	(36)	62 000
(19)	28 000		
(26)	37 000		
本期发生额	80 000	本期发生额	62 000
期末余额	43 000		

固定资产

借方		贷方	
期初余额	775 000		
(20)	3 500		
本期发生额	3 500		
期末余额	778 500		

累计折旧

借方		贷方	
		期初余额	99 200
本期发生额	—	(41)	6 200
		本期发生额	6 200
		期末余额	105 400

应付账款

借方		贷方	
		期初余额	35 000
(5)	35 000		
本期发生额	35 000	本期发生额	—

应付职工薪酬

借方		贷方	
(14)	19 000	(30)	21 660
本期发生额	19 000	本期发生额	21 660
		期末余额	2 660

预收账款

借方		贷方	
		期初余额	50 000
(4)	30 000	(15)	2 400
(17)	10 000		
(37)	800		
本期发生额	40 800	本期发生额	2 400
		期末余额	11 600

本年利润

借方		贷方	
(44)	112 627.15	期初余额	131 655
(45)	154 427.85	(43)	135 400
本期发生额	267 055	本期发生额	135 400

利润分配

借方			贷方
		期初余额	70 100
		(45)	154 427.85
本期发生额	—	本期发生额	154 427.85
		期末余额	224 527.85

投资收益

借方			贷方
(43)	20 000	(34)	20 000
本期发生额	20 000	本期发生额	20 000

主营业务收入

借方			贷方
(43)	114 600	(4)	30 000
		(12)	20 000
		(17)	10 000
		(22)	9 600
		(27)	45 000
本期发生额	114 600	本期发生额	114 600

其他业务收入

借方			贷方
(43)	800	(37)	800
本期发生额	800	本期发生额	800

主营业务成本

借方			贷方
(36)	62 000	(44)	62 000
本期发生额	62 000	本期发生额	62 000

其他业务成本

借方			贷方
(41)	600	(44)	600
本期发生额	600	本期发生额	600

所得税费用

借方			贷方
(42)	7 590.95	(44)	7 590.95
本期发生额	7 590.95	本期发生额	7 590.95

预提费用

借方			贷方
		(39)	500
本期发生额	—	本期发生额	500
		期末余额	500

借方		财务费用		贷方
(6)	12.20		(44)	512.20
(39)	500			
本期发生额	512.20		本期发生额	512.20

借方		待摊费用		贷方
(8)	1 800		(40)	600
本期发生额	1 800		本期发生额	600
期末余额	1 200			

借方		管理费用		贷方
(1)	825		(44)	12 684
(2)	24			
(11)	50			
(21)	50			
(23)	600			
(24)	506			
(28)	1 030			
(30)	4 560			
(31)	1 770			
(32)	469			
(40)	400			
(41)	2 400			
本期发生额	12 684		本期发生额	12 684

借方		销售费用		贷方
(3)	465		(44)	29 240
(23)	2 615			
(24)	1 300			
(25)	3 560			
(30)	17 100			
(38)	800			
(40)	200			
(41)	3 200			
本期发生额	29 240		本期发生额	29 240

在采用工作底稿的情况下，有关损益类账户在月度结账时也可以不在总分类账中结转，只在年度终了时才予以结转，以便保持这些账户的全年累计余额。

四、编制工作底稿

根据上述资料可编制工作底稿，如表附 8-8 所示。

表附 8-8 新兴公司工作底稿

20×1 年 12 月 31 日　　　　单位：元

账户名称	调整前试算表		调整分录		调整后试算表		利润表		资产负债表	
	借方	贷方	借方	贷方	借方	贷方	借方	贷方	借方	贷方
库存现金	3 607				3 607				3 607	
银行存款	431 616.80				431 616.80				431 616.80	
应收账款	41 000				41 000				41 000	
预付账款	2000				2000				2000	
其他应收款	9 000				9 000				9 000	
库存商品	43 000				43 000				43 000	
待摊费用	1 800			(40)600	1 200				1 200	
长期待摊费用	8 000			(38)800	7 200				7 200	
长期股权投资	200 000				200 000				200 000	
固定资产	778 500				778 500				778 500	
累计折旧		99 200		(41)6200		105 400			-105 400	
短期借款		100 000				100 000				100 000
应付账款		0				0				0
应付职工薪酬		2 660				2 660				2 660
应交税费		64 845		(42)7 590.95		72 435.95				72 435.95
预收账款		12 400	(37)800			11 600				11 600
预提费用				(39)500		500				500
实收资本		1 000 000				1 000 000				1 000 000
利润分配		70 100		(45)154 427.85		224 527.85				224 527.85
本年利润		131 655	(44)112 627.15	(43)135 400						
			(45)154 427.85							
投资收益		20 000	(43)20 000					20 000		
主营业务收入		114 600	(43)114 600					114 600		
其他业务收入			(43)800	(37)800				800		
主营业务成本	62 000			(44)62 000			62 000			
其他业务成本			(41)600	(44)600			600			
管理费用	9 884		(40)400				12 684			
			(41)2 400	(44)12 684						
销售费用	25 040		(38)800				29 240			
			(40)200							
			(41)3 200	(44)29 240						
财务费用	12.20		(39)500	(44)512.20			512.20			
小计							105 036.20	135 400		
所得税费用			(42)7 590.95	(44)7590.95			7 590.95			
净利润							22 772.85			
合计	1 615 460	1 615 460	418 945.95	418 945.95	1 517 123.80	1 517 123.80	135 400	135 400	1 411 723.80	1 411 723.80

五、编制利润表（见表附 8-9）

表附 8-9　利润表

编制单位：新兴公司　　　　20×1 年 12 月　　　　单位：元

项　　目	本期金额	上期金额
一、营业收入	115 400	（略）
减：营业成本	62 600	
营业税金及附加		
销售费用	29 240	
管理费用	12 684	
财务费用	512.20	
资产减值损失		
加：公允价值变动收益（损失以"－"号填列）		
投资收益（损失以"－"号填列）	20 000	
其中：对联营企业和合营企业的投资收益		
二、营业利润（亏损以"－"号填列）	3 0363.80	
加：营业外收入		
减：营业外支出		
其中：非流动资产处置损失		
三、利润总额（亏损总额以"－"号填列）	30 363.80	
减：所得税费用	7 590.95	
四、净利润（净亏损以"－"号填列）	22 772.85	
五、每股收益		
（一）基本每股收益		
（二）稀释每股收益		

六、编制资产负债表（见表附 8-10）

表附 8-10　资产负债表

编制单位：新兴公司　　　　20×1 年 12 月 31 日　　　　单位：元

资　　产	期末余额	年初余额	负债和所有者权益	期末余额	年初余额
流动资产：			流动负债：		
货币资金	435 223.80	332 900	短期借款	100 000	230 000
交易性金融资产			交易性金融负债		
应收票据			应付票据		
应收账款	41 000	28 000	应付账款		57 000

（续）

资产	期末余额	年初余额	负债和所有者权益	期末余额	年初余额
预付账款	2 000		预收账款	11 600	25 000
应收利息			应付职工薪酬	2 660	
应收股利			应交税费	72 435.95	
其他应收款	9 000		应付利息		
存货	43 000	45 000	应付股利		
一年内到期的非流动资产			其他应付款		
			一年内到期的长期负债		
其他流动资产	1 200		其他流动负债	500	
流动资产合计	531 423.80	405 900	流动负债合计	187 195.95	312 000
非流动资产：			非流动负债：		
可供出售金融资产			长期借款		
持有至到期投资			应付债券		
长期应收款			长期应付款		
长期股权投资	200 000	200 000	专项应付款		
投资性房地产			预计负债		
固定资产	673 100	770 000	递延所得税负债		
在建工程			其他非流动负债		
工程物资			非流动负债合计		
固定资产清理			负债合计	187 195.95	312 000
生产性生物资产			所有者权益（或股东权益）：		
油气资产			实收资本（或股本）	1 000 000	1 000 000
无形资产			资本公积		
开发支出			减：库存股		
商誉			盈余公积		
长期待摊费用	7 200	6 200	未分配利润	224 527.85	70 100
递延所得税资产			所有者权益（或股东权益）合计	1 224 527.85	1 070 100
其他非流动资产					
非流动资产合计	880 300	976 200			
资产总计	1 411 723.80	1 382 100	负债和所有者权益（或股东权益）总计	1 411 723.80	1 382 100

本章小结

会计报表是会计信息的载体和最终成果，报表使用者通过会计报表提供的信息可分析企业的偿债能力、营运能力和盈利能力，据以进行财务和经营决策。会计报表可从不同的角度进行分类，按照反映的内容可分成反映财务状况的报表、反映经营成果的报表和反映现金流量的报表；按照所提供信息的性质，可分成主表和附注；按照编制的时间可分成中报和年报；按照反映内容的状态，可分成动态报表和静态报表；按照编制的主体可分成个别报表和合并报表。编制会计报表时，应作到数字真实、内容完整、计算准确、编报及时。

利润表是指以“收入－费用＝利润”会计等式为依据设计的，反映企业经营成果的会计报表。其格式包括多步式和单步式两种，我国采用多步式。利润表中的“本期金额”栏应根据有关账户的本期净发生额编制，“本年累计金额”栏应根据“本期金额”和上期“本年累计金额”编制。

资产负债表是指以“资产＝负债＋所有者权益”会计恒等式为依据设计的，反映企业财务状况的会计报表。其格式包括账户式和报告式两种，我国采用账户式结构。资产负债表中的“年初余额”栏应根据上年12月份资产负债表的“期末余额”栏进行编制，“期末余额”栏应根据有关账户的期末余额编制。

现金流量表是指反映企业经营、投资和筹资三大活动现金流入、流出和净流量的会计报表。该表提供的信息有利于使用者分析企业的真正偿债、营运和盈利能力，而不是账面能力。现金流量表中的现金包括“库存现金”、“银行存款”和“其他货币资金”，现金流量包括“经营活动产生的现金流量”、“投资活动产生的现金流量”和“筹资活动产生的现金流量”。

所有者权益（股东权益）变动表是反映企业年末所有者权益（或股东权益）变动情况的报表。该表分“本年金额”和“上年金额”两栏，分别列示“实收资本（或股本）”、“资本公积”、“盈余公积”、“未分配利润”、“库存股（减项）”和“所有者权益合计”等栏目反映“上年年末余额”、“本年年初余额”、“本年增减变动金额”、“本年年末余额”等信息。

思 考 题

1. 简述会计报表的概念和意义。
2. 会计报表主要有几种分类方法？分类的依据分别是什么？
3. 按照反映的经济内容可将会计报表分成几类？分别是什么？
4. 按照报表编制的时间可将会计报表分成几类？分别是什么？
5. 按照报表的编制主体可将会计报表分成几类？分别是什么？
6. 按照报表反映经济内容的状态分类，可将会计报表分成几类？分别是什么？
7. 编制会计报表有哪些要求？
8. 简述资产负债表的概念和作用。
9. 简述资产负债表的结构和格式。
10. 简述资产负债表的编制依据。
11. 简述利润表的概念和作用。
12. 简述利润表的结构和格式。
13. 简述利润表的编制依据。

14. 简述现金流量表的概念和作用。
15. 简述现金流量表的结构和格式。
16. 简述现金流量表中现金流量的分类。
17. 简述现金流量表的编制基础。
18. 简述所有者权益（股东权益）变动表的基本格式和作用。

练 习 题

一、单项选择题

1. 按照反映经济内容的状态分类，资产负债表属于（　　）。
A. 动态报表　B. 静态报表　C. 动静结合的报表　D. 反映经营成果的报表
2. 合并会计报表编报的会计主体是（　　）。
A. 企业　B. 企业集团　C. 母公司　D. 子公司
3. 按照所提供信息的性质分类，利润表属于（　　）。
A. 报表　B. 附注　C. 中期报表　D. 年度报表
4. 资产负债表“期末余额”栏的编制依据是（　　）。
A. 有关账户的期末余额　B. 有关账户的本期借方发生额
C. 有关账户的期初余额　D. 有关账户的本期贷方发生额
5. 利润表“本期金额”栏的编制依据是（　　）。
A. 有关账户的期初余额　B. 有关账户的期末余额
C. 本月数与上月本年累计数之和　D. 有关账户的本期净发生额
6. 资产负债表反映的经济内容是（　　）。
A. 经营成果　B. 现金流量　C. 财务状况　D. 经营活动
7. 我国利润表的格式是（　　）。
A. 单步式　B. 多步式　C. 报告式　D. 账户式
8. 企业对外部提供会计信息的形式是（　　）。
A. 记账凭证　B. 原始凭证　C. 会计账簿　D. 会计报表
9. 接受捐赠的货币资金属于（　　）。
A. 经营活动的现金流入　B. 投资活动的现金流入
C. 筹资活动的现金流入　D. 分配活动的现金流入
10. 支付职工差旅费属于（　　）。
A. 投资活动的现金流出　B. 筹资活动的现金流出
C. 经营活动的现金流出　D. 经济活动的现金流出

二、多项选择题

1. 下列项目中，属于会计报表的有（　　）。
A. 资产负债表　B. 应交增值税明细表　C. 利润表
D. 现金流量表　E. 所有者权益（股东权益）变动表
2. 下列项目中，属于月报的有（　　）。
A. 资产负债表　B. 利润表　C. 现金流量表

D. 分部报表　　　　E. 应交增值税明细表

3. 下列报表中，属于动态报表的有（　　）。

A. 现金流量表　　　　B. 利润表　　　　C. 资产负债表

D. 所有者权益（股东权益）变动表　　　　E. 应交增值税明细表

4. 会计报表的编制要求包括（　　）。

A. 计算准确　　　　B. 数字真实　　　　C. 编报及时

D. 内容完整　　　　E. 披露充分

5. “销售商品、提供劳务收到的现金”包括（　　）。

A. 预收的现金

B. 销售材料收到的现金

C. 前期销售商品或提供劳务本期收到的现金

D. 本期销售商品或提供劳务收到的现金

E. 代购代销业务收到的现金

6. 资产负债表中货币资金项目编制的依据有（　　）。

A. 库存现金　　　　B. 银行存款　　　　C. 其他货币资金

D. 应收账款　　　　E. 应收票据

7. 下列项目中，属于“支付的其他与经营活动有关的现金”的有（　　）。

A. 差旅费　　　　B. 业务招待费　　　　C. 罚款支出

D. 保险费　　　　E. 经营租赁支付的现金

8. 现金流量表中的现金包括（　　）。

A. 库存现金　　　　B. 银行存款　　　　C. 其他货币资金

D. 3 个月以内到期的短期债券投资　　　　E. 应收票据

9. 现金流量表中的现金流量包括（　　）。

A. 筹资活动的现金流量　　　　B. 投资活动的现金流量

C. 经营活动的现金流量　　　　D. 分配活动的现金流量

E. 经济活动的现金流量

10. 下列项目中，不属于主体会计报表的有（　　）。

A. 分部报表　　　　B. 资产减值准备明细表

C. 所有者权益（股东权益）变动表　D. 利润表

E. 应交增值税明细表

三、判断题

1. 资产负债表反映的是时点数，所以属于静态报表。（　　）

2. 离退休人员的工资应记入现金流量表中“支付给职工以及为职工支付的现金”项目里。（　　）

3. 偿还债务所支付的现金包括债务的本金和利息。（　　）

4. 利润表和应交增值税明细表都属于企业会计报表的主表。（　　）

5. 融资租入固定资产所支付的现金，应记入现金流量表中“购建固定资产、无形资产和其他长期资产支付的现金”项目。（　　）

6. 企业购买股票时垫付的已宣告发放而尚未支取的股利，应记入现金流量表中“投资支付的现金”项目。(　　)

7. 支付的在建工程人员的工资应记入现金流量表中“购建固定资产、无形资产和其他长期资产支付的现金”项目，而不是记入“支付给职工以及为职工支付的现金”项目里。(　　)

8. 利润表和现金流量表都属于动态报表。(　　)

9. 利润表中的“本期金额”栏应根据有关账户的期末余额编制。(　　)

10. 资产负债表中的“期末余额”栏应根据有关账户的本期发生额编制。(　　)

四、业务题

1. 利豪公司 20×1 年 4 月末的科目余额表如表 8-7，请根据下列资料编制该企业当月末资产负债表中的“期末余额”栏。

表 8-7　科目余额表　　单位：元

科目名称	借方余额	科目名称	贷方余额
库存现金	3 400	短期借款	17 000
银行存款	22 950	应付票据	4 250
其他货币资金	9 350	应付账款	9 775
应收票据	850	其他应付款	425
应收账款	51 000	应付职工薪酬	2 975
待摊费用	2 125	应交税费	3 400
其他应收款	1 275	预提费用	13 600
物资采购	8 075	长期借款	38 250
原材料	35 275	应付债券	25 500
周转材料	8 500	长期应付款	4 250
库存商品	6 800	股本	85 000
生产成本	12 325	资本公积	8 500
长期股权投资	44 200	盈余公积	42 500
固定资产	87 550	利润分配（未分配利润）	19 550
在建工程	3 400	累计折旧	34 000
无形资产	5 950		
长期待摊费用	8 500		
合计	311 525	合计	311 525

2. 万开公司 20×1 年 2、3 月份有关发生额如下（单位：元），请编制万开公司 20×1 年 3 月份的利润表（所得税税率为 25%）。

项目	2月末累计发生额	3月份发生额
营业收入	160 000	65 000
营业成本	65 000	34 000
营业税费	3 900	1 200
销售费用	18 000	5 800
管理费用	6 200	2 500
投资净收益	18 000	8 700
营业外收入	12 600	6 600
营业外支出	8 500	4 500

第九章　账务处理程序

本章内容要点

账务处理程序反映的是会计核算的工作步骤，是会计核算方法的有机结合。本章主要说明账务处理程序的基本含义，阐明账务处理程序的主要作用，总结账务处理程序的主要特点和主要种类，着重介绍记账凭证账务处理程序、科目汇总表账务处理程序的基本内容、优缺点评价及其适用范围，并通过实例具体讲解其操作方法。此外，简要介绍了电算化会计下的账务处理程序。

第一节　账务处理程序概述

一、账务处理程序的作用

如前所述，原始凭证是编制记账凭证的依据，原始凭证和记账凭证是登记账簿的依据，账簿是编制会计报表的主要依据。这一过程就是将原始凭证中所记载的经济事项转换为会计语言、加工成会计信息并对外披露的过程，会计凭证与账簿之间的联系方法，由原始凭证到编制记账凭证、登记明细分类账和总分类账、编制会计报表的工作程序和方法等，这一程序就是账务处理程序，确切地说，是指会计凭证、会计账簿、会计报表相结合的方式。由于这一程序反映的是会计核算的工作步骤，是会计核算的外在表现，所以账务处理程序也称会计核算组织程序或会计核算形式。

会计凭证、会计账簿、会计报表之间的结合方式不同，就形成了不同的账务处理程序，不同的账务处理程序又有不同的方法、特点和适用范围。科学、合理地选择适用于本单位的账务处理程序，对于有效地组织会计核算具有重要意义。

(1) 有利于会计工作程序的规范化，确定合理的凭证、账簿与报表之间的联系方式，保证会计信息加工过程的严密性，提高会计信息的质量。账务处理程序的主干是确定原始凭证与记账凭证、记账凭证与日记账和明细分类账以及总分类账的关系，确定日记账和明细分类账与总账的核对关系、账簿记录与会计报表编制的依存关系等。不同的账务处理程序具有不同的特点，适用于不同类型的企业单位，而一旦确定某一种账务处理程序，就应该严格、完整地执行，使得会计信息处理有章可循，使会计信息的加工处理过程规范化，从而保证和提高会计信息质量。

(2) 有利于保证会计记录的完整性，通过凭证、账簿及报表之间的牵制作用，增强会计信息的可靠性。有了一定的账务处理程序，便将所有交易、事项纳入会计循环之中，保证每一项交易、事项都按照规定的程序入账并进入会计报表，从而保证会计记录的完整性，使披露的会计信息有据可查、具有可验证性。

(3) 有利于通过井然有序的账务处理程序，提高会计工作效率，保证会计信息的及时性。规则就是效率。账务处理程序规定了原始凭证、记账凭证、账簿、会计报表之间的操作规则，为会计核算工作提供了工作流程，为会计核算的分工提供了条件，有助于提高工作效率，加快会计信息的处理速度，提高会计信息披露的及时性。

二、账务处理程序的特点

前已述及，账务处理程序主要是规范会计凭证、会计账簿和会计报表之间的关系，会计核算方法中也包含着这些内容和关系，但两者并非一回事，既有联系又有区别。其联系之处在于账务处理程序是会计核算方法的具体运用，其中包括对原始凭证的审核与填制、记账凭证的选择与填制、明细账（日记账）与总分类账的登记、会计报表的编制等内容，这就是会计核算方法中的审核和填制会计凭证、登记账簿、编制会计报表等专门方法，那么其他会计核算方法是否在这里不存在了呢？其实，会计科目是编制记账凭证、设置账户的基础，自然是编制会计报表的基础；复式记账则隐含于记账凭证、登记账簿、编制会计报表之中；财产清查是保证账实相符、保证账簿记录可靠性的重要方法和手段，是编制会计报表的重要基础工作之一；而成本计算是确定主营业务成本、在产品成本的重要方法，是编制有关成本计算的记账凭证、登记成本费用类账户和相关资产类账户、编制资产负债表和利润表所不可或缺的重要前提。可见，账务处理程序中容纳、应用了所有会计核算方法，或者说，会计核算方法为账务处理程序提供了基本素材或广阔的平台。在两者比较中，账务处理程序呈现出以下两个主要特点：第一，账务处理程序以会计核算的顺序为重心，强调会计凭证、会计账簿与会计报表之间的衔接关系；而会计核算方法的重心是介绍会计核算中所应用的专门技术，讲求阐述方法的全面性。第二，账务处理程序主要是不同会计信息载体之间的关系描述，会计核算方法是围绕会计信息生产所应用技术的描述。

三、账务处理程序的种类

在我国，曾经和正在使用的账务处理程序主要有记账凭证账务处理程序、汇总记账凭证账务处理程序、科目汇总表账务处理程序、日记总账账务处理程序和多栏式日记账账务处理程序五种。无论是哪种账务处理程序，其基本程序或步骤如下：

（1）根据原始凭证或汇总原始凭证编制记账凭证。

（2）根据收款凭证或付款凭证登记现金日记账和银行存款日记账。

（3）根据原始凭证、汇总原始凭证和记账凭证登记各种明细分类账。

（4）月末进行日记账、明细分类账与相关总账的核对。

（5）根据核对无误的总分类账、明细分类账、日记账编制会计报表。

而各种账务处理程序的主要区别，则在于登记总账的依据和方法不同，登记总账的依据是“x”，就命名为“x 账务处理程序”。现在常用的是记账凭证账务处理程序和科目汇总表账务处理程序，因此下面着重介绍这两种账务处理程序，简要说明计算机会计处理程序。

第二节　记账凭证账务处理程序

一、记账凭证账务处理程序的基本内容

记账凭证账务处理程序的特点是，直接根据记账凭证逐笔登记总分类账。它是最基本的账务处理程序。在这一程序中，记账凭证可以采用通用记账凭证，也可以分设收款凭证、付款凭证和转账凭证。需要设置现金日记账、银行存款日记账、明细分类账和总分类账，其中现金日记账、银行存款日记账和总分类账一般采用三栏式，明细分类账根据需要采用三栏式、多栏式和数量金额式，如图 9-1 所示。其一般程序如下：

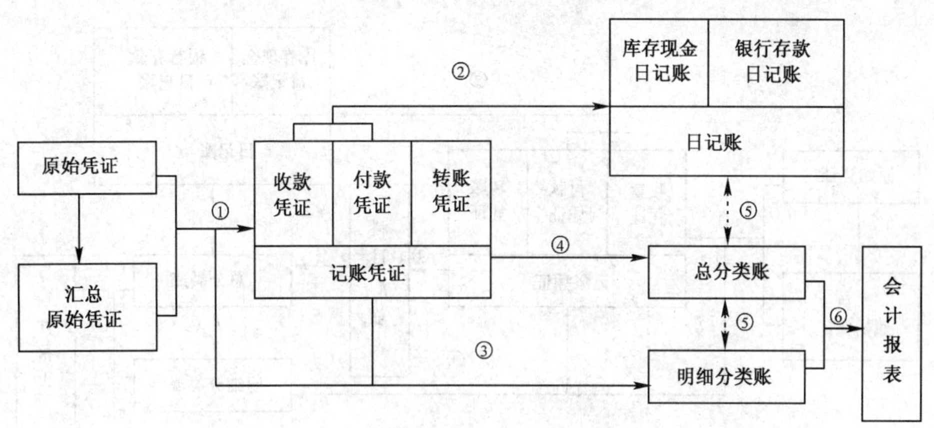

图 9-1　记账凭证账务处理程序图

（1）根据原始凭证或汇总原始凭证，编制记账凭证（收款凭证、付款凭证

及转账凭证或通用凭证)。

(2) 根据收款凭证、付款凭证逐笔登记现金日记账和银行存款日记账。

(3) 根据原始凭证、汇总原始凭证和记账凭证，登记各种明细分类账。

(4) 根据记账凭证逐笔登记总分类账。

(5) 月末，现金日记账、银行存款日记账和明细分类账的余额同有关总分类账的余额核对相符。

(6) 月末，根据总分类账和明细分类账的记录，编制会计报表。

二、记账凭证账务处理程序的优缺点及适用范围

记账凭证账务处理程序简单明了，易于理解，总分类账可以较详细地反映经济业务的发生情况。其缺点是，由于总分类账是直接根据记账凭证逐笔登记的，登记总分类账的工作量较大，因而适用于单位规模较小、经济业务量较少的单位。

第三节　科目汇总表账务处理程序

一、科目汇总表账务处理程序的基本内容

科目汇总表账务处理程序也称记账凭证汇总表账务处理程序，其特点是，根据所有记账凭证定期编制科目汇总表，再根据科目汇总表登记总分类账。其记账凭证、账簿的设置与记账凭证账务处理程序基本相同。

1. 科目汇总表账务处理程序的一般程序

如图 9-2 所示，科目汇总表账务处理程序的一般程序如下：

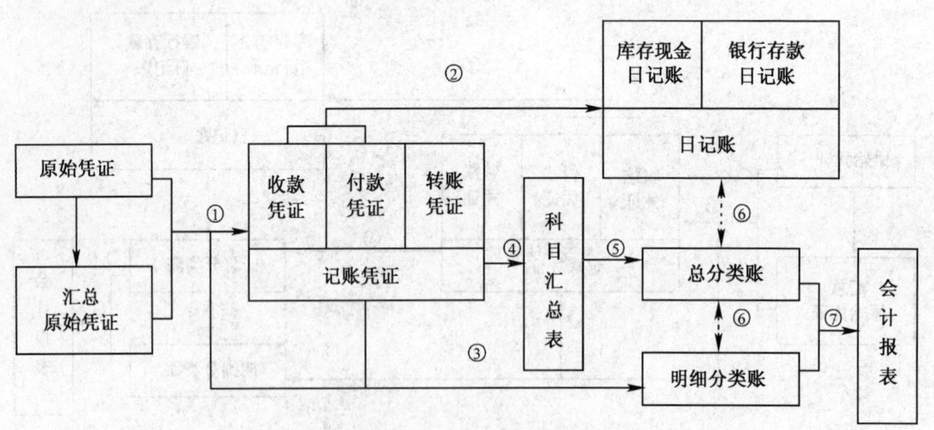

图 9-2　科目汇总表账务处理程序图

(1) 根据原始凭证或汇总原始凭证，编制记账凭证。

(2) 根据收款凭证、付款凭证逐笔登记现金日记账和银行存款日记账。

(3) 根据原始凭证、汇总原始凭证和记账凭证，登记各种明细分类账。

(4) 根据各种记账凭证编制科目汇总表。

(5) 根据科目汇总表登记总分类账。

(6) 月末，现金日记账、银行存款日记账和明细分类账的余额同有关总分类账的余额核对相符。

(7) 月末，根据总分类账和明细分类账的记录，编制会计报表。

2. 科目汇总表的编制

科目汇总表是指将一定时期内的所有记账凭证按照总分类科目进行归类，计算出该时期内每一个总账科目借方发生额、贷方发生额的一种汇总表，所以也称记账凭证汇总表。为了计算各个总账科目借方发生额、贷方发生额，首先需要根据记账凭证填制“T”账户，再将“T”账户的合计数填入科目汇总表（请参见本章附录二)，根据该表登记总账。该表的编制期间可以根据业务量的大小确定，业务量大的可以5天编一次，业务量小的可以10天甚至一个月编制一次。可以每汇总一次编制一张汇总表（见表9-1)，也可以将每次汇总结果填列到一张汇总表（见表9-2）中，月末一次据以登记总账。由于会计分录遵循“有借必有贷，借贷必相等”的记账规则，所以根据记账凭证汇总的科目汇总表中，其借方发生额合计与贷方发生额合计必然相等。因此，科目汇总表也是检验会计记录是否正确的有效手段之一，是借贷记账法中发生额试算平衡的重要工具之一。

表 9-1 科目汇总表（单期式）

20×1年7月1~10日

会计科目	记账凭证起讫号数	本期发生额		总账页号
		借方	贷方	
合 计				

表 9-2 科目汇总表（多期式）

20×1年7月

会计科目	1-10日		11-20日		21-31日		合计		总账页号
	借方	贷方	借方	贷方	借方	贷方	借方	贷方	
合 计									

二、科目汇总表账务处理程序的优缺点及适用范围

科目汇总表账务处理程序减轻了登记总分类账的工作量，并可做到试算平衡，简明易懂，方便易学。其缺点是，科目汇总表是按照总分类科目汇总的，因而不能反映账户对应关系，不便于查对账目。但由于简化了登记总账的程序，常被经济业务较多的单位所采用。

第四节　电算化会计账务处理程序

如前所述的主要是基于手工操作环境下的账务处理程序。半个世纪以来，信息技术（IT）逐渐成为经济发展和社会进步的主导技术，以因特网、电子商务为代表的信息时代已经悄然到来，极大地缩短了人们之间的时空距离，从而改变了人们的工作环境、生活环境乃至思维方式，使得社会走向信息化、全球经济走向信息化、国民经济走向信息化、企业走向信息化，会计工作也由原来的手工会计转向电子计算机化（简称会计电算化），已经和正在进行会计工艺流程的革命，逐步走向会计信息化，财政部也于1994年起陆续发布了《会计电算化管理办法》、《商品化会计核算软件评审规则》、《会计核算软件基本功能规范》和《会计电算化工作规范》等会计电算化的规章，具体规范会计电算化工作。电算化会计也称会计电算化或计算机会计，是以电子计算机为手段，代替手工会计核算的一门边缘性学科，它融会计学与电子计算机于一体，开创了会计工作的新篇章，掀起了会计工作乃至会计理论的一场革命，在账务处理程序上自然也产生了非常大的影响。

一、电算化会计的基本内容和特点

1. 电算化会计的基本内容

会计核算实施电算化以后，虽然仍然遵循“会计凭证——会计账簿——会计报表”的基本流程，但原来的岗位分工核算变成了相应的软件核算系统，会计核算便由密切相关的各个子系统构成，如图9-3所示。

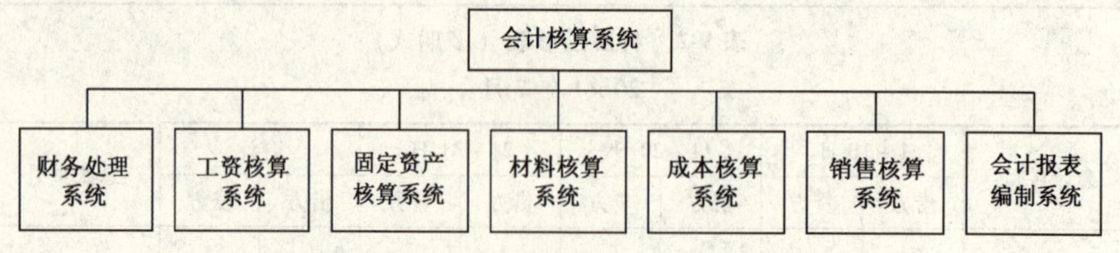

图9-3　会计核算系统图

上述系统中，账务处理系统处于核心地位，其基本关系如图9-4所示。

2. 电算化会计核算的基本特点

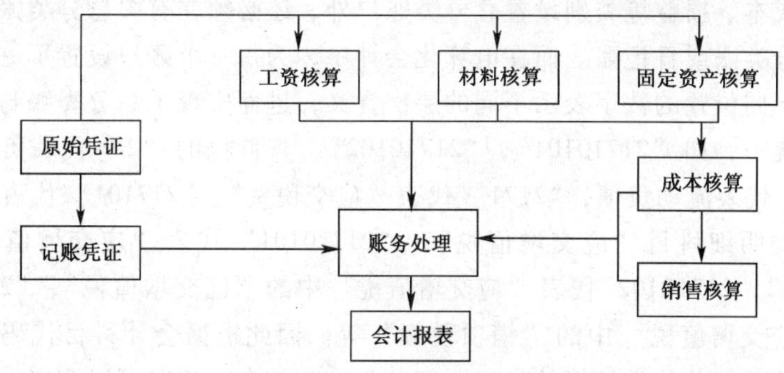

图 9-4　会计核算系统关系图

无论是手工会计还是电算化会计，其基本目标都是为会计信息使用者提供决策有用的会计信息，都要采用借贷记账法，遵循会计核算的基本前提、基本原则以及相关会计准则、会计制度的规范要求，对采集的会计数据进行加工处理，定期向有关关系人编报财务会计报告，并依法妥善保管会计档案。但由于会计处理手段的变化，相对于手工会计而言，电算化会计仍呈现出许多独特之处：

（1）以电子计算机为计算工具。手工会计的计算工具主要是算盘、计算器。电算化会计使得会计中原始凭证的输入、记账凭证的编制、账簿的登记、成本的计算以及会计报表的编制等实现了计算机化，从而加快了会计信息处理速度，提高了数据计算的准确性，减少和杜绝了会计信息处理过程中的技术性差错，保证计算结果的正确，从而提高会计信息的加工处理速度，有利于提高会计信息的及时性。

（2）以磁介质储存会计信息。在手工环境下，会计信息的载体是纸质的记账凭证、账簿和会计报表。电算化会计则可以在计算机硬盘、软盘或光盘上实现会计信息的输入、加工、存储和报告。当然，记账凭证、总分类账、现金日记账和银行存款账日记账仍需要打印输出，并按照有关税务、审计等管理部门的要求，及时打印输出有关账簿、报表。但这只是次要、辅助的，并不影响会计信息储存的磁介质性质。

（3）日常采用活页式账簿形式。手工会计中的日记账、总账要求采用订本式账簿，只有明细分类账可以采用活页式账簿。但是在电算化会计中，账簿都隐含在计算机中，打印输出的账页是分散的，只有到年末才装订成订本式作为会计档案保管。

（4）不能采用画线更正法更正错账。由于账簿隐含在计算机中，并且不会出现借贷不平的会计分录（会计软件中有严格的逻辑校验功能，不会允许借贷不平的数据进入系统），发生错账后只能采用编制“更正凭证”的方法更正错账。

（5）按照会计科目代码设置账户。手工会计中，除了按照资产、负债、所有者权益、成本、损益等类别设置总分类账户外，还必须在有关总分类账下设置相应的明细分类账或日记账。而在电算化会计中，为每一个账户设置了一个会计科目代码，不同位置的数字表示不同的层次含义，进而实现了总分类账与明细分类账的自然统一，如“21710101”，“21710102”，其首位的“2”代表负债类，前2位“21”代表流动负债，“2171”代表“应交税费”，“217101”代表“应交税费”下面的明细科目“应交增值税”，“21710101”代表“应交增值税”中的“进项税额”，“21710102”代表“应交增值税”中的“已交增值税”，“21710105”则代表“应交增值税”中的“销项税额”等。因此根据会计科目代码，就可以比较方便地得知总分类核算信息和明细分类核算信息，随时可以调出、打印有关明细分类账或日记账。

（6）采用简洁、一次录入的账务处理程序。在手工会计中，企业需要根据规模、业务量大小以及管理要求选择某种账务处理程序，但无论哪种账务处理程序，都需要大量的原始凭证到记账凭证、明细分类账或日记账直至总分类账的重复转抄，需要进行明细分类账、日记账与总分类账之间的核对，不仅工作量大，而且容易出现差错。而在电算化会计中，根据原始凭证编制的记账凭证一次输入计算机后，直到会计报表的输出，整个过程全部由计算机完成，实现了会计数据处理的一体化，其处理结果必然是账证相符、账账相符，从而省却了上述核对环节，而由简单的“输入——处理——输出”三个基本环节即可完成所有账务处理过程。

二、电算化会计账务处理程序

在电算化会计中，仍然是根据原始凭证编制记账凭证，记账凭证输入计算机以后，经过权限审核人的审核，做上审核完毕的标志后，便自动登记入账，从而形成会计报表。其账务处理程序可以简单描述如图9-5所示（图中虚线部分表示由计算机内部完成的程序）。

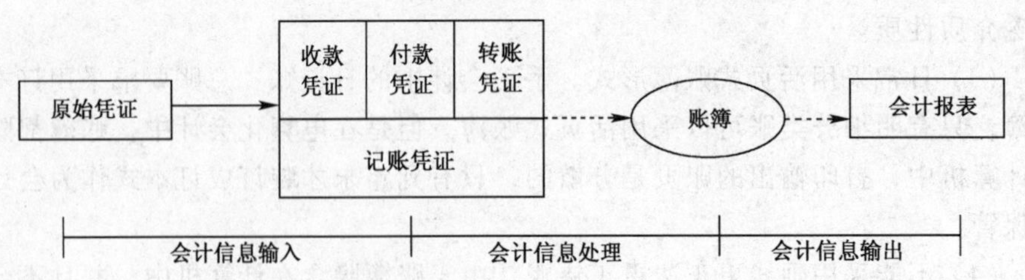

图9-5 电算化会计账务处理程序简图

附录一 记账凭证账务处理程序举例

一、资料

1. 会计科目余额

设江宁工厂采用记账凭证账务处理程序进行会计核算，20×1 年 7 月 1 日总分类科目与有关明细分类科目的余额见表附 9-1。

表附 9-1 江宁工厂 20×1 年 7 月 1 日总分类科目与有关明细分类科目余额

单位：元

会计科目	总分类科目		明细分类科目	
	借方余额	贷方余额	借方余额	贷方余额
库存现金	900			
银行存款	89 200			
应收账款	25 600			
——甲公司			5 600	
——乙公司			20 000	
原材料	84 000			
——A 材料			38 000	
——B 材料			46 000	
生产成本	12 000			
——甲产品			12 000	
长期待摊费用	4 800			
——改良支出			4 800	
库存商品	130 000			
——甲产品			130 000	
——乙产品				
固定资产	170 000			
累计折旧		54 000		
短期借款		20 000		
应付账款		36 000		
——丙公司				36 000
预提费用		6 000		
实收资本		300 000		
盈余公积		14 500		
本年利润		86 000		
合 计	516 500	516 500		

2. 江宁工厂于 20×1 年 7 月份发生下列交易、事项

（1）4 日，从银行取得期限为 6 个月、年利率为 9% 的借款 100 000 元存入银行。（银收 001 号）

（2）4 日，仓库发出材料，其发出材料汇总表如表附 9-2 所示。（转 001 号）

表附 9-2　发出材料汇总表　　单位：元

用途	A 材料	B 材料	合计
1. 生产产品耗用	32 000	9 000	41 000
其中：甲产品用	20 000	5 000	25 000
乙产品用	12 000	4 000	16 000
2. 车间一般消耗	4 000	1 000	5 000
3. 厂部一般消耗	2 000	—	2 000
合计	38 000	10 000	48 000

（3）5 日，用银行存款支付已预提的上季度的借款利息 1 800 元。（银付 001 号）

（4）6 日，收回应收甲公司欠款 5 600 元存入银行。（银收 002 号）

（5）12 日，从丙公司购入 2 000kg A 材料，价格为 18 元/kg；B 材料 1200kg，价格为 8 元/kg，发票注明的增值税税额为 7 752 元，价税款未付。（转 002 号）同日，用银行存款 6 400 元支付 A、B 材料外地运费按重量分配，材料验收入库并结转成本。（银付 002 号）

（6）16 日，接受企业所有者超过注册资本投入一台设备，价值为 14 000 元，投入使用。（转 003 号）

（7）18 日，摊销本月应由管理部门负担的租入设备改良支出 1 200 元。（转 004 号）

（8）20 日，用银行存款支付本月水电费 4 800 元。其中生产车间 3 200 元，厂部 1 600 元。（银付 003 号）

（9）21 日，用银行存款购买一台不需要安装的设备，买价为 16 000 元，运杂费为 1 000 元，增值税为 2 720 元，用银行存款支付。（银付 004 号）

（10）31 日，预提应由本月负担的银行借款的利息。（转 005 号）

（11）31 日，月末分配工资费用，其中：（转 006 号）

甲产品生产工人工资为 52 000 元；

乙产品生产工人工资为 28 000 元；

基本车间管理人员工资为 20 000 元；

厂部管理人员工资为 16 000 元。

（12）31 日，按各项工资额的 14% 提取福利费。（转 007 号）

（13）31 日，摊销应由本月负担的车间经营租入设备改良支出 1 600 元。

（转 008 号）

（14）31 日，计提本月固定资产折旧费，其中：基本生产车间 3 400 元，厂部 2 600 元。（转 009 号）

（15）31 日，将本月发生的制造费用按生产工人工资比例分配计入甲、乙产品成本。（转 010 号）

（16）31 日，上月投产及本月投产的 15 台甲产品全部完工，验收入库，结转成本（乙产品尚没有完工产品）。（转 011 号）

（17）31 日，向丁公司销售 10 台甲产品，单价为 11 200 元，增值税税额为 19 040 元，款项未收到。（转 012 号）

（18）31 日，核算本月已销甲产品成本 55 120 元。（转 013 号）

（19）31 日，将本月发生的各项收入转入“本年利润”账户，核算利润。（转 014 号）

（20）31 日，将本月发生的各项费用转入“本年利润”账户，核算利润。（转 015 号）

（21）31 日，按 25% 的税率计算并结转所得税费用和净利润。（转 016-1、转 016-2 号）

（22）31 日，按照税后利润的 10% 和 5% 分别计提法定盈余公积和任意盈余公积。（转 017 号）

（23）31 日，企业决定向所有者分配利润 10 000 元。（转 018 号）

二、根据上述交易、事项编制记账凭证（见表附 9-3 ~ 表附 9-27）

表附 9-3 收 款 凭 证

借方科目：银行存款　　　　20×1 年 7 月 4 日　　　银收字第 001 号　单位：元

摘　　要	贷方科目		记账∨	金 额
	一级科目	明 细 科 目		
取得 6 个月期银行借款	短期借款		∨	100 000
合计				100 000

表附 9-4 转 账 凭 证

20×1 年 7 月 4 日　　　转字第 001 号　单位：元

摘　　要	会计科目		记账∨	借方金额	贷方金额
	一级科目	明细科目			
分配消耗原材料费用	生产成本	甲产品		25 000	

（续）

摘　　要	会计科目		记账	借方金额	贷方金额
	一级科目	明细科目	V		
	生产成本	乙产品		16 000	
	制造费用			5 000	
	管理费用			2 000	
	原材料	A材料			38 000
	原材料	B材料			10 000
合计				48 000	48 000

表附9-5　付款凭证

贷方科目：银行存款　　20×1年7月5日　　银付字第001号　单位：元

摘　　要	借方科目		记账	金额
	一级科目	明 细 科 目	V	
支付上季度借款利息	预提费用	借款利息	V	1 800
合计				1 800

表附9-6　收款凭证

借方科目：银行存款　　20×1年7月6日　　银收字第002号　单位：元

摘　　要	贷方科目		记账	金额
	一级科目	明 细 科 目	V	
收回甲公司欠款	应收账款	甲公司	V	5 600
合计				5 600

表附9-7　转账凭证

20×1年7月12日　　转字第002号　单位：元

摘　　要	会计科目		记账	借方金额	贷方金额
	一级科目	明细科目	V		
购入材料，款项未付	原材料	A材料	V	36 000	
	原材料	B材料	V	9 600	
	应交税费	应交增值税	V	7 752	
	应付账款	丙公司	V		53 352
合计				53 352	53 352

表附 9-8 付款凭证

贷方科目：银行存款　　20×1 年 7 月 12 日　　银付字第 002 号　单位：元

摘要	借方科目		记账√	金额
	一级科目	明细科目		
支付购入材料运费	原材料	A 材料	√	4 000
	原材料	B 材料	√	2 400
合计				6 400

表附 9-9 转账凭证

20×1 年 7 月 16 日　　转字第 003 号　单位：元

摘要	会计科目		记账√	借方金额	贷方金额
	一级科目	明细科目			
接受所有者超额设备投资	固定资产		√	14 000	
	资本公积		√		14 000
合计				14 000	14 000

表附 9-10 转账凭证

20×1 年 7 月 18 日　　转字第 004 号　单位：元

摘要	会计科目		记账√	借方金额	贷方金额
	一级科目	明细科目			
摊销本月负担租入设备改良支出	管理费用	保险费	√	1 200	
	长期待摊费用	改良支出	√		1 200
合计				1 200	1 200

表附 9-11 付款凭证

贷方科目：银行存款　　20×1 年 7 月 20 日　　银付字第 003 号　单位：元

摘要	借方科目		记账√	金额
	一级科目	明细科目		
支付本月水电费	制造费用	水电费	√	3 200
	管理费用	水电费	√	1 600
合计				4 800

表附 9-12 付款凭证

贷方科目：银行存款　　20×1 年 7 月 21 日　　银付字第 004 号　单位：元

摘要	借方科目		记账√	金额
	一级科目	明细科目		
购入安装完交付使用的设备	固定资产		√	24 000
合计				24 000

表附 9-13 转账凭证

20×1 年 7 月 31 日　　转字第 005 号　单位：元

摘　要	会计科目		记账	借方金额	贷方金额
	一级科目	明细科目	V		
预提本月银行借款利息	财务费用	利息支出	V	750	
	预提费用	借款利息	V		750
合计				750	750

表附 9-14 转账凭证

20×1 年 7 月 31 日　　转字第 006 号　单位：元

摘　要	会计科目		记账	借方金额	贷方金额
	一级科目	明细科目	V		
分配本月工资费用	生产成本	甲产品		52 000	
	生产成本	乙产品		28 000	
	制造费用			20 000	
	管理费用			16 000	
	应付职工薪酬				116 000
合计				116 000	116 000

表附 9-15 转账凭证

20×1 年 7 月 31 日　　转字第 007 号　单位：元

摘　要	会计科目		记账	借方金额	贷方金额
	一级科目	明细科目	V		
计提本月福利费	生产成本	甲产品	V	7 280	
	生产成本	乙产品	V	3 920	
	制造费用		V	2 800	
	管理费用		V	2 240	
	应付职工薪酬		V		16 240
合计				16 240	16 240

表附 9-16 转账凭证

20×1 年 7 月 31 日　　转字第 008 号　单位：元

摘　要	会计科目		记账	借方金额	贷方金额
	一级科目	明细科目	V		
摊销本月负担租入设备改良支出	制造费用		V	1 600	

（续）

摘　　要	会计科目		记账	借方金额	贷方金额
	一级科目	明细科目	V		
	长期待摊费用	改良支出	V		1 600
合计				1 600	1 600

表附 9-17　转 账 凭 证

20×1 年 7 月 31 日　　　　转字第 009 号　单位：元

摘　　要	会计科目		记账	借方金额	贷方金额
	一级科目	明细科目	V		
计提固定资产折旧费	制造费用		V	3 400	
	管理费用		V	2 600	
	累计折旧		V		6 000
合计				6 000	6 000

表附 9-18　转 账 凭 证

20×1 年 7 月 31 日　　　　转字第 010 号　单位：元

摘　　要	会计科目		记账	借方金额	贷方金额
	一级科目	明细科目	V		
分配制造费用	生产成本	甲产品	V	23 400	
	生产成本	乙产品	V	12 600	
	制造费用		V		36 000
合计				36 000	36 000

表附 9-19　转 账 凭 证

20×1 年 7 月 31 日　　　　转字第 011 号　单位：元

摘　　要	会计科目		记账	借方金额	贷方金额
	一级科目	明细科目	V		
结转完工甲产品成本	库存商品	甲产品	V	119 680	
	生产成本	甲产品	V		119 680
合计				119 680	119 680

表附 9-20　转 账 凭 证

20×1 年 7 月 31 日　　　　转字第 012 号　单位：元

摘　　要	会计科目		记账	借方金额	贷方金额
	一级科目	明细科目	V		
销售甲产品，款项暂欠	应收账款	风华公司	V	131 040	

（续）

摘　要	会计科目		记账	借方金额	贷方金额
	一级科目	明细科目	V		
	主营业务收入	甲产品	V		112 000
	应交税费	应交增值税	V		19 040
合计				131 040	131 040

表附 9-21　转 账 凭 证

20×1 年 7 月 31 日　　转字第 013 号　单位：元

摘　要	会计科目		记账	借方金额	贷方金额
	一级科目	明细科目	V		
结转已销产品成本	主营业务成本	甲产品	V	55 120	
	库存商品	甲产品	V		55 120
合计				55 120	55 120

表附 9-22　转 账 凭 证

20×1 年 7 月 31 日　　转字第 014 号　单位：元

摘　要	会计科目		记账	借方金额	贷方金额
	一级科目	明细科目	V		
结转本月主营业务收入	主营业务收入	甲产品	V	112 000	
	本年利润		V		112 000
合计				112 000	112 000

表附 9-23　转 账 凭 证

20×1 年 7 月 31 日　　转字第 015 号　单位：元

摘　要	会计科目		记账	借方金额	贷方金额
	一级科目	明细科目	V		
结转本月各项费用	本年利润		V	81 510	
	管理费用		V		25 640
	财务费用		V		750
	主营业务成本		V		55 120
合计				81 510	81 510

表附 9-24　转 账 凭 证

20×1 年 7 月 31 日　　转字第 016-1 号　单位：元

摘　要	会计科目		记账	借方金额	贷方金额
	一级科目	明细科目	V		
计算应交所得税	所得税费用		V	7 622.50	

（续）

摘　　要	会计科目		记账 V	借方金额	贷方金额
	一级科目	明细科目			
	应交税费	应交所得税	V		7 622. 50
合计				7 622. 50	7 622. 50

表附 9-25　转 账 凭 证

20×1 年 7 月 31 日　　　转字第 016-2 号　单位：元

摘　　要	会计科目		记账 V	借方金额	贷方金额
	一级科目	明细科目			
转本年利润	本年利润		V	7 622. 50	
	所得税费用		V		7 622. 50
合计				7 622. 50	7 622. 50

表附 9-26　转 账 凭 证

20×1 年 7 月 31 日　　　转字第 017 号　单位：元

摘　　要	会计科目		记账 V	借方金额	贷方金额
	一级科目	明细科目			
提取盈余公积	利润分配	提取法定盈余公积	V	2 286. 75	
		提取任意盈余公积	V	1 143. 38	
	盈余公积	法定盈余公积	V		2 286. 75
		任意盈余公积	V		1 143. 38
合计				3 430. 13	3 430. 13

表附 9-27　转 账 凭 证

20×1 年 7 月 31 日　　　转字第 018 号　单位：元

摘　　要	会计科目		记账 V	借方金额	贷方金额
	一级科目	明细科目			
应向所有者分配利润	利润分配	应付股利	V	10 000	
	应付股利		V		10 000
合计				10 000	10 000

三、登记日记账

本例中，没有发生现金业务，只发生了银行存款的收付，现将银行存款日记账的登记内容列示如表附 9-28 所示。

表附 9-28 银行存款日记账 单位：元

20×1年 月	日	记账凭证编号	摘要	对方科目	借方	贷方	余额
7	1		期初余额				89 200
	4	银收 001	银行借款	短期借款	100 000		189 200
	5	银付 001	支付借款利息	预提费用		1 800	187 400
	6	银收 002	收回甲公司欠款	应收账款	5 600		193 000
	15	银付 002	支付材料运费	原材料		6 400	186 600
	20	银付 003	支付水电费	制造费用等		4 800	181 800
	21	银付 004	购建固定资产	固定资产		24 000	157 800
7	31		本月合计		105 600	37 000	157 800

四、登记有关明细分类账

为了简化、减少重复，同时能够说明问题，这里只列示应收账款（采用三栏式账页格式）、原材料（采用数量金额式账页格式）、生产成本（采用多栏式账页格式）明细账的登记，其他明细账的登记略。如表附 9-29～表附 9-33 所示。

表附 9-29 应收账款明细分类账

账户名称：甲公司 本户页数：1 单位：元

20×1年 月	日	记账凭证编号	摘要	借方	贷方	借或贷	余额
7	1		月初余额			借	5 600
	6	银收 002	收到甲公司货款		5 600		
7	31		本月合计		5 600	平	θ

表附 9-30 原材料明细分类账

类别： 编号：

品名或规格：A 材料 存放地点：

储备定额： 计量单位：kg 金额单位：元

20×1年		记账凭证编号	摘要	收入			发出			结余		
月	日			数量	单价	金额	数量	单价	金额	数量	单价	金额
7	1		月初余额							1 900	20	38 000
	4	转 001	发出				1 900	20	38 000			
	12	转 002	购入	2 000	18	36 000						
	12	银付 002	购货运费	2 000	2	4 000						
7	31		本月合计	2 000	20	40 000	1 900	20	38 000	2 000	20	40 000

表附 9-31 原材料明细分类账

类别： 编号：

品名或规格：B 材料 存放地点：

储备定额： 计量单位：kg 金额单位：元

20×1年		记账凭证编号	摘要	收入			发出			结余		
月	日			数量	单价	金额	数量	单价	金额	数量	单价	金额
7	1		月初余额							5 750	8	46 000
	4	转 001	发出				1 250	8	10 000			
	12	转 002	购入	1 200	8	9 600						
	12	银付 002	购货运费	1 200	2	2 400						
7	31		本月合计	1 200	10	12 000	1 250	8	10 000	4 500 1 200	8 10	36 000 12 000

表附 9-32 生产成本明细账

产品名称：甲产品 单位：元

20×1年		记账凭证编号	摘要	借方				转出（贷方）
月	日			直接材料	直接人工	制造费用	合计	
7	1		月初余额	3 200	6 000	2 800	12 000	-12 000
	4	转 001	分配材料费	25 000			25 000	-25 000
	31	转 006	分配工资费		52 000		52 000	-52 000
	31	转 007	分配福利费		7 280		7 280	-7 280
	31	转 010	分配制造费用			23 400	23 400	-23 400
7	31		本月合计	25 000	59 280	23 400	107 680	-107 680
7	31		完工转出	-25 000	-59 280	-23 400	-119 680	119 680

表附 9-33 生产成本明细账

产品名称：乙产品 单位：元

20×1年		记账凭证编号	摘要	借方				转出（贷方）
月	日			直接材料	直接人工	制造费用	合计	
7	1		月初余额					
	4	转 001	分配材料费	16 000			16 000	
	31	转 006	分配工资费		28 000		28 000	
	31	转 007	分配福利费		3 920		3 920	
	31	转 010	分配制造费用			12 600	12 600	

（续）

20×1年		记账凭证编号	摘要	借方				转出（贷方）
月	日			原材料	工资及福利费	制造费用	合计	
7	31		本月合计	16 000	31 920	12 600	60 520	
8	1		月初余额	16 000	31 920	12 600	60 520	

五、登记总账

根据本月填制的记账凭证，逐笔登记各个总分类账。如表附9-34～表附9-59所示。

表附9-34　总分类账

账户名称：库存现金　　　　第1页　单位：元

20×1年		记账凭证编号	摘要	借方	贷方	借或贷	余额
月	日						
7	1		月初余额			借	900

表附9-35　总分类账

账户名称：银行存款　　　　第3页　单位：元

20×1年		记账凭证编号	摘要	借方	贷方	借或贷	余额
月	日						
7	1		月初余额			借	89 200
	4	银收001	借入短期借款	100 000		借	189 200
	5	银付001	支付上季度借款利息		1 800	借	187 400
	6	银收002	收回甲公司欠款	5 600		借	193 000
	15	银付002	支付购入材料运费		6 400	借	186 600
	20	银付003	支付本月水电费		4 800	借	181 000
	21	银付004	购入设备		24 000	借	157 800
7	31		本月合计	105 600	37 000	借	157 800

表附 9-36　总分类账

账户名称：应收账款　　　　第 5 页　单位：元

20×1 年		记账凭证编号	摘要	借方	贷方	借或贷	余额
月	日						
7	1		月初余额			借	25 600
	6	银收 002	收回甲公司欠款		5 600	借	20 000
	31	转 012	赊销甲产品给丁公司	131 040		借	151 040
7	31		本月合计	131 040	5 600	借	151 040

表附 9-37　总分类账

账户名称：原材料　　　　第 7 页　单位：元

20×1 年		记账凭证编号	摘要	借方	贷方	借或贷	余额
月	日						
7	1		月初余额			借	84 000
	4	转 001	发出材料		48 000	借	36 000
	12	转 002	购入材料	45 600		借	81 600
	12	银付 002	购入材料	6 400		借	88 000
7	31		本月合计	52 000	48 000	借	88 000

表附 9-38　总分类账

账户名称：生产成本　　　　第 9 页　单位：元

20×1 年		记账凭证编号	摘要	借方	贷方	借或贷	余额
月	日						
7	1		月初余额			借	12 000
	4	转 001	分配消耗原材料费用	41 000		借	53 000
	31	转 006	分配本月工资费用	80 000		借	133 000
	31	转 007	计提本月福利费	11 200		借	144 200
	31	转 010	分配制造费用	36 000		借	180 200
	31	转 011	结转完工甲产品成本		119 680	借	60 520
7	31		本月合计	168 200	119 680	借	60 520

表附 9-39　总分类账

账户名称：长期待摊费用　　　　第 11 页　单位：元

20×1 年		记账凭证编号	摘要	借方	贷方	借或贷	余额
月	日						
7	1		月初余额			借	4 800

（续）

20×1年		记账凭证编号	摘要	借方	贷方	借或贷	余额
月	日						
	18	转 004	摊销本月管理部门租入设备改良支出		1 200	借	3 600
	31	转 008	摊销本月管理部门租入设备改良支出		1 600	借	2 000
7	31		本月合计		2 800	借	2 000

表附 9-40　总分类账

账户名称：库存商品　　　　第 13 页　单位：元

20×1年		记账凭证编号	摘要	借方	贷方	借或贷	余额
月	日						
7	1		月初余额			借	130 000
	31	转 011	结转完工甲产品成本	119 680		借	249 680
	31	转 013	结转已销甲产品成本		55 120	借	194 560
7	31		本月合计	119 680	55 120	借	194 560

表附 9-41　总分类账

账户名称：固定资产　　　　第 15 页　单位：元

20×1年		记账凭证编号	摘要	借方	贷方	借或贷	余额
月	日						
7	1		月初余额			借	170 000
	16	转 003	接受所有者设备投资	14 000		借	184 000
	21	银付 004	购入不需要安装设备	24 000		借	208 000
7	31		本月合计	38 000		借	208 000

表附 9-42　总分类账

账户名称：累计折旧　　　　第 17 页　单位：元

20×1年		记账凭证编号	摘要	借方	贷方	借或贷	余额
月	日						
7	1		月初余额			贷	54 000
	31	转 009	提取本月折旧费		6 000	贷	60 000
7	31		本月合计		6 000	贷	60 000

表附 9-43 总分类账

账户名称：短期借款 第 19 页 单位：元

20×1 年		记账凭证编号	摘要	借方	贷方	借或贷	余额
月	日						
7	1		月初余额			贷	20 000
	4	银收 001	取得 6 个月期银行借款		100 000	贷	120 000
7	31		本月合计		100 000	贷	120 000

表附 9-44 总分类账

账户名称：应付账款 第 21 页 单位：元

20×1 年		记账凭证编号	摘要	借方	贷方	借或贷	余额
月	日						
7	1		月初余额			贷	36 000
	12	转 002	购入材料，款项未付		53 352	贷	89 352
7	31		本月合计		53 352	贷	89 352

表附 9-45 总分类账

账户名称：预提费用 第 23 页 单位：元

20×1 年		记账凭证编号	摘要	借方	贷方	借或贷	余额
月	日						
7	1		月初余额			贷	6 000
	5	银付 001	支付上季度借款利息	1 800		贷	4 200
	31	转 005	预提本月借款利息		750	贷	4 950
7	31		本月合计	1 800	750	贷	4 950

表附 9-46 总分类账

账户名称：实收资本 第 25 页 单位：元

20×1 年		记账凭证编号	摘要	借方	贷方	借或贷	余额
月	日						
7	1		月初余额			贷	300 000

表附 9-47　总分类账

账户名称：盈余公积　　　　　　　　　　　　　　　　第 27 页　单位：元

20×1 年		记账凭证编号	摘要	借　方	贷　方	借或贷	余　额
月	日						
7	1		月初余额			贷	14 500
	31	转 017	提取盈余公积		3 430.13	贷	17 930.13
7	31		本月合计		3 430.13	贷	17 930.13

表附 9-48　总分类账

账户名称：本年利润　　　　　　　　　　　　　　　　第 29 页　单位：元

20×1 年		记账凭证编号	摘要	借　方	贷　方	借或贷	余　额
月	日						
7	1		月初余额			贷	86 000
	31	转 014	结转主营业务收入		112 000		
	31	转 015	结转本月各项费用	81 510			
	31	转 016-2	结转本月应交所得税	7 622.50			
7	31		本月合计	89 132.50	112 000	贷	108 867.50

表附 9-49　总分类账

账户名称：制造费用　　　　　　　　　　　　　　　　第 31 页　单位：元

20×1 年		记账凭证编号	摘要	借　方	贷　方	借或贷	余　额
月	日						
7	1		月初余额				
	4	转 001	消耗原材料费用	5 000		借	5 000
	20	银付 003	耗用水电费	3 200		借	8 200
	31	转 006	分配本月工资费用	20 000		借	28 200
	31	转 007	计提本月福利费	2 800		借	31 000
	31	转 008	摊销应负担租入资产改良支出	1 600		借	32 600
	31	转 009	计提固定资产折旧费	3 400		借	36 000
	31	转 010	分配本月制造费用		36 000	平	θ
7	31		本月合计	36 000	36 000	平	θ

表附 9-50 总分类账

账户名称：管理费用 第 33 页 单位：元

20×1 年		记账凭证编号	摘要	借 方	贷 方	借或贷	余 额
月	日						
7	1		月初余额				
	4	转 001	耗用原材料费用	2 000		借	2 000
	18	转 004	摊销本月应负担租入设备改良支出	1 200		借	3 200
	20	银付 003	耗用水电费	1 600		借	4 800
	31	转 006	分配本月工资费用	16 000		借	20 800
	31	转 007	计提本月福利费	2 240		借	23 040
	31	转 009	计提本月折旧费	2 600		借	25 640
	31	转 015	转本年利润		25 640	平	θ
7	31		本月合计	25 640	25 640	平	θ

表附 9-51 总分类账

账户名称：应交税费 第 35 页 单位：元

20×1 年		记账凭证编号	摘要	借 方	贷 方	借或贷	余 额
月	日						
7	1		月初余额				
	12	转 002	购入原材料进项税	7 752		借	7 752
	31	转 012	销售甲产品销项税		19 040	贷	11 288
	31	转 016	本月应交所得税		7 622. 50	贷	18 910. 50
7	31		本月合计	7 752	26 662. 50	贷	18 910. 50

表附 9-52 总分类账

账户名称：资本公积 第 37 页 单位：元

20×1 年		记账凭证编号	摘要	借 方	贷 方	借或贷	余 额
月	日						
7	1		月初余额				
	16	转 003	接受所有者超额设备投资		14 000	贷	14 000
7	31		本月合计		14 000	贷	14 000

表附 9-53 总分类账

账户名称：财务费用　　　　第 39 页 单位：元

20×1年		记账凭证	摘要	借 方	贷 方	借或贷	余 额
月	日	编号					
7	1		月初余额				
	31	转 005	预提本月借款利息	750		借	750
	31	转 015	转本年利润		750	平	θ
7	31		本月合计	750	750	平	θ

表附 9-54 总分类账

账户名称：应付职工薪酬　　　　第 41 页 单位：元

20×1年		记账凭证	摘要	借 方	贷 方	借或贷	余 额
月	日	编号					
7	1		月初余额				
	31	转 006	分配本月工资		116 000	贷	116 000
		转 007	分配本月福利费		16 240	贷	16 240
7	31		本月合计		132 240	贷	132 240

表附 9-55 总分类账

账户名称：主营业务收入　　　　第 45 页 单位：元

20×1年		记账凭证	摘要	借 方	贷 方	借或贷	余 额
月	日	编号					
7	1		月初余额				
	31	转 012	销售甲产品		112 000	贷	112 000
	31	转 014	转本年利润	112 000		平	θ
7	31		本月合计	112 000	112 000	平	θ

表附 9-56 总分类账

账户名称：主营业务成本　　　　第 47 页 单位：元

20×1年		记账凭证	摘要	借 方	贷 方	借或贷	余 额
月	日	编号					
7	1		月初余额				
	31	转 013	结转已销甲产品成本	55 120		借	55 120

（续）

20×1年		记账凭证编号	摘要	借 方	贷 方	借或贷	余 额
月	日						
	31	转 015	转本年利润		55 120	平	θ
7	31		本月合计	55 120	55 120	平	θ

表附 9-57 总分类账

账户名称：所得税费用　　第 49 页　单位：元

20×1年		记账凭证编号	摘要	借 方	贷 方	借或贷	余 额
月	日						
7	1		月初余额				
	31	转 016-1	计算应交所得税	7 622. 50		借	7 622. 50
	31	转 016-2	转本年利润		7 622. 50	平	θ
7	31		本月合计	7 622. 50	7 622. 50	平	θ

表附 9-58 总分类账

账户名称：利润分配　　第 51 页　单位：元

20×1年		记账凭证编号	摘要	借 方	贷 方	借或贷	余 额
月	日						
7	1		月初余额				
	31	转 017	提取法定盈余公积	2 286. 75		借	2 286. 75
	31	转 017	提取任意盈余公积	1 143. 38		借	3 430. 13
	31	转 018	向所有者分配利润	10 000			13 430. 13
7	31		本月合计	13 430. 13		借	13 430. 13

表附 9-59 总分类账

账户名称：应付股利　　第 53 页　单位：元

20×1年		记账凭证编号	摘要	借 方	贷 方	借或贷	余 额
月	日						
7	1		月初余额				
	31	转 018	向所有者分配利润		10 000	贷	10 000
7	31		本月合计		10 000	贷	10 000

六、月末，进行日记账、明细分类账与有关总分类账的核对

如表附 9-60 所示。

表附 9-60　日记账、明细分类账与总账核对表

单位：江宁公司　　20×1 年 7 月　　单位：元

会计科目		月初余额		本月发生额		月末余额	
		借方	贷方	借方	贷方	借方	贷方
“原材料”	A 材料	38 000		40 000	38 000	40 000	
	B 材料	46 000		12 000	10 000	48 000	
	合计	84 000		52 000	48 000	88 000	
“生产成本”	甲产品	12 000		107 680	119 680	0	
	乙产品			60 520		60 520	
	合计	12 000		168 200	119 680	60 520	
“应收账款”	甲公司	5 600			5 600	0	
	乙公司	20 000				20 000	
	丁公司			131 040			
	合计	25 600		131 040	5 600	151 040	
“应付账款”	丙公司	36 000			53 352		89 352
	合计	36 000			53 352		89 352
“库存商品”	甲产品	130 000		119 680	55 120	194 560	
	合计	130 000		119 680	55 120	194 560	
银行存款日记账		89 200		105 600	37 000	157 800	
“银行存款”总分类科目		89 200		105 600	37 000	157 800	

七、编制总分类科目本期发生额及余额试算平衡表

如表附 9-61 所示。

表附 9-61　总分类科目本期发生额及余额试算平衡表

单位：江宁公司　　20×1 年 7 月　　单位：元

会计科目	期初余额		本期发生额		期末余额	
	借方	贷方	借方	贷方	借方	贷方
库存现金	900				900	
银行存款	89 200		105 600	37 000	157 800	
应收账款	25 600		131 040	5 600	151 040	
原材料	84 000		52 000	48 000	88 000	
生产成本	12 000		168 200	119 680	60 520	
长期待摊费用	4 800			2 800	2 000	
库存商品	130 000		119 680	55 120	194 560	
固定资产	170 000		38 000		208 000	
累计折旧		54 000		6 000		60 000

（续）

会计科目	期初余额		本期发生额		期末余额	
	借方	贷方	借方	贷方	借方	贷方
短期借款		20 000		100 000		120 000
应付账款		36 000		53 352		89 352
预提费用		6 000	1 800	750		4 950
实收资本		300 000				300 000
盈余公积		14 500		3 430. 13		17 930. 13
本年利润		86 000	89 132. 50	112 000		108 867. 50
制造费用			36 000	36 000		
管理费用			25 640	25 640		
应交税费			7 752	26 662. 50		18 910. 50
资本公积				14 000		14 000
财务费用			750	750		
应付职工薪酬				132 240		132 240
主营业务收入			112 000	112 000		
主营业务成本			55 120	55 120		
所得税费用			7 622. 50	7 622. 50		
利润分配			13 430. 13		13 430. 13	
应付股利				10 000		10 000
合计	516 500	516 500	963 767. 13	963 767. 13	876 250. 13	876 250. 13

八、编制会计报表

根据有关账簿记录和上述试算平衡表编制利润表、资产负债表。如表附 9-62、表附 9-63 所示。

表附 9-62 利润表

会企 02 表

编制单位：江宁公司　　　　20×1 年 7 月　　　　单位：元

项　目	本期金额	上期金额
一、营业收入	112 000	（略）
减：营业成本	55 120	
管理费用	25 640	
财务费用	750	
二、营业利润	30 490	
三、利润总额	30 490	
减：所得税费用	7 622. 50	
四、净利润	22 867. 50	

表附 9-63 资产负债表

会企 01 表

编制单位：江宁公司　　20×1 年 7 月 31 日　　单位：元

资　产	年初数	期末数	负债及所有者权益	年初数	期末数
流动资产：			流动负债：		
货币资金		158 700	短期借款		120 000
应收账款		151 040	应付账款		89 352
存货		343 080	应付职工薪酬		132 240
			应交税费		18 910. 50
流动资产合计		652 820	应付股利		10 000
非流动资产：			其他流动负债		4 950
固定资产		148 000			
长期待摊费用		2 000			
			流动负债合计		375 452. 50
非流动资产合计		150 000	非流动负债：		
			非流动负债合计		
			负债合计		375 452. 50
			实收资本		300 000
			资本公积		14 000
			盈余公积		17 930. 13
			未分配利润		95 437. 37
			所有者权益合计		427 367. 50
资产合计		802 820	负债及所有者权益合计		802 820

注：未分配利润 = 108 867. 50 − 13 430. 13 = 95 437. 37（元）

附录二　科目汇总表账务处理程序举例

与记账凭证账务处理程序中根据记账凭证登记总账不同，科目汇总表账务处理程序登记总账的依据是科目汇总表，其余的程序基本相同。为了简化起见，省略记账凭证的编制、日记账与明细分类账的登记、总分类账的登记、账账核对、总分类科目发生额及余额试算平衡、会计报表的编制等程序，下面以“附录一”中的资料为例，集中说明科目汇总表的编制方法。

一、根据记账凭证登记“T”形账户

登记“T”形账户的目的，是计算出本期各个总账科目的借方、贷方发生额，并据以登记总分类账。①需要对每一个总分类账设置一个“T”形账户。②按照记账凭证逐笔登记发生额。③结算出借方发生额合计、贷方发生额合计。见图附 9-1。

银行存款	
①100 000	③1 800
④ 5 600	⑤6 400
	⑧4 800
	⑨24 000
105 600	37 000

应收账款	
⑰131 040	④5 600

原材料	
⑤45 600	② 48000
⑤6 400	
52 000	48 000

生产成本	
②41 000	⑯119 680
⑪80 000	
⑫11 200	
⑮36 000	
168 200	119 680

长期待摊费用	
	⑦1 200
	⑬1 600
	2 800

库存商品	
⑯119 680	⑱55 120

固定资产	
⑥14 000	
⑨24 000	
38 000	

累计折旧	
	⑭6 000

短期借款	
	①100 000

应付账款	
	⑤53 352

预提费用	
③1 800	⑩750

盈余公积	
	㉒3 430. 13

本年利润	
⑳81 510	⑲112 000
㉑7 622. 50	
89 132. 50	112 000

制造费用	
②5 000	⑮36 000
⑧3 200	
⑪20 000	
⑫2 800	
⑬1 600	
⑭3 400	
36 000	36 000

管理费用	
②2 000	⑳25 640
⑦1 200	
⑧1 600	
⑪16 000	
⑫2 240	
⑭2 600	
25 640	25 640

应交税费	
⑤7 752	⑰19 040
	㉑7 622. 50
7 752	26 662. 50

资本公积	
	⑥14 000

财务费用	
⑩750	⑳750

图附 9-1 “T”形账户

应付职工薪酬	
	⑫132 240

主营业务收入	
⑲112 000	⑰112 000

主营业务成本	
⑱55 120	⑳55 120

所得税费用	
㉑7 622.50	㉑7 622.50

利润分配	
㉒3 430.13	
㉓10 000	
13 430.13	

应付股利	
	㉓10 000

图附 9-1 （续）

二、根据“T”形账户的合计数，编制科目汇总表

如表附 9-64 所示。

表附 9-64 科目汇总表

20×1 年 7 月 1～31 日　　单位：元

会计科目	记账凭证起讫号数	本期发生额		总账页号
		借方	贷方	
银行存款	（略）	105 600	37 000	（略）
应收账款		131 040	5 600	
原材料		52 000	48 000	
生产成本		168 200	119 680	
长期待摊费用			2 800	
库存商品		119 680	55 120	
固定资产		38 000		
累计折旧			6 000	
短期借款			100 000	
应付账款			53 352	
预提费用		1 800	750	
盈余公积			3 430.13	
本年利润		89 132.50	112 000	
制造费用		36 000	36 000	
管理费用		25 640	25 640	
应交税费		7 752	26 662.50	
资本公积			14 000	
财务费用		750	750	
应付职工薪酬			132 240	
主营业务收入		112 000	112 000	

（续）

会计科目	记账凭证起讫号数	本期发生额		总账页号
		借方	贷方	
主营业务成本		55 120	55 120	
所得税费用		7 622.50	7 622.50	
利润分配		13 430.13		
应付股利			10 000	
合　计		963 767.13	963 767.13	

本章小结

账务处理程序是指会计凭证、会计账簿、会计报表相结合的方式。这一程序反映了会计核算的工作过程，是会计核算的外在表现，所以账务处理程序也称会计核算组织程序或会计核算形式。合理选择账务处理程序，有利于规范会计工作程序，保证会计记录的完整性，提高会计工作效率，保证会计信息的及时性。账务处理程序中容纳、应用了所有会计核算方法，但更加强调会计凭证、会计账簿与会计报表之间的衔接关系。在我国，曾经和正在使用的账务处理程序主要有记账凭证账务处理程序、汇总记账凭证账务处理程序、科目汇总表账务处理程序、日记总账账务处理程序和多栏式日记账账务处理程序五种，其主要区别在于登记总账的依据和方法不同。现在常用的是记账凭证账务处理程序和科目汇总表账务处理程序。前者的主要特点是直接根据记账凭证逐笔登记总分类账，它是最基本的账务处理程序，简单明了，易于理解，总分类账可以较详细地反映经济业务的发生情况，但登记总分类账的工作量较大，因而适用于单位规模较小、经济业务量较少的单位；后者的主要特点是根据所有记账凭证定期编制科目汇总表，再根据科目汇总表登记总分类账，减轻了登记总分类账的工作量，并可做到试算平衡，但不能反映账户对应关系，不便于查对账目，它适用于经济业务较多的单位。在电算化会计中，采用简洁、一次录入的账务处理程序，记账凭证输入计算机以后，经过权限审核人的审核，便自动登记入账，从而形成会计报表。

思　考　题

1. 账务处理程序的含义是什么？
2. 为什么要选择账务处理程序？
3. 账务处理程序与会计核算方法有什么联系？
4. 账务处理程序与会计核算方法有什么区别？

5. 账务处理程序的一般步骤有哪些？

6. 账务处理程序的种类有哪些？

7. 账务处理程序之间的主要区别是什么？为什么？

8. 简述记账凭证账务处理程序（可用图示表示）。

9. 简述记账凭证账务处理程序的优缺点及其适用范围。

10. 简述科目汇总表账务处理程序（可用图示表示）。

11. 简述科目汇总表账务处理程序的优缺点及其适用范围。

12. 简述科目汇总表的含义及其编制方法。

13. 简述电算化会计核算系统及其内部关系。

14. 简述电算化会计核算的基本特点。

15. 为什么电算化会计核算中不能采用划线更正法更正错账？应如何更正？

16. 简述电算化会计账务处理程序。

练习题

一、单项选择题

1. 账务处理程序是会计凭证、会计账簿、会计报表的（　　）。

A. 排列方式　B. 组合方式　C. 结合方式　D. 混合方式

2. 账务处理程序揭示了会计核算的（　　）。

A. 工作内容　B. 工作重点　C. 工作范围　D. 工作步骤

3. 在各种账务处理程序中，最基本的是（　　）。

A. 记账凭证账务处理程序　B. 汇总记账凭证账务处理程序

C. 科目汇总表账务处理程序　D. 日记总账账务处理程序

4. 科目汇总表账务处理程序之所以又称记账凭证汇总表账务处理程序，是因为其编制的依据是（　　）。

A. 原始凭证　B. 记账凭证　C. 日记账　D. 明细分类账

5. 下列项目中，以科目汇总表为登记依据的是（　　）。

A. 日记账　B. 明细分类账　C. 总分类账　D. 备查簿

6. 科目汇总表最长编制期间是（　　）。

A. 10 天　B. 一个月　C. 一个季度　D. 一年

7. 科目汇总表是根据记账凭证编制的，其编制方式是根据记账凭证（　　）。

A. 直接编制　B. 间接编制　C. 差额编制　D. 余额编制

8. 在电算化会计核算系统中，处于核心地位的是（　　）。

A. 材料核算系统　B. 成本核算系统

C. 会计报表编制系统　D. 账务处理系统

9. 在电算化会计核算系统中，不适用的错账更正方法是（　　）。

A. 画线更正法　B. 红字冲销法

C. 补充登记法　D. 任何更正方法

10. 在电算化会计处理程序中，不需要的步骤是（　　）。

A. 编制记账凭证　　　　　　　　　B. 登记日记账和明细分类账
C. 登记总账　　　　　　　　　　　D. 进行日记账、明细分类账与总账的核对

二、多项选择题

1. 下列项目中，账务处理程序涉及的有（　　）。
A. 原始凭证　B. 记账凭证　C. 日记账　D. 分类账　E. 备查簿
2. 在各种账务处理程序中，登记各种明细分类账的依据包括（　　）。
A. 原始凭证　B. 汇总原始凭证　C. 收款凭证　D. 付款凭证　E. 转账凭证
3. 在各种账务处理程序中，登记库存现金日记账和银行存款日记账的依据包括（　　）。
A. 原始凭证　B. 汇总原始凭证　C. 收款凭证　D. 付款凭证　E. 转账凭证
4. 在记账凭证账务处理程序中，登记总分类账的依据包括（　　）。
A. 原始凭证　B. 汇总原始凭证　C. 收款凭证　D. 付款凭证　E. 转账凭证
5. 在科目汇总表中，需要计算出每一个总账科目的（　　）。
A. 期初借方余额　B. 期初贷方余额　C. 本期借方发生额
D. 本期贷方发生额　E. 本期期末余额
6. 编制科目汇总表的依据包括（　　）。
A. 原始凭证　B. 汇总原始凭证　C. 收款凭证　D. 付款凭证　E. 转账凭证
7. 在计算机会计中，仍需要打印输出的内容包括（　　）。
A. 记账凭证　B. 库存现金日记账　C. 银行存款账日记账
D. 明细分类账　E. 总分类账
8. 在科目汇总表账务处理程序中，编制“T”形账户的依据包括（　　）。
A. 原始凭证　B. 汇总原始凭证　C. 收款凭证　D. 付款凭证　E. 转账凭证
9. 编制科目汇总表的直接依据包括“T”形账户的（　　）。
A. 期初借方余额　B. 期初贷方余额　C. 本期借方发生额合计
D. 本期贷方发生额合计　E. 本期期末余额
10. 在电算化会计处理程序中，主要环节包括（　　）。
A. 信息输入　B. 信息加工处理　C. 信息输出　D. 信息分析　E. 信息存储

三、判断题

1. 与会计核算方法不同，账务处理程序的选择不必遵循一致性要求。（　）
2. 账务处理程序规定了原始凭证、记账凭证、账簿、会计报表之间的衔接关系。（　）
3. 库存现金日记账和银行存款日记账是根据会计凭证登记的。（　）
4. 在各种账务处理程序中，月末都要进行所有日记账、明细分类账与总账的核对。（　）
5. 各种账务处理程序的主要区别，在于登记总账的依据和方法不同。（　）
6. 在记账凭证账务处理程序中，只能采用通用记账凭证。（　）
7. 在记账凭证账务处理程序中，总分类账可以根据记账凭证汇总后登记。（　）
8. 由于记账凭证账务处理程序简单明了，易于理解，所以普遍应用于各类企业。（　）
9. 科目汇总表既可以定期编制，也可以不定期编制。（　）
10. 科目汇总表是检验账簿记录是否正确的有效手段之一。（　）

四、业务题

根据下列资料，采用科目汇总表账务处理程序编制记账凭证、登记账簿、编制利润表和资产负债表。

1. 北林公司 20×1 年 9 月 1 日总账余额表科目及所属明细账户的余额如表 9-3 所示。

表 9-3 总账余额和所属明细账户余额表

资产	总账余额	明细账余额		权益	总账余额	明细账余额	
		借方	贷方			借方	贷方
库存现金	1 000			短期借款	50 000		
银行存款	100 000			应付账款	30 000		
应收账款	40 000			——A 公司		2 000	
——甲公司		50 000		——B 公司			32 000
——乙公司			10 000	其他应付款	10 000		
其他应收款	4 000			应付利息	9 000		
原材料	55 000			——借款利息			9 000
——A 材料		40 000					
——B 材料		15 000		应交税费	20 000		
生产成本	20 000			实收资本	441 000		
直接材料		10 000		盈余公积	40 000		
直接人工		4 000					
制造费用		6 000					
库存商品	30 000						
固定资产	400 000						
累计折旧	50 000						
资产合计	600 000			权益合计	600 000		

2. 该公司于 20×1 年 9 月发生的经济业务如下（该公司只生产甲产品一种产品，不设置“预收账款”、“预付账款”账户）：

（1）1 日，购入 A 材料 2 500kg，价格为 20 元/kg，增值税税率为 17%，价税款项均通过银行支付，材料已验收入库。

（2）2 日，收到投资者追加投资 100 000 元，存入银行。

（3）4 日，通过银行向异地甲公司预付购料款 40 000 元。

（4）6 日，仓库发出 A 材料，其中生产甲产品耗用 50 000 元，生产车间一般耗用 4 000 元，公司行政部门耗用 6 000 元。

（5）10 日，采购员张明预借差旅费 1 000 元，以现金支付。

（6）17 日，从银行提取现金 40 000 元，准备发放本月工资。

（7）17 日，以现金实际发放本月工资 40 000 元。

（8）19 日，收到乙公司预付的购买甲产品的预付货款 50 000 元，存入银行。

(9) 20 日，向预付货款的乙公司发出 200 件甲产品，销售总价为 200 000 元，增值税销项税额为 34 000 元，余款已收到并存入银行。

(10) 21 日，以银行存款支付本月水电费 4 000 元，其中生产车间水电费为 3 000 元，公司行政部门为 1 000 元。

(11) 22 日，张明出差回来，报销差旅费 800 元，余款收回现金。

(12) 23 日，开出一张转账支票，支付行政租入设备改良支出 6 000 元。

(13) 24 日，以银行存款支付促销的广告费 3 000 元。

(14) 25 日，某购货单位交来包装物押金 500 元，存入银行。

(15) 26 日，以银行存款 8 000 元支付支援灾区的捐赠支出。

(16) 27 日，以银行存款支付已预提的本季度短期借款的利息支出 9 000 元。

(17) 30 日，结算本月应付的工资，其中生产甲产品的生产工人工资为 28 000 元，生产车间人员工资为 4 000 元，公司行政管理人员工资为 8 000 元。

(18) 30 日，预提应由本月负担的银行借款利息 3 000 元。

(19) 30 日，计提固定资产折旧，其中生产用固定资产折旧为 6 000 元，行政管理部门折旧为 2 000 元。

(20) 30 日，结转本月发生的制造费用。

(21) 30 日，结转本月完工的 250 件甲产品的生产成本 100 000 元。

(22) 30 日，摊销本月应负担的行政部门租入设备改良支出 2 000 元。

(23) 30 日，计算出本月应缴纳的消费税 6 000 元。

(24) 30 日，计算出已销售的 275 件甲产品的生产成本为 110 000 元。

(25) 30 日，结转已销售的甲产品的销售收入 200 000 元，营业外支出 8 000 元。

(26) 30 日，结转本月销售的甲产品生产成本 110 000 元，产品销售税金 6 000 元，产品销售费用 3 000 元，管理费用 19 800 元，财务费用 3 000 元。

(27) 30 日，按照本月实现利润的 25% 计算本月应缴纳的所得税。

(28) 30 日，结转本月所得税费用。

(29) 30 日，按照本月实现的净利润 10% 提取法定盈余公积。

(30) 30 日，公司决定支付给投资者利润 10 000 元。

第十章　会计工作组织

本章内容要点

为了保证会计核算的顺利进行，必须对会计工作进行合理的组织。会计工作的组织主要包括：设置会计机构，规定会计人员的职责、权限和技术职务，制定与执行会计规范，保管会计档案等。本章主要介绍会计机构的设置原则、组织形式；会计人员的职责与权限，会计人员的专业技术职务和基本条件；会计规范的概念和构成，会计法、会计准则、会计制度和会计人员职业道德的主要内容；会计档案的内容，会计档案的管理方法等。

第一节　会计机构

一、会计机构的设置

会计机构是企业、行政、事业等单位办理会计事务的职能部门。建立和健全会计机构，是做好会计工作，保证及时地向有关利益团体提供会计信息的前提。

《中华人民共和国会计法》（以下简称《会计法》规定："各单位应当根据会计业务的需要，设置会计机构，或者在有关机构中设置会计人员并指定会计主管人员；不具备设置条件的，应当委托经批准设立从事会计代理记账业务的中介机构代理记账。"我国财政部于 1996 年 6 月 17 日印发的《会计基础工作规范》规定："各单位应当根据会计业务的需要，设置会计机构；不具备单独设置会计机构条件的，应当在有关机构中配备专职会计人员。没有设置会计机构和配备会计人员的单位，应当根据《代理记账管理暂行办法》委托会计师事务所或者持有代理记账许可证书的其他代理记账机构进行代理记账。"这说明各单位可以根据业务的需要自主决定是否设置会计机构。在决定要否设置会计机构时应考虑以下问题：

1. 单位规模的大小

一般来说，大中型企业，业务较多的行政、事业单位和其他组织应设置单独的会计机构，从事会计工作。会计机构的名称可以是财务部（处、科），也可以是财会部（处、科）。规模很小的企业，业务较少的行政、事业单位和其他组织，可以不单独设置会计机构，但需要设置专门的会计人员并指定会计主管人员，或委托经批准设立从事会计代理记账业务的中介机构进行代理记账。

2. 经济业务和财务收支的繁简

经济业务多、财务收支量大的单位，就有必要单独设置会计机构，以提高会计工作效率，满足向报表使用者提供会计信息的需求。相反，则可以不单独设置会计机构，将会计业务并入计划、统计或经营管理部门，或进行代理记账。

3. 经营管理的需要

由于有效的经营管理是以信息的及时、准确和全面、系统为前提的，所以一个单位对经营管理的要求越高，对会计工作的要求也就越高，就越有设置专门会计机构的必要。

二、会计工作的组织形式

独立核算单位会计工作的组织形式，一般分为集中核算和非集中核算两种。

1. 集中核算

集中核算是指把整个单位的会计核算工作都集中在会计部门进行。单位内部的其他部门和下属单位只对其发生的经济业务填制原始凭证或原始凭证汇总表，送交会计部门。会计部门根据取得的原始凭证或原始凭证汇总表编制记账凭证、登记账簿、编制会计报表，对有关利益团体提供会计信息。

2. 非集中核算

非集中核算也称分散核算，是指将会计核算工作分散在单位内部各有关部门进行。实行非集中核算时，单位内部有关二级会计部门在一级会计部门的指导下，填制原始凭证或原始凭证汇总表，编制记账凭证，登记有关明细账；一级会计部门则登记一部分明细账和全部总账，编制会计报表。

在一个单位内部，对各部门和下属单位所发生的经济业务，可以分别实行集中核算和非集中核算。在选择会计工作的组织形式时，主要应考虑经营管理的需要。如果单位内部实行经济责任制，下属单位需完成经济责任指标，并根据指标完成情况进行奖惩，需要实行分级管理、分级核算，就应实行非集中核算，以满足根据核算资料对各部门进行日常考核和控制的需要。如果单位规模小、经济业务较少或未实行经济责任制，则可实行集中核算，以精简机构，减少会计核算层次。

第二节 会计人员

会计人员是指在企业、行政、事业等单位中从事财会工作的具体人员，包括会计机构负责人、总会计师、高级会计师、会计师、助理会计师、会计员、出纳和在会计师事务所工作的注册会计师等其他会计人员，其中，总会计师属于行政职务。《会计法》规定，国有的和国有资产占控股地位或者主导地位的大、中型企业必须设置总会计师，总会计师的任职资格、任免程序、职责和权限由国务院规定。高级会计师、会计师、助理会计师和会计员属于专业技术职务。会计人员从事会计工作必须取得会计从业资格证书，具备必要的专业知识和专业技能，还要按照规定参加会计业务培训。会计机构负责人除取得会计从业资格证书外，还应当具备会计师以上专业技术职务资格或者从事会计工作三年以上经历。会计从业资格证书是从事会计工作的准入证，并实行注册登记和年检制度。具备规定学历的，可直接取得该证书；否则，应通过考试取得该资格。我国财政部在 2000 年 5 月发布了《会计从业资格管理办法》，对会计从业资格的取得、注册、年检、吊销等作了详细规定。

一、会计人员的职责与权限

（一）会计人员的职责

1. 企业、行政、事业等单位中会计人员的职责

（1）进行会计核算。进行会计核算，向有关利益团体及时提供会计信息，是会计人员最基本的职责，也是会计工作的最基本要求。在进行会计核算时，会计人员必须按照会计准则和会计制度的规定，运用会计核算的专门方法，通过编制记账凭证、登记账簿、编制会计报表等循环程序，对报表使用者提供会计信息。

（2）实行会计监督。会计人员在进行会计核算时，必须同时执行会计监督的职能。监督的内容包括以下几个方面：

1）对原始凭证进行审核和监督。对不真实、不合法的原始凭证不予受理；对弄虚作假、严重违法的原始凭证，在不予受理的同时，应当予以扣留，并及时向单位领导人报告，请求查明原因，追究当事人的责任；对记载不准确、不完整的原始凭证予以退回，要求经办人员更正、补充。

2）对会计账簿和财务报告进行监督。会计人员对伪造、变造、故意毁灭会计账簿或者账外设账行为，应当制止和纠正；制止和纠正无效的，应当向上级主管单位报告，请求作出处理。会计人员对指使、强令编造、篡改财务报告行为，应当制止和纠正；制止和纠正无效的，应当向上级主管单位报告，请求作出处理。

3）对财产物资、货币资金和往来款项进行监督。会计人员应当对实物、款项等进行监督，督促建立并严格执行财产清查制度。对于账实不符的情况，应当按照国家有关规定进行处理，超出会计机构、会计人员职权范围的，应当立即向本单位负责人报告，请求查明原因，作出处理。

4）对财务收支进行监督。对审批手续不全的财务收支，应当退回，要求补充、更正；对违反规定不纳入单位统一会计核算的财务收支，应当制止和纠正；对违反国家统一的财政、财务、会计制度规定的财务收支不予办理；对严重违反国家利益和社会公众利益的财务收支，应当向主管单位或者财政、审计、税务机

关报告；对认为是违反国家统一的财政、财务、会计制度规定的财务收支，应当制止和纠正；制止和纠正无效的，应当向单位领导人提出书面意见请求处理。对违反国家统一的财政、财务、会计制度规定的财务收支，不予制止和纠正，又不向单位领导人提出书面意见的，应承担责任。

5）对计划执行情况进行监督。会计机构、会计人员应当对单位制订的预算、财务计划、经济计划、业务计划的执行情况进行监督。

（3）建立、健全内部会计管理制度。会计人员要按照《会计法》的要求，根据会计准则和会计制度的规定，结合单位类型和内部管理的需要，建立、健全本单位的内部会计管理制度，包括内部会计管理体系、会计人员岗位责任制度、账务处理程序制度、内部牵制制度、稽核制度、原始记录管理制度、定额管理制度、计量验收制度、财产清查制度、财务收支审批制度、成本核算制度、财务会计分析制度等。

（4）制定全面预算并分析预算的执行情况。会计人员应根据“以销定产、以产定耗、以耗定用”的原则会同其他部门来制定销售预算、生产预算、费用预算、现金预算、预计资产负债表、预计利润表等全面预算，并运用若干财务指标分析预算的执行情况，作为奖惩的依据。

2. 注册会计师的职责

注册会计师接受委托，从事审计业务和会计咨询、会计服务业务时，应当履行的职责如下：

（1）根据独立审计准则的要求，审查企业会计报表，取得相应的审计证据，编制和出具审计报告，对会计报表的合法性、公允性等发表审计意见。

（2）根据注册会计师协会制定的《独立审计实务公告第1号——验资》的要求，对被审验单位设立时的实收资本及相关资产、负债的真实性、合法性进行审验，取得充分、适当的验资证据，出具验资报告。

（3）办理企业合并、分立、清算事宜中的审计业务，出具有关的报告。

（4）办理法律、行政法规规定的其他特殊目的审计业务，出具相应的审计报告。如在会计师事务所设置从事法务会计的部门，配备法务会计人员，从事法务会计工作，出具意见书。

（5）注册会计师从事会计咨询、服务业务时，应凭借专门知识和实践经验，帮助企业设计财务会计制度，建立内部会计管理制度，代理记账和纳税申报，代办申请注册登记，审核企业前景财务资料，培训会计人员，参与可行性研究，进行财务诊断，协助拟订合同、协议、章程及其他经济文件，担任会计顾问，提供会计、财务、税务和其他经济管理咨询。

3. 总会计师的职责

根据《总会计师条例》的规定，总会计师的职责主要包括两个方面：一是由总会计师负责组织的工作。它包括组织编制和执行预算、财务收支计划、信贷计划、拟订资金筹措和使用方案，开辟财源，有效地使用资金；建立、健全经济核算制度，强化成本管理，进行经济活动分析，精打细算，提高经济效益；负责本单位财务会计机构的设置和会计人员的配备，组织对会计人员进行业务培训和考核；支持会计人员依法行使职权等。二是由总会计师协助、参与的工作。它包括协助单位负责人对本单位的生产经营和业务管理等问题作出决策；参与新产品开发、技术改造、科学研究、商品（劳务）价格和工资、奖金方案的制定；参与重大合同和协议的研究、审查。

（二）会计人员的权限

1. 企业、行政、事业单位中会计人员的权限

为了保障会计人员能够顺利履行自己的职责，国家赋予了会计人员必要的工作权限，具体如下：

(1) 会计人员有权要求本单位有关部门、人员认真执行国家批准的计划、预算，遵守国家的财经纪律和会计法、会计准则、会计制度等财务会计方面的法规、制度。如有违反，会计人员有权拒绝付款、拒绝报销或拒绝执行，并向本单位领导人或上级机关执法部门报告。

(2) 会计人员有权参与本单位编制计划、预算，制定定额，签订经济合同等工作；有权参加有关生产、经营管理会议；有权提出有关财务开支和经济效益方面的问题和意见。

(3) 会计人员有权监督、检查本单位有关部门的财务收支、资金使用和财产保管、收发、计量、检验等情况。

2. 注册会计师的权限

注册会计师从事审计、咨询和服务工作时，有权要求委托单位提供会计凭证、账簿、会计报表等会计资料，以及股东会议记录、上市公告书、招股说明书等非会计资料，有权要求委托单位对审计工作进行必要的配合，有权要求委托单位对违反会计准则、会计制度的会计处理进行调整，有权要求委托单位按照委托协议约定及时、足额地付费，并按照约定的范围使用审计报告、验资报告，有权要求委托单位对会计资料和其他资料的真实性负责。

3. 总会计师的权限

根据《总会计师条例》的规定，总会计师有以下权限：

(1) 对违法、违纪问题的制止和纠正权。总会计师有权制止或纠正违反国家财经法律、法规、方针、政策、制度和有可能在经济上造成损失、浪费的行为，制止或纠正无效时，提请单位负责人处理。

(2) 建立、健全单位经济核算的组织指挥权。总会计师有权组织本单位各职能部门、直属基层组织的经济核算、财务会计和成本管理方面的工作。

(3) 对单位财务收支具有审批签署权。总会计师主管审批财务收支工作。除一般的财务收支可以由总会计师授权的财会机构负责人或者其他指定人员审批外，重大的财务收支，需经总会计师审批或者总会计师报单位主要行政领导人批准。企业的预算、财务收支计划、成本和费用计划、信贷计划、财务专题报告、会计决算报表，须经总会计师签署。涉及财务收支的重大业务计划、经济合同、经济协议等，在单位内部须经总会计师会签。

(4) 对本单位会计人员的管理权。总会计师对会计人员的管理权包括本单位会计机构设置、会计人员配备、继续教育、考核、奖惩等。即会计人员的任用、晋升、调动、奖惩，应当事先征求总会计师的意见，财会机构负责人或者会计主管人员的人选，应当由总会计师进行业务考核，依照有关规定审批。

二、会计人员的专业技术职务

《会计专业职务试行条例》规定，会计专业技术职务分为高级会计师、会计师、助理会计师和会计员，其中高级会计师为高级职务，会计师为中级职务，会计员和助理会计师为初级职务。各单位的会计人员通过全国通一考试，取得会计专业技术资格后，表明其已具备担任相应级别会计专业技术职务的任职资格。用人单位可根据工作需要和德才兼备的原则，从获得会计专业技术资格的会计人员中择优聘任。

1. 会计员

会计员的基本条件：初步掌握财会知识和技能，熟悉并能执行有关会计法规和财务会计制度，能担任一个岗位的财务会计工作，大学专科或中等专业学校毕业，在财会岗位上见习一年期满。

会计员的基本职责：负责审核和办理财务收支，编制记账凭证，登记会计账簿，编制会计报表和办理其他会计事务。

2. 助理会计师

助理会计师的基本条件：通过全国会计专业技术初级资格考试，取得初级资格，并且符合下列条件：掌握一般的财务会计基础理论和专业知识；熟悉并能正确执行有关的财经方针、政策和财务会计法规、制度；能担负一个方面或某个重要岗位的财务会计工作；取得硕士学位或取得第二学士学位或者研究生班结业证书，具备履行助理会计师职责的能力；大学本科毕业后在财务会计工作岗位上见习一年期满；大专毕业且担任会计员职务满两年；中专毕业且担任会计员职务满四年；不具备规定学历，担任会计员职务满五年。不符合上述条件的人员，只可聘任会计员职务。

报名参加会计专业技术初级资格考试的人员，应具备下列条件：①坚持原则，具备良好的职业道德品质。②认真执行《会计法》和国家统一的会计制度，以及有关财经法律、法规、规章制度，无严重违反财经纪律的行为。③履行岗位职责，热爱本职工作。④具备会计从业资格，持有会计从业资格证书。⑤具备教育部门认可的高中毕业以上学历。

会计专业技术初级资格考试科目：初级会计实务、经济法基础。参加初级资格考试的人员必须在一个考试年度内通过全部科目的考试。考试日期和时间：会计专业技术资格考试，原则上每年举行一次，考试日期一般为每年五月最后一个星期六、星期日。初级资格考试分两个半天进行，初级会计实务科目为 3 小时，经济法基础科目为 2.5 小时。

助理会计师的基本职责：负责草拟一般的财务会计制度、规定、办法；解释、解答财务会计法规、制度中的一般规定；分析、检查某一方面或某些项目的财务收支和预算的执行情况。

3. 会计师

会计师的基本条件：通过全国会计专业技术中级资格考试，取得中级资格，并符合国家下述规定：较系统地掌握财务会计基础理论和专业知识；掌握并能正确贯彻执行有关的财经方针、政策和财务会计法规、制度；具有一定的财务会计工作经验，能担负一个单位或管理一个地区、一个部门、一个系统某个方面的财务会计工作；取得博士学位并具有履行会计师职责的能力；取得硕士学位并担任助理会计师职务两年左右；取得第二学士学位或研究生班结业证书并担任助理会计师职务 2 ~3 年；大学本科或专科毕业并担任助理会计师职务 4 年以上。

报名参加会计专业技术中级资格考试的人员，应具备下列条件：①坚持原则，具备良好的职业道德品质。②认真执行《会计法》和国家统一的会计制度，以及有关财经法律、法规、规章制度，无严重违反财经纪律的行为。③履行岗位职责，热爱本职工作。④具备会计从业资格，持有会计从业资格证书。⑤取得大学专科学历，从事会计工作满五年。⑥取得大学本科学历，从事会计工作满四年。⑦取得双学士学位或研究生班毕业，从事会计工作满两年。⑧取得硕士学位，从事会计工作满一年。⑨取得博士学位。

会计专业技术中级资格考试科目：中级会计实务、财务管理、经济法。会计专业技术中级资格考试以两年为一个周期，参加考试的人员必须在连续的两个考试年度内通过全部科目的考试。部分科目合格后，由当地考试管理机构核发成绩通知单。考试日期与初级资格相同。

会计师的基本职责：负责草拟比较重要的财务会计制度、规定、办法；解释、解答财务会计法规、制度中的重要问题；分析、检查财务收支和预算的执行情况；培养初级会计人员。

4. 高级会计师

高级会计师的基本条件：较系统地掌握经济、财务会计理论和专业知识；具有较高的政策水平和丰富的财务会计工作经验，能担负一个地区、一个部门或一个系统的财务会计管理工作；取得博士学位并担任会计师职务 2～3 年，或者取得硕士学位、第二学位或研究生班结业证书，或者大学本科毕业并担任会计师职务 5 年以上。

根据人事部办公厅、财政部办公厅《关于2006年度高级会计师资格考评结合扩大试点工作的通知》（国人厅发〔2006〕48 号）精神，高级会计师任职资格的取得实行考试与评审相结合的办法。参加全国统一组织的高级会计师资格考试并合格者，方可申报参加高级会计师任职资格评审。

报名条件：凡遵守《中华人民共和国宪法》和各项法律，具有良好职业道德和敬业精神，持有会计从业资格证书，并符合下列条件之一的在职会计人员，均可报名参加考试：①获得博士学位，并取得会计师资格或相关专业中级资格后，从事会计工作满 2 年。②获得硕士学位或研究生毕业，并取得会计师资格或相关专业中级资格后，从事会计工作满 3 年。③大学本科毕业，取得会计师资格或相关专业中级资格后，从事会计工作满 5 年或在大中型企业的财务会计岗位上担任负责人（正、副科级以上）职务满 2 年，并取得会计师资格或相关专业中级资格后，从事会计工作满 4 年。④大学专科毕业，累计从事财务会计工作 15 年以上或大学专科毕业后从事财务会计工作 11 年以上，并取得会计师资格或者相关专业（它是指审计师、经济师、统计师等）中级资格后，从事会计工作满 5 年。

考试方式：考试科目为《高级会计实务》，主要考核应试者运用会计、财务、税收等相关的理论知识、政策法规，对所提供的有关背景资料进行分析、判断和处理业务的综合能力。考试时间为 210 分钟，采取开卷笔答方式进行。

对参加考试并达到合格标准的人员，核发高级会计师资格考试成绩合格证，该证在全国范围内 3 年有效。

高级会计师的基本职责：负责草拟和解释、解答在一个地区、一个部门、一个系统或在全国施行的财务会计法规、制度、办法；组织和指导一个地区或一个部门、一个系统的经济核算和财务会计工作；培养中级以上会计人才。

三、注册会计师

注册会计师是指依法取得注册会计师专业证书并接受委托从事审计和会计咨询、会计服务业务的执业人员。我国对注册会计师实行考试与注册登记制度，主要内容如下：

（一）注册会计师考试

1. 注册会计师报考条件

根据《中华人民共和国注册会计师法》及有关考试办法的规定，具有大专或大专以上学历，或者具有会计、统计、审计、经济中级或中级以上技术职称的中国公民，可以申请参加全国注册会计师统一考试。对于那些受过刑事处罚，在财务、会计、审计、企业管理或其他经济管理工作中犯有严重错误受过行政处罚或撤职以上处分，受吊销注册会计师证书处罚的人员，必须经所在单位审查，由省级考试委员会按《中华人民共和国注册会计师法》规定研究决定可否报考。对外国籍公民，按互惠原则，该国法律允许中国公民参加该国注册会计师考试者，我国政府亦允许其公民参加我国注册会计师考试。中国港、澳、台地区居民及外国籍公民申请参加我国注册会计师考试必须具备的条件：具有注册会计师全国考试委员会认可的大专毕业或以上的学历，或者已取得境外法律认可的注册会计师资格；品行端正，未受过刑事处罚；未患精神疾病或其他严重疾病。申请人员必须提供如下有效证明：

(1) 应考人员所在国或地区合法身份的证件。

(2) 全国考试委员会认可的境内、境外财会大专院校的学历证明或其他学科大专毕业证书及修完财会大专课程的证明，或境外注册会计师资格证书。

(3) 境内、境外会计师团体、会计师事务所或其他有关单位的推荐函。

2. 注册会计师考试范围

我国自1991年（1992年停考）以来，每年举行一次全国注册会计师统一考试。考试范围在考试大纲中规定，考试大纲由全国考试委员会办公室提出，经全国考试委员会审定发布。考试于每年9月份进行。具有下列条件之一的中国公民，可报名参加注册会计师考试：①高等专科以上学校毕业的学历。②会计或者相关专业（它是指审计、统计、经济）中级以上专业技术职称。

注册会计师考试划分为以下两个阶段：

第一阶段，即专业阶段。考试科目为会计、审计、财务成本管理、公司战略与风险管理、经济法、税法六科，主要测试考生是否具备注册会计师执业所需的专业知识，是否掌握基本技能和职业道德要求。

第二阶段，即综合阶段。考试科目为综合，主要测试考生是否具备在注册会计师执业环境中运用专业知识，保持职业价值观、职业态度与职业道德，有效地解决实务问题的能力。

考生在通过第一阶段的全部考试科目后，才能参加第二阶段的考试。两个阶段的考试，每年各举行一次。第一阶段的单科合格成绩5年有效。对在连续5年内取得第一阶段6个科目合格成绩的考生，发放专业阶段合格证。第二阶段考试科目应在取得专业阶段合格证后5年内完成。对取得第二阶段考试合格成绩的考生，发放全科合格证。

基于第二阶段的考试侧重于考查考生的胜任能力，建议考生在参加第二阶段考试前注意积累必要的实务经验。

具有会计或相关专业高级技术职称的人员（包括学校及科研单位中具有会

计或相关专业副教授、副研究员以上职称者)，可以申请免试一门专长科目。具有高级技术职称的人员应填写当年度注册会计师全国统一考试免试申请表，经地方考委会及有关部门核实确定并报全国考办核准后，方可免试。获准免试的具有高级技术职称人员，取得免试批复文件后的连续四年内有效。

在领取全国考试委员会颁发的全科合格证书后，可申请成为中国注册会计师协会会员。

(二) 注册会计师的注册登记

根据《中华人民共和国注册会计师法》的规定，通过注册会计师考试全科成绩合格的，均可取得注册会计师资格，包括在政府、企业、一切经济单位工作的人员均可按规定在取得注册会计师资格后，申请加入注册会计师协会，但不能执业。要执业，还必须按照规定，加入一家会计师事务所，具有两年审计工作经验，并符合其条件者，即可批准注册，发给财政部统一印制的注册会计师证书，执行注册会计师业务。注册由省级注册会计师协会办理，报财政部备案。

申请注册者，出现下列情形之一的，不予注册：

(1) 不具有完全民事行为能力的。

(2) 因受刑事处罚，自刑罚执行完毕之日起至申请注册之日止不满五年的。

(3) 因在财务、会计、审计、企业管理或者其他经济管理工作中犯有严重错误受行政处罚、撤职以上处分，自处罚、处分决定之日起至申请注册之日止不满两年的；受吊销注册会计师证书的处罚，自处罚决定之日起至申请注册之日止不满五年的。

(4) 国务院财政部规定的不予注册的其他情形的。

已取得注册会计师证书的人员，如果注册后出现以下情形之一的，准予注册的注册会计师协会将撤销注册，收回注册会计师证书：

(1) 完全丧失民事行为能力的。

(2) 受刑事处罚的。

(3) 因在财务、会计、审计、企业管理或者其他经济管理工作中犯有严重错误受行政处罚、撤职以上处分的。

(4) 自行停止执行注册会计师业务满一年的。

第三节 会计规范

一、会计规范及其构成

会计规范是管理会计活动、规范会计行为的各种法律、法令、条例、规则、章程、制度等规范性文件的总称。制定和执行会计规范，有利于统一全国的会计核算工作，增强会计信息的可比性，有利于会计工作做到有法可依、有法必依、违法必究。从不同的角度可以对会计规范进行不同的分类。

按照法规之间的相互关系，可将会计规范分成三大部分：一是《会计法》。它是指导会计工作的根本法，也是最高层次的会计法规。二是会计准则。它是由财政部根据会计法的要求制定的、规范会计核算工作的指导性法规，包括基本准则、具体准则、具体会计准则应用指南三个部分。三是会计制度。它是由财政部制定的、规范会计核算中有关会计科目设置、账务处理、报表编制等具体核算工作的操作性较强的法规。

按照法规反映的内容，可将会计规范分成三类：第一类是会计的基本法规，如《会计法》；第二类是有关会计业务的法规，如会计准则、会计制度、会计档案管理办法等；第三类是有关会计机构和会计人员的法规，如《会计专业技术职务试行条例》、《总会计师条例》等。

二、会计法

《会计法》是1985年1月21日第六届全国人大常委会第九次会议审议通过，于1985年5月1日实施的。为了适应经济发展的要求和环境的变化，实施后进行了两次修改：第一次是在1993年12月29日，第八届全国人大常委会第五次会议进行了修改；第二次是在1999年10月31日，第九届全国人大常委会第十二次会议进行了修改。修改后的《会计法》于2000年7月1日起施行。新修订的《会计法》共七章五十二条，主要包括以下内容：

第一章，总则（1~8条）。它规定了会计法的立法宗旨、适用范围、会计工作管理体制，会计机构、会计人员的基本职责，依法设账的基本要求，单位负责人的会计责任，对会计人员的法律保护和奖励等方面的问题。

第二章，会计核算（9~23条）。它规定了会计核算的基本要求、会计核算内容、会计年度、记账本位币、会计处理方法、会计凭证、会计账簿、账目核对、财务会计报告、或有事项披露、会计记录文字以及会计档案管理等问题。

第三章，公司、企业会计核算的特别规定（24~26条）。它主要规定了公司、企业确认、计量、记录会计要素的基本要求和公司、企业会计核算的禁止性问题。

第四章，会计监督（27~35条）。它主要规定了单位内部会计监督制度，相关人员在单位内部会计监督中的职责，对违法行为的检举和会计工作外部监督等问题。

第五章，会计机构和会计人员（36~41条）。它主要规定了会计机构的设置和会计人员配备，会计人员的从业资格与培训教育，会计机构内部稽核和内部牵制等方面的问题。

第六章，法律责任（42～49条）。它主要规定了有关人员违反《会计法》的具体行为内容和处罚办法等问题，包括行政责任和刑事责任。

第七章，附则（50～52条）。它主要规定了《会计法》中的一些名词解释、个体工商户会计管理的具体办法和制定机关，《会计法》实施日期等问题。

新修订后的《会计法》具有以下特点：

（1）突出了规范会计行为，保证会计信息质量的立法宗旨。

（2）调整了适用范围。一方面将“公司”在适用范围中单列出来，另一方面没有将“个体工商户”列入适用范围，而是授权财政部另行规定其会计规则。

（3）明确了单位负责人为会计责任主体。明确规定单位负责人对本单位的会计工作和会计资料的真实性、完整性负责。

（4）对会计核算规则作了较大修改。修订后的《会计法》增加了以下内容：①对公司、企业如何确认、计量和记录会计基本要素作出了规定。②对单位提供的担保、未决诉讼等或有事项的披露要求作出了规定。③对选用会计处理方法、使用会计记录文字作出了规定。④对虚拟经济业务事项、账外设账、随意改变会计确认标准或计量方法等常见的做假账行为作出了禁止性规定。

（5）重新构造了会计监督体系。我国的会计监督包括内部监督、社会监督和政府监督。修订后的《会计法》对于内部监督，突出了内部控制的要求，体现了“单位负责人对法律负责、单位其他人员对单位负责人负责”的精神；对于社会监督，重申了注册会计师的社会监督作用，同时赋予任何单位和个人对违法会计行为的检举权；对于政府监督，明确了财政部门为会计工作的监督检查部门，并对财政部门与其他政府部门监督检查有关单位会计资料的职责权限作出了规定。

（6）对会计人员管理规定了新内容：①规定国有大中型企业必须设置总会计师。②规定会计从业人员实行资格证书管理制度。③对会计人员的业务培训和职业道德教育作出了规定。④对会计机构负责人的任职资格作出了规定。

（7）法律责任明确，惩罚力度加大。修订后的《会计法》列举了各种违法会计行为，强化了对违法会计行为的惩治力度，并增加了行政制裁的形式和手段。

三、会计行政法规

会计行政法规是指国务院发布的有关会计规范的各种条例，如《总会计师条例》、《企业财务会计报告条例》等。前者主要规范了总会计师的职责、权限，后者主要规范了企业财务会计报告的含义、构成、编制、对外提供、法律责任等内容。行政法规是联结会计法律与会计规章的纽带，具有承上启下的作用。

四、会计规章

（一）会计准则

会计准则是依据《会计法》、《企业财务会计报告条例》制定的关于会计核算的规范，是会计人员从事会计工作的行为规则和指南。我国现有的会计准则可分为三个层次：基本准则、具体准则和具体准则指南。

1. 基本准则

基本准则主要对会计核算的基本、核心概念进行界定，如规定会计核算的基本前提、会计信息质量要求、会计要素、会计报告等。基本准则说明会计核算的指导思想、基本依据、主要规则和一般程序，它是制定具体准则的依据和指导。我国于 2006 年 2 月 15 发布了并于 2007 年 1 月 1 日起首先在上市公司执行的《企业会计准则——基本准则》。该准则共十一章五十条，主要包括会计核算的基本前提、会计信息质量要求、会计要素的确认与计量、会计计量属性、财务会计报告等方面的内容。

(1) 总则（第一章）

总则规定了会计准则的性质、制定依据、适用范围、会计核算的基本目标、基本前提（会计假设）、记账方法等。

(2) 会计信息质量要求（第二章）

基本准则在第二章提出了八项会计信息的质量要求，包括客观性、相关性、明晰性、可比性、实质重于形式、重要性、谨慎性、及时性。

(3) 会计要素的确认、计量（第三～八章）

会计要素准则规定了企业在会计核算中对各项会计要素进行确认、计量的基本要求。基本准则将会计要素划分为六项，即资产、负债、所有者权益、收入、费用和利润。

(4) 会计计量属性（第九章）

会计计量准则规定了会计计量的基本属性，要求企业在对会计要素进行计量时，一般应采用历史成本，采用重置成本、可变现净值、现值、公允价值计量的，应当保证所确定的会计要素金额能够取得并可靠地计量。

(5) 财务会计报告（第十章）

财务报告准则规定了财务报告体系的构成，提出了财务会计报告包括会计报表及其附注和其他应当在财务会计报告中披露的相关信息和资料。会计报表至少应当包括资产负债表、利润表、现金流量表等报表。

(6) 附则（第十一章）

附则主要说明准则的解释部门和施行时间。

2. 具体准则

具体准则是按照基本准则的基本要求，对会计要素中的主要项目进行会计确认、计量和披露的规则。2006 年 2 月 15 日我国财政部颁布的于2007 年 1 月 1 日执行的新会计准则体系中，共设立了 38 个具体准则，如表 10-1 所示。

3. 企业会计准则应用指南

企业会计准则应用指南是对具体会计准则中主要重点、难点、疑点的详细规范，列示了会计报表的基本格式、会计报表附注要求，在附录中列示了会计科目表以及各个会计科目的使用说明。

表 10-1 企业会计准则——具体准则

编号	名 称	编号	名 称
1	存货	20	企业合并
2	长期股权投资	21	租赁
3	投资性房地产	22	金融工具确认和计量
4	固定资产	23	金融资产转移
5	生物资产	24	套期保值
6	无形资产	25	原保险合同
7	非货币性资产交换	26	再保险合同
8	资产减值	27	石油天然气开采
9	职工薪酬	28	会计政策、会计估计变更和差错更正
10	企业年金基金	29	资产负债表日后事项
11	股份支付	30	财务报表列报
12	债务重组	31	现金流量表
13	或有事项	32	中期财务报告
14	收入	33	合并财务报表
15	建造合同	34	每股收益
16	政府补助	35	分部报告
17	借款费用	36	关联方披露
18	所得税	37	金融工具列报
19	外币折算	38	首次执行企业会计准则

（二）会计制度

会计制度主要是对会计科目的使用、会计报表的编制等作出的具体、详细的规范，具有很强的可操作性。我国曾经于 1993 年陆续制定和颁布了十三个行业会计制度，为了增强会计核算的可比性，2000 年 12 月 29 日，财政部颁布了综合的打破行业和所有制限制的、主要适用于大中型工商企业的《企业会计制度》，于 2001 年 1 月 1 日起暂在股份有限公司和其他经过批准的企业施行；2001 年 12 月 17 日发布了《金融企业会计制度》，于 2002 年 1 月 1 日起在所有上市的金融企业施行；2004 年 4 月 27 日发布了《小企业会计制度》，于 2005 年 1 月 1 日起在小企业范围内施行；2004 年 8 月 18 日，财政部正式发布了《民间非营利组织会计制度》，自 2005 年 1 月 1 日起在全国民间非营利组织范围内全面实施。此外还出台了《新闻出版业会计核算办法》、《施工企业会计核算办法》、《证券公司会计核算办法》、《农业企业会计核算办法》、《会计师事务所、资产评估机构、税务师事务所会计核算办法》等。执行 38 项具体会计准则的企业不再执行《企业会计制度》和《金融企业会计制度》。

五、会计职业道德

会计人员职业道德是指就职人员的职业品质、工作作风和工作纪律的统一，是会计人员从事会计工作应当遵循的道德标准。

（一）企业、行政、事业单位会计人员的职业道德

我国在1996年6月17日颁布了《会计基础工作规范》，该规范在第二章中的第二节对会计人员的职业道德作出了具体规定，主要包括以下六个方面：

1. 爱岗敬业

会计人员应当热爱本职工作，努力钻研业务，使自己的知识和技能适应所从事工作的要求。热爱本职工作是职业道德的基本要求，只有热爱工作，才会努力提高自己的知识和技能，适应不断变化的会计环境，满足会计改革的需要。

2. 熟悉法规

会计人员应当熟悉财经法律、法规、规章和国家统一会计制度，并结合会计工作进行广泛宣传。由于我国不断进行会计改革，每年都要颁布新的具体准则和出台解释性意见，同时又及时修订不完善的会计法规，所以会计人员应通过后续教育等方式主动学习、运用和宣传会计规范，提高会计法规的影响力。

3. 依法办事

会计人员应当按照会计法律、法规、和国家统一会计制度规定的程序和要求进行会计工作，保证所提供的会计信息合法、真实、准确、及时、完整。通过依法办事，会计人员可树立自己的职业形象和人格尊严，提高会计的行业公信力。

4. 客观公正

会计人员办理会计事务时应当实事求是、客观公正，不能通过各种方式操纵会计利润，更不能为了获得上市资格、配股资格等对外界披露虚假的会计信息。

5. 搞好服务

会计人员应当熟悉本单位的生产经营和业务管理情况，运用掌握的会计信息和会计方法，为改善单位内部管理、提高经济效益服务。会计是经济管理活动，其目标是对企业内、外部有关报表使用者提供会计信息，会计人员应该运用掌握的信息为单位内部服务。

6. 保守秘密

会计人员应当保守本单位的商业秘密，除法律规定和单位领导人同意外，不能私自向外界提供或者泄露单位的会计信息。会计人员在从事会计工作时，有机会了解企业重要的商业秘密，会计人员不能利用该秘密进行内幕交易或要挟单位领导，不能为了私利有意出卖商业秘密，也不能无意泄密。

《会计基础工作规范》同时要求，会计人员在会计工作中应当遵守职业道德，树立良好的职业品质、严谨的工作作风，严守工作纪律，努力提高工作效率和工作质量。财政部门、业务主管部门和各单位应当定期检查会计人员遵守职业

道德的情况，并作为会计人员晋升、晋级、聘任专业职务、表彰奖励的重要考核依据；会计人员违法职业道德的，由所在单位进行处罚；情节严重的，由会计证发证机关吊销其会计证。

（二）注册会计师的职业道德

注册会计师的职业道德是指注册会计师在执业时所应遵循的行为规范，包括在职业品德、职业纪律、专业胜任能力及职业责任等方面所应达到的行为标准。我国在1996年年底经财政部、审计署批准，由中国注册会计师协会印发了《中国注册会计师职业道德基本准则》，该基本准则共七章三十二条，即总则、一般原则、专业胜任能与技术规范、对客户的责任、对同行的责任、其他责任以及附则。具体如下：

1. 注册会计师职业道德的基本要求

注册会计师在执行业务中必须恪守独立、客观、公正的原则。其中独立原则，是指注册会计师在执行审计业务、出具审计报告时应当在实质上和形式上独立于委托单位和其他机构。客观原则，是指注册会计师对有关事项的调查、判断和意见的表述，应当基于客观的立场，以客观事实为依据，不以个人好恶或成见、偏见行事，不为委托单位或第三者的意见左右。公正原则是指注册会计师应当公平、正直、公平对待有关各方，不以牺牲一方利益为条件而使另一方受益。

2. 专业胜任能力要求

注册会计师除了具备良好的职业品德外，还应具有较强的业务能力，否则不道德。专业胜任能力要求包括三个方面：不得从事不能胜任的业务，注册会计师对助理人员和其他专业人员的责任，接受后续教育。

3. 技术规范

技术规范是指对注册会计师的工作程序和工作方法应当遵循的技术标准所作的基本规定。注册会计师在从事审计和咨询业务时，应严格遵循技术规范，否则不道德。《中国注册会计师职业道德基本准则》专门规定的重要问题包括两个方面：①不得对未来事项可实现程度作出保证。②不得代行委托单位管理决策的职能。

4. 对客户的责任

注册会计师对客户的责任：按时、按质完成委托业务；保密的责任；不能按服务成果的大小决定收费标准的高低。

5. 对同行的责任

注册会计师对同行的责任：委托单位在变更委托的情况下，后任注册会计师应与前任注册会计师取得联系，相互了解和介绍变更委托的情况和原因，委托单位变更委托后，前任注册会计师应对后任注册会计师的工作予以支持和合作，包括必要时提供以前年度的工作底稿等资料；注册会计师应当与同行保持良好的工作关系，配合同行工作；不诋毁同行，不损害同行利益；注册会计师不得雇佣正在其他会计师事务所执业的注册会计师；注册会计师不得以个人名义同时在两家或两家以上的会计师事务所执业；会计师事务所不得以不正当手段与同行争揽业务等。

6. 业务承接中的职业道德

（1）注册会计师执行的各项业务，均应由会计师事务所统一接受委托。注册会计师及其他有关人员不得以个人名义承接业务。

（2）会计师事务所与委托单位之间的业务委托关系，应实行双向自愿选择的原则，不得以任何方式限定或干预委托单位对会计师事务所的选择或者会计师事务所在业务承接上的自主权。

（3）会计师事务所不得在电台、电视台、报纸、杂志等新闻媒介上直接或间接地做诋毁同业或者自我夸张、内容虚假、容易引起误解的广告，也不能向委托单位或其他组织散发具有上述倾向的函件。

（4）会计师事务所不得以任何名义向帮助取得委托业务的其他单位或个人支付介绍费、佣金、手续费或回扣等。

（5）会计师事务所不得以降低收费的方式招揽业务。

（6）对应由注册会计师从事的法定审计业务，会计师事务所不得与其他机构进行收益分成式的业务合作，但会计师事务所聘请其他机构有关人员协助工作以及各会计师事务所之间的业务合作不在此限。

（7）注册会计师和所在的会计师事务所不得允许其他单位和个人借用本人或本所的名义承接、执行业务。

需要说明的是，中国注册会计师协会于 2002 年 6 月 25 日印发了《中国注册会计师职业道德规范指导意见》。该指导意见共八章，于 2002 年 7 月 1 日起施行。主要内容如下：

第一章，总则。它包括制定指导意见的宗旨、职业道德的主要内容。

第二章，独立性。它包括可能损害独立性的因素（经济因素、自我评价、关联关系和外界压力）和各自的情形，消除损害和维护独立性的方法。

第三章，专业胜任能力。它要求注册会计师应提高专业胜任能力，禁止宣称不具有的专业能力和提供不能胜任的工作。同时要求在利用专家工作时，应对专家遵守职业道德的情况进行监督。

第四章，保密。在规定注册会计师的保密责任时，要求注册会计师应确保助理人员和专家遵守保密责任。同时规定了注册会计师可以披露客户信息的情况以及在决定披露客户信息时，应考虑的因素。

第五章，收费与佣金。它包括在确定收费时，会计师事务所应当考虑的因素；收费的计算基础；在业务约定书中应当明确的有关收费问题；在收费报价明显偏低时，会计师事务所应当确保的事项；要求会计师事务所不得以或有收费方式提供鉴证服务；不得为招揽客户而向推荐方支付佣金，也不得因向第三方推荐客户而收取佣金；会计师事务所和注册会计师不得因宣传他人的产品或服务而收取佣金。

第六章，与执行鉴证业务不相容的工作。它规定了不相容工作的类型、确定原则，要求注册会计师应当就其向鉴证客户提供的非鉴证服务与鉴证服务是否相容作出评价。

第七章，接任前任注册会计师的审计业务。它主要包括不得侵害前任注册会计师的合法权益；向前任注册会计师询问变更事务所的原因，关注前任注册会计师与审计客户之间存在的意见分歧；提请审计客户授权前任注册会计师对其询问作出充分的答复；前任注册会计师应当对后任注册会计师的询问作出及时、充分的答复，否则应表明其答复是有限的；发现前任注册会计师审计的会计报表存在重大错报时，应当提请审计客户告知前任注册会计师，并要求三方会谈。

第八章，广告、业务招揽和宣传。它主要包括会计师事务所不得利用新闻媒体对其能力进行广告宣传，但刊登设立、合并、分立、解散、迁址、名称变更、招聘员工等信息以及注册会计师协会为会员所作的统一宣传不在此限；会计师事务所和注册会计师不得采用强迫、欺诈、利诱或骚扰等方式招揽业务；会计师事务所和注册会计师在招揽业务和进行宣传时不得有的行为；会计师事务所向客户和非客户发放手册时，手册的内容应当真实、客观；注册会计师在名片上可以印有姓名、专业资格、职务及其会计师事务所的地址和标志等，但不得印有社会职务、专家称谓以及所获荣誉等。

第四节 会计档案

一、会计档案的内容

会计档案是指会计凭证、会计账簿和财务报告等会计核算专业材料，是记录和反映单位经济业务的重要史料和证据。它具体包括以下几类：

（1）会计凭证类。它包括原始凭证、记账凭证、汇总凭证、其他会计凭证。

（2）会计账簿类。它包括总账、明细账、日记账、固定资产卡片、辅助账簿、其他会计账簿。

（3）财务报告类。它是指月度、季度、半年度和年度财务报告，包括会计报表、附表、附注及文字说明，其他财务报告。

（4）其他类。它包括银行存款余额调节表，银行对账单，其他应当保存的会计核算专业资料，会计档案移交清册，会计档案保管清册，会计档案销毁清册。

二、会计档案的管理

会计档案的管理包括造册归档、制定使用及借阅手续、确定保管期限、严格履行销毁手续等方面。各单位必须加强对会计档案管理工作的领导，建立会计档案的立卷、归档、保管、查阅和销毁等管理制度，保证会计档案妥善保管、有序存放、方便查阅，严防毁损、散失和泄密。我国曾经于1984年6月1日发布了《会计档案管理办法》，后来又在1998年8月21日对该办法进行了修订，修订后的办法于1999年1月1日起施行。根据该办法的规定，会计档案的管理工作主要包括以下几个方面：

（一）造册归档

各单位每年形成的会计档案，应当由会计机构按照归档要求，负责整理立卷，装订成册，编制会计档案保管清册。当年形成的会计档案，在会计年度终了后，可暂由会计机构保管一年，期满之后，应当由会计机构编制移交清册，移交本单位档案机构统一保管；未设立档案机构的，应当在会计机构内部指定专人保管。出纳人员不得兼管会计档案。移交本单位档案机构保管的会计档案，原则上应当保持原卷册的封装。个别需要拆封重新整理的，档案机构应当会同会计机构和经办人员共同拆封整理，以分清责任。

（二）制定使用及借阅手续

各单位保存的会计档案不得借出。如有特殊需要，经本单位负责人批准，可以提供查阅或者复制，并办理登记手续。查阅或者复制会计档案的人员，严禁在会计档案上涂画、拆封和抽换。各单位应当建立会计档案查阅、复制登记制度，应设置“会计档案查阅登记簿”，用来登记查阅人、查阅日期、查阅理由、归还日期等。具体而言，本单位人员查阅会计档案，需经过会计主管人员同意；外单位人员查阅会计档案，要经过单位负责人批准，并出具正式介绍信。

（三）遵守保管期限和履行销毁手续

会计档案的保管期限分为永久、定期两类。定期保管期限分为3年、5年、10年、15年、25年五类。会计档案的保管期限，从会计年度终了后的第一天算起。企业和其他组织会计档案保管期限如表10-2所示。

表10-2 企业和其他组织会计档案保管期限表

序号	档案名称	保管期限	备注
一	会计凭证类		
1	原始凭证	15年	
2	记账凭证	15年	
3	汇总凭证	15年	
二	会计账簿类		

（续）

序号	档案名称	保管期限	备　注
4	总账	15 年	包括日记总账
5	明细账	15 年	
6	日记账	15 年	现金和银行存款日记账保管 25 年
7	固定资产卡片		固定资产报废清理后保管 5 年
8	辅助账簿	15 年	
三	财务报告类		包括各级主管部门汇总财务报告
9	月、季度财务报告	3 年	包括文字分析
10	年度财务报告（决算）	永久	包括文字分析
四	其他类		
11	会计移交清册	15 年	
12	会计档案保管清册	永久	
13	会计档案销毁清册	永久	
14	银行余额调节表	5 年	
15	银行对账单	5 年	

保管期满的会计档案，可以按照以下程序销毁：

(1) 由本单位档案机构会同会计机构提出销毁意见，编制会计档案销毁清册，列明销毁会计档案的名称、卷号、册数、起止年度和档案编号、应保管期限、已保管期限、销毁时间等内容。

(2) 单位负责人在会计档案销毁清册上签署意见。

(3) 销毁会计档案时，应当由档案机构和会计机构共同派员监销。国家机关销毁会计档案时，应当由同级财政部门、审计部门派员参加监销。财政部门销毁会计档案时，应当由同级审计部门派员参加监销。

(4) 监销人在销毁会计档案前，应当按照会计档案销毁清册所列内容清点核对所要销毁的会计档案；销毁后，应当在会计档案销毁清册上签名或盖章，并将监销情况报告本单位负责人。

需要注意的是，保管期满但未结清的债权债务原始凭证和涉及其他未了事项的原始凭证，不得销毁，应当单独抽出立卷，保管到未了事项完结时为止。单独抽出立卷的会计档案，应当在会计档案销毁清册和会计档案保管清册中列明。正在项目建设期间的建设单位，其保管期满的会计档案不得销毁。

(四) 会计档案保管中的特殊问题

单位在保管会计档案时，会遇到一些特殊问题，如电算化核算企业的会计档案保管问题、终止经营企业的会计档案保管问题、资产重组企业的会计档案保管问题等。我国 1998 年 8 月 21 日修订并于 1999 年 1 月 1 日起施行的《会计档案管理办法》对这些问题作出了专门规定。

1. 电算化核算企业的会计档案保管问题

《会计档案管理办法》规定，采用电子计算机进行会计核算的单位，应当保存打印出的纸质会计档案。具备采用磁带、磁盘、光盘、微缩胶片等磁性介质保存会计档案条件的，由国务院业务主管部门统一规定，并报财政部、国家档案局备案。

2. 终止经营企业的会计档案保管问题

《会计档案管理办法》规定，单位因撤销、解散、破产或者其他原因而终止的，在终止和办理注销登记手续之前形成的会计档案，应当由终止单位的业务主管部门或财产所有者代管或移交有关档案馆代管。法律、行政法规另有规定的，从其规定。

3. 资产重组企业的会计档案保管问题

企业进行资产重组的方式包括合并、分立等形式。合并又分为吸收合并和新设合并两种具体形式。其中吸收合并是指合并方存续，被合并方丧失法人资格，成为合并方的一部分；新设合并是指合并双方都丧失法人资格，不再存在，另外成立一个新的企业。

（1）合并企业的会计档案保管问题。《会计档案管理办法》规定，单位合并后原各单位解散或一方存续其他方解散的，原各单位的会计档案应当由合并后的单位统一保管；单位合并后原各单位仍存续的，其会计档案仍由原各单位保管。

（2）分立企业的会计档案保管问题。《会计档案管理办法》规定，单位分立后原单位存续的，其会计档案应当由分立后的存续方统一保管，其他方可查阅、复制与其业务相关的会计档案；单位分立后原单位解散的，其会计档案应当经各方协商后由其中一方代管或移交有关档案馆代管，各方可查阅、复制与其业务相关的会计档案。单位分立中未结清的会计事项所涉及的原始凭证，应当单独抽出由业务相关方保存，并按规定办理交接手续。单位因业务移交其他单位办理所涉及的会计档案，应当由原单位保管，承接业务单位可查阅、复制与其业务相关的会计档案，对其中未结清的会计事项所涉及的原始凭证，应当单独抽出由业务承接单位保存，并按规定办理交接手续。

4. 建设单位的会计档案保管问题

《会计档案管理办法》规定，建设单位在项目建设期间形成的会计档案，应当在办理竣工决算后移交给建设项目的接受单位，并按规定办理交接手续。

5. 会计档案的移交问题

《会计档案管理办法》规定，单位之间交接会计档案的，交接双方应当办理会计档案交接手续。移交会计档案的单位，应当编制会计档案移交清册，列明应当移交的会计档案名称、卷号、册数、起止年度和档案编号、应保管期限、已保管期限等内容。交接会计档案时，交接双方应当按照会计档案移交清册所列内容逐项交接，并由交接双方的单位负责人负责监交。交接完毕后，交接双方经办人和监交人应当在会计档案移交清册上签名或者盖章。

本章小结

为了保证会计核算的顺利进行，必须做好会计的组织工作。会计工作组织包括设置会计机构，配备会计人员，明确会计人员的职责、权限和专业技术职务，制定会计规范，建立会计档案等几个方面。

会计机构是会计工作的组织保障，各单位应当根据规模的大小、业务的繁简和管理的需要来决定要否设置专门的会计机构。会计工作的组织形式包括集中核算和非集中核算两种，选择何种形式主要取决于管理的需要。

各单位会计人员、注册会计师和总会计师具有不同的职责和权限，会计人员应在国家赋予的权限范围内认真履行职责。会计人员的专业技术职务包括会计员、助理会计师、会计师和高级会计师，各自有不同的任职条件。

会计规范是会计工作的法律保障，主要包括三个层次：《会计法》、会计准则和会计制度。《会计法》是会计工作的根本大法，是一切会计工作的指导思想。会计准则是依据《会计法》制定的会计人员的行为标准，它包括基本准则和具体准则两部分。基本准则主要规范会计核算的基本前提、一般原则、会计要素和会计报告；具体准则是基本准则的具体化，包括通用业务准则、特殊行业准则和特殊业务准则三个组成部分。会计制度是依据会计准则制定的，用来规范会计科目设置、会计报表编制等核算工作的具体法规。

为了提高会计公信力，必须建立良好的会计职业道德，包括单位会计人员的职业道德和注册会计师的职业道德两部分。

会计档案包括会计凭证类、会计账簿类、财务报告类和其他类。会计档案的管理内容包括造册归档、建立使用和查阅手续，严格遵守保管期限和履行销毁手续几个方面。对于实行电算化的企业、终止的企业、资产重组的企业、建设中的企业及交接的企业，其会计档案的保管有专门的规定。

思考题

1. 简述设置会计机构时应考虑的因素。
2. 简述会计工作的组织形式及各自的适用范围。
3. 简述企业会计人员的职责与权限。
4. 简述注册会计师的职责与权限。
5. 简述总会计师的职责与权限。
6. 简述会计人员专业技术职务的种类及各自的任职条件。

7. 简述会计规范的概念及构成。

8. 简述修订后的《会计法》的主要内容。

9. 简述《企业会计准则——基本准则》的主要内容。

10. 简述《会计法》、会计准则和会计制度的关系。

11. 简述我国已经颁布的具体准则。

12. 简述企业会计人员的职业道德。

13. 简述注册会计师的职业道德。

14. 简述会计档案的内容和管理方法。

15. 简述现行企业会计制度的主要内容。

练习题

一、单项选择题

1. 库存现金日记账和银行存款日记账的保管期限是（　　）。

A. 3 年　　B. 5 年　　C. 15 年　　D. 25 年

2. 年度会计报表的保管期限是（　　）。

A. 永久　　B. 15 年　　C. 3 年　　D. 25 年

3. 会计规范中，位于最高层次的是（　　）。

A. 会计准则　　B. 会计制度　　C. 《会计法》　　D. 会计基础工作规范

4. 下列职务中，不属于会计专业技术职务的是（　　）。

A. 助理会计师　　B. 总会计师　　C. 会计师　　D. 高级会计师

5. 采用电子计算机进行会计核算的单位，应当保存的会计档案是（　　）。

A. 移动磁盘　　B. 软盘　　C. 光盘　　D. 打印出的纸质档案

6. 总账的保管期限是（　　）。

A. 永久　　B. 5 年　　C. 15 年　　D. 25 年

7. 记账凭证的保管期限是（　　）。

A. 15 年　　B. 5 年　　C. 3 年　　D. 25 年

8. 明细账的保管期限是（　　）。

A. 25 年　　B. 5 年　　C. 永久　　D. 15 年

9. 月份财务报告的保管期限是（　　）。

A. 3 年　　B. 15 年　　C. 5 年　　D. 25 年

10. 银行存款余额调节表的保管期限是（　　）。

A. 5 年　　B. 3 年　　C. 15 年　　D. 25 年

二、多项选择题

1. 会计工作的组织形式包括（　　）。

A. 集中核算　　B. 非集中核算　　C. 汇总核算　　D. 合并核算

E. 独立核算

2. 我国现行的会计制度体系包括（　　）。

A. 企业会计制度　　B. 行业会计制度　　C. 金融企业会计制度

D. 小企业会计制度　　　　E. 会计准则

3. 设置会计机构时应考虑的因素包括（　　）。

A. 业务的繁简　　　　B. 会计人员的素质　　C. 规模的大小

D. 管理的需要　　　　　E. 会计人员的数量

4. 下列资料中，属于会计档案的有（　　）。

A. 原始凭证　　　　　B. 辅助账簿　　　　　C. 会计报表

D. 银行对账单　　　　　E. 固定资产卡片

5. 下列会计档案中，应该永久保管的有（　　）。

A. 年度财务报告　　　B. 会计档案保管清册　C. 会计档案销毁清册

D. 总账　　　　　　　　E. 日记账

6. 下列项目中，属于企业会计人员职业道德的有（　　）。

A. 爱岗敬业　　　　　B. 公正廉洁　　　　　C. 依法办事

D. 保守秘密　　　　　　E. 搞好服务

7. 下列项目中，属于注册会计师职业道德的有（　　）。

A. 对同业的责任　　　B. 不得从事不能胜任的工作　　　C. 独立、客观、公正

D. 对客户的责任　　　　E. 业务承接中的职业道德

8. 总会计师的权限包括（　　）。

A. 对违法违纪问题的制止和纠正权　　　　B. 建立、健全单位经济核算的组织指挥权

C. 对单位财务收支具有审批签署权　　　　D. 对本单位会计人员的管理权

E. 对重大经济活动的决策权

9. 下列项目中，属于会计人员专业技术职务的有（　　）。

A. 注册会计师　　　　B. 高级会计师　　　　　C. 总会计师

D. 财务总监　　　　　E. 助理会计师

10. 财务报告类会计档案包括（　　）。

A. 会计报表　　　　　B. 会计人员档案　　　　C. 附注

D. 财务情况说明书　　E. 财务分析

三、判断题

1. 规模小、业务少的企业可以不设置专门的会计机构。（　　）

2. 实行集中核算与否主要取决于业务的繁简和企业规模的大小。（　　）

3. 会计人员获得专业技术职务的最基本条件是必须持有会计从业资格证书。（　　）

4. 《企业会计准则》暂时在上市公司执行，其他企业一律不得采用。（　　）

5. 出纳人员可以兼职保管会计档案。（　　）

6. 各单位保管的会计档案经负责人批准，可以对外借出。（　　）

7. 在会计准则中，具体准则是基本准则的具体化。（　　）

8. 保管期满的会计档案，保管人员可自行销毁，但必须作出记录。（　　）

9. 不得从事不能胜任的业务是注册会计师的职业道德。（　　）

10. 保管期满但未结清的债权债务原始凭证和涉及其他未了事项的原始凭证，可以销毁。（　　）

附　录

附录 A　中华人民共和国会计法

（1985 年 1 月 21 日第六届全国人民代表大会常务委员会第九次会议通过，根据 1993 年 12 月 29 日第八届全国人民代表大会常务委员会第五次会议《关于修改〈中华人民共和国会计法〉的决定》修正，1999 年 10 月 31 日第九届全国人民代表大会常务委员会第十二次会议修订）

第一章　总则
第二章　会计核算
第三章　公司、企业会计核算的特别规定
第四章　会计监督
第五章　会计机构和会计人员
第六章　法律责任
第七章　附则

第一章　总　　则

第一条　为了规范会计行为，保证会计资料真实、完整，加强经济管理和财务管理，提高经济效益，维护社会主义市场经济秩序，制定本法。

第二条　国家机关、社会团体、公司、企业、事业单位和其他组织（以下统称单位）必须依照本法办理会计事务。

第三条　各单位必须依法设置会计账簿，并保证其真实、完整。

第四条　单位负责人对本单位的会计工作和会计资料的真实性、完整性负责。

第五条　会计机构、会计人员依照本法规定进行会计核算，实行会计监督。

任何单位或者个人不得以任何方式授意、指使、强令会计机构、会计人员伪造、变造会计凭证、会计账簿和其他会计资料，提供虚假财务会计报告。

任何单位或者个人不得对依法履行职责、抵制违反本法规定行为的会计人员实行打击报复。

第六条　对认真执行本法，忠于职守，坚持原则，做出显著成绩的会计人员，给予精神的或者物质的奖励。

第七条　国务院财政部门主管全国的会计工作。

县级以上地方各级人民政府财政部门管理本行政区域内的会计工作。

第八条　国家实行统一的会计制度。国家统一的会计制度由国务院财政部门根据本法制定并公布。

国务院有关部门可以依照本法和国家统一的会计制度制定对会计核算和会计监督有特殊要求的行业实施国家统一的会计制度的具体办法或者补充规定，报国务院财政部门审核批准。

中国人民解放军总后勤部可以依照本法和国家统一的会计制度制定军队实施国家统一的会计制度的具体办法，报国务院财政部门备案。

第二章　会 计 核 算

第九条　各单位必须根据实际发生的经济业务事项进行会计核算，填制会计凭证，登记会计账簿，编制财务会计报告。

任何单位不得以虚假的经济业务事项或者资料进行会计核算。

第十条　下列经济业务事项，应当办理会计手续，进行会计核算：

（一）款项和有价证券的收付；

（二）财物的收发、增减和使用；

（三）债权债务的发生和结算；

（四）资本、基金的增减；

（五）收入、支出、费用、成本的计算；

（六）财务成果的计算和处理；

（七）需要办理会计手续、进行会计核算的其他事项。

第十一条　会计年度自公历 1 月 1 日起至 12 月 31 日止。

第十二条　会计核算以人民币为记账本位币。

业务收支以人民币以外的货币为主的单位，可以选定其中一种货币作为记账本位币，但是编报的财务会计报告应当折算为人民币。

第十三条　会计凭证、会计账簿、财务会计报告和其他会计资料，必须符合国家统一的会计制度的规定。

使用电子计算机进行会计核算的，其软件及其生成的会计凭证、会计账簿、财务会计报告和其他会计资料，也必须符合国家统一的会计制度的规定。

任何单位和个人不得伪造、变造会计凭证、会计账簿及其他会计资料，不得提供虚假的财务会计报告。

第十四条　会计凭证包括原始凭证和记账凭证。

办理本法第十条所列的经济业务事项，必须填制或者取得原始凭证并及时送交会计机构。

会计机构、会计人员必须按照国家统一的会计制度的规定对原始凭证进行审核，对不真实、不合法的原始凭证有权不予接受，并向单位负责人报告；对记载不准确、不完整的原始凭证予以退回，并要求按照国家统一的会计制度的规定更正、补充。

原始凭证记载的各项内容均不得涂改；原始凭证有错误的，应当由出具单位重开或者更正，更正处应当加盖出具单位印章。原始凭证金额有错误的，应当由出具单位重开，不得在原始凭证上更正。

记账凭证应当根据经过审核的原始凭证及有关资料编制。

第十五条 会计账簿登记，必须以经过审核的会计凭证为依据，并符合有关法律、行政法规和国家统一的会计制度的规定。会计账簿包括总帐、明细账、日记账和其他辅助性账簿。

会计账簿应当按照连续编号的页码顺序登记。会计账簿记录发生错误或者隔页、缺号、跳行的，应当按照国家统一的会计制度规定的方法更正，并由会计人员和会计机构负责人（会计主管人员）在更正处盖章。

使用电子计算机进行会计核算的，其会计账簿的登记、更正，应当符合国家统一的会计制度的规定。

第十六条 各单位发生的各项经济业务事项应当在依法设置的会计账簿上统一登记、核算，不得违反本法和国家统一的会计制度的规定私设会计账簿登记、核算。

第十七条 各单位应当定期将会计账簿记录与实物、款项及有关资料相互核对，保证会计账簿记录与实物及款项的实有数额相符、会计账簿记录与会计凭证的有关内容相符、会计账簿之间相对应的记录相符、会计账簿记录与会计报表的有关内容相符。

第十八条 各单位采用的会计处理方法，前后各期应当一致，不得随意变更；确有必要变更的，应当按照国家统一的会计制度的规定变更，并将变更的原因、情况及影响在财务会计报告中说明。

第十九条 单位提供的担保、未决诉讼等或有事项，应当按照国家统一的会计制度的规定，在财务会计报告中予以说明。

第二十条 财务会计报告应当根据经过审核的会计账簿记录和有关资料编制，并符合本法和国家统一的会计制度关于财务会计报告的编制要求、提供对象和提供期限的规定；其他法律、行政法规另有规定的，从其规定。

财务会计报告由会计报表、会计报表附注和财务情况说明书组成。向不同的会计资料使用者提供的财务会计报告，其编制依据应当一致。有关法律、行政法规规定会计报表、会计报表附注和财务情况说明书须经注册会计师审计的，注册会计师及其所在的会计师事务所出具的审计报告应当随同财务会计报告一并提供。

第二十一条　财务会计报告应当由单位负责人和主管会计工作的负责人、会计机构负责人（会计主管人员）签名并盖章；设置总会计师的单位，还须由总会计师签名并盖章。

单位负责人应当保证财务会计报告真实、完整。

第二十二条　会计记录的文字应当使用中文。在民族自治地方，会计记录可以同时使用当地通用的一种民族文字。在中华人民共和国境内的外商投资企业、外国企业和其他外国组织的会计记录可以同时使用一种外国文字。

第二十三条　各单位对会计凭证、会计账簿、财务会计报告和其他会计资料应当建立档案，妥善保管。会计档案的保管期限和销毁办法，由国务院财政部门会同有关部门制定。

第三章　公司、企业会计核算的特别规定

第二十四条　公司、企业进行会计核算，除应当遵守本法第二章的规定外，还应当遵守本章规定。

第二十五条　公司、企业必须根据实际发生的经济业务事项，按照国家统一的会计制度的规定确认、计量和记录资产、负债、所有者权益、收入、费用、成本和利润。

第二十六条　公司、企业进行会计核算不得有下列行为：

（一）随意改变资产、负债、所有者权益的确认标准或者计量方法，虚列、多列、不列或者少列资产、负债、所有者权益；

（二）虚列或者隐瞒收入，推迟或者提前确认收入；

（三）随意改变费用、成本的确认标准或者计量方法，虚列、多列、不列或者少列费用、成本；

（四）随意调整利润的计算、分配方法，编造虚假利润或者隐瞒利润；

（五）违反国家统一的会计制度规定的其他行为。

第四章　会 计 监 督

第二十七条　各单位应当建立、健全本单位内部会计监督制度。单位内部会计监督制度应当符合下列要求：

（一）记账人员与经济业务事项和会计事项的审批人员、经办人员、财物保管人员的职责权限应当明确，并相互分离、相互制约；

（二）重大对外投资、资产处置、资金调度和其他重要经济业务事项的决策和执行的相互监督、相互制约程序应当明确；

（三）财产清查的范围、期限和组织程序应当明确；

（四）对会计资料定期进行内部审计的办法和程序应当明确。

第二十八条 单位负责人应当保证会计机构、会计人员依法履行职责，不得授意、指使、强令会计机构、会计人员违法办理会计事项。

会计机构、会计人员对违反本法和国家统一的会计制度规定的会计事项，有权拒绝办理或者按照职权予以纠正。

第二十九条 会计机构、会计人员发现会计账簿记录与实物、款项及有关资料不相符的，按照国家统一的会计制度的规定有权自行处理的，应当及时处理；无权处理的，应当立即向单位负责人报告，请求查明原因，作出处理。

第三十条 任何单位和个人对违反本法和国家统一的会计制度规定的行为，有权检举。收到检举的部门有权处理的，应当依法按照职责分工及时处理；无权处理的，应当及时移送有权处理的部门处理。收到检举的部门、负责处理的部门应当为检举人保密，不得将检举人姓名和检举材料转给被检举单位和被检举人个人。

第三十一条 有关法律、行政法规规定，须经注册会计师进行审计的单位，应当向受委托的会计师事务所如实提供会计凭证、会计账簿、财务会计报告和其他会计资料以及有关情况。

任何单位或者个人不得以任何方式要求或者示意注册会计师及其所在的会计师事务所出具不实或者不当的审计报告。

财政部门有权对会计师事务所出具审计报告的程序和内容进行监督。

第三十二条 财政部门对各单位的下列情况实施监督：

（一）是否依法设置会计账簿；

（二）会计凭证、会计账簿、财务会计报告和其他会计资料是否真实、完整；

（三）会计核算是否符合本法和国家统一的会计制度的规定；

（四）从事会计工作的人员是否具备从业资格。

在对前款第（二）项所列事项实施监督，发现重大违法嫌疑时，国务院财政部门及其派出机构可以向与被监督单位有经济业务往来的单位和被监督单位开立账户的金融机构查询有关情况，有关单位和金融机构应当给予支持。

第三十三条 财政、审计、税务、人民银行、证券监管、保险监管等部门应当依照有关法律、行政法规规定的职责，对有关单位的会计资料实施监督检查。

前款所列监督检查部门对有关单位的会计资料依法实施监督检查后，应当出具检查结论。有关监督检查部门已经作出的检查结论能够满足其他监督检查部门履行本部门职责需要的，其他监督检查部门应当加以利用，避免重复查账。

第三十四条 依法对有关单位的会计资料实施监督检查的部门及其工作人员对在监督检查中知悉的国家秘密和商业秘密负有保密义务。

第三十五条 各单位必须依照有关法律、行政法规的规定，接受有关监督检查部门依法实施的监督检查，如实提供会计凭证、会计账簿、财务会计报告和其他会计资料以及有关情况，不得拒绝、隐匿、谎报。

第五章 会计机构和会计人员

第三十六条 各单位应当根据会计业务的需要，设置会计机构，或者在有关机构中设置会计人员并指定会计主管人员；不具备设置条件的，应当委托经批准设立从事会计代理记账业务的中介机构代理记账。

国有的和国有资产占控股地位或者主导地位的大、中型企业必须设置总会计师。总会计师的任职资格、任免程序、职责权限由国务院规定。

第三十七条 会计机构内部应当建立稽核制度。

出纳人员不得兼任稽核、会计档案保管和收入、支出、费用、债权债务账目的登记工作。

第三十八条 从事会计工作的人员，必须取得会计从业资格证书。

担任单位会计机构负责人（会计主管人员）的，除取得会计从业资格证书外，还应当具备会计师以上专业技术职务资格或者从事会计工作三年以上经历。

会计人员从业资格管理办法由国务院财政部门规定。

第三十九条 会计人员应当遵守职业道德，提高业务素质。对会计人员的教育和培训工作应当加强。

第四十条 因有提供虚假财务会计报告，做假账，隐匿或者故意销毁会计凭证、会计账簿、财务会计报告，贪污，挪用公款，职务侵占等与会计职务有关的违法行为被依法追究刑事责任的人员，不得取得或者重新取得会计从业资格证书。

除前款规定的人员外，因违法违纪行为被吊销会计从业资格证书的人员，自被吊销会计从业资格证书之日起五年内，不得重新取得会计从业资格证书。

第四十一条 会计人员调动工作或者离职，必须与接管人员办清交接手续。

一般会计人员办理交接手续，由会计机构负责人（会计主管人员）监交；会计机构负责人（会计主管人员）办理交接手续，由单位负责人监交，必要时主管单位可以派人会同监交。

第六章 法律责任

第四十二条 违反本法规定，有下列行为之一的，由县级以上人民政府财政部门责令限期改正，可以对单位并处三千元以上五万元以下的罚款；对其直接负责的主管人员和其他直接责任人员，可以处两千元以上两万元以下的罚款；属于国家工作人员的，还应当由其所在单位或者有关单位依法给予行政处分：

（一）不依法设置会计账簿的；

（二）私设会计账簿的；

（三）未按照规定填制、取得原始凭证或者填制、取得的原始凭证不符合规定的；

（四）以未经审核的会计凭证为依据登记会计账簿或者登记会计账簿不符合规定的；

（五）随意变更会计处理方法的；

（六）向不同的会计资料使用者提供的财务会计报告编制依据不一致的；

（七）未按照规定使用会计记录文字或者记账本位币的；

（八）未按照规定保管会计资料，致使会计资料毁损、灭失的；

（九）未按照规定建立并实施单位内部会计监督制度或者拒绝依法实施的监督或者不如实提供有关会计资料及有关情况的；

（十）任用会计人员不符合本法规定的。

有前款所列行为之一，构成犯罪的，依法追究刑事责任。

会计人员有第一款所列行为之一，情节严重的，由县级以上人民政府财政部门吊销会计从业资格证书。

有关法律对第一款所列行为的处罚另有规定的，依照有关法律的规定办理。

第四十三条 伪造、变造会计凭证、会计账簿，编制虚假财务会计报告，构成犯罪的，依法追究刑事责任。

有前款行为，尚不构成犯罪的，由县级以上人民政府财政部门予以通报，可以对单位并处五千元以上十万元以下的罚款；对其直接负责的主管人员和其他直接责任人员，可以处三千元以上五万元以下的罚款；属于国家工作人员的，还应当由其所在单位或者有关单位依法给予撤职直至开除的行政处分；对其中的会计人员，并由县级以上人民政府财政部门吊销会计从业资格证书。

第四十四条 隐匿或者故意销毁依法应当保存的会计凭证、会计账簿、财务会计报告，构成犯罪的，依法追究刑事责任。

有前款行为，尚不构成犯罪的，由县级以上人民政府财政部门予以通报，可以对单位并处五千元以上十万元以下的罚款；对其直接负责的主管人员和其他直接责任人员，可以处三千元以上五万元以下的罚款；属于国家工作人员的，还应当由其所在单位或者有关单位依法给予撤职直至开除的行政处分；对其中的会计人员，并由县级以上人民政府财政部门吊销会计从业资格证书。

第四十五条 授意、指使、强令会计机构、会计人员及其他人员伪造、变造会计凭证、会计账簿，编制虚假财务会计报告或者隐匿、故意销毁依法应当保存的会计凭证、会计账簿、财务会计报告，构成犯罪的，依法追究刑事责任；尚不构成犯罪的，可以处五千元以上五万元以下的罚款；属于国家工作人员的，还应当由其所在单位或者有关单位依法给予降级、撤职、开除的行政处分。

第四十六条 单位负责人对依法履行职责、抵制违反本法规定行为的会计人员以降级、撤职、调离工作岗位、解聘或者开除等方式实行打击报复，构成犯罪的，依法追究刑事责任；尚不构成犯罪的，由其所在单位或者有关单位依法给予行政处分。对受打击报复的会计人员，应当恢复其名誉和原有职务、级别。

第四十七条 财政部门及有关行政部门的工作人员在实施监督管理中滥用职权、玩忽职守、徇私舞弊或者泄露国家秘密、商业秘密，构成犯罪的，依法追究刑事责任；尚不构成犯罪的，依法给予行政处分。

第四十八条 违反本法第三十条规定，将检举人姓名和检举材料转给被检举单位和被检举人个人的，由所在单位或者有关单位依法给予行政处分。

第四十九条 违反本法规定，同时违反其他法律规定的，由有关部门在各自职权范围内依法进行处罚。

第七章 附 则

第五十条 本法下列用语的含义：

单位负责人，是指单位法定代表人或者法律、行政法规规定代表单位行使职权的主要负责人。

国家统一的会计制度，是指国务院财政部门根据本法制定的关于会计核算、会计监督、会计机构和会计人员以及会计工作管理的制度。

第五十一条 个体工商户会计管理的具体办法，由国务院财政部门根据本法的原则另行规定。

第五十二条 本法自2000年7月1日起施行。

附录B 企业财务会计报告条例

（2000年6月21日，中华人民共和国国务院令第287号）

第一章 总 则

第一条 为了规范企业财务会计报告，保证财务会计报告的真实、完整，根据《中华人民共和国会计法》，制定本条例。

第二条 企业（包括公司，下同）编制和对外提供财务会计报告，应当遵守本条例。

本条例所称财务会计报告，是指企业对外提供的反映企业某一特定日期财务状况和某一会计期间经营成果、现金流量的文件。

第三条 企业不得编制和对外提供虚假的或者隐瞒重要事实的财务会计报告。

企业负责人对本企业财务会计报告的真实性、完整性负责。

第四条 任何组织或者个人不得授意、指使、强令企业编制和对外提供虚假的或者隐瞒重要事实的财务会计报告。

第五条 注册会计师、会计师事务所审计企业财务会计报告，应当依照有关法律、行政法规以及注册会计师执业规则的规定进行，并对所出具的审计报告负责。

第二章 财务会计报告的构成

第六条 财务会计报告分为年度、半年度、季度和月度财务会计报告。

第七条 年度、半年度财务会计报告应当包括：

（一）会计报表；

（二）会计报表附注；

（三）财务情况说明书。

会计报表应当包括资产负债表、利润表、现金流量表及相关附表。

第八条 季度、月度财务会计报告通常仅指会计报表，会计报表至少应当包括资产负债表和利润表。国家统一的会计制度规定季度、月度财务会计报告需要编制会计报表附注的，从其规定。

第九条 资产负债表是反映企业在某一特定日期财务状况的报表。资产负债表应当按照资产、负债和所有者权益（或者股东权益，下同）分类分项列示。其中，资产、负债和所有者权益的定义及列示应当遵循下列规定：

（一）资产，是指过去的交易、事项形成并由企业拥有或者控制的资源，该资源预期会给企业带来经济利益。在资产负债表上，资产应当按照其流动性分类分项列示，包括流动资产、长期投资、固定资产、无形资产及其他资产。银行、保险公司和非银行金融机构的各项资产有特殊性的，按照其性质分类分项列示。

（二）负债，是指过去的交易、事项形成的现时义务，履行该义务预期会导致经济利益流出企业。在资产负债表上，负债应当按照其流动性分类分项列示，包括流动负债、长期负债等。银行、保险公司和非银行金融机构的各项负债有特殊性的，按照其性质分类分项列示。

（三）所有者权益，是指所有者在企业资产中享有的经济利益，其金额为资产减去负债后的余额。在资产负债表上，所有者权益应当按照实收资本（或者股本）、资本公积、盈余公积、未分配利润等项目分项列示。

第十条 利润表是反映企业在一定会计期间经营成果的报表。利润表应当按照各项收入、费用以及构成利润的各个项目分类分项列示。其中，收入、费用和利润的定义及列示应当遵循下列规定：

（一）收入，是指企业在销售商品、提供劳务及让渡资产使用权等日常活动中所形成的经济利益的总流入。收入不包括为第三方或者客户代收的款项。在利润表上，收入应当按照其重要性分项列示。

（二）费用，是指企业为销售商品、提供劳务等日常活动所发生的经济利益的流出。在利润表上，费用应当按照其性质分项列示。

（三）利润，是指企业在一定会计期间的经营成果。在利润表上，利润应当按照营业利润、利润总额和净利润等利润的构成分类分项列示。

第十一条 现金流量表是反映企业一定会计期间现金和现金等价物（以下简称现金）流入和流出的报表。现金流量表应当按照经营活动、投资活动和筹资活动的现金流量分类分项列示。其中，经营活动、投资活动和筹资活动的定义及列示应当遵循下列规定：

（一）经营活动，是指企业投资活动和筹资活动以外的所有交易和事项。在现金流量表上，经营活动的现金流量应当按照其经营活动的现金流入和流出的性质分项列示；银行、保险公司和非银行金融机构的经营活动按照其经营活动特点分项列示。

（二）投资活动，是指企业长期资产的购建和不包括在现金等价物范围内的投资及其处置活动。在现金流量表上，投资活动的现金流量应当按照其投资活动的现金流入和流出的性质分项列示。

（三）筹资活动，是指导致企业资本及债务规模和构成发生变化的活动。在现金流量表上，筹资活动的现金流量应当按照其筹资活动的现金流入和流出的性质分项列示。

第十二条 相关附表是反映企业财务状况、经营成果和现金流量的补充报表，主要包括利润分配表以及国家统一的会计制度规定的其他附表。

利润分配表是反映企业一定会计期间对实现净利润以及以前年度未分配利润的分配或者亏损弥补的报表。利润分配表应当按照利润分配各个项目分类分项列示。

第十三条 年度、半年度会计报表至少应当反映两个年度或者相关两个期间的比较数据。

第十四条 会计报表附注是为便于会计报表使用者理解会计报表的内容而对会计报表的编制基础、编制依据、编制原则和方法及主要项目等所作的解释。会计报表附注至少应当包括下列内容：

（一）不符合基本会计假设的说明；

（二）重要会计政策和会计估计及其变更情况、变更原因及其对财务状况和经营成果的影响；

（三）或有事项和资产负债表日后事项的说明；

（四）关联方关系及其交易的说明；

（五）重要资产转让及其出售情况；

（六）企业合并、分立；

（七）重大投资、融资活动；

（八）会计报表中重要项目的明细资料；

（九）有助于理解和分析会计报表需要说明的其他事项。

第十五条 财务情况说明书至少应当对下列情况作出说明：

（一）企业生产经营的基本情况；

（二）利润实现和分配情况；

（三）资金增减和周转情况；

（四）对企业财务状况、经营成果和现金流量有重大影响的其他事项。

第三章 财务会计报告的编制

第十六条 企业应当于年度终了编报年度财务会计报告。国家统一的会计制度规定企业应当编报半年度、季度和月度财务会计报告的，从其规定。

第十七条 企业编制财务会计报告，应当根据真实的交易、事项以及完整、准确的账簿记录等资料，并按照国家统一的会计制度规定的编制基础、编制依据、编制原则和方法。

企业不得违反本条例和国家统一的会计制度规定，随意改变财务会计报告的编制基础、编制依据、编制原则和方法。

任何组织或者个人不得授意、指使、强令企业违反本条例和国家统一的会计制度规定，改变财务会计报告的编制基础、编制依据、编制原则和方法。

第十八条 企业应当依照本条例和国家统一的会计制度规定，对会计报表中各项会计要素进行合理的确认和计量，不得随意改变会计要素的确认和计量标准。

第十九条 企业应当依照有关法律、行政法规和本条例规定的结账日进行结账，不得提前或者延迟。年度结账日为公历年度每年的12月31日；半年度、季度、月度结账日分别为公历年度每半年、每季、每月的最后一天。

第二十条 企业在编制年度财务会计报告前，应当按照下列规定，全面清查资产、核实债务：

（一）结算款项，包括应收款项、应付款项、应交税金等是否存在，与债务、债权单位的相应债务、债权金额是否一致；

（二）原材料、在产品、自制半成品、库存商品等各项存货的实存数量与账面数量是否一致，是否有报废损失和积压物资等；

（三）各项投资是否存在，投资收益是否按照国家统一的会计制度规定进行确认和计量；

（四）房屋建筑物、机器设备、运输工具等各项固定资产的实存数量与账面数量是否一致；

（五）在建工程的实际发生额与账面记录是否一致；

（六）需要清查、核实的其他内容。

企业通过前款规定的清查、核实，查明财产物资的实存数量与账面数量是否一致、各项结算款项的拖欠情况及其原因、材料物资的实际储备情况、各项投资是否达到预期目的、固定资产的使用情况及其完好程度等。企业清查、核实后，应当将清查、核实的结果及其处理办法向企业的董事会或者相应机构报告，并根据国家统一的会计制度的规定进行相应的会计处理。

企业应当在年度中间根据具体情况，对各项财产物资和结算款项进行重点抽查、轮流清查或者定期清查。

第二十一条　企业在编制财务会计报告前，除应当全面清查资产、核实债务外，还应当完成下列工作：

（一）核对各会计账簿记录与会计凭证的内容、金额等是否一致，记账方向是否相符；

（二）依照本条例规定的结账日进行结账，结出有关会计账簿的余额和发生额，并核对各会计账簿之间的余额；

（三）检查相关的会计核算是否按照国家统一的会计制度的规定进行；

（四）对于国家统一的会计制度没有规定统一核算方法的交易、事项，检查其是否按照会计核算的一般原则进行确认和计量以及相关账务处理是否合理；

（五）检查是否存在因会计差错、会计政策变更等原因需要调整前期或者本期相关项目。

在前款规定工作中发现问题的，应当按照国家统一的会计制度的规定进行处理。

第二十二条　企业编制年度和半年度财务会计报告时，对经查实后的资产、负债有变动的，应当按照资产、负债的确认和计量标准进行确认和计量，并按照国家统一的会计制度的规定进行相应的会计处理。

第二十三条　企业应当按照国家统一的会计制度规定的会计报表格式和内容，根据登记完整、核对无误的会计账簿记录和其他有关资料编制会计报表，做到内容完整、数字真实、计算准确，不得漏报或者任意取舍。

第二十四条　会计报表之间、会计报表各项目之间，凡有对应关系的数字，应当相互一致；会计报表中本期与上期的有关数字应当相互衔接。

第二十五条　会计报表附注和财务情况说明书应当按照本条例和国家统一的会计制度的规定，对会计报表中需要说明的事项作出真实、完整、清楚的说明。

第二十六条　企业发生合并、分立情形的，应当按照国家统一的会计制度的规定编制相应的财务会计报告。

第二十七条 企业终止营业的，应当在终止营业时按照编制年度财务会计报告的要求全面清查资产、核实债务、进行结账，并编制财务会计报告；在清算期间，应当按照国家统一的会计制度的规定编制清算期间的财务会计报告。

第二十八条 按照国家统一的会计制度的规定，需要编制合并会计报表的企业集团，母公司除编制其个别会计报表外，还应当编制企业集团的合并会计报表。

企业集团合并会计报表，是指反映企业集团整体财务状况、经营成果和现金流量的会计报表。

第四章 财务会计报告的对外提供

第二十九条 对外提供的财务会计报告反映的会计信息应当真实、完整。

第三十条 企业应当依照法律、行政法规和国家统一的会计制度有关财务会计报告提供期限的规定，及时对外提供财务会计报告。

第三十一条 企业对外提供的财务会计报告应当依次编定页数，加具封面，装订成册，加盖公章。封面上应当注明：企业名称、企业统一代码、组织形式、地址、报表所属年度或者月份、报出日期，并由企业负责人和主管会计工作的负责人、会计机构负责人（会计主管人员）签名并盖章；设置总会计师的企业，还应当由总会计师签名并盖章。

第三十二条 企业应当依照企业章程的规定，向投资者提供财务会计报告。

国务院派出监事会的国有重点大型企业、国有重点金融机构和省、自治区、直辖市人民政府派出监事会的国有企业，应当依法定期向监事会提供财务会计报告。

第三十三条 有关部门或者机构依照法律、行政法规或者国务院的规定，要求企业提供部分或者全部财务会计报告及其有关数据的，应当向企业出示依据，并不得要求企业改变财务会计报告有关数据的会计口径。

第三十四条 非依照法律、行政法规或者国务院的规定，任何组织或者个人不得要求企业提供部分或者全部财务会计报告及其有关数据。

违反本条例规定，要求企业提供部分或者全部财务会计报告及其有关数据的，企业有权拒绝。

第三十五条 国有企业、国有控股的或者占主导地位的企业，应当至少每年一次向本企业的职工代表大会公布财务会计报告，并重点说明下列事项：

（一）反映与职工利益密切相关的信息，包括：管理费用的构成情况，企业管理人员工资、福利和职工工资、福利费用的发放、使用和结余情况，公益金的提取及使用情况，利润分配的情况以及其他与职工利益相关的信息；

（二）内部审计发现的问题及纠正情况；

（三）注册会计师审计的情况；

（四）国家审计机关发现的问题及纠正情况；

（五）重大的投资、融资和资产处置决策及其原因的说明；

（六）需要说明的其他重要事项。

第三十六条 企业依照本条例规定向有关各方提供的财务会计报告，其编制基础、编制依据、编制原则和方法应当一致，不得提供编制基础、编制依据、编制原则和方法不同的财务会计报告。

第三十七条 财务会计报告须经注册会计师审计的，企业应当将注册会计师及其会计师事务所出具的审计报告随同财务会计报告一并对外提供。

第三十八条 接受企业财务会计报告的组织或者个人，在企业财务会计报告未正式对外披露前，应当对其内容保密。

第五章 法律责任

第三十九条 违反本条例规定，有下列行为之一的，由县级以上人民政府财政部门责令限期改正，对企业可以处 3 000 元以上 5 万元以下的罚款；对直接负责的主管人员和其他直接责任人员，可以处 2 000 元以上 2 万元以下的罚款；属于国家工作人员的，并依法给予行政处分或者纪律处分：

（一）随意改变会计要素的确认和计量标准的；

（二）随意改变财务会计报告的编制基础、编制依据、编制原则和方法的；

（三）提前或者延迟结账日结账的；

（四）在编制年度财务会计报告前，未按照本条例规定全面清查资产、核实债务的；

（五）拒绝财政部门和其他有关部门对财务会计报告依法进行的监督检查，或者不如实提供有关情况的。

会计人员有前款所列行为之一，情节严重的，由县级以上人民政府财政部门吊销会计从业资格证书。

第四十条 企业编制、对外提供虚假的或者隐瞒重要事实的财务会计报告，构成犯罪的，依法追究刑事责任。

有前款行为，尚不构成犯罪的，由县级以上人民政府财政部门予以通报，对企业可以处 5 000 元以上 10 万元以下的罚款；对直接负责的主管人员和其他直接责任人员，可以处 3 000 元以上 5 万元以下的罚款；属于国家工作人员的，并依法给予撤职直至开除的行政处分或者纪律处分；对其中的会计人员，情节严重的，并由县级以上人民政府财政部门吊销会计从业资格证书。

第四十一条 授意、指使、强令会计机构、会计人员及其他人员编制、对外提供虚假的或者隐瞒重要事实的财务会计报告，或者隐匿、故意销毁依法应当保存的财务会计报告，构成犯罪的，依法追究刑事责任；尚不构成犯罪的，可以处5000元以上5万元以下的罚款；属于国家工作人员的，并依法给予降级、撤职、开除的行政处分或者纪律处分。

第四十二条 违反本条例的规定，要求企业向其提供部分或者全部财务会计报告及其有关数据的，由县级以上人民政府责令改正。

第四十三条 违反本条例规定，同时违反其他法律、行政法规规定的，由有关部门在各自的职权范围内依法给予处罚。

第六章 附 则

第四十四条 国务院财政部门可以根据本条例的规定，制定财务会计报告的具体编报办法。

第四十五条 不对外筹集资金、经营规模较小的企业编制和对外提供财务会计报告的办法，由国务院财政部门根据本条例的原则另行规定。

第四十六条 本条例自2001年1月1日起施行。

附录C 企业会计准则——基本准则

（2006年2月15日，中华人民共和国财政部令第33号）

第一章 总 则

第一条 为了规范企业会计确认、计量和报告行为，保证会计信息质量，根据《中华人民共和国会计法》和其他有关法律、行政法规，制定本准则。

第二条 本准则适用于在中华人民共和国境内设立的企业（包括公司，下同）。

第三条 企业会计准则包括基本准则和具体准则，具体准则的制定应当遵循本准则。

第四条 企业应当编制财务会计报告（又称财务报告，下同）。财务会计报告的目标是向财务会计报告使用者提供与企业财务状况、经营成果和现金流量等有关的会计信息，反映企业管理层受托责任履行情况，有助于财务会计报告使用者作出经济决策。

财务会计报告使用者包括投资者、债权人、政府及其有关部门和社会公众等。

第五条 企业应当对其本身发生的交易或者事项进行会计确认、计量和报告。

第六条　企业会计确认、计量和报告应当以持续经营为前提。

第七条　企业应当划分会计期间，分期结算账目和编制财务会计报告。

会计期间分为年度和中期。中期是指短于一个完整的会计年度的报告期间。

第八条　企业会计应当以货币计量。

第九条　企业应当以权责发生制为基础进行会计确认、计量和报告。

第十条　企业应当按照交易或者事项的经济特征确定会计要素。会计要素包括资产、负债、所有者权益、收入、费用和利润。

第十一条　企业应当采用借贷记账法记账。

第二章　会计信息质量要求

第十二条　企业应当以实际发生的交易或者事项为依据进行会计确认、计量和报告，如实反映符合确认和计量要求的各项会计要素及其他相关信息，保证会计信息真实可靠、内容完整。

第十三条　企业提供的会计信息应当与财务会计报告使用者的经济决策需要相关，有助于财务会计报告使用者对企业过去、现在或者未来的情况作出评价或者预测。

第十四条　企业提供的会计信息应当清晰明了，便于财务会计报告使用者理解和使用。

第十五条　企业提供的会计信息应当具有可比性。

同一企业不同时期发生的相同或者相似的交易或者事项，应当采用一致的会计政策，不得随意变更。确需变更的，应当在附注中说明。

不同企业发生的相同或者相似的交易或者事项，应当采用规定的会计政策，确保会计信息口径一致、相互可比。

第十六条　企业应当按照交易或者事项的经济实质进行会计确认、计量和报告，不应仅以交易或者事项的法律形式为依据。

第十七条　企业提供的会计信息应当反映与企业财务状况、经营成果和现金流量等有关的所有重要交易或者事项。

第十八条　企业对交易或者事项进行会计确认、计量和报告应当保持应有的谨慎，不应高估资产或者收益、低估负债或者费用。

第十九条　企业对于已经发生的交易或者事项，应当及时进行会计确认、计量和报告，不得提前或者延后。

第三章　资　　产

第二十条　资产是指企业过去的交易或者事项形成的、由企业拥有或者控制的、预期会给企业带来经济利益的资源。

前款所指的企业过去的交易或者事项包括购买、生产、建造行为或其他交易或者事项。预期在未来发生的交易或者事项不形成资产。

由企业拥有或者控制，是指企业享有某项资源的所有权，或者虽然不享有某项资源的所有权，但该资源能被企业所控制。

预期会给企业带来经济利益，是指直接或者间接导致现金和现金等价物流入企业的潜力。

第二十一条 符合本准则第二十条规定的资产定义的资源，在同时满足以下条件时，确认为资产：

（一）与该资源有关的经济利益很可能流入企业；

（二）该资源的成本或者价值能够可靠地计量。

第二十二条 符合资产定义和资产确认条件的项目，应当列入资产负债表；符合资产定义，但不符合资产确认条件的项目，不应当列入资产负债表。

第四章 负 债

第二十三条 负债是指企业过去的交易或者事项形成的、预期会导致经济利益流出企业的现时义务。

现时义务是指企业在现行条件下已承担的义务。未来发生的交易或者事项形成的义务，不属于现时义务，不应当确认为负债。

第二十四条 符合本准则第二十三条规定的负债定义的义务，在同时满足以下条件时，确认为负债：

（一）与该义务有关的经济利益很可能流出企业；

（二）未来流出的经济利益的金额能够可靠地计量。

第二十五条 符合负债定义和负债确认条件的项目，应当列入资产负债表；符合负债定义，但不符合负债确认条件的项目，不应当列入资产负债表。

第五章 所有者权益

第二十六条 所有者权益是指企业资产扣除负债后由所有者享有的剩余权益。

公司的所有者权益又称为股东权益。

第二十七条 所有者权益的来源包括所有者投入的资本、直接计入所有者权益的利得和损失、留存收益等。

直接计入所有者权益的利得和损失，是指不应计入当期损益、会导致所有者权益发生增减变动的、与所有者投入资本或者向所有者分配利润无关的利得或者损失。

利得是指由企业非日常活动所形成的、会导致所有者权益增加的、与所有者投入资本无关的经济利益的流入。

损失是指由企业非日常活动所发生的、会导致所有者权益减少的、与向所有者分配利润无关的经济利益的流出。

第二十八条 所有者权益金额取决于资产和负债的计量。

第二十九条 所有者权益项目应当列入资产负债表。

第六章 收 入

第三十条 收入是指企业在日常活动中形成的、会导致所有者权益增加的、与所有者投入资本无关的经济利益的总流入。

第三十一条 收入只有在经济利益很可能流入从而导致企业资产增加或者负债减少，且经济利益的流入额能够可靠计量时才能予以确认。

第三十二条 符合收入定义和收入确认条件的项目，应当列入利润表。

第七章 费 用

第三十三条 费用是指企业在日常活动中发生的、会导致所有者权益减少的、与向所有者分配利润无关的经济利益的总流出。

第三十四条 费用只有在经济利益很可能流出从而导致企业资产减少或者负债增加，且经济利益的流出额能够可靠计量时才能予以确认。

第三十五条 企业为生产产品、提供劳务等发生的可归属于产品成本、劳务成本等的费用，应当在确认产品销售收入、劳务收入等时，将已销售产品、已提供劳务的成本等计入当期损益。

企业发生的支出不产生经济利益的，或者即使能够产生经济利益但不符合或者不再符合资产确认条件的，应当在发生时确认为费用，计入当期损益。

企业发生的交易或者事项导致其承担了一项负债而又不确认为一项资产的，应当在发生时确认为费用，计入当期损益。

第三十六条 符合费用定义和费用确认条件的项目，应当列入利润表。

第八章 利 润

第三十七条 利润是指企业在一定会计期间的经营成果。利润包括收入减去费用后的净额、直接计入当期利润的利得和损失等。

第三十八条 直接计入当期利润的利得和损失，是指应当计入当期损益、会导致所有者权益发生增减变动的、与所有者投入资本或者向所有者分配利润无关的利得或者损失。

第三十九条 利润金额取决于收入和费用、直接计入当期利润的利得和损失金额的计量。

第四十条 利润项目应当列入利润表。

第九章 会计计量

第四十一条 企业在将符合确认条件的会计要素登记入账并列报于会计报表及其附注（又称财务报表，下同）时，应当按照规定的会计计量属性进行计量，确定其金额。

第四十二条 会计计量属性主要包括：

（一）历史成本。在历史成本计量下，资产按照购置时支付的现金或者现金等价物的金额，或者按照购置资产时所付出的对价的公允价值计量。负债按照因承担现时义务而实际收到的款项或者资产的金额，或者承担现时义务的合同金额，或者按照日常活动中为偿还负债预期需要支付的现金或者现金等价物的金额计量。

（二）重置成本。在重置成本计量下，资产按照现在购买相同或者相似资产所需支付的现金或者现金等价物的金额计量。负债按照现在偿付该项债务所需支付的现金或者现金等价物的金额计量。

（三）可变现净值。在可变现净值计量下，资产按照其正常对外销售所能收到现金或者现金等价物的金额扣减该资产至完工时估计将要发生的成本、估计的销售费用以及相关税费后的金额计量。

（四）现值。在现值计量下，资产按照预计从其持续使用和最终处置中所产生的未来净现金流入量的折现金额计量。负债按照预计期限内需要偿还的未来净现金流出量的折现金额计量。

（五）公允价值。在允价值计量下，资产和负债按照在公平交易中，熟悉情况的交易双方自愿进行资产交换或者债务清偿的金额计量。

第四十三条 企业在对会计要素进行计量时，一般应当采用历史成本，采用重置成本、可变现净值、现值、公允价值计量的，应当保证所确定的会计要素金额能够取得并可靠计量。

第十章 财务会计报告

第四十四条 财务会计报告是指企业对外提供的反映企业某一特定日期的财务状况和某一会计期间的经营成果、现金流量等会计信息的文件。

财务会计报告包括会计报表及其附注和其他应当在财务会计报告中披露的相关信息和资料。会计报表至少应当包括资产负债表、利润表、现金流量表等报表。

小企业编制的会计报表可以不包括现金流量表。

第四十五条　资产负债表是指反映企业在某一特定日期的财务状况的会计报表。

第四十六条　利润表是指反映企业在一定会计期间的经营成果的会计报表。

第四十七条　现金流量表是指反映企业在一定会计期间的现金和现金等价物流入和流出的会计报表。

第四十八条　附注是指对在会计报表中列示项目所作的进一步说明，以及对未能在这些报表中列示项目的说明等。

第十一章　附　　则

第四十九条　本准则由财政部负责解释。

第五十条　本准则自 2007 年 1 月 1 日起施行。

参考文献

[1] 财政部．企业会计准则［M］．北京：经济科学出版社，2006.

[2] 财政部．企业会计准则——应用指南［M］．北京：中国财政经济出版社，2006.

[3] 余绪缨．管理会计学［M］．北京：中国人民大学出版社，1999.

[4] 侯文铿，等．会计大典——非企业单位会计［M］．北京：中国财政经济出版社，1998.

[5] 郭道扬．会计发展史纲［M］．北京：中央广播电视大学出版社，1991.

[6] 李凤鸣．内部控制学［M］．北京：中国商业出版社，1992.

[7] 于玉林．现代会计结构论［M］．大连：东北财经大学出版社，1997.

[8] 吴水彭．会计学原理［M］．沈阳：辽宁人民出版社，1994.

[9] 吴水彭．中国会计理论研究［M］．北京：中国财政经济出版社，2000.

[10] 栾甫贵．会计学基础［M］．北京：北京工业大学出版社，2000.

[11] 魏素艳，栾甫贵．会计学［M］．北京：机械工业出版社，2002.

[12] 栾甫贵．会计制度论［M］．大连：东北财经大学出版社，2004.

[13] 王超英，等．新会计法释解［M］．北京：中国城市出版社，1999.

[14] 蔡传勋，王孝忠，王振武．会计电算化［M］．大连：东北财经大学出版社，1997.

[15] 潘定，潘琰．会计大典——电算化会计［M］．北京：中国财政经济出版社，1999.

[16] 罗伯特·弗里曼，等．政府及非营利组织会计理论与实务［M］．王建英，等译．北京：清华大学出版社，1999.

[17] 杨春学．经济人与社会秩序分析［M］．上海：上海三联书店，1998.

[18] 于玉林．论会计要素［J］．天津财经学院学报，1991（5）．